应用型本科院校规划教材/经济管理类

Principles and Practices of Economic Law

经济法原理与实务

（第2版）

主　编　谭伟君　郭　锋
副主编　廉　静　富茜楠　刘　阳
参　编　武录齐　刁宁宁　姚　娜

哈爾濱工業大學出版社
HARBIN INSTITUTE OF TECHNOLOGY PRESS

内容提要

经济法具有内容庞杂、涉及面广、专业性强、变化快的特点。近几年，随着我国经济改革的不断深入，经济立法速度也在加快。本书是为适应经济建设和经济改革对经济管理人才的需求，全面提高经济管理人才的法律素质而编写的。

本书作为应用型本科院校教材，根据经济法课程的特点，结合应用型本科院校该课程教学需求，积极创新，且具特色：突出素质本位和能力本位。突出“三用”原则，坚持以“实用”为导向，以“能用”为目标，以“够用”为限度；突出内容的时代性和新颖性，突出结构合理性和逻辑性。本书的微观结构由“引例”、“学习要点及目标”、“正文”、“注意”、“本章小结”和“练习题”等组成。

本书可以作为高等院校经济类与管理类专业的经济法课程教材，对经济管理干部掌握和运用经济法知识也有较大的参考价值。

图书在版编目(CIP)数据

经济法原理与实务/谭伟君，郭锋主编. —2 版.
—哈尔滨：哈尔滨工业大学出版社，2011.8(2013.1 重印)
应用型本科院校规划教材
ISBN 978-7-5603-3065-5

Ⅰ.①经… Ⅱ.①谭… ②郭… Ⅲ.①经济法-中国-高等学校-教材 Ⅳ.①D922.29

中国版本图书馆 CIP 数据核字(2011)第 151244 号

策划编辑 赵文斌 杜 燕
责任编辑 刘 瑶 甄淼淼
出版发行 哈尔滨工业大学出版社
社 址 哈尔滨市南岗区复华四道街 10 号 邮编 150006
传 真 0451-86414749
网 址 http://hitpress.hit.edu.cn
印 刷 肇东市一兴印刷有限公司
开 本 787mm×960mm 1/16 印张 25.25 字数 547 千字
版 次 2010 年 8 月第 1 版 2011 年 8 月第 2 版
2013 年 1 月第 3 次印刷
书 号 ISBN 978-7-5603-3065-5
定 价 41.80 元

序

哈尔滨工业大学出版社策划的《应用型本科院校“十二五”规划教材》即将付梓，诚可贺也。

该系列教材卷帙浩繁，凡百余种，涉及众多学科门类，定位准确，内容新颖，体系完整，实用性强，突出实践能力培养。不仅便于教师教学和学生学习，而且满足就业市场对应用型人才的迫切需求。

应用型本科院校的人才培养目标是面对现代社会生产、建设、管理、服务等一线岗位，培养能直接从事实际工作、解决具体问题、维持工作有效运行的高等应用型人才。应用型本科与研究型本科和高职高专院校在人才培养上有着明显的区别，其培养的人才特征是：①就业导向与社会需求高度吻合；②扎实的理论基础和过硬的实践能力紧密结合；③具备良好的人文素质和科学技术素质；④富于面对职业应用的创新精神。因此，应用型本科院校只有着力培养“进入角色快、业务水平高、动手能力强、综合素质好”的人才，才能在激烈的就业市场竞争中站稳脚跟。

目前国内应用型本科院校所采用的教材往往只是对理论性较强的本科院校教材的简单删减，针对性、应用性不够突出，因材施教的目的难以达到。因此亟须既有一定的理论深度又注重实践能力培养的系列教材，以满足应用型本科院校教学目标、培养方向和办学特色的需要。

哈尔滨工业大学出版社出版的《应用型本科院校“十二五”规划教材》，在选题设计思路上认真贯彻教育部关于培养适应地方、区域经济和社会发展需要的“本科应用型高级专门人才”精神，根据黑龙江省委书记吉炳轩同志提出的关于加强应用型本科院校建设的意见，在应用型本科试点院校成功经验总结的基础上，特邀请黑龙江省9所知名的应用型本科院校的专家、学者联合编写。

本系列教材突出与办学定位、教学目标的一致性和适应性，既严格遵照学科体系的知识构成和教材编写的一般规律，又针对应用型本科人才培养目标及与之相适应的教学特点，精心设计写作体例，科学安排知识内容，围绕应用讲授理论，做到“基础知识够用、实践技能实用、专业理论管用”。同时注意适当融入新理论、新技术、新工艺、新成果，并且制作了与本书配套的 PPT 多媒体教学课件，形成立体化教材，供教师参考使用。

《应用型本科院校“十二五”规划教材》的编辑出版，是适应“科教兴国”战略对复合型、应用型人才的需求，是推动相对滞后的应用型本科院校教材建设的一种有益尝试，在应用型创新人才培养方面是一件具有开创意义的工作，为应用型人才的培养提供了及时、可靠、坚实的保证。

希望本系列教材在使用过程中，通过编者、作者和读者的共同努力，厚积薄发、推陈出新、细上加细、精益求精，不断丰富、不断完善、不断创新，力争成为同类教材中的精品。

黑龙江省教育厅厅长

第2版前言

经济法是经济管理和法学所属各专业的必修课程。经济法具有以下几个显著特点:一是经济法的内容广泛而丰富,因而教材内容也涉及极广,几乎覆盖了所有经济管理工作的全部业务范围;二是经济法正在以比其他学科更快的速度发展、变化、更新着,因而教材的内容也在不断地补充和修改;三是经济法不仅覆盖整个经济管理的各个方面,而且涉及经济学、管理学、法学等多个学科的基础理论知识;四是经济法的理论抽象性强,同时,其实际操作性也很强。为此,本教材针对不同专业的教学要求和学生特点,进行了较为合理的体例设计,尽力做到规范与灵活相结合,理论与实践相结合,在掌握基本知识的前提下,普遍地开展案例讨论、分析,使学生不仅能学到知识,而且能获得学习知识的方法和运用所学知识处理实际问题的能力。为了使本教材突出教学特点,编者搜集了大量相关案例进行讲述。

本书由谭伟君、郭锋担任主编负责全书统稿工作:廉静、富茜楠、刘阳担任副主编。具体编写分工如下:第一章、第五章由谭伟君编写;第二章由刘阳、武录齐编写;第三章由刘阳、刁宁宁、杨娜编写;第四章、第六章、第七章由郭锋编写;第八章、第九章、第十章由富茜楠编写;第十一章、第十二章由廉静编写。

编者在本书编写过程中参阅和借鉴了大量的文献资料,在此对相关作者表示衷心的感谢!由于编者水平有限,若有缺点和疏漏,恳请专家和读者不吝赐教。

编　者

2011年6月

目　录

第一章

Chapter 1

经济法总论

【学习要点及目标】

通过本章学习，应该达到：

1. 掌握经济法的概念、调整对象；
2. 掌握经济法的基本原则；
3. 掌握经济法律关系的要素；
4. 掌握经济法律责任。

【引例】 1905年，根据美国食品加工企业真实存在的混乱局面，新闻记者厄普顿·辛克莱出版了一本小说《丛林》，其中用了15页对美国当时的肉食加工过程进行了穷形尽相的描写，如“一个工人由于不慎滑进了正在滚开的炼猪油的大锅里，谁也没有注意到。几天以后，人只剩下了一副骨架，其余的连同所炼的猪油一起拿到市场上去出售了。”“在肉食车间里，把毒鼠药和毒死的老鼠一起扫进投料口，加工香肠。”甚至，“有些肉就乱丢在地板上，和垃圾、锯末混在一起，任工人们在上面践踏、吐痰，留下成亿的肺结核细菌。”当时的美国总统罗斯福看过此书后，专门约见了作者辛克莱，随后责成当时美国劳动部部长和社会工作者对肉类加工业进行调查。调查结果让罗斯福总统非常震惊，因此决定把调查报告公开，这次民众真的惊恐得跳了起来。在舆论的强大压力下，美国参众两院一致同意，在1906年通过了两部法案：肉品检查法案和食物及药物洁净法案，并建立了以化学家威利博士为首，共11名专家学者组成的班子，形成了美国食品药品监督管理局的雏形。27年后，美国成立食品药品监督管理局。经过接近100年的努力，美国成为世界上食品最安全的国家之一。

请问：美国政府为何要对食品安全进行立法？上述法律现象是否属于传统的民法的调整范围？

第一节　经济法概述

一、经济法的产生和发展

任何法律的产生都是一定的思想和一定的社会条件结合的产物,经济法的产生也是一样。不过经济法的思想和实践并非出现在同一个地方。经济法的思想最先出现在18世纪的法国,启蒙运动的高潮地,而最初的经济法的实践则被归功于德国——19世纪大陆法系的中心地。一般认为,"经济法"这一名词最早出现于1755年,法国的空想社会主义者摩莱里(Morelly)在其《自然法典》一书中首先使用了这个概念。另一位法国空想社会主义者德萨米(Dezamy),也在其1842年出版的《公有法典》一书中使用了这个名词并且做了详细的描绘。不过这些先行者并非把经济法作为一个法律术语来加以使用,而是仅仅把它作为一种公平分配社会财富的方法和原则来论述的,所以并不能够认为他们就是经济法的先行者。真正论述了作为法律概念的"经济法"一词的人,是另外一位法国人——著名经济学家、政治家蒲鲁东(P. J. Proudhon)。1865年,他发表了《论工人阶级的政治能力》,针对当时社会实践中出现的公法和私法在调整社会关系上不敷使用的问题而提出了经济法这一概念,并作了详细阐述。

现代意义的经济法,应该形成于西方国家的垄断资本主义阶段。作为19世纪末新兴的国家,德国的国家力量相对强大,国家对于经济生活的控制远大于英、法诸国。为了加强垄断,德国在第一次世界大战之后的1919年颁布了世界上第一部以经济法命名的法律——《煤炭经济法》,对煤炭生产实施干预。此后,经济法在西方各国开始发展起来。

在我国,虽然在民国时期西方国家经济法的理论和实践有些影响并受到关注,但是鉴于纷乱的时局,经济法未能作为一门独立学科发展起来。新中国成立以来,我国经济立法走过了发展、削弱、取消和再发展的历程:①在社会主义改造基本完成的七年里,我国经济立法有了很大的发展,经济法规对我国国民经济的恢复、生产的发展起到了重大的促进和保证作用。②在全面开始建设社会主义的10年中,我国经济立法虽有些行之有效的经济法规,但无形地被取消,取而代之的是简单的行政手段。③在"文化大革命"时期,我国经济立法遭到严重的破坏:一方面,建国17年来所颁布的许多经济法规遭到了否定,变成一纸空文;另一方面,几乎没有制定新的经济法规。④党的十一届三中全会以后,随着我国进入以经济建设为中心的新的历史发展时期,经济法制也进入了前所未有的繁荣时期。1978年,中共中央十一届三中全会确立了健全社会主义民主、加强社会主义法制的方针,于是各项立法工作全面开展起来,其中也包括了经济法方面的法律,如《中华人民共和国公司法》、《中华人民共和国税收征收管理法》、《中华人民共和国会计法》等。到目前为止,我国基本建立了健全的经济法制体系。

二、经济法的概念与体系

经济法，是指调整在现代国家进行宏观调控和市场规制的过程中发生的社会关系的法律规范的总称。简单地说，经济法就是调整宏观调控关系和市场规制关系的法律规范的总称。

所谓宏观调控，通常是指对宏观的经济运行的调节和控制；所谓市场规制，通常是指对微观的市场行为的规范和制约。

由于经济法主要调整两类社会关系，即宏观调控关系和市场规制关系，因而经济法体系也包括两大部分，即宏观调控法和市场规制法。

从宏观调控的角度来看，世界各国主要运用财税、金融、计划这三类经济政策以及相应的三类经济手段，来进行宏观调控。这些政策及其手段的法律化，分别是财税调控法规范、金融调控法规范、计划调控法规范，从而构成了宏观调控法的三大类别。

从市场规制的角度来看，各国主要通过竞争政策和消费者政策来进行直接的市场规制，而这些政策的法律化，构成了一国的竞争法和消费者保护法，并可以进一步分为反垄断法、反不正当竞争法、消费者保护法规范，从而构成了市场规制法的三大类别。

可见，经济法体系包括宏观调控法和市场规制法两大部分。其中，宏观调控法包括三个部门法，即财税调控法、金融调控法和计划调控法，分别简称财税法、金融法和计划法；市场规制法也包括三个部门法，即反垄断法、反不正当竞争法和消费者保护法。人们通常比较熟悉的各类市场监管法，都属于市场规制法。因此，也有人将市场规制法称为市场监管法。

此外，由于对一些领域需要进行特别监管，因而诸如银行监管、证券监管、保险监管、能源监管等得到了进一步强化，这些都是在一般的市场规制的基础上发展起来的特别市场规制。相应地，银行、证券、保险、能源等领域的监管法律规范，也都属于市场规制法，只不过是比一般市场规制法更加严格的特别市场规制法，都属于经济法的重要组成部分。

【示例 1.1】　下列各项中，属于宏观调控法的有(　　)。

A. 财税调控法　　B. 金融调控法　　C. 计划调控法　　D. 反垄断法

【答案】ABC。

三、经济法的渊源与调整对象

(一)经济法的渊源

经济法的渊源是指经济法的存在或表现形式。在我国，它是以宪法为统帅的法律规范体系，主要包括以下内容。

1. 宪法

宪法是国家的根本大法，具有最高的法律效力。宪法规定国家的基本经济制度，确立国家经济发展的基本原则和方向，规定公民的基本经济权利和义务。宪法具有母法地位，是一切经济立法的依据和效力源泉，其他任何经济法律、法规等都不能和它相违背。

2. 法律

法律是由全国人民代表大会及其常务委员会制定的规范性文件，其地位和效力仅次于宪法，它是经济法最重要的形式和渊源，如《中华人民共和国公司法》(2005 年)。

3. 法规

法规的地位和效力低于宪法和法律，包括两种：①由国务院根据宪法和法律制定的规范性文件，即行政法规，如《中华人民共和国中外合资经营企业法实施条例》(2001 年)；②地方性法规(包括民族自治地方的自治条例和单行条例)，即由省、自治区、直辖市以及较大的市和民族自治地方的人民代表大会及其常务委员会依据宪法精神和法律制定的规范性文件，如《北京市招标投标条例》(2002 年)。

4. 规章

规章也包括两种，即部门规章和地方性规章。部门规章是指由国务院各部门在本部门的权限范围内制定的规范性文件，如财政部发布的《会计从业资格管理办法》(2005 年)。地方性规章是指省、自治区、直辖市以及较大的市人民政府根据法律、法规在其职权范围内制定的规范性文件，如《广东省排污费征收使用管理办法》(2007 年)。

5. 民族自治地方的自治条例和单行条例，以及特别行政区的法律

民族自治地方的自治条例和单行条例是指民族自治地方的人民代表大会依照当地民族的政治、经济和文化的特点，依法制定的自治条例和单行条例。自治条例和单行条例，需报请上级人民代表大会常务委员会批准后才能生效。特别行政区的法律包括特别行政区基本法、予以保留的特别行政区原有法律和特别行政区立法机关依法制定的法律，如香港特别行政区法律，也是经济法的渊源之一，主要适用于本民族自治地方或特别行政区区域范围之内。

6. 国际条约

国际条约包括国际条约及国际协定。我国同外国缔结或者我国批准加入的国际条例、协定，也是我国经济法的表现形式之一，如《联合国国际货物销售合同公约》、《中华人民共和国政府和加拿大政府关于对所得避免双重征税和防止偷漏税的协定》等。

【注意】 由于国际条约、协定是一个国家以国家的身份做出的承诺，因此在其对该国生效后，其效力要高于该国国内立法，包括宪法。比如我国在加入世贸组织之后，需要根据已经对我国生效的条款来修改国内立法。

7. 司法解释

司法解释是指最高人民法院针对现行法律或者是司法实务中有关实体性、程序性的事项而发布的解释。经济司法解释是经济法的重要渊源之一。最高人民法院作出的权威解释，对各级人民法院的审判活动具有约束力，各级人民法院不得违背，如《关于审理商品房买卖合同纠纷案件适用法律若干问题的解释》(2003 年)。

【示例 1.2】　在学习经济法的渊源后，鲁达认为，在我国最高法院所作的判决书也是经济法的渊源之一。请分析鲁达的观点是否正确。

【思路解析】　在我国，只有国家机关依照法定权限和程序制定的具有普遍约束力的规范性法律文件才是法的形式，即法的渊源。我国的法律形式主要表现为以宪法为核心的各种制定法，包括宪法，法律，行政法规，地方性法规，自治条例和单行条例，特别行政区基本法和规范性文件，部门规章，司法解释以及我国缔结或加入并生效的国际条约等。我国不实行判例制度，最高法院所作的判决书只是一种非规范性法律文件，不能作为法的形式。所以，鲁达的观点是错误的。

（二）经济法的调整对象

经济法作为一个独立的法律部门，具有特定的调整对象，即经济法调整的是特定的经济关系。具体的讲，包括企业组织关系、市场运行调控关系、宏观调控关系以及社会分配调控关系。

1. 企业组织管理关系

企业是市场经济活动中最活跃也是最主要的主体。国家为了协调本国经济运行，对于企业的设立、变更和终止，企业内部机构及职权的设立，公司的财务、会计管理等应进行必要的干预，这种在企业的设立、变更、终止过程中发生的经济管理关系和企业内部管理过程中发生的经济关系，简称企业组织管理关系。企业组织管理关系应该由经济法调整，这有助于从法律上保证企业成为独立自主、自负盈亏的市场主体，能主动地参与市场活动、改善经济管理、提高经济效益。

目前，规范市场主体关系的法律主要有：《中华人民共和国公司法》（2005 年）、《中华人民共和国合伙企业法》（2006 年）、《中华人民共和国个人独资企业法》（2000 年）、《中华人民共和国中外合资经营企业法》（2001 年）、《中华人民共和国中外合作经营企业法》（2000 年）、《中华人民共和国外资企业法》（2000 年）、《中华人民共和国企业破产法》（2006 年）等。

2. 市场秩序调控关系

市场秩序调控关系是指国家在培育和发展市场体系过程中，为了维护国家、生产者、经营者和消费者的合法权益，对市场整体的市场行为进行必要干预时发生的社会关系。经济法调整的市场关系主要有反垄断关系、反不当竞争关系、产品质量关系以及消费者权益保护关系。

规范市场运行调控关系的法律主要有：《中华人民共和国合同法》（1999 年）、《中华人民共和国反不正当竞争法》（1993 年）、《中华人民共和国反垄断法》（2007 年）、《中华人民共和国产品质量法》（2000 年）、《中华人民共和国著作权法》（2001 年）、《中华人民共和国专利法》（2001 年）、《中华人民共和国商标法》（2001 年）等。

3. 宏观经济调控关系

宏观经济调控关系是指国家从长远的社会公共利益出发与其他社会组织所发生的具有隶属性或指导性的社会经济关系。这种关系包括上下级之间的命令与服从、指导与被指导的关系，也包括同一级别组织之间在业务上的管理和执行的关系。

调整宏观经济调控关系的法律主要有:《中华人民共和国预算法》(1995 年)、《政府采购法》(2003 年)、《中华人民共和国会计法》(1999 年)、《中华人民共和国票据法》(2004 年)、《中华人民共和国审计法》(2006 年)、《中华人民共和国中国人民银行法》(1995 年)、《中华人民共和国商业银行法》(2004 年)、《中华人民共和国税收征收管理法》(2001 年)、《中华人民共和国个人所得税法》(2007 年)、《中华人民共和国企业所得税法》(2008 年)等。

4. 劳动与社会保障关系

市场经济运行中的社会保障关系主要是指在对劳动者实行社会保障过程中发生的经济关系。在社会主义市场经济发展过程中,社会保障体系的逐步建立健全是一种客观必然。这一保障体系的范围包括养老、失业、工伤、医疗等内容,经济法必须对此加以规范和调整。一方面,这可使经济组织对社会和公众应该承担的责任得到进一步明确,既可防止使其过多地承担社会负担,又可避免其逃避应尽的社会责任;另一方面,可以使劳动者的利益得到稳定和可靠的保障,充分开发和利用劳动力资源,维护社会稳定。

目前,调整劳动与社会保障关系的法律主要有:《中华人民共和国劳动法》(1995 年)、《中华人民共和国劳动合同法》(2008 年)、《中华人民共和国就业促进法》(2008 年)、《中华人民共和国劳动争议调解仲裁法》(2008 年)等。

四、经济法的基本原则

经济法的基本原则是经济法所特有的,对经济立法、经济守法、经济执法具有普遍指导意义的基本准则,是经济法理念和价值的具体体现。

经济法的基本原则是分析、研究经济法规范和制度的基本原理,也是经济法的立法和执法中所应遵循的准则。

经济法的基本原则是经济法规之间相互衔接、协调的基础和依据。

(一)平衡协调原则

平衡协调原则是指经济法的立法和执法从整个国民经济的协调发展和社会整体利益出发,调整具体经济关系,协调经济利益关系,以促进、引导或强制实现社会整体目标与个体利益目标的统一。

平衡协调原则是由经济法的社会性决定的一项普遍原则,是不同社会经济制度的经济法共同遵循的主导性原则。

(二)维护公平竞争原则

维护公平竞争原则是指在经济法各项制度和具体执法及司法中,都必须考虑市场主体公平竞争的问题,不得违背和破坏市场公平竞争的客观要求。

维护公平竞争原则是经济法反映社会化市场经济内在要求和理念的一项核心性、基础性的原则。

（三）责权利相统一原则

责权利相统一原则是指在经济法的法律关系中，各管理主体和公有制主导的经营主体及各个环节所承受的权（力）利、利益、义务、职责和责任必须相一致，不应当有脱节、错位、不平衡、不到位等现象存在。由公有制和社会主义市场经济决定，责权利相统一原则是社会主义经济法的一个特色，是中国经济法的根本性原则。

（四）社会本位原则

社会本位原则是指经济法在立法时以维护社会公共利益为出发点，使国家适度地干预社会的经济生活。经济法对社会公共利益关系的调整，主要是通过对宏观经济关系、微观经济关系、市场关系、社会分配关系和社会保障关系的调整而实现的。经济法要求任何市场主体在进行市场行为时，都不能一味地追求自身利益的最大化，而忽视对社会公共利益的关注，否则就要受到法律的追究。

（五）国家适度干预原则

国家适度干预原则是指经济法作为国家干预经济的法律形式，应当反映国家在多大程度上以什么手段对社会经济生活进行干预才是最为恰当的，这是体现经济法本质特征的原则。

经济法只有把适度干预作为自己的原则，才能有效地避免干预的随意性，这个原则贯穿于一切经济法律法规中。如《银行法》中关于控制货币的发行，《劳动法》中关于促进就业，《自然资源法》中对自然资源的开发、利用和保护，《环境保护法》中可同时设计、同时施工、同时投产以及排污收费制度等各项相关规定，无不体现国家对这些领域中关系全局性和社会公共性的社会关系的强有力的干预。

第二节 经济法律关系

一、经济法律关系的概念及构成要素

法律关系，是法律规范在调整人们行为的过程中所形成的一种以权利义务为内容的社会关系，即法律上的权利与义务关系。法律关系由法律关系的主体、法律关系的内容和法律关系的客体三个要素构成。经济法律关系，是指由经济法律规范所调整的、具有经济管理内容的权利义务关系。与法律关系的三要素相对应，经济法律关系也由主体、内容和客体三个要素所构成。

（一）经济法律关系的主体

经济法律关系的主体，也称经济法的主体，是指参加经济法律关系，依法享有经济权利和承担经济义务的当事人，即经济法律关系的参加者。在经济法律关系中，享有权利的一方称为权利人，承担义务的一方称为义务人。

根据我国法律规定，经济法律关系主体主要包括：

1. 国家机关

国家机关是指行使国家职能的各种机关的统称。它包括国权利机关、国家行政机关和国家司法机关。作为经济法主体的国家机关主要是指在经济活动中进行宏观调控，行使经济决策的国家机关。

2. 法人

我国法人包括国家机关法人、事业单位法人、社会团体法人和企业法人。机关法人和企业法人是经济法律关系中最为活跃、最为重要的主体。企业法人经过工商登记，领取《企业法人营业执照》后正式成立。

3. 非法人组织

非法人组织是指依法取得营业执照，具有生产经营资格的非法人组织。它们都依法享有一定的经济权利，承担一定的经济义务，成为经济法律关系的主体。非法人经济组织主要包括：合伙企业、分公司、个人独资企业、不具备法人资格的中外合作经营企业和外资企业等。

4. 自然人

自然人即个人主体。公民是自然人中最基本、在数量上占绝对优势的权利主体。在我国，凡取得中华人民共和国国籍的人都是公民基本权利和义务的承担者，可以和其他公民、非法人组织、国家机关以及国家之间发生多种形式的法律关系。居住在我国境内的外国人和无国籍人，也可以成为我国某些经济法律关系的参加者。在我国，个体工商户、农村承包经营户和个人合伙也包括在个人主体（自然人）的范围内。

（二）经济法律关系的内容

经济法律关系的内容是指经济法律关系的主体享有的经济权利和承担的经济义务。

1. 经济权利

经济权利，是指经济法律规范所确认和保护的具有经济内容的权利。不同的经济主体享有不同的经济权利，如经济职权、自主经营权、所有权、股权等。

【注意】 经济法律关系的内容是公私交织的，强调当事人之间的协调。在经济法律关系中，对于经济管理主体和公有性质的经济活动主体来说，它们的权力或职权、权利等，同时也是对国家、人民、集体等的义务或职责，必须依法行使好，更不得随意抛弃，否则就必须承担相应的责任。

2. 经济义务

经济义务，是指经济法律关系主体依照经济法律规范所担负的必须作出某种行为或不得作出某种行为的负担或约束。如依法按时纳税的义务、不得拒绝国家机关依法检查的义务、不得扰乱市场秩序的义务等。

【注意】 经济义务为法律设定或当事人约定。法律设定，是法律明文规定的义务。当事人约定，是参加经济法律关系时双方当事人协商议定的义务，也必须以法律为依据。经济义务是满足权利主体或权力主体要求的行为；不履行经济义务则应承担责任。

（三）经济法律关系的客体

经济法律关系的客体，是指经济法律关系主体的经济权利和经济义务所共同指向的对象，是经济权利义务关系形成的载体。经济法律关系的客体一般包括物、行为、智力成果和其他权益。

1. 物

法律意义上的“物”，并非等同于物理学中的物体或者物质。它是指可以为人们控制和支配、具有一定经济价值的物质形态。物可以分为很多种类，如天然物与劳动产品、生产资料与生活资料、流通物与限制流通物、种类物与特定物、可分物与不可分物、主物与从物等，而我国《物权法》明确将物分为不动产和动产。

不动产指土地以及地上附着物，这些物是不能移动的，其移动将不再是该不动产。除土地之外，房屋、桥梁、铁路等地上建筑物均属不动产，地里尚未收割的庄稼、林木等也都属于不动产。动产指除不动产以外的物，如汽车、衣服、食物等，其中，货币和有价证券属于特殊的动产。这里的货币指国家的法定货币，它是国家最重要的经济杠杆，我国的法定货币为人民币；有价证券主要包括票据（如汇票、本票和支票）、股票和债券等。

【注意】 作为经济法律关系客体的物，在经济法中也以更具体和更充满经济意味的形态表现出来，如它们不仅是动产、不动产等，还表现为生产资料、资本或股本、固定资产、流动资产、无形资产、长期投资、短期投资、递延资产、费用、利润和税赋等。

2. 行为

行为是指经济法律关系主体为达到一定的经济目的，实现其权利和义务所进行的经济活动，包括经济管理行为、完成一定工作行为和提供一定劳务行为等。

（1）经济管理行为。经济管理行为是指经济法律关系主体行使经济管理职权进行经济管理活动的行为，如市场管理行为、质量监督行为、税收征收管理行为、金融监管行为等。

（2）完成一定工作行为。完成一定工作行为是指经济法律关系主体的一方，利用自己的资金和技术设备为对方完成一定的工作任务，对方根据完成工作的质量和数量情况支付相应报酬，如加工承揽行为、建筑安装行为、勘察设计行为等。

（3）履行一定劳务行为。履行一定劳务行为是指经济法律关系主体一方为对方提供一定劳务或服务，满足对方的需求，由对方支付一定报酬的行为，如运输、仓储保管等。

【注意】 经济法律关系的客体中的行为，已由更细化和更具体化的行为来表现它的重要性，而不再是抽象且高度形式化的“法律行为”，根据主体的不同，可以分为公共经济管理行为、社会团体及其成员的自治行为、竞争和协作行为、给付行为、各种程序行为，等等。如国家机关和社会团体的公共经济管理行为，表现为制定规章、决策、执行、命令、指示、组织协调、监督、处罚等具体行为。非公共管理范畴的经济管理行为，如企业内部日常管理行为等，除了依法被外部化或者通过某种特殊经济责任制而上升为法律关系客体的以外，一般不具有直接的法律意义，从而不构成经济法律关系的客体。

3. 智力成果

智力成果是指能够为人们带来经济价值的创造性劳动成果和经济信息。作为一种信息，它需要一定载体表现出来才能被人们感知和利用。智力成果可分为创造性成果和识别性标记。创造性成果包括作品、发明、实用新型、外观设计、商业秘密、集成电路、软件等。识别性标记包括商标、商号、地理标记等。

此外，权力也可能成为经济法律关系的客体，如在土地使用权出让或者转让法律关系中、农村土地承包经营权流转法律关系中，其客体分别是土地使用权和农村土地承包经营权。

【示例 1.3】 2010 年 12 月 20 日，A 公司与 B 物资贸易中心签订了 8 000 台电视机的购销合同。合同规定，供方交货期为 2011 年 1 月至 2 月，合同成立后 3 日内由需方预付 50% 的货款。

请问：在本案例中是否形成了经济法律关系？如果形成了经济法律关系，请指出该经济法律关系的主体、内容和客体。

【思路解析】 本案中双方构成经济法律关系。经济法律关系的主体是 A 公司与 B 物资贸易中心。经济法律关系的客体是双方当事人所约定买卖的 8 000 台电视机。经济法律关系的内容具体表现为：A 公司有要求对方按期、保质、保量地交付电视机的权利，同时负有按约定支付货款的义务；B 物资贸易中心享有到期取得货款的权利，同时负有按期、保质、保量交货的义务。

二、经济法律关系的产生、变更和消灭

（一）经济法律关系的产生

经济法律关系的产生，是指经济法律关系主体之间形成一定的权利义务关系。例如，劳动者与企业签订劳动合同，在劳动者与用人单位之间就产生了经济法律关系。

（二）经济法律关系的变更

经济法律关系变更，是指经济法律关系的某一构成要素发生的变化，如主体、客体、内容发生的变化。如劳动合同签订之后劳动者与用人单位就劳动内容、工资待遇等内容达成变更协议的，这个劳动合同所确定的经济法律关系就发生了变更。

（三）经济法律关系的终止

经济法律关系的终止，是指经济法律关系主体之间的义务关系消灭。例如，劳动合同规定的期限届满，双方没有续签的，这时双方之间的经济法律关系就终止了。

（四）经济法律关系的产生、变更和消灭的条件

任何法律关系的产生、变更和消灭，都要有法律事实的存在。经济法律关系的产生、变更消灭也不例外。

法律事实，是指由法律规范确定的，能够产生法律后果，即能够直接引起法律关系产生、变更或者消灭的情况。仅有法律规范和法律主体并不会使法律关系产生、变更和消灭，只有当法律事实发生时，才会引起法律关系的产生、变更和消灭。

依据是否以人们的意志为转移为标准，法律事实可以分为两大类：法律事件和法律行为。

1. 法律事件

法律事件，是指不以人的主观意志为转移的能够引起法律关系产生、变更和消灭的法定情况或者现象。事件可以是自然现象，如地震、海啸、台风等；也可以是某些社会现象，如战争、政府的决策变动等。

2. 法律行为

法律行为，是指以法律关系主体意志为转移，能够引起法律后果的人们有意识的活动。大多数的经济法律关系的产生、变更和消灭都是由法律行为引起的。

根据不同标准，可以对法律行为做多种分类，包括以下两大类：

(1)合法行为与违法行为。

合法行为是指行为人所实施的具有一定的法律意义、与法律规范的内容相符合的行为；违法行为是指行为人所实施的违反法律规范，应受惩罚的行为。

(2)积极行为与消极行为。

积极行为，又称作为，是指以积极、主动作用于客体的形式表现的、具有法律意义的行为；消极行为，又称不作为，是指以消极的形式表现的行为。

第三节　经济法律责任

一、经济法律责任的概念及特征

经济法律责任，是指由经济法规定，在国家干预和调控社会经济过程中因主体违反经济法律、法规而依法必须承担的法律后果。它是国家用以保护现实的经济法律关系的重要方法。经济法责任的特征如下：

(1)经济法责任具有惩罚性。

经济法责任本质上是对被破坏的正常的社会秩序的恢复，同时又给予破坏者以否定性的评价，因而实现对利益受损者的补偿，使其在一定程度得以恢复，同时对违反义务者以财产、资格等的惩罚，是经济法责任实现所带来的两大效益。如消费者权益保护法的双倍赔偿责任。

(2)经济法责任具有双重性。

经济法主体承担法律责任的双重性，是指其具有承担的法律后果，可能由“本法责任”和“他法责任”构成。“本法责任”是指经济法主体违反了经济法的规范所应当承担的法律责任，此即经济法责任；而“他法责任”是指经济法主体在违反经济法规定的同时，也违反了其他部门法规范,从而也应承担相应的法律责任。

(3)经济法责任具有复合性。

所谓复合性是指经济法责任在形式上大量采用了传统上属于民事责任、行政责任和刑事责任的形式。经济法作为新兴的部门法,综合使用了各种法律责任的形式,虽然在民法、行政法和刑法上也有借用其他部门法责任的形式,但大多属于个别的情形,经济法责任与它们相比具有明显形式上的复合性。

(4)经济法责任具有不对等性。

经济法主体可分为两类:控制主体和受制主体。控制主体一般是指具有宏观调控或市场规制职能的政府权力机关;受控主体一般是指受政府权力机关调控或规制的市场主体。由于它们是两类不同性质的主体,调整其行为的法律规范的性质是不同的,其分别享有的权利和承担的义务在性质上也是不同的。因此,两者所承担的法律责任也是不同的。

二、承担经济法律责任的原则

1. 过错责任原则

过错责任原则是我国经济法确认的,在追究违法主体的经济法律责任时普遍适用的一项原则。其适用应具备以下条件:

(1)须有经济违法行为。经济违法行为是经济法主体所为的不履行和不适当履行经济义务的行为。经济法规定的经济义务有两种形式:作为的义务和不作为的义务。与之相适应,经济违法的行为既可以表现出违法主体的作为,也可以表现出违法主体的不作为。前者如自立名目滥收费用,后者如违反税法拒不纳税。

(2)行为人须有过错。过错是指行为人在实施经济违法行为时,主观上所持的故意或过失的心理状态。故意是行为人能够预见自己的行为会产生一定的危害社会的后果,但仍实施该行为并希望或放任危害结果的发生;过失是行为人应该预见自己的行为会发生危害结果,但由于疏忽大意而没有预见或者虽然预见却轻信可以避免,而致使危害结果的发生。

(3)须有损害或者危害的事实。一般来说,行为人的行为只要违法,就应当予以追究,令其承担相应的经济法律责任。但是,违法行为是否造成了危害经济管理秩序或者损害他人利益的事实,在具体确认经济法律责任时,也是一个不可忽视的要件。特别是在确定违法主体应负何种责任,对违法主体应予以何种制裁时,危害事实的有无以及危害性质、危害程度等客观情况,就具有特别重要的意义。

(4)违法行为与危害事实之间存在必然的因果关系。

2. 无过错责任原则

无过错责任原则是经济法主体承担经济法律责任的特殊原则。所谓特殊,是指这种原则只有在特定情况下,即经济法律明确规定的情况下才适用。

无过错原则是指在法律有直接规定的情况下,无论行为人有无过错都要对其行为所导致的损害事实承担责任的原则。这一原则的确立,可以使因实行过错原则得不到应有补偿的受害人得到补偿,使经济法律责任的承担更加公平、合理。

3. 经济法律责任的形式

(1)经济责任。经济责任是指对违反经济法的单位和个人依法采取的一种财产性的强制措施。经济责任主要包括支付违约金、支付赔偿金、罚款、强制收购及没收财产。

(2)行政责任。对违反经济法的行为,可依法追究违法者的行政责任,给予行政处罚。根据《中华人民共和国行政处罚法》第 8 条的规定,行政处罚的种类包括:警告;罚款;没收违法所得、没收非法财物;责令停产停业;暂扣或者吊销执照;行政拘留;法律、行政法规规定的其他行政处罚。国家机关、企事业单位还可以根据法律、法规,按照行政隶属关系对违法者实施行政处分。行政处分的种类有警告、记过、记大过、降职、撤职、留用察看、开除等。

(3)刑事责任。对违反经济法律,情节严重,构成犯罪的行为,要依法追究刑事责任,给予刑事制裁。根据《中华人民共和国刑法》(以下简称《刑法》)的规定,刑罚分为主刑和附加刑。主刑包括管制、拘役、有期徒刑、无期徒刑和死刑。附加刑包括罚金、剥夺政治权利、没收财产。主刑独立适用,附加刑可以单独或附加适用。对犯罪的外国人、无国籍人可以独立适用或附加适用驱逐出境。

公司、企业、事业单位、机关、团体实施危害社会的行为,法律明确规定为单位犯罪的,应当负刑事责任。单位犯罪的,对单位判处罚金,并对直接负责的主管人员和其他直接责任人员判处刑罚。

【示例 1.4】 小刘与小王在学习经济法课程时发生争论。小刘认为,法律责任是不行使法律权利的一种后果;小王认为,法律责任是不履行法律义务的一种后果。请分析小刘与小王的说法是否正确。

【思路解析】 法律责任是指法律关系主体由于违法行为、违约行为或者由于法律规定而应承担的不利的法律后果。就其实质来说,法律责任是行为人不履行法律义务而应承受的法律后果。或者说,是国家对违反法定义务、超越法定权利或滥用职权等行为所作的否定的法律评价。故小刘的说法不正确,小王的说法正确。

三、经济法责任的具体类型

我国现有的经济法责任形态,典型的有:政府经济失误赔偿、惩罚性赔偿、实际履行、产品召回、信用减等、资格减免、颁发禁止令、引咎辞职、改变或撤销政府经济违法规定和行为等。

(一)政府经济失误赔偿

政府经济失误赔偿,是因政府经济决策失误而由政府及其人员承担的财产责任。政府失误赔偿制度不同于传统的民事责任,因为政府承担赔偿责任的原因既不是违约,也不是违法侵权,而是决策失误,这种责任没有包括在传统的民事责任中。政府失误赔偿制度也不同于传统的行政责任,因为行政责任的构成要件之一是存在违反行政法义务的行为。决策失误不属于违反行政法律义务的行为,因而它是一种新型政府责任。

(二)惩罚性赔偿

惩罚性赔偿,是市场主体,尤其是拥有经济强势的企业对社会承担的财产责任。传统司法中适用惩罚性赔偿的情况较少,而这种扩大适用惩罚性损害赔偿的趋势恰恰是经济法责任形式的一个表现。惩罚性赔偿的功能不仅在于填补受害人的损失,而且在于惩罚和制裁严重过错行为。

(三)实际履行

这里的实际履行不同于民法上的实际履行,这种实际履行的结果不只对特定人有利,而且主要是国家和政府履行。国家或政府的主要责任,就是提供公共物品,而对于公共物品的需要一般是私人物品所不能代替的,它一般只能由政府来提供。如果政府不作为,有时可能就会对调制受体产生不良影响。例如,外部竞争环境的营造、市场秩序的维持、必要的宏观调控等,都是应当实际履行的,在这方面,不能或不可能完全用承担国家赔偿的责任方式来代替,也不可能都用纳税人的钱全面的赔偿为自己开脱,只能由国家或者政府以"实际履行"的方式完成。

(四)产品召回责任

产品召回责任是产品召回制度所确立的一种责任形式。产品召回制度是指产品的生产商、销售商或进口商对于其生产、销售或进口的产品存在危及消费者人身、财产安全缺陷的,依法将该产品从市场上收回,并免费为其进行修理或更换的制度。之所以让企业承担产品召回的责任,是为了保护消费者的人身权和财产权,这其实也是对社会整体利益的维护和促进。应该说,产品召回责任既不同于传统的民事责任形式,也不同于传统的行政责任形式。这种责任形式是现代产品责任制度和消费者权益保护制度所创设的一种特有的责任形式。

(五)信用减等

从某种意义上说,市场经济本身是一种信用经济,因此,如果对某类主体进行信用减等,则是一种惩罚。在这方面,有一些现象或制度很值得研究,如信誉评估制度、纳税信息公告制度、上市公司的 PT 制度、黑名单制度,等等。其中有些就涉及信用减等问题,并使信用减等成为相关主体需要承担的一种广义责任形式。这种责任或制裁具有国家认可的行业责任或社会性制裁的性质,其实质是国家或者行业协会对企业的市场主体资格的取消或限制。此种责任方式在专业性较强的行业中已普遍采用。如银行同业协会发布公告,对长期欠债不还的客户予以制裁,限制其贷款资格与信用能力等。立法上也有一定体现。如《中国人民银行助学贷款管理办法》(2000 年)第 5 条规定,申请助学贷款者贷款逾期 1 年不还,又不提出展期,贷款人可在其曾经就学的高等学校或相关媒体上公布其姓名、身份证号码。此外,对有特定违法行为的企业取消其优惠待遇、扣减其利息、停止其能源供应等。这也被有关法规规定为制裁措施。

（六）资格减免

与信用减等相类似，国家可以通过对经济法主体（特别是受制主体）的资格的减免或免除，来对其作出惩罚。因为在市场经济条件下，主体的资格变得非常重要，它同主体的存续、收益等都紧密相关。因此，取消各种资格，吊销营业执照，剥夺其经济法主体的资格，使其失去某种活动能力，就是对经济法主体的一种重要惩罚。多数学者习惯称这种责任为行政责任。其实，这种责任只不过是通常由经济行政机关作出而已，其目的并不在于维护行政的权威和保持政府的廉洁性。

（七）颁发禁止令

禁止令是司法当局依职权或依被害人申请而采取的制止违法行为发生和防止损害扩大的一项救济措施。禁止令一方面可以对已经发生的违法行为起到制止的作用；另一方面可以对没有实施但即将实施的违法行为起到预防作用。承担禁止令责任，在许多情况下，并不以存在损害事实为必要。例如，产品的生产者、经营者没有按照国家关于产品的强制性标准生产产品或销售产品，在没有投放市场前，国家就可能颁布禁止令，禁止销售违反国家标准的产品，因为一旦产品投放市场，社会公共利益受到损害，不仅违法者难以有足够的财产来弥补受害人的损失，而且很多损失是不能弥补的，如人的生命、健康等。

（八）改变或者撤销政府经济违法规定和行为

例如，《国务院关于禁止在市场经济活动中实行地区封锁的决定》中的一些条款体现了这种责任形式。第6条规定："地方各级人民政府所属部门的规定属于地区封锁或者含有地区封锁内容的，由本级人民政府改变或者撤销；本级人民政府不予改变或撤销的，由上一级人民政府改变或者撤销。"第10条至第16条规定："地方各级政府或者其所属的部门实行本规定第4条第（一）项至第（七）项所列的地区封锁行为的由省、自治区、直辖市人民政府组织有关部门进行查处，分别对限定措施、关卡、歧视性技术措施、歧视性待遇予以撤销或消除障碍。"第17条规定："实行本规定第4条第（一）项至第（七）项所列行为以外的其他地区封锁行为的，由省、自治区、直辖市人民政府组织经济贸易管理部门、工商行政管理部门、质量监督部门和其他有关主管部门查处，消除地区封锁。"第19条规定："地区封锁行为属于根据地方人民政府或者所属部门的规定实行的，除依照本规定第10条至第17条的规定查处，消除地区封锁外，并应当依照本规定第6条至第9条的规定，对有关规定予以改变或者撤销。"其他法律法规中对此也有相应的规定。但是，大多数经济法立法对经济法责任规定的不完善和不全面，直接表现为经济法规范中缺乏主体行为，尤其是国家经济管理主体行为的否定性后果的规定。而这种缺位，则正是因权力非规范化状态下的权力与责任失衡的直接表现。

【引例分析】 食品安全是人类生存和发展的基础，它关系到消费者的切身利益、国家的安全和社会的稳定，因此，食品安全问题对发达国家和发展中国家都是一个至关重要的问题，有时甚至发展成为一个全球性的问题，因劣质食品引发的食源性疾病有时可能涉及许多国家。

对食品进行监管是必要的，从本节引例中可以看出，美国的食品安全监管经历了一个由乱到治的过程。对食品安全进行监管，是民众基本权益的保护（即对人权最为实在的保护），是社会秩序稳定的保证，也是经济持续发展的保障。食品安全问题不仅损害个人利益，还损害社会可持续发展为基点的社会整体利益。

对食品安全的监管，已经超出了传统民法的范畴，是国家规制经济活动的结果。因此，这是一个经济法的现象。在食品安全监管的过程中，虽然设立了行政机构，但这种机构不是经济管理的主体，是经济法律关系的主体一方，因而属于经济法的范畴。

本章小结

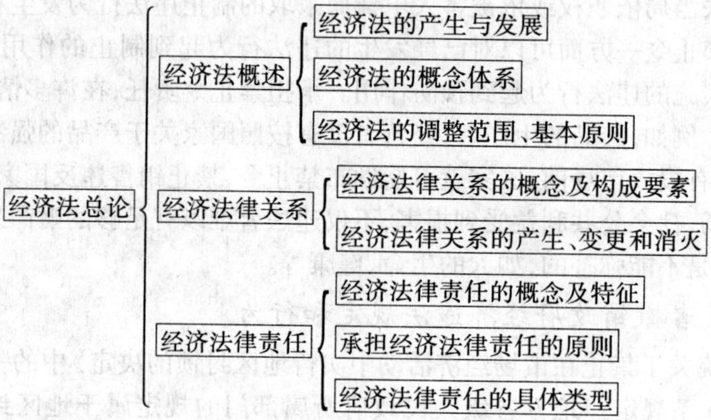

练习题

一、单选题

1. 最早提出“经济法”概念的是（　　）。

A. 金泽良雄的《经济法概论》　　B. 德萨米的《公有法典》

C. 摩莱里的《自然法典》　　D. 莱特的《世界经济年鉴》

2. 对于《中华人民共和国香港特别行政区基本法》的法律解释由（　　）作出。

A. 全国人大　　B. 全国人大常委会

C. 国务院　　D. 香港特别行政区大法官

3. 经济法能成为一个独立的法的部门的原因是（　　）。

A. 经济法的调整对象单一　　B. 经济法的调整对象特定

C. 经济法的主体特殊　　D. 经济法的调整方法特殊

4. 关于经济法中的劳动者说法错误的是（　　）。

A. 劳动者是指在法定劳动者年龄范围内具有劳动能力的公民

B. 失业人员不是劳动者

C. 劳动者的权利以劳动权为核心

D. 劳动者资格具有平等性

5. 某施工企业未完成施工之际，恰好遭遇地震，导致在建工程坍塌，从而引起工程纠纷。在这一事件中，引起法律关系产生的情况属于（ ）。

A. 社会事件　　B. 法律事件　　C. 法律行为　　D. 意外事件

6. 在下列情形中，乙构成不当得利的是（ ）。

A. 甲欠乙 500 元，丙在甲不知情的情况下自愿代为偿还

B. 甲大学新建校区，当地居民乙的房屋大幅升值

C. 甲以拾得的 100 元还了欠乙的债务

D. 甲雇人耕田，雇工误耕了乙的数亩待耕之田

二、多选题

1. 经济法体系的结构包括（ ）。

A. 企业组织管理法　　B. 市场管理法

C. 宏观调控法　　D. 社会保障法

2. 我国经济法的法律渊源包括（ ）。

A. 宪法　　B. 法律和有关规范性文件

C. 行政法规和有关规范性文件　　D. 部、委规章和有关规范性文件

3. 经济法的实施包括（ ）。

A. 经济守法　　B. 经济立法　　C. 经济执法　　D. 经济司法

4. 下列各项中，可以作为经济法律关系客体的有（ ）。

A. 阳光　　B. 房屋　　C. 经济决策行为　　D. 非专利技术

5. 下列对经济法主体的行为的表述中，正确的是（ ）。

A. 经济法主体的行为属于法律行为

B. 对于宏观调控行为和规制行为，接受调控或规制的市场主体，可以选择是否接受或遵从，其行为可称为市场对策行为

C. 市场对策行为可以分为横向对策行为和纵向对策行为两类

D. 调制行为是国家单方的法律行为，不需要在形式上与接受调控和规制的经济法主体达成合意

6. 对于接受调控和规制的主体要承担经济法所规定的相关义务，这些义务主要有（ ）。

A. 对于那些具有法律约束力、强制执行力的调制行为，不能从事违法的博弈活动

B. 在其行使竞争权的过程中，不能采取不公平的方式，或者不正当竞争的手段，去损害其他竞争主体的利益

C. 不得从事违反诚实信用、公序良俗和公认的商业道德行为

D. 消费者个人一旦从事经营性活动,同样也要依法竞争

三、问答题

1. 什么是经济法? 它的体系包含哪些?

2. 简述经济法的渊源和调整对象。

3. 经济法有哪些基本原则? 如何理解这些基本原则?

4. 如何理解经济法律关系的三要素?

5. 什么是法律事实? 经济法律关系的发生、变更和终止应具备哪些条件?

6. 承担经济责任的形式有哪些?

四、案例分析题

1. 陈某开车将王某撞死,为此陈某赔偿王某 15 万元。王某的继承人王甲、王乙、王丙继承王某的遗产。问本案引起法律关系的法律事实有哪些?

2. 面对金融危机,某国政府于2008 年6 月动用近千亿元人民币入市操作;2008 年8 月,为了进一步巩固其货币发行制度,减少投机者操纵市场使银行同业市场和利率出现动荡的机会,又推出了7 项技术性措施,这7 项措施集中包括了货币兑换保证和银行流动资金贴现方面的新措施两大内容。2008 年 10 月,为了严格证券市场纪律,强化金融监管,该国政府又公布了加强证券及期货市场纪律的 30 条措施。这 30 条措施涉及证券交易所、期货交易所等机构。

请根据以上案例所述内容,分析经济法的调整对象、经济法的原则。

第二章

Chapter 2

个人独资与合伙企业法律制度

【学习要点及目标】

通过本章学习，应该达到：

1. 掌握个人独资企业设立的条件；
2. 掌握个人独资企业的权利与义务；
3. 了解企业及企业法的知识；
4. 掌握合伙和合伙企业的概念及特征；
5. 掌握合伙企业法的概念及使用范围；
6. 掌握合伙企业的设立、变更、终止及清算；
7. 掌握合伙企业的财务、事务执行及债务清偿等法律规定。

【引例】 2002年7月甲、乙、丙三人分别出资10万元合伙成立印刷厂。在合伙协议中约定由乙代表合伙企业执行合伙事务，利润分配或者亏损分担由乙、甲、丙按4: 3: 3的比例分享或承担。在2005年底，三合伙人由于合伙事务发生纠纷向人民法院提起诉讼。经法院查明：乙在执行合伙事务的过程中，做假账蒙骗其他合伙人，私自获取30万元的合伙财产；在2002年9月，乙雇用丁担任合伙事务的经营管理人，自己与丙开了一家印刷厂。

请问：

1. 约定由乙执行合伙事务是否可以？约定的分配比例是否合法？
2. 乙做假账蒙骗其他合伙人侵犯了其他合伙人的哪些权利？30万元应当如何处置？
3. 乙雇佣丁和丙另开印刷厂的行为是否合法？

第一节　个人独资企业法律制度

一、个人独资企业概述

（一）个人独资企业的含义和特征

个人独资企业，是指依法在中国境内设立的，由一个自然人投资，财产为投资人个人所有，投资人以其个人财产对企业债务承担无限责任的经营实体。

个人独资企业与其他企业形式相比具有以下法律特征：①企业的投资人只能是一个自然人。②企业的投资人对企业债务承担无限责任。企业的全部财产，包括企业经营中以企业名义所获得的所有收益都归投资人个人所有。投资人投入企业的财产与其个人的其他财产归属上并无实质的区别。③个人独资企业的财产属投资人个人所有。个人独资企业与其他形式的企业不同，它本身并无独立财产所有权，个人独资企业的财产所有权归属于投资人个人。④个人独资企业的内部机构设置简单，经营管理方式灵活。个人独资企业的投资人既是企业的所有者，又是企业的经营者，因此，其内部机构的设置较为简单，决策程序也较为灵活。⑤企业虽然是一个经营实体，但由于企业的财产与个人的财产是合一的，所以许多国家在法律上一般不将个人独资企业作为独立的纳税主体，而由业主个人缴纳各种税收。

（二）个人独资企业法及其基本原则

个人独资企业法有广义和狭义之分。广义的个人独资企业法是调整个人独资企业的设立、变更、解散及其内外部关系的法律规范的总称；狭义的个人独资企业法是指 1999 年 8 月 30 日第九届全国人大常委会第十一次会议通过的《中华人民共和国个人独资企业法》（以下简称《个人独资企业法》），该法共六章四十八条，自 2000 年 1 月 1 日起施行。

《个人独资企业法》遵循下列基本原则：依法保护个人独资企业的财产和其他合法权益；个人独资企业从事经营活动必须遵守法律、行政法规，遵守诚实信用原则，不得损害社会公共利益；个人独资企业应当依法履行纳税义务；个人独资企业应当依法招用职工；个人独资企业职工的合法权益受法律保护。

【注意】 个人独资企业与国有独资公司的区别有：①个人独资企业不具有法人资格，后者则具有；②个人独资企业的投资人是自然人，后者为国有资产监督管理机构；③个人独资企业的投资人对企业债务承担无限责任，后者为有限责任。

二、个人独资企业的设立

（一）个人独资企业的设立条件

根据我国《个人独资企业法》第八条规定，设立个人独资企业应具备下列条件：

1. 投资人为一个自然人，且只能是中国公民

作为个人独资企业，其投资人只能是自然人，由于企业设立后要从事经营活动，所以投资人还应是具有完全民事行为能力，并依照法律、行政法规能够从事营利性活动的人。法律、行政法规规定禁止从事营利性活动的人，不得作为投资人申请设立个人独资企业。

2. 有合法的企业名称

名称是企业的标志，企业必须有相应的名称，并应符合法律、法规的要求。企业对依法取得的名称享有人格权。个人独资企业的名称中不得使用“有限”、“有限责任”或者“公司”字样。

3. 有投资人申报的出资

《个人独资企业法》对设立个人独资企业的出资数额未作限制。设立个人独资企业可以用货币出资，也可以用实物、知识产权、土地使用权或者其他财产权利出资。投资人可以个人财产出资，也可以家庭共有财产作为个人出资。以家庭共有财产作为个人出资的，投资人应当在设立登记申请书上予以注明。投资人申报的出资不是注册资本，只是经营条件，不具有对债权人给予担保的效力，因此，法律对其具体数量、出资方式未予规定。

4. 有固定的生产经营场所和必要的生产经营条件

固定的生产经营场所，是指企业应有比较固定的经营地点。生产经营场所包括企业的住所与生产经营相适应的处所。住所是企业的主要办事机构所在地，是企业的法定地址。

5. 有必要的从业人员

有必要的从业人员即要有与其生产经营范围、规模相适应的从业人员。对从业人员的人数法律未作限定。只有投资人一人从事业务活动的也属于符合条件。

（二）个人独资企业的设立程序

1. 申请

一般个人独资企业的设立，无须经有关政府部门批准，只要到工商登记机关登记，除非是从事法律、行政法规规定须报经有关部门审批的业务。申请设立个人独资企业，应当由投资人或者其委托的代理人向个人独资企业所在地的登记机关提出设立申请。投资人申请设立登记，应当向企业所在地登记机关提交下列文件：①投资人签署的个人独资企业设立申请书；②投资人身份证明，主要是身份证和其他有关证明材料；③企业住所证明和生产经营场所使用证明等文件；④委托代理人申请设立登记时，应当出具投资人的委托书和代理人的合法证明；⑤国家工商行政管理总局规定提交的其他文件。

2. 登记

工商登记机关应当在收到设立申请文件之日起 15 日内，对符合法定条件的予以登记，发给营业执照。个人独资企业的营业执照签发日期，为个人独资企业成立日期。对不符合个人独资企业法规定条件的，不予登记，并应当给予书面答复，说明理由。投资人在领取个人独资企业营业执照之前，不得以个人独资企业名义从事经营活动。

个人独资企业存续期间登记事项发生变更的,应当在作出变更决定之日起的15日内依法向登记机关申请变更登记。

三、个人独资企业的投资人及事务管理

(一)个人独资企业的投资人

根据《个人独资企业法》的规定,个人独资企业的投资人,是指以其财产投资设立独资企业的具有中国国籍的自然人。投资人只能是一个自然人;投资的财产必须是私人所有的财产。法律、行政法规禁止从事营利性活动的人,不得作为投资人申请设立个人独资企业。在我国,法律、行政法规禁止从事营利性活动的人主要包括:法官、检察官、人民警察和国家公务员。

个人独资企业投资人对本企业的财产依法享有所有权,其有关权利可以依法进行转让和继承。企业的财产不论是投资人的原始投入,还是经营所得,均归投资人所有。个人独资企业投资人在申请企业设立登记时明确以其家庭共有财产作为个人出资的,应当依法以家庭共有财产对企业债务承担无限责任。

投资人的权利主要体现在以下四个方面:①对企业资产及运营收益享有完全的所有权;②对企业的生产经营活动有完全的决策权、指挥权、管理权;③有将其全部营业及财产转让、赠送、以遗嘱方式处分的权利;④有为扩大其经营规模而收购、并入其他企业的权利和设立分支机构的权利。

投资人的义务主要有:①遵守法律、行政法规,在法律、行政法规允许的范围内活动;②遵守诚实信用原则;③不损害社会公共利益;④依法建立财务会计制度;⑤依法纳税;⑥依法招用职工,保障职工合法权益;⑦做好环境保护工作等。

(二)个人独资企业的事务管理

个人独资企业投资人对本企业的财产依法享有所有权,有权决定本企业的各项事务。个人独资企业的投资人可以自行管理企业事务,也可以委托或者聘用其他具有民事行为能力的人负责企业的事务管理。委托或者聘用其他人管理企业事务时,投资人应与受托人或者被聘用的人签订书面合同,明确委托的具体内容和授予的权利范围。

受托人或者被聘用人员应当履行诚信、勤勉义务,按照与投资人签订的合同负责个人独资企业的事务管理。

投资人委托或者聘用的管理个人独资企业事务的人员不得有下列行为:①利用职务上的便利,索取或者收受贿赂;②利用职务或者工作上的便利侵占企业财产;③挪用企业的资金归个人使用或者借贷给他人;④擅自将企业资金以个人名义或者以他人名义开立账户储存;⑤擅自以企业财产提供担保;⑥未经投资人同意,从事与本企业相竞争的业务;⑦未经投资人同意,同本企业订立合同或者进行交易;⑧未经投资人同意,擅自将企业商标或者其他知识产权转让给他人使用;⑨泄露本企业的商业秘密;⑩法律、行政法规禁止的其他行为。

受托人或者被聘用人员有上述行为之一，侵犯个人独资企业财产权益的，责令退还侵占的财产；给企业造成损失的，依法承担赔偿责任；有违法所得的，没收违法所得；构成犯罪的，依法追究刑事责任。根据《个人独资企业法》规定，个人独资企业事务管理的主要内容包括：①会计事务管理。个人独资企业应当依法设置会计账簿，进行会计核算。②用工管理事务。个人独资企业招用职工的，应当依法与职工签订劳动合同，保障职工的劳动安全，按时、足额发放职工工资。③社会保障事务。个人独资企业应当按照国家规定参加社会保险，为职工缴纳社会保险费。

为了维护社会公平和正义，《个人独资企业法》还规定，投资人对受托人或者被聘用的人员职权的限制，不得对抗善意第三人。受托人或被聘用的人员超出投资人的限制与善意第三人的有关业务交往应当有效。这里所称"善意第三人"是指本着合法交易的目的，诚实地通过受托人或者聘用的人员，与个人独资企业之间发生经济往来关系的法人、非法人团体或者自然人。

【示例 2.1】 王某因出国留学将自己的独资企业委托给张某管理，并授权张某在 5 万元以内的开支和 50 万元以内的交易可自行解决。第三人对此授权不知情，在张某受托期间，张某未经王某同意将自己的房屋出售给本企业的行为为我国法律所禁止或无效的行为吗？

【思路解析】 投资人委托或者聘用的管理个人独资企业事务的人员不得未经投资人同意，同本企业订立合同或者进行交易。

四、个人独资企业的解散和清算

（一）个人独资企业的解散

个人独资企业的解散是指个人独资企业因出现某些法律事由而导致其民事主体资格消灭的行为。个人独资企业有下列情形之一的，应当解散：①投资人决定解散；②投资人死亡或者被宣告死亡，无继承人或者继承人放弃继承；③被依法吊销营业执照；④法律、行政法规规定的其他情形。

（二）个人独资企业的清算

个人独资企业解散时应当进行清算，由投资人自行清算或者由债权人申请人民法院指定清算人进行清算。投资人自行清算的，应当在清算前 15 日内书面通知债权人，无法通知的，应当予以公告。债权人应当在接到通知之日起 30 日内，未接到通知的应当在公告之日起 60 日内，向投资人申报其债权。

个人独资企业解散后，原投资人对个人独资企业存续期间的债务仍应承担偿还责任，但债权人在 5 年内未向债务人提出偿债请求的，该责任消灭。

个人独资企业解散的，财产应当按照下列顺序清偿：①所欠职工工资和社会保险费用；②所欠税款；③其他债务。

清算期间，个人独资企业不得开展与清算目的无关的经济活动，在按上述顺序清偿债务前,投资人不得转移、隐匿财产。个人独资企业财产不足以清偿债务的,投资人应当以其个人的其他财产予以清偿。

清算结束后,投资人或者人民法院指定的清算人应当编制清算报告,并于清算结束之日起15日内向原登记机关申请注销登记。经登记机关注销登记,个人独资企业终止。个人独资企业办理注销登记时,应当交回营业执照。登记机关应当在收到按规定提交的全部文件之日起15日内,作出核准登记或者不予登记的决定。予以核准的,发给核准通知书;不予核准的,发给企业登记驳回通知书。

【示例2.2】 某个人独资企业决定解散,并进行清算。该企业财产状况如下:企业尚有可用于清偿的财产10万元;欠缴税款3万元;欠职工工资1万元;欠社会保险费用0.5万元;欠甲公司到期债务5万元;欠乙未到期债务2万元。根据《个人独资企业法》的规定,该个人独资企业在清偿所欠税款前,应先行清偿的款项有哪些?

【思路解析】 个人独资企业解散的,财产应当按照下列顺序清偿:(1)所欠职工工资和社会保险费用;(2)所欠税款;(3)其他债务。

第二节 合伙企业法律制度

一、合伙企业概述

(一)合伙企业的概念

根据《中华人民共和国合伙企业法》(以下简称《合伙企业法》)的规定,合伙企业是指自然人、法人和其他组织依照《合伙企业法》在中国境内设立的普通合伙企业和有限合伙企业,是依法在中国境内设立的由各合伙人订立合伙协议,共同出资、合伙经营、共享收益、共担风险,并对合伙企业债务承担无限连带责任的营利性组织。在我国,合伙企业包括:普通合伙企业和有限合伙企业两种形式。

(二)合伙企业的法律特征

普通合伙企业和有限合伙企业在组织整体设计中具有“同一性”,依相关法律的规定,其共同的法律特征主要如下:

1. 必须依法设立

我国《合伙企业法》规定了合伙企业设立的条件和程序。只有符合法定条件并依法定程序经我国企业登记机关核准,发给营业执照,合伙企业即可成立。

2. 合伙企业的设立以合伙人订立的合伙协议为基础

合伙企业是合伙人之间的自愿联合,在合伙协议中,各合伙人应就出资方式等事项在自愿、平等、公平、诚实信用等原则的基础上达成一致。

3. 以共同出资为前提

合伙企业是一种营利性组织，其进行生产经营活动必须具有一定的物质基础，而合伙企业的原始取得只能是各合伙人的出资。合伙人出资既是合伙人对合伙企业应履行的义务，也是取得合伙企业资格的重要条件。

4. 合伙人共享收益、共担风险

合伙企业以共同经营为标志、以共享利益为动力、以共担风险为保证，其既是利益共同体，也是责任共同体。

5. 申请设立

合伙企业只能由具有完全民事行为能力的自然人申请设立。

（三）合伙企业法的概念、立法及适用范围

1. 合伙企业法的概念及立法概况

合伙企业法的广义的合伙企业法是指国家立法机关或其他有权部门依法制定的，调整合伙企业合伙关系的各种法律规范的总称，它包括《合伙企业法》及国家有关法律、行政法规和规章中关于合伙企业的法律规范。狭义的合伙企业法是指由国家最高立法机关依法制定的，规范合伙企业合伙关系的专门法律，即《中华人民共和国合伙企业法》。该法由第八届全国人民代表大会常务委员会第二十四次会议于 1997 年 2 月 23 日通过，自 1997 年 8 月 1 日起施行。2006 年 8 月 27 日第十届全国人民代表大会常务委员会第二十三次会议修订，新《合伙企业法》于 2007 年 6 月 1 日起正式施行。

2. 合伙企业法的适用范围

我国《合伙企业法》适用于以自然人、法人和其他组织为合伙人的合伙企业。国有独资公司、国有企业、上市公司以及公益性的事业单位、社会团体不得成为普通合伙人。

【注意】 依照有关司法解释和司法政策，个人合伙关系仅仅具有契约的性质，不具有民事主体资格和诉讼主体资格。

二、普通合伙企业

普通合伙企业是指由普通合伙人组成，合伙人对合伙企业债务承担无限连带责任的合伙企业。《合伙企业法》对普通合伙人承担责任的形式有特别规定的，从其规定。普通合伙企业的特点是由普通合伙人组成，合伙人对合伙企业债务依法承担无限连带责任。

（一）普通合伙企业的设立

1. 普通合伙企业的设立条件

根据《合伙企业法》的规定，设立合伙企业，应当具备下列条件：

（1）合伙人的人数有两个以上。合伙人可以是自然人，也可以是法人或者其他组织。合伙人如何组成，除法律另有规定外不受限制。合伙人为自然人的，应当具有完全民事行为能

力。无民事行为能力人和限制民事行为能力人不得成为合伙企业的合伙人。合伙人都是依法承担无限责任者。这是就合伙人对合伙企业债权人应负的清偿责任而言的。合伙企业是多数人联合投资形成的经济组织,合伙企业合伙人至少为两人以上,对于合伙企业合伙人数的最高限额,我国《合伙企业法》未作规定,完全由设立人根据所设企业的具体情况决定。在实践中,由于合伙企业存在较强的人身信任和良好合作要求,人数过多时往往不利于合伙事务的执行,所以,合伙企业的合伙人一般都不多。独资公司、国有企业、上市公司以及公益性的事业单位、社会团体不得成为普通合伙人。

(2)须有书面合伙协议。合伙协议又称为合伙合同,合伙协议是要式合同,需要以书面方式订立,而且还要向登记机关在申请登记时提交。合伙协议应当依法由全体合伙人协商一致达成,以书面形式订立,经全体合伙人签名、盖章后生效。根据《合伙企业法》的规定,设立普通合伙企业的合伙协议应当载明下列事项:合伙企业的名称和主要经营场所的地点;合伙目的和合伙经营范围;合伙人的姓名、名称及其住所;合伙人的出资方式、数额和缴付期限;利润分配、亏损分担方式;合伙事务的执行,入伙与退伙;争议解决办法;合伙企业的解散与清算;违约责任等。合伙协议可以载明合伙企业的经营期限和合伙人争议的解决办法。修改或者补充合伙协议,应当经全体合伙人一致同意,但合伙协议另有约定的除外。合伙协议未约定或者约定不明确的事项,由合伙人协商决定;协商不成的,依照《合伙企业法》和其他有关法律、行政法规的规定处理。

(3)有合伙人认缴或者实际缴付的出资。我国法律未对合伙企业设定注册资本制度,但作为一个经营性实体,应拥有与其经营规模相适应的资金。合伙协议生效后,合伙人应当按照合伙协议约定的出资方式、数额和缴付出资的期限,履行出资的义务。以非货币财产出资的,依照法律、行政法规的规定,需要办理财产权转移手续的,应当依法办理;合伙人可以用货币、实物、知识产权、土地使用权或者其他财产权利出资,也可以用劳务出资。合伙人以实物、知识产权、土地使用权等货币以外的财产权利出资,需要评估作价的,可以由全体合伙人协商确定,也可以由全体合伙人委托法定评估机构进行评估。合伙人以劳务出资的,其评估办法由全体合伙人协商确定,并需在合伙协议中载明;合伙协议中记载的合伙人的出资数额应当包括,全体合伙人认缴或者实际缴付的出资总额,以及各个合伙人认缴或者实际缴付的出资数额;以财产或财产权利出资的,应是合伙人的合法财产及财产权利。

(4)有合伙企业的名称和生产经营场所。根据《合伙企业法》的规定,普通合伙企业应当在其名称中标明"普通合伙"字样,合伙企业的名称必须和"合伙"联系起来,名称中必须有"合伙"二字。经企业登记机关登记的合伙企业主要经营场所只能有一个,并且应当在其企业登记机关登记管辖区域内。经营场所的法律意义在于确定债务履行地、诉讼管辖、法律文书送达等。

(5)法律、行政法规规定的其他条件。

2. 合伙企业的设立程序

根据《合伙企业法》和国务院发布的《合伙企业登记管理办法》的规定,合伙企业的设立登

记,应按如下程序进行:

(1)申请人向企业登记机关提交相关文件。设立合伙企业应当以全体合伙人为申请人。应当由全体合伙人指定的代表或者共同委托的代理人向企业登记机关提交下列文件:全体合伙人签署的设立登记申请书;全体合伙人的身份证明;全体合伙人指定代表或者共同委托代理人的委托书;合伙协议;出资权属证明;主要经营场所证明;国务院工商行政管理部门规定提交的其他文件。

(2)企业登记机关核发营业执照。申请人提交的登记申请材料齐全、符合法定形式,企业登记机关能够当场登记的,应予当场登记,发给合伙企业营业执照。除此之外,企业登记机关应当自收到申请登记文件之日起 20 日内,作出是否登记的决定。对符合《合伙企业法》规定条件的,予以登记,发给合伙企业营业执照;对不符合规定条件的,不予登记,并应当给予书面答复,说明理由。合伙企业的营业执照签发日期,为合伙企业的成立日期。合伙企业领取营业执照前,合伙人不得以合伙企业的名义从事合伙业务。

合伙企业设立分支机构的,应当向分支机构所在地的企业登记机关申请设立登记,领取营业执照。分支机构的经营范围不得超出合伙企业的经营范围。合伙企业有合伙期限的,分支机构的登记事项还应当包括经营期限。分支机构的经营期限不得超过合伙企业的合伙期限。合伙企业登记事项发生变更的,执行合伙事务的合伙人应当自作出变更决定或者发生变更事由之日起 15 日内,向企业登记机关申请办理变更登记。

【示例 2.4】 甲、乙、丙准备设立一家普通合伙企业,在其拟定的合伙协议中规定:以劳务出资的甲对企业债务承担有限责任,企业名称中只标明“合伙”字样。这种规定是否合法?

【思路解析】 普通合伙企业全体合伙人都对企业债务承担无限连带责任;普通合伙企业名称中应当标明“普通合伙”字样。

(二)普通合伙企业的财产

1. 合伙企业财产的概念与构成

(1)合伙企业财产的概念。合伙企业的财产是指合伙企业存续期间,合伙人的出资和所有以合伙企业名义取得的收益和依法取得的其他财产。

(2)合伙企业的财产包括:全体合伙人的出资,当合伙人的出资转入合伙企业时,就构成合伙企业的财产;以合伙企业名义取得的收益;依法律、行政法规的规定合法取得的其他财产。

【注意】 凡非货币出资,一律需要评估作价。

2. 合伙企业财产的性质

合伙企业的合伙财产,属于共有财产的性质。合伙财产的共有属于共同共有。对合伙财产的占有、使用、收益和处分,均应当依据全体合伙人的共同意志。因此,合伙企业的财产只能由全体合伙人共同管理和使用。

根据《合伙企业法》的规定,合伙人在合伙企业清算前,不得请求分割合伙企业的财产;但是,法律另有规定的除外。合伙企业财产共有制度的基本目的是为了保护合伙企业的团体人格,并实现其经济功能。合伙人在合伙企业清算前私自转移或者处分合伙企业财产的,合伙企业不得以此对抗善意的第三人。根据保护善意受让人的法律制度,在确认善意取得的情况下,合伙企业的损失只能向合伙人进行追偿,而不能向善意的第三人追偿。合伙企业也不能以合伙人无权处分其财产而对善意的第三人权利要求进行对抗,即不能以合伙人无权处分其财产而主张其与善意的第三人订立合同无效。这一制度,不仅有利于保护交易安全和促进交易开展,而且有利于合伙企业的经营和发展。当第三人是恶意取得,明知合伙人无权处分而与之进行交易或者与合伙人通谋共同侵犯合伙企业权益的情况下,合伙企业可以据此对抗第三人。

3. 合伙人的财产份额的转让

合伙人的财产份额是指全体合伙人在合伙企业财产中依照出资额或合伙协议的约定,确定的各合伙人分享利益和分担风险的比例。合伙企业财产的转让是指合伙人将自己在合伙企业中的财产份额转让与他人。由于合伙人财产份额的转让将会影响到合伙企业以及各合伙人的切身利益,因此,《合伙企业法》对合伙人财产份额的转让作了以下限制性规定:

(1)除合伙协议另有约定外,合伙人向合伙人以外的人转让其在合伙企业中的全部或者部分财产份额时,须经其他合伙人一致同意。

(2)合伙人之间转让在合伙企业中的全部或者部分财产份额时,应当通知其他合伙人。这一规定适用于合伙企业财产在合伙人之间的内部转让。

(3)合伙人向合伙人以外的人转让其在合伙企业中的财产份额的,在同等条件下,其他合伙人有优先受让的权利;但是,合伙协议另有约定的除外。所谓优先购买权,是指在合伙人转让其财产份额时,在多数人接受转让的情况下,其他合伙人基于同等条件可先于其他非合伙人购买的权利。此规定在于维护合伙企业现有合伙人的利益,维护合伙企业在现有基础上的稳定。

(4)由于合伙人以财产份额出质导致该财产份额依法发生权利转移,合伙人以其在合伙企业中的财产份额出质的,须经其他合伙人一致同意;未经其他合伙人一致同意,其行为无效,由此给善意第三人造成损失的,由行为人依法承担赔偿责任。合伙人财产份额的出质,是指合伙人将其在合伙企业中的财产份额作为质押物来担保债权人债权实现的行为。

【示例2.5】 甲将其在某合伙企业中的财产份额转让给乙且双方签订转让协议。后甲的债权人丙请求对该财产份额强制执行。如果转让协议已经取得其他合伙人的一致同意,丙是否有权请求强制执行?

【思路解析】 《合伙企业法》对合伙人财产份额的转让作出的限制性规定。

(三)普通合伙企业的事务执行

1. 合伙事务执行的方式

根据《合伙企业法》的规定,合伙人执行合伙企业事务,有全体合伙人共同执行、委托一名或数名合伙人执行两种形式。

(1)全体合伙人共同执行合伙事务。这是合伙事务执行的基本形式,也是在合伙企业中经常使用的一种形式。这种方式适合于合伙人数较少的合伙。在采取这种形式的合伙企业中,按照合伙协议的约定,各个合伙人都直接参与经营,处理合伙企业的事务,对外代表合伙企业。合伙协议未约定或者全体合伙人未决定委托执行事务合伙人的,全体合伙人均为执行事务合伙人。

(2)委托一名或数名合伙人执行合伙企业事务,是指由合伙协议约定或者全体合伙人决定委托一名或者数名合伙人执行合伙企业事务,对外代表合伙企业。在合伙企业中,有权执行合伙事务的合伙人并不都愿意行使这种权利,而愿意委托其中的一个或者数个合伙人执行合伙事务,从而就从共同执行合伙事务的基本形式中,引申出了共同委托一部分人去执行合伙事务的形式。这种方式适合于人数较多的合伙。

合伙人可以将合伙事务委托一个或者数个合伙人执行,但并非所有的合伙事务都可以委托给部分合伙人决定。除合伙协议另有约定外,合伙企业的下列事项必须经全体合伙人一致同意:①改变合伙企业的名称;②改变合伙企业的经营范围及主要经营场所的地点;③处分合伙企业的不动产;④转让或者处分合伙企业的知识产权和其他财产权利;⑤以合伙企业名义为他人提供担保;⑥聘任合伙人以外的人担任合伙企业的经营管理人员。执行合伙企业事物的合伙人,对外代表合伙组织,其执行合伙事务所产生的收益归合伙企业,产生的费用和亏损由合伙企业承担。

2. 合伙人在执行合伙事务中的权利和义务

(1)合伙人在执行合伙事务中的权利。根据《合伙企业法》的规定,合伙人在执行合伙事务中的权利包括以下几个方面:

①合伙人对执行合伙事务享有同等的权利。可以由全体合伙人共同执行合伙企业事务,也可以由合伙协议约定或者全体合伙人决定,委托一名或者数名合伙人执行合伙企业事务。合伙企业的特点之一就是合伙经营,各合伙人无论出资多少,都有权平等享有执行合伙企业事务的权利。

②对外代表权。执行合伙事务的合伙人对外代表合伙企业。合伙人在代表合伙企业执行事务时,不是以个人的名义进行一定的民事行为,而是以合伙企业事务执行人的身份组织实施企业的生产经营活动。

③提出异议权。合伙人分别执行合伙事务的,执行事务合伙人可以对其他合伙人执行的事务提出异议。既然事务执行人的行为所产生的亏损和责任要由全体合伙人共同承担,那么,当事务执行人的行为被认为有损于全体合伙人的利益时,不执行事务的合伙人就应该有权提出异议并加以制止。

④不执行合伙事务的合伙人的监督权利。《合伙企业法》规定,不参加执行事务的合伙人有权监督执行事务的合伙人,检查其执行合伙企业事务的情况。这一规定有利于维护全体合伙人的共同利益,同时也可以促进合伙事务执行人更加认真谨慎地处理合伙企业事务。

⑤合伙人查阅合伙企业会计账簿等财务资料的权利。合伙人为了解合伙企业的经营状况和财务状况,有权查阅合伙企业会计账簿等财务资料。合伙经营是一种以营利为目的的经济

活动,合伙人之间的财产共有关系、共同经营关系、连带责任关系决定了全体合伙人形成的以实现合伙目的为目标的利益共同体。每个合伙人都有权利而且有责任关心了解合伙企业的全部经营活动。

(2)合伙人在执行合伙事务中的义务。所有合伙人都必须承担忠实于合伙企业和全体合伙人的共同利益的义务,向不参加执行事务的合伙人报告企业经营状况和财务状况,不得自营或者同他人合作经营与本合伙企业相竞争的业务;不得同本合伙企业进行交易,但合伙协议另有约定或者经全体合伙人同意的除外;不得从事损害本合伙企业利益的活动。根据《合伙企业法》的规定,合伙人在执行合伙事务中的义务主要包括以下几方面:

①合伙事务执行人向不参加执行事务的合伙人报告企业经营状况和财务状况。根据《合伙企业法》的规定,由一个或者数个合伙人执行合伙事务的,执行事务合伙人应当定期向其他合伙人报告事务执行情况以及合伙企业的经营和财务状况,其执行合伙事务所产生的收益归合伙企业,所产生的费用和亏损由合伙企业承担。

②竞业禁止。合伙人不得自营或者同他人合作经营与本合伙企业相竞争的业务。各合伙人组建合伙企业是为了合伙经营、共享收益,如果某一合伙人自己或者与他人合作又从事与合伙企业相竞争的业务,势必背离合伙的初衷,影响合伙企业的利益;同时还可能形成不正当竞争,使合伙企业处于不利地位,损害其他合伙人的利益。依此类推,合伙人受他人委托,为他人经营与本合伙企业相竞争的业务,也应当在禁止之列。因此,《合伙企业法》规定,合伙人不得自营或者同他人合作经营与本合伙企业相竞争的业务。

③不得同本合伙企业进行交易。合伙企业中每一合伙人都是合伙企业的投资者,如果自己与合伙企业交易,就包含了与自己交易,也包含了与别的合伙人交易,而这种交易极易造成损害他人利益。在多数情况下,交易双方存在着利益冲突:交易条件越是有利于一方,就越是不利于另一方。一般认为,合伙人在同合伙企业进行交易,不可能最大限度地维护合伙企业的利益,甚至可能以牺牲合伙企业的利益来满足自己的利益。因此,《合伙企业法》规定,除合伙协议另有约定或者经全体合伙人一致同意外,合伙人不得同本合伙企业进行交易。

④合伙人不得从事损害本合伙企业利益的活动。合伙人在执行合伙事务过程中,不得为了自己的私利或是与其他人恶意串通,坑害其他合伙人利益,损害合伙企业的利益。

3. 合伙事务执行的决议

合伙人对合伙企业有关事项作出决议,可以依照《合伙企业法》或按照合伙协议约定的表决办法办理。其方式可以是一人一票,也可以是其他方式。在合伙协议未约定或者约定不明的情况下,可以一人一票且过半数通过的方式处理。《合伙企业法》对表决方式另有规定的从其规定。

【注意】 如有须经全体合伙人一致同意始得执行的事项,有合伙人擅自处理给合伙企业或者其他合伙人造成损失的,应予以赔偿。

4. 合伙企业的损益分配

合伙企业的利润和亏损，经由合伙人依照合伙协议约定的比例处理，如果合伙协议对利润分配或亏损分担未约定或约定不明的，则由合伙人协商确定，协商不成的，由各合伙人按照实际出资比例分配。如果无法确定各合伙人的出资比例的，由各合伙人平均分配和分担。合伙协议不得约定将全部利润分配给部分合伙人或由部分合伙人承担全部亏损。如有此约定则属无效。

5. 非合伙人参与经营管理

经全体合伙人同意，由于合伙人经营管理能力不足，可以在合伙人之外聘任非合伙人担任合伙企业的经营管理人员，参与合伙企业的经营管理工作。根据《合伙企业法》的规定，被聘任的合伙企业经营管理人员应当在合伙企业授权范围内履行职务。如超越合伙企业授权范围履行职务，或者因故意或重大过失给合伙企业造成损失的，应依法承担赔偿责任。

【示例 2.6】 某普通合伙企业委托合伙人张某单独执行合伙企业事务，张某定期向其他合伙人报告事务执行情况以及合伙企业的经营和财务状况。对于张某在执行合伙企业事务期间产生的亏损，谁应当承担责任？

【思路解析】 由一个或者数个合伙人执行合伙事务的，执行事务合伙人应当定期向其他合伙人报告事务执行情况以及合伙企业的经营和财务状况，其执行合伙事务所产生的收益归合伙企业，所产生的费用和亏损由合伙企业承担。

（四）合伙企业与第三人关系

合伙企业与第三人的关系，是指合伙企业的外部关系，即合伙企业与合伙企业的合伙人以外的第三人的关系。实际上，合伙企业与第三人的关系是指有关合伙企业的对外关系，涉及合伙企业对外代表权的效力、合伙企业和合伙人的债务清偿等问题。

1. 对外代表权的效力

合伙人的对外代表权，是指合伙人对外代表合伙企业的权利。根据《合伙企业法》的规定，执行合伙企业事务的合伙人可以行使对外代表权。可以取得该对外代表权的合伙人，主要有三种情况：①由全体合伙人共同执行合伙企业事务的，全体合伙人都有权对外代表合伙企业；②部分合伙人取得对外代表权；③基本特别授权，即一个或数个合伙人取得在单项事务上的对外代表权。无论采取何种形式，这些代表行为对合伙企业本身具有法律效力，即由此带来的利益与风险，应由合伙人共同承受。执行合伙企业事务的合伙人在取得对外代表权后，即可以合伙企业的名义进行经营活动，在其授权的范围内作出法律行为。合伙人的这种代表行为，对全体合伙人发生法律效力，即其执行合伙事务所产生的收益归合伙企业，所产生的费用和亏损由合伙企业承担。由于合伙企业事务的执行方式是企业内部的权利安排，外人不一定知道，因此，我国《合伙企业法》规定，合伙企业对合伙人执行合伙企业事务以及对外代表合伙企业权利的限制，不得对抗不知情的善意第三人。

2. 合伙企业和合伙人的债务清偿

(1)合伙企业的债务清偿与合伙人的关系。合伙企业的债务是指以合伙企业名义在合伙企业存续期间按合同约定或法律规定应承担的金钱上的义务,包括合同义务、侵权赔偿责任等。合伙人对企业的债务应先以合伙企业的全部财产进行清偿。《合伙企业法》规定,合伙企业不能清偿到期债务的,合伙人承担无限连带责任。所谓合伙人的无限责任,是指当合伙企业的全部财产不足以偿付到期债务时,各个合伙人承担合伙企业的债务不是以其出资额为限,而是以其自有财产来清偿合伙企业的债务。合伙人因承担连带责任,所清偿数额超过其在合伙协议中约定或法定的应承担的比例时,合伙人在对外清偿后有权就超过部分向其他合伙人追偿。其他合伙人对其追偿只承担法定或约定比例内的责任,不负连带责任。

合伙人之间的债务分担和追偿。《合伙企业法》规定,合伙人由于承担无限连带责任,清偿数额超过规定的其亏损分担比例的,有权向其他合伙人追偿。以合伙企业清偿合伙企业债务时,其不足的部分由各合伙人按照法律规定的比例,用其在合伙企业出资以外的财产承担清偿责任。当合伙人所清偿的数额超过其应当承担的数额时,有权向其他合伙人追偿。

【示例 2.7】 合伙人甲、乙、丙以合伙企业名义向丁借款 30 万元。甲、乙、丙约定该借款由甲、乙、丙各自负责偿还 10 万元。丁要求丙向其清偿全部债务,能否获得法院支持?

【思路解析】 每个合伙人均需对合伙企业的债务负责,债权人可以请求全体、部分、个别合伙人清偿;被请求人即须清偿全部债务,不得以自己承担的份额为限拒绝。

【注意】 某一合伙人的债权人不得向合伙企业主张以下两个权利:一是以对合伙人的债务抵消其对合伙企业的债务;二是不得代位该合伙人在合伙企业中的权利。

(2)合伙人的债务清偿与合伙企业的关系。《合伙企业法》作出以下规定:

①债权人抵消权的禁止。合伙人的债权人不得对合伙企业主张抵消权。该债权人对合伙企业的负债是对全体合伙人的负债,而对债权人负债的仅为个别合伙人。如果允许两者抵消,则强迫了其他合伙人对个别合伙人个人债务的承担,违反了合伙制度。

②代位权的禁止。合伙的债权人不得代为行使合伙人的权利。当合伙人发生与合伙企业无关的债务,则该合伙人的债权人不得以其债权人的身份主张代位行使合伙人在合伙企业中的权利。

③合伙份额的强制执行。合伙人的债权人可以依法追偿合伙人在合伙企业中的收益和财产份额。为保护个别合伙人的债权人,合伙人个人财产不足以清偿其个人债务时,该合伙人可以将从合伙企业中分得的收益用于清偿。人民法院强制执行合伙人的财产份额时,应通知全体合伙人,其他合伙人享有优先购买权。其他合伙人不购买该财产份额,不同意将其转让的,按退伙处理。

【示例2.8】　刘某是一合伙企业的合伙事务执行人,欠姚某个人债务10万元,姚某在交易中又欠合伙企业10万元。而后合伙企业解散。清算中,姚某要求以其对刘某的债权抵消其所欠合伙企业的债务,各合伙人对姚某的这一要求产生了分歧。刘某所负债务为个人债务,姚某可否以个人债权抵消其对合伙企业的债务?

【思路解析】　合伙人的债权人不得对合伙企业主张抵消权。

(五)入伙与退伙

1. 入伙

入伙是指在合伙企业存续期间,合伙人以外的第三人加入合伙企业,从而取得合伙人资格的法律行为。

(1)入伙的方式。入伙的方式主要有两种:非合伙人通过接受原合伙人转让的全部或部分财产份额,从而成为新的合伙人,这种入伙可因买卖、继承、赠予等事由发生;非合伙人投入资本,取得合伙企业的合伙人资格。

(2)入伙的条件和程序。根据《合伙企业法》规定,新合伙人入伙,必须经全体合伙人一致同意,并依法订立书面入伙协议。订立入伙协议时,原合伙人应当向新合伙人如实告知原合伙企业的经营状况和财务状况。合伙企业因入伙而需要重新登记的,应当于作出变更决定或者发生变更事由之日起15日内,向企业原登记机关办理有关登记手续。如果企业未依法办理变更登记,则新合伙人的入伙行为对外不发生效力,即其入伙协议只在合伙人之间有效。

(3)入伙的法律效力。一般来讲,入伙的新合伙人与原合伙人享有同等权利,承担同等责任。入伙协议另有约定的,从其约定。但是,如果原合伙人愿意以更优越的条件吸引新合伙人入伙,或者新合伙人愿意以较为不利的条件入伙,也可以在入伙协议中另行约定。新合伙人对入伙前合伙企业的债务承担连带责任。

【示例2.9】　甲、乙、丙合伙经营运输业务,生意较好,甲想让其哥丁参加合伙,乙反对,但丙同意。甲以多数人同意为由安排丁参加经营。而后,合伙经营的汽车发生交通事故,造成15万元损失。丁是否应参与损失的分担?

【思路解析】　新合伙人入伙,必须经全体合伙人一致同意,并依法订立书面入伙协议。

2. 退伙

退伙是指合伙企业存续期间,以取得合伙资格的合伙人退出合伙企业,丧失合伙人资格,引起合伙企业终止或变更的法律事实。根据退伙发生的原因不同,可将退伙分为自愿退伙、法定退伙和除名退伙。

(1)自愿退伙。自愿退伙是指合伙人基于自愿的意思而表示退伙。自愿退伙可以分为协议退伙和通知退伙两种。

依照我国《合伙企业法》的规定,合伙协议约定合伙期限的,在合伙企业存续期间,有下列情况之一的,合伙人可以退伙:合伙协议约定的退伙事由出现;经全体合伙人一致同意;发生合伙人难以继续参加合伙的事由;其他合伙人严重违反合伙协议约定的义务。合伙协议未约定合伙期限的，合伙人在不给合伙企业事务执行造成不利影响的情况下，可以退伙，但应当提前30日通知其他合伙人。合伙人违反上述规定退伙的，应当赔偿由此给合伙企业造成的损失。

(2)法定退伙。法定退伙是指合伙人因出现法律规定的事由而退伙。法定退伙分为当然退伙和除名两类。

根据我国《合伙企业法》的规定，合伙人有下列情形之一的，除法律另有规定外，普通合伙企业发生当然退伙的情形：①合伙人死亡或者被依法宣告死亡，依照合伙协议的约定或者经全体合伙人一致同意，对该合伙人在合伙企业中的财产份额享有合法继承权的继承人，从继承之日起即取得该合伙企业的合伙人资格，如合法继承人为无民事行为能力人或限制民事行为能力人的，经全体合伙人一致同意，可以依法成为有限合伙人，此时普通合伙企业依法转为有限合伙企业；②合伙人丧失偿债能力(或个人丧失偿债能力)，不仅会使其他合伙人的债务增加，而且合伙企业的债务风险相对增大，所以法律规定该合伙人当然退伙；③作为合伙人的法人或者其他组织依法被吊销营业执照、被责令关闭、撤销或者被依法宣告破产；④法律规定或者合伙协议约定合伙人必须具有相关资格而丧失该资格；⑤被人民法院强制执行在合伙企业中的全部财产份额。当合伙人在合伙企业中的全部财产份额被人民法院强制执行时，表明合伙人在合伙企业中存续的基础丧失，该合伙人只能退伙。退伙以法定事由实际发生之日为退伙生效日。

(3)除名退伙。除名退伙是指在法定条件下，经其他合伙人一致同意，合伙人被合伙企业除名而发生的退伙。根据我国《合伙企业法》的规定，合伙人有下列情形之一的，经其他合伙人一致同意，可以决议将其除名：合伙人未履行出资义务的；因故意或者重大过失给合伙企业造成损失的；执行合伙事务时有不正当行为的；发生合伙协议约定的其他事由。对合伙人的除名决议应当书面通知被除名人。被除名人接到除名通知之日，除名生效，被除名人退伙。被除名人对除名决议有异议的，可以自接到除名通知之日起30日内向人民法院起诉。

【注意】 原《合伙企业法》规定，合伙人被依法宣告为无民事行为能力人的也当然退伙。但新修订的法律对此作了更加合理的规定：合伙人被认定为无、限制行为能力人的，经其他合伙人一致同意，可以依法转为有限合伙人，普通合伙企业转为有限合伙企业；如不能一致同意的，该合伙人才退伙。

3. 退伙的效力

根据我国《合伙企业法》的规定，普通合伙企业中退伙的效力主要有以下表现：①合伙人退伙时，其他合伙人应当与该合伙人按照退伙时的合伙企业的财产状况进行结算，退还退伙人的财产份额。如果退伙时有未了结的合伙企业事务的，可以待了结后进行结算。退还财产份额的办法，可由合伙协议约定或者由全体合伙人决定，既可以退还货币，也可以退还实物。②合伙人退伙可以使其合伙人的身份归于消灭，从而失去合伙人的资格。③合伙人退伙后将导致退伙人的责任的承担和亏损的分担。合伙人退伙以后，并不能解除对于合伙企业既往债务的连带责任。退伙人对基于其退伙前的原因发生的合伙企业债务，承担无限连带责任。合伙人退伙时合伙企业财产少于合伙企业债务的,退伙人应当按照合伙协议约定的比例分担亏损。合伙协议未约定的,按平均比例分担亏损。④合伙人退伙将涉及合伙企业是否存续。合伙人退伙后,其他合伙人应根据情况决定是否继续合伙企业。

(六)特殊的普通合伙企业

我国《合伙企业法》专门增设了特殊的普通合伙企业法这一内容,使那些以专业知识和信息为客户提供有偿服务的机构的合伙人避免了承担过度的风险,有利于合伙企业的发展壮大。

1. 特殊的普通合伙企业的概念及名称

特殊的普通合伙企业,是指以专业知识和专门技能为客户提供有偿服务的专业服务机构。特殊的普通合伙企业名称中应当标明"特殊普通合伙"字样。这可以使公众通过企业名称直接了解其性质与责任形式。

2. 特殊的普通合伙企业的责任形式

特殊的普通合伙企业的责任形式属于连带责任和无限连带责任的混合体。我国《合伙企业法》规定,一个合伙人或者数个合伙人在执业活动中因故意或者重大过失造成合伙企业债务的,应当承担无限责任或者无限连带责任,其他合伙人以其在合伙企业中的财产份额为有限承担责任。所谓重大过失是指明知可能造成损失而轻率地作为或者不作为。合伙人在执业活动中非因故意或者重大过失造成的合伙企业债务以及合伙企业的其他债务,由全体合伙人承担无限连带责任。根据这一法律规定,特殊的普通合伙企业的责任形式分为两种:

(1)有限责任与无限连带责任相结合。在特殊的普通合伙企业中,一个合伙人或者数个合伙人在执业活动中因故意或者重大过失造成合伙企业债务的,应当承担无限责任或者无限连带责任,其他合伙人以其在合伙企业中的财产份额为限承担责任。其他合伙人出资后,该出资即形成合伙企业财产,由合伙企业享有财产权,合伙人对该出资丧失占有、使用、收益和处分的权利。对一个合伙人或者数个合伙人在执业活动中的故意或者重大过失行为与其他合伙人相区别对待,对于负有重大责任的合伙人应当承担无限责任或者无限连带责任,其他合伙人只能以其在合伙企业中的财产份额为限承担责任。这符合公平、公正原则,如果不分清责任,简单地归责于无限连带责任或者有限责任,那么不但对其他合伙人不公平,而且债权人的利益也难以得到保障。

(2)无限连带责任。对于合伙人在因非故意或者重大过失造成的合伙企业债务以及合伙企业的其他债务的,全体合伙人应承担无限连带责任。这是在责任划分的基础上作出的合理性规定,以最大限度地实现公平、正义和保障债权人的合法权益。这种责任形式的前提是合伙人在执业过程中,不存在重大过错,既没有故意,也不存在重大过失。

3. 特殊的普通合伙企业的执业风险防范

为了特殊的普通合伙企业的执业风险的降低,加强对当事人权益的保障。我国《合伙企业法》规定了特殊的普通合伙企业应当建立执业风险基金、办理职业保险。

执业风险基金,是指为了化解经营风险,特殊的普通合伙企业从其经营收益中提取相应比例的资金留存或者根据相关规定上缴至指定机构所形成的资金。执业风险基金用于偿付合伙人执业活动造成的债务。执业风险基金应当单独立户管理。职业保险，又称为职业责任保险，是指承保各种专业技术人员因工作上的过失或者疏忽大意所造成的合同一方或者他人的人身伤害或者财产损失的经济赔偿责任的保险。

三、有限合伙企业

有限合伙企业是指由普通合伙人和有限合伙人组成，普通合伙人对合伙企业债务承担无限连带责任，有限合伙人以其认缴的出资额为限对合伙企业债务承担责任的合伙企业。有限合伙企业与普通合伙企业和有限责任公司相比较，具有以下特征：①在经营管理上，普通合伙企业的合伙人，一般均可参与合伙企业的经营管理。有限责任公司的股东有权参与公司的经营管理，但有限合伙人不执行合伙事务的，由普通合伙人从事具体的经营管理。②在风险承担上，普通合伙企业的合伙人之间对合伙债务承担无限连带责任，而有限责任公司的股东对公司债务以其各自的出资额为限承担有限责任。在有限合伙企业中，不同类型的合伙人所承担的责任存在差异，其中有限合伙人以其各自的出资额为限承担有限责任，普通合伙人之间承担无限连带责任。

【示例2.10】 A有限合伙企业有三个合伙人，其中甲和乙为有限合伙人，丙为普通合伙人，由丙执行合伙企业事务。某日，甲未经丙同意，代表A有限合伙企业与B公司签订一份合同，B公司有理由相信甲为普通合伙人。如果该合同给A有限合伙企业造成巨大损失，该损失应当由谁来承担？

【思路解析】 第三人有理由相信有限合伙人为普通合伙人并与其交易的，该有限合伙人对该笔交易承担与普通合伙人同样的责任。

（一）有限合伙企业的设立

1. 有限合伙企业的组成人数

有限合伙企业是由两个或两个以上五十个以下合伙人设立的。但是，法律另有规定的除外。按照规定，有限合伙企业至少应当有一个普通合伙人。有限合伙企业仅剩有限合伙人的，应当解散；有限合伙企业仅剩普通合伙人的，应当转为普通合伙企业。国有独资公司、国有企业、上市公司和公益性的事业单位、社会团体不得成为有限合伙企业的普通合伙人。

2. 有限合伙企业的书面合伙协议

有限合伙协议除符合《合伙企业法》的规定外，还应当载明下列事项：普通合伙人和有限合伙人的姓名或者名称、住所；执行事务合伙人应具备的条件和选择程序；执行事务合伙人权限与违约处理办法；执行事务合伙人的除名条件和更换程序；有限合伙人入伙、退伙的条件、程序以及相关责任；有限合伙人和普通合伙人相互转变程序。

3. 有限合伙人的出资

我国《合伙企业法》规定，有限合伙人可以用货币、实物、知识产权、土地使用权或者其他财产权利作价出资。有限合伙人不得以劳务出资。如果普通合伙人用劳务出资,有限合伙人也用劳务出资,将来该有限合伙企业将难以承担债务责任,将不利于保护债权人的利益。有限合伙人应当按照合伙协议的约定按期足额缴纳出资;未按期足额缴纳的,应当承担补缴义务,同时还应对其他合伙人承担违约责任。

4. 有限合伙企业的名称

按照企业名称登记管理的有关规定,企业名称中应当含有企业的组织形式。为了便于社会公众以及交易相对人对有限合伙企业的了解,有限合伙企业名称中应当标明“有限合伙”字样。

5. 有限合伙企业登记事项

我国《合伙企业法》规定,有限合伙企业登记事项中应当载明有限合伙人的姓名或者名称及认缴的出资数额。

6. 法律、行政法规规定的其他条件

(二) 有限合伙企业事务执行的特殊规定

《合伙企业法》规定,有限合伙企业由普通合伙人执行合伙事务。执行事务合伙人可以要求在合伙协议中确定执行事务的报酬及报酬的提取方式。如合伙协议约定数个普通合伙人执行合伙事务,这些普通合伙人均为合伙事务执行人。如合伙协议无约定,全体普通合伙人是合伙事务的共同执行人。合伙事务执行人除享有与一般合伙人相同的权利外,还有接受其他合伙人的监督和检查、谨慎执行合伙事务的义务,若因自己的过错造成合伙财产损失的,应向合伙企业或其他合伙人负赔偿责任。此外,由于执行事务合伙人比不执行事务合伙人对有限合伙企业要多付出劳动,因此,执行事务合伙人可以就执行事务的劳动付出,要求企业支付报酬。对于报酬的支付方式及其数额,应由合伙协议规定或全体合伙人讨论决定。

有限合伙人不执行合伙事务,不得对外代表有限合伙企业。有限合伙人的下列行为不视为执行合伙事务:①参与决定普通合伙人入伙、退伙;②对企业的经营管理提出建议;③参与选择承办有限合伙企业审计业务的会计师事务所;④获取经审计的有限合伙企业财务会计报告;⑤对涉及自身利益的情况,查阅有限合伙企业财务会计账簿等财务资料;⑥在有限合伙企业中的利益受到侵害时,向有责任的合伙人主张权利或者提起诉讼;⑦执行事务合伙人怠于行使权利时,督促其行使权利或者为了本企业的利益以自己的名义提起诉讼;⑧依法为本企业提供担保。

另外,《合伙企业法》规定,第三人有理由相信有限合伙人为普通合伙人并与其交易的,该有限合伙人对该笔交易承担与普通合伙人同样的责任。有限合伙人未经授权以有限合伙企业名义与他人进行交易,给有限合伙企业或者其他合伙人造成损失的,该有限合伙人应当承担赔偿责任。

(三)有限合伙人的权利和责任的承担

1. 有限合伙人的权利

(1)如果合伙协议有约定,有限合伙企业可以将全部利润分配给部分合伙人。

(2)有限合伙人可以同本企业进行交易。《合伙企业法》规定,有限合伙人可以同本有合伙企业进行交易,但是合伙协议另有约定的除外。因为有限合伙人并不参与有限合伙企业事务的执行,对有限合伙企业的对外交易行为,有限合伙人并无直接或者间接的控制权,有限合伙人与本有限合伙企业进行交易时,一般不会损害本有限合伙企业的利益。有限合伙协议可以对有限合伙人与有限合伙企业之间的交易进行限定,如果有限合伙协议另有约定的,则必须按照约定的要求进行。普通合伙人如果禁止有限合伙人同本有限合伙企业进行交易,应当在合伙协议中作出约定。

(3)除合伙协议另有规定外,有限合伙人财产份额转让不必经全体合伙人一致同意。《合伙企业法》规定,有限合伙人可以按照合伙协议的约定向合伙人以外的人转让其在有限合伙企业中的财产份额,但应当提前30日通知其他合伙人。这是因为有限合伙人向合伙人以外的其他人转让其在有限合伙企业中的财产份额,并不影响有限合伙企业债权人的利益。但是,有限合伙人对外转让其在有限合伙企业中的财产份额应当依法进行:一是要按照合伙协议的约定进行转让;二是应当提前30日通知其他合伙人。有限合伙人对外转让其在有限合伙企业的财产份额时,有限合伙企业的其他合伙人有优先购买权。

(4)有限合伙人可以经营与本企业相竞争的业务。《合伙企业法》规定,有限合伙人可以自营或者同他人合作经营与本有限合伙企业相竞争的业务,但是,合伙协议另有约定的除外。与普通合伙人不同,有限合伙人一般不承担竞业禁止义务。普通合伙人如果禁止有限合伙人自营或者同他人合作经营与本有限合伙企业相竞争的业务,应当在合伙协议中作出约定。

(5)作为有限合伙人的自然人在有限合伙企业存续期间,丧失民事行为能力的,其他合伙人不得因此要求其退伙。

(6)作为有限合伙人的自然人死亡或被依法宣告死亡或者作为有限合伙人的法人及其他组织终止时,其继承人或者利益承受人可以依法取得该有限合伙人在有限合伙企业中的资格。

2. 有限合伙人对外的责任承担

有限合伙人原则上以其认缴的出资额为限对合伙企业的债务承担责任。对于有限合伙人对外的自认承担需注意以下几方面:

(1)有限合伙人无权代表有限合伙企业进行交易,但第三人有理由相信有限合伙人为普通合伙人并与其交易。《合伙企业法》规定,该有限合伙人对该笔交易承担与普通合伙人同样的责任,即对该笔债务承担无限连带责任。

(2)有限合伙人没有获得有限合伙企业事务执行人的任何授权,却以有限合伙企业或者普通合伙人的名义与他人进行交易。《合伙企业法》规定,该有限合伙人的无权代理行为给有限合伙企业或者其他合伙人造成损失的,该有限合伙人应当承担赔偿责任。

(3)除合伙协议另有约定外,普通合伙人转变为有限合伙人,或者有限合伙人转变为普通合伙人,应当经过全体合伙人一致同意。普通合伙人转变为有限合伙人的,对其作为普通合伙人期间合伙企业发生的债务承担无限连带责任。有限合伙人转变为普通合伙人的,对其作为有限合伙人期间有限合伙企业发生的债务承担无限连带责任。

(四)有限合伙企业入伙与退伙的规定

1. 入伙

《合伙企业法》规定,新入伙的有限合伙人对入伙前有限合伙企业的债务,以其认缴的出资额为限承担责任。在普通合伙企业中,新入伙的合伙人对入伙前合伙企业的债务承担连带责任;而在有限合伙企业中,新入伙的有限合伙人对入伙前有限合伙企业的债务,以其认缴的出资额为限承担责任。

【示例2.11】 某有限合伙企业于2007年2月1日设立,2007年4月1日张某作为有限合伙人入伙,张某认缴的出资额是10万元,占出资比例10%,此时该有限合伙企业对外有50万元的到期债务。如果2007年6月1日该有限合伙企业解散,清算结果是,共有不能清偿到期债务120万元。对此,张某应承担的数额是多少?

【思路解析】 题考核点是有限合伙企业入伙的特殊规定。新入伙的有限合伙人对入伙前有限合伙企业的债务,以其认缴的出资额为限承担责任。

2. 退伙

有限合伙企业与普通合伙企业在退伙的相关事项中有所不同:①作为有限合伙人的法人及其他组织的终止并不能导致当然退伙,以为其权利承受人可以依法取得该有限合伙人在有限合伙企业中的资格。②因为有限合伙人以出资额为限对合伙企业债务承担责任,所以有限合伙人不存在丧失偿还能力的问题,所以也并不会因此而发生当然退伙。③如果作为有限合伙人的自然人在有限合伙企业存续期间丧失民事行为能力的,其他合伙人不得因此要求其退伙。这是因为有限合伙人对有限合伙企业只进行投资,而不负责事务执行。作为有限合伙人的自然人在有限合伙企业存续期间丧失民事行为能力,并不影响有限合伙企业的正常生产经营活动,其他合伙人不等要求该丧失民事行为能力的合伙人退伙。④作为有限合伙人的自然人死亡或者被依法宣告死亡并不导致当然退伙。如果作为有限合伙人的自然人死亡或者被依法宣告死亡时其继承人可以依法取得该有限合伙人在有限合伙企业中的资格。

3. 退伙的效力

《合伙企业法》规定,普通合伙企业退伙的效力与有限合伙企业不同,有限合伙企业中的有限合伙人退伙后,对基于其退伙前的原因发生的有限合伙企业债务,仅以其退伙时从有限合伙企业中取回的财产为限承担责任。

【示例2.12】 周某是一有限合伙企业的有限合伙人,若周某被法院判决认定为无民事行为能力人,其他合伙人是否可因此要求其退伙?

【思路解析】 作为有限合伙人的自然人在有限合伙企业存续期间丧失民事行为能力的,其他合伙人不得因此要求其退伙。

(五)合伙人性质转变的特殊规定

《合伙企业法》规定,除合伙协议另有约定外,普通合伙人转变为有限合伙人,或者有限合伙人转变为普通合伙人,应当经全体合伙人一致同意。有限合伙人转变为普通合伙人的,对其作为有限合伙人期间有限合伙企业发生的债务承担无限连带责任。普通合伙人转变为有限合伙人的,对其作为普通合伙人期间合伙企业发生的债务承担无限连带责任。

四、合伙企业的解散和清算

(一)合伙企业的解散

合伙企业解散是指由于法律规定的原因或者当事人约定的原因而使合伙人之间的合伙协议终止、合伙企业的事务终结,从而导致全体合伙人的合伙关系归于消灭。

(二)合伙企业解散的原因

根据我国《合伙企业法》的规定,合伙企业在发生下列情形之一时应当解散:①合伙协议约定的经营期限届满,合伙人不愿意继续经营的。这表明合伙企业存续的基础已不复存在,企业应当按照合伙人的意思表示予以解散;②全体合伙人决定解散。这种解散,不论合伙企业是否有存续期限,均可适用;③合伙协议约定的解散事由出现;④合伙协议约定的合伙目的已经实现或者无法实现;⑤合伙人已不具备法定人数,满 30 天;⑥合伙企业被依法吊销营业执照、责令关闭或者被撤销;⑦出现法律行政法规规定的合伙企业解散的其他原因。如果合伙协议约定的经营期限届满,合伙人仍继续经营的,应视为全体合伙人一致同意延长合伙企业的存续期限,可以不发生企业解散的后果,但应依法办理企业变更登记。

根据我国《合伙企业法》,合伙企业解散的法律效力主要表现在以下方面:①通知和公告债权人;②组织清算组,对合伙企业存续期间的财产、债权、债务予以清算,合伙企业停止清算范围以外的业务;③合伙企业解散后,合伙关系终止,原合伙人对合伙企业存续期间的债务仍应承担连带责任,但债权人在五年内未向债务人提出偿债请求的,该责任消灭。

(三)合伙企业的清算

合伙企业决定解散后应依法由清算人进行清算。合伙企业清算是指依法清理合伙企业尚未了结的事务,最终结束合伙企业现存的各种法律关系,使合伙企业归于消灭。

1. 确定执行清算人

清算人是指在合伙企业解散过程中依法产生的专门负责清理合伙企业债权债务的人员。根据我国《合伙企业法》的规定,合伙企业解散后确定清算人的方式有以下几种:①由全体合伙人担任清算人。②由合伙人指定的人担任清算人。经全体合伙人过半数同意,可以自合伙企业解散事由出现后 15 日内指定一名或者数名合伙人担任清算人。③由合伙人委托的人担任清算人。经全体合伙人过半数同意,可以自合伙企业解散事由出现后 15 日内委托第三人担任清算人。④由人民法院指定清算人。自合伙企业解散事由出现之日起 15 日内,未确定清算人的,合伙人或者其他利害关系人可以申请由人民法院指定清算人。

2. 清算人的职责及法律责任

(1)清算人的职责。在合伙企业清算期间,清算人都是合伙企业的代表,主持合伙企业的一切清算事物。依照我国《合伙企业法》的规定,清算人的职责主要包括以下几方面:①清理合伙企业财产,分别编制资产负债表和财产清单。这是合伙企业清算的首要任务和基础性工作。②处理与清算有关的合伙企业未了结的事务。③清缴所欠税款。合伙企业在存续期间尚未缴纳的税款,清算人应依法及时进行清缴。④清理债权、债务。债权、债务既包括约定的债权、债务,也包括法定的债权、债务。⑤清算人应当自被确定之日起10日内将合伙企业解散事项通知债权人,并于60日内在报纸上公告。债权人应当自接到通知书之日起30日内,未接到通知书的自公告45日内,向清算人申报债权。⑥清算人应当对债权进行登记。⑦处理合伙企业清偿债务后的剩余财产。对于剩余财产,应按合伙协议约定的比例进行分配。未约定的或约定不明的,由合伙人协商决定。协商不成的,由合伙人按照实缴出资比例进行分配。无法定比例的,由合伙人平均分配。⑧代表合伙企业参加诉讼、应诉或者仲裁活动。清算人确定后,清算人就有权代表合伙企业依法进行诉讼、应诉或者依法参与仲裁活动。⑨清算结束后,清算人应当编制清算报告,经全体合伙人签名盖章后,在15日内向企业登记机关送清算报告,申请办理合伙企业注销登记。

(2)清算人违反《合伙企业法》的法律责任:清算人未依照规定向企业登记机关报送清算报告或者报送清算报告隐瞒事实,或者有重大遗漏的责令改正;合伙人担任清算人在清算事物时,谋取非法收入或者侵占合伙企业财产的,责令将该收入和侵占的财产退还合伙企业。构成犯罪的,依法追究形式责任。合伙人委托的清算人有前款行为的,责令将该收入和侵占的财产退还合伙企业,并依法承担赔偿责任。构成犯罪的依法追究刑事责任;清算人违反规定,隐匿、转移合伙企业财产,对资产负债表或财产清单作虚伪记载,或者在未清偿债务前分配企业财产的,责令改正。损害债权人利益的,依法承担赔偿责任。构成犯罪的,依法追究形式责任。

清算人在履行职责时应恪尽职守,不得从事谋取非法收入、侵占合伙企业财产或隐匿、转移合伙企业财产、对资产负债表或财产清单作虚伪记载等侵害合伙人或债权人利益的活动,否则应承担法律责任。

3. 清算后清偿债务的原则

(1)合伙企业清算后的清偿顺序如下:清算费用;合伙企业所欠招用的职工工资、劳动保险费用和法定补偿金;合伙企业所欠税款;合伙企业的债务;仍有剩余财产的情况下,返还合伙人的出资;依照合伙协议约定的比例分配,未约定利润分配比例的,由合伙人平均分配。合伙企业财产不足以清偿全部债务的,由各普通合伙人依合伙协议约定的分担比例以个人财产清偿;合伙协议没有约定的,依普通合伙人的出资比例承担;没有出资比例的,由普通合伙人平均分担。

(2)合伙企业因解散而清偿债务的,如有未到期的债务,应视为已到期;处于诉讼中的债务,应保留偿还债务的财产份额,待诉讼完结后处理。

(3)合伙企业注销后原普通合伙人对合伙企业存续期间的债务仍应承担无限连带责任，但债权人在五年内未向债务人提出偿还请求的，该责任消失。

【示例2.13】 甲向乙借款10万元作为出资与他人以普通合伙企业的形式设立了一家饮料厂。借款到期后，乙要求甲偿还借款，甲个人财产不足以清偿，那么甲将如何偿还借款？

【思路解析】 本题考核合伙人的债务清偿与合伙企业的关系。合伙人自有财产不足清偿其与合伙企业无关的债务的。该合伙人可以从其合伙企业中分取的收益用于清偿；债权人也可依法请求人民法院强制执行该合伙人在合伙企业中的财产份额用于清偿。

【引例分析】 合伙事务的执行一般有三种方式：全体合伙人执行合伙事务；部分合伙人执行合伙事务；一个合伙人执行合伙事务。将合伙事务交给乙执行，是合伙人真实意思的表现，属合法有效的。约定的出资比例是合法的。根据我国《合伙企业法》对不参加执行的合伙人的有关监督权的规定，乙不应当做假账，其行为侵犯了其他合伙人的知情权、监督权。30万元的财产，实际上是合伙企业的合伙财产，应当按照约定的收入分享比例进行分配。乙和丙另外开一家印刷厂与本合伙企业的业务完全相同，违反了合伙企业法竞业禁止的义务，属违法行为。

本章小结

- 个人独资企业法
  - 设立
    - 投资人只能是一个中国公民
    - 有自己的合法企业名称
    - 有投资人申报的出资
    - 有固定的生产经营场所和必要的生产经营条件
    - 有必要的从业人员
  - 投资人
    - 出资人是一个自然人
    - 财产归投资人个人所有
    - 对企业债务承担无限责任
    - 不具有法人资格
  - 事务管理
    - 个人独资企业事务管理的方式
    - 受托人或者被聘用的管理人的义务

- 合伙企业法
  - 普通合伙
    - 设立
    - 财产
    - 事务执行
    - 债务清偿
    - 入伙与退伙
    - 设立
  - 有限合伙
    - 事务执行
    - 有限合伙人的权利和责任承担
    - 入伙与退伙
  - 解散与清算
  - 法律责任

练习题

一、单选题

1. 下列关于个人独资企业的表述中,正确的是(　　)。

A. 个人独资企业的投资人可以是自然人、法人或者其他组织

B. 个人独资企业的投资人对企业债务承担无限责任

C. 个人独资企业不能以自己的名义从事民事活动

D. 个人独资企业具有法人资格

2. 根据《个人独资企业法》的规定,个人独资企业解散后,原投资人对个人独资企业存续期间的债务仍应承担偿还责任,但债权人在一定期间内未向债务人提出偿债要求的,该责任消灭。该期间是(　　)。

A. 6 个月　　B. 1 年　　C. 3 年　　D. 5 年

3. 下列对普通合伙企业设立的论述,符合法律规定的是(　　)。

A. 公民张某与自己年仅 13 周岁的儿子成立一个合伙企业

B. 合伙人必须一次全部缴付出资,不可以约定分期出资

C. 公民甲、乙、丙、丁出资设立一个普通合伙企业,甲可以以劳务出资

D. 若合伙企业名称中没有标明“普通”或是“有限”字样,就视为是普通合伙企业

4. 某普通合伙企业委托合伙人刘某单独执行合伙企业事务,刘某定期向其他合伙人报告事务执行情况以及合伙企业的经营和财务状况。对于刘某在执行合伙企业事务期间产生的亏损,应当承担责任的是(　　)。

A. 刘某　　　　B. 刘某和有过错的第三人

C. 提议委托刘某的合伙人　　　　D. 全体合伙人

5. 关于合伙事务执行中的对外代表权,下列说法错误的是(　　)。

A. 由全体合伙人共同执行合伙企业事务的,全体合伙人都有权对外代表合伙企业

B. 由部分合伙人执行合伙企业事务的,不参加执行合伙企业事务的合伙人则不具有对外代表合伙企业的权利

C. 由于特别授权在单项合伙事务上有执行权的合伙人,依照授权范围可以对外代表合伙企业

D. 取得合伙企业对外代表权的合伙人执行合伙事务所产生的亏损由该合伙人承担

二、多选题

1. 个人独资企业聘用的经营管理人员,未经投资人同意,不得从事的行为有(　　)。

A. 从事与本企业相竞争的业务

B. 同本企业订立合同或者进行交易

C. 将企业专利权转让给他人使用

D. 将企业商标权转让给他人使用

2. 下列内容中符合《个人独资企业法》规定的有(　　)。

A. 公务员、警官、法官不得成为个人独资企业的投资人

B. 个人独资企业为非法人企业,没有注册资本的限额规定

C. 个人独资企业投资人对聘用人员职权的限制不得对抗外部善意的第三人

D. 个人独资企业不能设立分支机构

3. 根据《中华人民共和国合伙企业法》的规定,下列有关普通合伙企业的说法错误的是(　　)。

A. 合伙人为自然人的,可以是限制民事行为能力人

B. 利润分配和亏损分担办法是合伙协议应该记载的事项

C. 合伙企业解散清算委托第三人担任清算人的,需要经全体合伙人一致同意

D. 合伙人之间约定的合伙企业亏损的分担比例对合伙人和债权人均有约束力

4. 甲是某普通合伙企业合伙人,因病身亡,其继承人只有乙。关于乙继承甲的合伙财产份额的下列表述中,符合《合伙企业法》规定的有(　　)。

A. 乙可以要求退还甲在合伙企业的财产份额

B. 乙只能要求退还甲在合伙企业的财产份额

C. 乙因继承财产份额而当然成为合伙企业的合伙人

D. 经其他合伙人同意,乙因继承而成为合伙企业的合伙人

5. 某普通合伙企业有甲、乙、丙三个合伙人,合伙协议约定合伙人之间利润分配和亏损分担的比例是 5∶3∶2。该合伙企业欠丁货款 20 万元,合伙企业财产价值为 10 万元。丁在得

到合伙企业财产 10 万元之后，其余 10 万元可以要求(　　)。

A. 甲全部偿还

B. 乙全部偿还

C. 丙全部偿还

D. 甲偿还 5 万元，乙偿还 3 万元，丙偿还 2 万元

三、简答题

1. 个人独资企业有哪些特征?

2. 符合个人独资企业解散的条件有哪些?

3. 合伙企业有什么法律特征?

4. 普通合伙企业的设立条件有哪些?

5. 合伙企业入伙和退货的法定条件是什么? 其后果是什么?

四、案例分析

1. 刘某是某高校的在职研究生，经济上独立于其家庭。2000 年 8 月，他在工商行政管理机关注册成立了一家主营信息咨询的个人独资企业，取名为“远大信息咨询有限公司”，注册资本为人民币 1 元。营业形势看好，收益甚丰。于是后来黄某与刘某协议参加该个人独资企业的投资经营，并注入投资 5 万元人民币。经营过程中先后共聘用工作人员 10 名，对此刘某认为自己开办的是私人企业，并不需要为职工办理社会保险，因此没有给职工缴纳社会保险费，也没有与职工签订劳动合同。后来该独资企业经营不善导致负债 10 万元。刘某决定于 2001 年 10 月自行解散企业，但因为企业财产不足清偿而被债权人、企业职工诉诸人民法院。法院审理后认为刘某与黄某形成事实上的合伙关系，判决责令刘、黄补充办理职工的社会保险并缴纳保险费，由刘某与黄某对该企业的债务承担无限连带责任。(1)该企业的设立是否合法? (2)刘某允许另一公司参加投资，共同经营的行为是否合法? (3)刘某的理由是否成立? (4)该企业的债权人要求是否成立? (5)刘某是否解散企业? (6)黄某是否承担责任?

2. 王某、张某、李某与范某开办的独资企业甲共同签订了一份合伙协议，拟共同生产经营一种新式取暖设备。王某、甲各出资 30 万元，张某以其取暖设备专利作价出资 50 万元，李某则以其劳务作价出资 20 万元，对以上出资四合伙人经协商确定，不再委托法定评估机构进行评估，同时向企业登记机关申请设立登记，企业名称定为“光明”有限合伙厂。在申请登记期间，恰有一厂家急需取暖设备，于是四合伙厂便以光明有限合伙厂名义与该厂家签订了一份购销合同。问上述内容哪些不符合《合伙企业法》的规定? 为什么?

第三章

Chapter 3

外商投资企业法律制度

【学习要点及目标】

通过本章学习，应该达到：

1. 了解外商投资的立法概况、经营期限、变更、终止和清算；
2. 理解外商投资企业的含义与经营管理方法；
3. 掌握外商投资企业的设立程序、组织形式、出资方式及出自期限。

【引例】 1991 年 6 月 14 日，香港 A 公司与江苏 B 工厂签订了合资经营某有限责任公司的合同。合同约定：合营公司的投资总额为 145 万美元。其中 B 工厂以场地、厂房及库房形式出资50.75万美元，占 35%，A 公司出资 94.25 万美元，其中现金 74.25 万美元，A 公司以其专利技术 的使用许可作价 20 万美元，合计占 65%。双方应在合营公司领到营业执照后 6 个月内，按各自的出资额，将款汇入指定银行账户。任何一方如果向第三人转让其全部或部分出资额，须经另一方同意，并报原审批机构批准。合同附件同时约定：A 公司实际投资应根据合资企业建设进度进行，具体投资期限自 1991 年 6 月至 1992 年 11 月全部投入完毕，B 工厂需于 1991 年 9 月 30 日前完成其所承担的厂房建设工程，并应保证在 1991 年 11 月 20 日前完成投产前的全部基础工程建设工作。合营企业所生产的全部产品均由 A 公司专销。1991 年 9 月 4 日，江苏 B 工厂了解到，香港 A 公司提供的专利技术已过专利保护期，遂要求解除合同，并向中国国际经济贸易仲裁委员会提起仲裁。

请问：

1. 什么是外商投资企业的资本制度？
2. 香港 A 公司和江苏 B 工厂的合同是否有效？其各自的出资方式是否合法？

第一节　中外合资经营企业法

随着我国实行对外开放的程度和范围不断扩大,利用外资鼓励外商来中国投资举办外商投资企业,已成为我国实行对外开放的重要组成部分。外商投资企业是指依照中国的法律规定经中国政府批准,由外国投资者在中国境内设立的,资金部分或全部为外国投资者投资的企业。外商投资企业已遍布全国各地,深入到社会经济的许多行业,推动了我国技术的进步和经济的快速发展。为了促进我国国民经济的发展,扩大国际经济合作和技术交流,我国针对不同外商投资企业的特点,分别制定了《中华人民共和国中外合资经营企业法》(以下简称《合营企业法》)、《中华人民共和国中外合作经营企业法》(以下简称《合作企业法》)和《中华人民共和国外资企业法》(以下简称《外资企业法》)及配套的实施条例或细则。1979 年 7 月 1 日第五届全国人民代表大会第二次会议通过并公布实施了《中华人民共和国中外合资经营企业法》,该法于 1990 年 4 月 4 日第七届全国人民代表大会第三次会议和 2001 年 3 月 15 日第九届全国人民代表大会第四次会议分别作过修正。由于《合营企业法》内容比较概括,难以具体规范合营企业的行为,1983 年 9 月 20 日国务院发布了《中华人民共和国中外合资经营企业法实施条例》(以下简称《合营企业法实施条例》)。目前,《合营企业法》及其实施条例是我国中外合营企业的重要法律依据。

一、中外合资经营企业概述

(一)中外合资经营企业的概念

中外合资经营企业,简称合营企业,是指外国的企业、公司和其他经济组织或个人(以下简称外国合营者)同中国的公司、企业或其他经济组织(以下简称中国合营者),按照平等互利的原则和中国法律,经中国政府批准,在中华人民共和国境内,共同投资、共同经营、共享利益、共担风险的股权式企业。这种企业也称为股权式合营企业,其较多地应用于投资多、技术性强、合作时间长的项目。

1979 年 7 月 1 日第五届全国人民代表大会第二次会议通过,并于 1990 年 4 月 4 日第七届全国人民代表大会第三次会议和 2001 年 3 月 15 日第九届全国人民代表大会第四次会议修改的《中华人民共和国中外合资经营企业法》及其实施条例,是中外合资经营企业(以下简称合营企业)的主要法律依据。

中外合资经营企业以有限责任公司的形式依法取得中国法人资格,即合营企业以其拥有的全部财产对其债务负责,而合营各方对企业的责任仅以其各自认缴的出资额为限。合营企业各方按一定投资比例出资,按照企业章程规定,共同组成管理机构,行使对企业的经营管理权,各方按各自的出资比例分享利润、分担风险。

(二)中外合资经营企业的特征

(1)中外合资经营企业必须由中国合营者与外国合营者共同举办。

外国合营者包括公司、企业、其他经济组织或者个人;中国合营者包括公司、企业和其他经济组织,不能是个人。中外合资经营企业必须有中国合营者和外国合营者参加,这是其区别于外资企业之处。

(2)中外合营各方共同投资、共同经营,按各自的出资比例共担风险、共负盈亏。共同投资是指中外合营者都要有投资,并且各方出资折成一定的出资比例,其中,外方合营者的出资比例一般不低于合营企业注册资本的25%,否则,便不享受合营企业的待遇。

(3)合营企业是经中国政府批准设立的中国法人,必须遵守中华人民共和国的法律、行政法规,并受中国法律、行政法规的保护。中国法人是合营企业适用中国法律的基点。

(4)合营企业的组织形式为有限责任公司,合营各方对合营企业的责任以各自认缴的出资额为限。董事会为合营企业最高权力机构。

【示例3.1】 中韩两个企业,双方签署了一份合营企业合同,其中有一条款是:双方根据中华人民共和国《中外合资经营企业法》和中国其他法律以及韩国的法律,同意在中国境内设立中外合资经营企业。请问该条款是否符合我国法律规定?

【思路解析】 中外合资经营企业是在中国境内设立的,只能遵循中国的法律。

二、中外合资经营企业的设立条件

(一)设立合营企业的条件

在中国境内申请设立合营企业应注重经济效益,必须符合下列一项或数项要求:①采用先进技术设备和科学管理方法,能增加产品品种,提高产品质量和产量,节约能源和材料;②能扩大产品出口,增加外汇收入;③有利于技术改造,能做到投资少、见效快、收益大;④能培训技术人员和经营管理人员。

根据《合营企业法实施条例》第四条规定,申请设立合营企业有下列情况之一的,不予批准:①有损中国主权的;②违反中国法律的;③不符合中国国民经济发展要求的;④造成环境污染的;⑤签订的协议、合同、章程明显属于不公平损害合营一方权益的。

(二)设立合营企业的程序

根据《中外合资经营企业法》及其实条例的规定,设立合营企业一般要经过以下几个步骤:

1. 申请

申请设立合营企业,由中外合营者共同向审批机构报送下列文件:①设立合营企业的申请书;②合营各方编制的可行性研究报告;③由合营各方授权代表签署的合营企业协议、合同和章程;④合营各方委派的董事长、副董事长、董事人选名单;⑤审批机构以及当地政府对合资设立该企业的签署意见。

2. 审批

国家对外经济贸易主管部门是申请设立合营企业的审批机关，该主管部门可授权给相关省、自治区、直辖市人民政府和国务院有关部局审批：①投资总额在国务院规定的金额内，中国合营者的资金来源已落实的；②不需要国家增发原材料，不影响燃料、动力、运输、外贸出口配额等全国平衡的。在中国境内设立合营企业，必须经外经贸部审查批准。批准后，由外经贸部发给批准证书。

商务部和国务院授权的省、自治区、直辖市人民政府或者国务院有关部门自接到中外合营者按规定报送的全部文件之日起，3 个月内决定批准或不批准。审批机关如发现文件有不妥之处，应要求申请人限期修改，直到符合规定为止，否则不予批准。批准设立的，由商务部发给批准证书或文件。

3. 设立合营企业的登记

合营企业在收到国家对外经济贸易主管部门颁发的批准证书后，应当在 30 日内向工商行政管理机关办理注册登记手续。国家工商行政管理局或各级地方工商行政管理机关是合营企业申请开业登记的主管机关。登记机关应当在受理申请后 30 日内作出核准登记或不予核准登记的决定。合营企业的《企业法人营业执照》签发日期为合营企业的成立日期，即合营企业取得中国法人资格，其合法权益受法律保护。合营企业凭营业执照可开设银行账户、刻制公章、办理纳税登记等。

【注意】 合营企业合同是该企业最主要的法律文件，合营企业协议与合同有抵触时，以合同为准。经合营各方同意，也可以不订立合营企业协议而只订立合营企业合同、章程。

三、中外合资经营企业的注册资本与投资总额

（一）合营企业的注册资本

合营企业的注册资本，是指为设立合营企业在工商行政管理机关注册的资本总额，应为合营各方认缴的出资额之和。投资总额是指合营各方在生产经营中实际投入的资金总额，是合营企业实际所需要的基本建设资金和生产流动资金的总和。合营企业的注册资本一般应当以人民币表示，也可以用合营各方约定的外币表示。对合营企业注册资本的最低限额，《合营企业法》未作规定。但我国《公司法》对有限责任公司的注册资本规定了最低限额，应适用于合营企业。

在一般情况下，投资总额高于注册资本，而其高于注册资本的资金部分，往往是由以合营企业名义所借贷款组成的。因此，投资总额一般由注册资本和企业借款组成。

依照我国有关法律、法规的规定，合营企业的注册资本应当符合下列要求：在合营企业的注册资本中，外国合营者的投资比例一般不得低于 25%，这是外国合营者认缴出资的最低限额，对其最高限法律没有明确规定。合营企业的注册资本，应当与生产经营的规模、范围相适

应。合营企业以自己的注册资本对外承担债务，投资者以其认缴的出资额对企业承担责任。合营企业在合营期内不得减少注册资本。但因投资总额和生产经营规模等发生变化，确需减少注册资本的，须经审批机关批准。对合营企业在合营期限内增加注册资本，法律没有禁止。经合营他方同意和审批机构批准，合营一方可以向第三方转让其全部或部分出资额。合营一方转让出资额时，合营他方有优先购买权。此外，合营企业注册资本的增加、减少，应当由董事会会议通过，并报原审批机构批准，向原登记管理机构办理变更登记手续。合营企业的注册资本应符合《公司法》规定的有限责任公司的注册资本的最低限额。

（二）合营企业的投资总额

合营企业的投资总额，是指按照合营企业的合同、章程规定的生产规模需要投入的基本建设资金和生产流动资金的总和，其中包括注册资本与借款。合营企业的借款是指为弥补投资总额的不足，以合营企业的名义向金融机构借入的款项。在合营企业中，外国合营者一般希望多用借贷资本，少投入注册资本，以降低自身的风险责任。但对国家而言，注册资本过少，既会减少国家的税收收入，又会增加国内交易风险，不符合我国吸引外资的基本目的。为了正确处理这两者之间的关系，1987 年 3 月 1 日经国务院批准，国家工商行政管理总局发布了《关于中外合资经营企业注册资本与投资总额比例的暂行规定》，明确了合营企业注册资本与投资总额的比例，其主要内容是：

（1）投资总额在 300 万（含 300 万）美元以下的，注册资本至少应占投资总额的 7/10；

（2）投资总额在 300 万美元以上至 1 000 万（含 1 000 万）美元的，注册资本至少应占投资总额的 1/2，其中投资总额在 420 万美元以下的，注册资本不得低于 210 万美元；

（3）投资总额在 1 000 万美元以上至 3 000 万（含 3 000 万）美元的，注册资本至少应占投资总额的 2/5，其中投资总额在 1 250 万美元以下的，注册资本不得低于 500 万美元；

（4）投资总额在 3 000 万美元以上的，注册资本至少应占投资总额的 1/3，其中投资总额在 3 600 万美元以下的，注册资本不得低于 1 200 万美元。

合营企业如遇特殊情况不能执行此规定的，由国务院对外经济贸易主管部门会同国家工商行政管理机关批准。合营企业增加投资的，其追加的注册资本与增加的投资额比例，应按上述规定执行。

【示例 3.2】　中国某厂与美国一商人，意建立一个中外合资经营企业，双方签订了一份企业合同。合同中规定：合营企业注册资本为 900 万美元，其中中方出资 680 万美元，美方出资 220 万美元；合营企业注册资本在合资期间内既可增加也可减少。上述规定是否符合我国法律？为什么？

【思路解析】　美方出资比例未达到注册资本的 25% 以上。法律规定，合营企业在合营期间内，合营资本只能增加不能减少。

四、合营企业合营各方的出资方式及出资期限

(一)合营各方的出资方式

合营各方可以用货币出资,即以现金出资;也可以用实物出资,即以建筑物、厂房、机器设备或其他物料作价出资;还可以用工业产权、专有技术出资,即以无形财产权出资;中方可以用土地使用权出资。也就是说,合营各方的各项投资应在合营企业的合同和章程中加以规定,出资的作价可由合营各方按照公平合理的原则协商确定或聘请合营各方同意的第三方评定。

合营各方按照合营合同的规定向合营企业认缴的货币或者有价证券必须为合营者自己所有,并且未设立任何担保物权的实物、工业产权、专有技术等。凡是以实物、工业产权、专有技术作价出资的,出资者应当出具拥有所有权和处置权的有效证明。合营各方不得用以合营企业名义取得的贷款作为自己的出资,合营企业的任何一方也不得以合营企业的财产和权益或者合营他方的财产和权益为其出资担保。

外国合营者以机器设备和其他生产资料出资的,必须符合下列条件:①为合营企业生产所必不可少的;②作价不得高于同类机器设备或其他物料的当时的国际市场价格;③中国不能生产,或能生产但价格过高或供应时间不能保证需要的;④外国合营者作为出资的机械设备或者其他物料,应当报审批机构批准。

外国合营者以工业产权、专有技术出资的,必须符合下列条件之一:①显著改进现有产品的性能、质量、提高生产效率或能显著节约原材料、燃料、动力;②能生产中国急需的产品或出口的适销产品的。其作价出资的机器设备或其他物料、工业产权、专有技术,应经中国合营者的上级主管部门审查同意,报审批机关批准。

【注意】 外国合营者以工业产权、专有技术作价出资的,应提交工业产权或专有技术的有关资料,该工业产权或专有技术必须为外国投资者所有。

外国合营者以货币出资的,只能以外币缴付出资,不能以人民币缴付出资。外国合营者出资的外币,按缴款当日中国人民银行公布的基准汇率折算成人民币或者套算成约定的外币。中国合营者出资的人民币现金,需要折算成外币的,按缴款当日中国人民银行公布的基准汇率折算。

中国合营者可用经营期间的土地使用权作为出资,其作价金额应当与取得同类场地使用权所有缴纳的使用费用相同。如果合营企业的土地使用权未作为中国合营者出资的一部分,则应向中国政府缴纳使用费。

合营各方应当在合营合同中明确出资期限,并按照合同规定的期限缴清各自的出资;不按照规定期限缴清出资的,应当承担相应的法律责任。

【示例3.3】 中日两个企业,双方签署了一份合营企业合同。其中规定双方出资方式如下:甲方现金200万元,厂房折合30万元,场地使用权为20万元;乙方现金100万元,工业产权100万元;双方出资额在营业执照签发之日前一次交清。该项要求是否正确?为什么?

【思路解析】 乙方工业产权出资额超过双方投资总额(450万)的法定规定的20%。

(二)合营各方的出资期限

合营企业的出资缴付采取的是认缴制。因此,合营各方可以在合同中约定在合营企业成立后的一定期间内实际缴付出资。

为保护合营各方的合法权益,维护社会经济秩序,外经贸部、国家工商行政管理局于1988年发布了《中外合资经营企业合营各方出资的若干规定》。根据该规定,合营各方应当在合营企业合同中订明出资期限,并且应当按照合营合同规定的期限缴清各自的出资,逾期未缴或少缴的,应按合同的约定支付延迟利息或赔偿损失。①合营企业依照有关规定发给的出资证明书应当报送原审批机关和登记管理机构备案。合营合同中规定一次缴清出资的,各方应当在营业执照签发之日起6个月内缴清。②合营合同中规定分期缴付出资的,合营各方第一期出资,不得低于各自认缴出资额的15%,并且应当在营业执照签发之日起3个月内缴清。③合营各方未能在前述规定的期限内缴付出资的,视同合营企业自动解散,合营企业批准证书自动失效。④合营企业应当向工商行政管理机关办理注销登记手续,缴销营业执照;不办理注销登记手续和缴销营业执照的,由工商行政管理机关吊销其营业执照,并予以公告。

合营各方缴付出资额后,应当由中国的注册会计师验证,出具验资报告后,由合营企业据以发给出资证明书。

合营各方缴付第一期出资后,超过合营合同规定的其他任何一期出资期限3个月,仍未出资或者出资不足时,登记管理机构应当会同原审批机关发出通知,要求合营各方在1个月内缴清出资。原审批机关有权撤销未按照规定的通知期限缴清出资的合营企业的批准证书。合营企业在批准证书撤销后,应当向登记管理机构办理注销登记手续,缴销营业执照并清理债权债务;不办理注销登记手续和缴销营业执照的,登记管理机构有权吊销其营业执照,并予以公告。

合营一方如出现违约行为,即未按照合营合同的规定如期缴付或者缴清其出资,守约方应当催告违约方在1个月内缴付或者缴清出资,逾期仍未缴付或者缴清的,视同违约方放弃在合营合同中的一切权利,自动退出合营企业。在逾期后1个月内,守约方应当向原审批机关申请批准解散合营企业,或者申请批准另找合营者,承担违约方在合营合同中的权利和义务。守约方可以依法要求违约方赔偿因未缴付或者未缴清出资造成的经济损失。

五、合营企业的组织形式和组织机构

(一)合营企业的组织形式

合营企业的组织形式为有限责任公司。合营企业各方对合营企业的责任以各自认缴的出资额为限,合营企业以其全部资产对其债务承担责任。规定合营企业的组织形式为有限责任公司,使得投资者承担的风险减小,可以起到鼓励投资的作用。

(二)合营企业的组织机构

根据《中外合资经营企业法》及其实施条例的规定,合营企业的组织机构是董事会和经营管理机构,或者说是董事会领导下的总经理负责制。

合营企业的组织机构形式虽然是有限责任公司,但并不设立股东会。合营企业的董事会是合营企业的最高权力机构,根据合营企业章程的规定,讨论决定合营企业的一切重大问题,包括:企业发展规划、生产经营活动方案、收支预算、利润分配、劳动工资计划、停业,以及总经理、副总经理、总工程师、总会计师、审计师的任命或聘请及职权和待遇等。董事会董事长1人,副董事长1~2人。董事长和副董事长由合营各方协商确定或由董事会选举产生。中外合营者的一方担任董事长的,由他方担任副董事长。董事会由董事长、副董事长及董事组成。董事会成员不得少于3人,其人数组成由合营各方协商确定,董事由合营各方按分配名额委派,任期为4年,经委派可以连任。

董事会会议每年至少开一次,经1/3以上董事提议,可召开董事会临时会议。董事会会议由董事长召集,董事长不能召集时,可以由董事长委托副董事长或者其他董事召集。董事会会议应有2/3以上董事出席方能举行。董事不能出席的,可以书面委托他人代表其出席和表决。董事会会议讨论的重大问题具体包括:企业发展规划、生产经营活动方案、收支预算、利润分配、劳动工资计划、停业以及总经理、副总经理等高级管理人员的任命或聘请及其职权和待遇等。董事会会议对一般事项可根据合营企业章程载明的议事规则作出决议,但下列事项由出席董事会会议的董事一致通过方可作出决议:合营企业章程的修改;合营企业的终止、解散;合营企业注册资本的增加、减少;合营企业的分立、合并。

(三)合营企业的经营管理机构

经营管理机构负责合营企业日常生产经营管理工作,作为董事会的执行机构是合营企业依法应设经营管理机构。经营管理机构设总经理1人,副总经理若干人,副总经理协助总经理工作,其他高级管理人员若干人。总经理、副总经理、总工程师、总会计师等均由董事会任命或聘用,中国公民和外国公民都可担任,通常总会计师由中国公民担任。

合营企业实行董事会领导下的总经理负责制。总经理向董事会负责,其职责是执行董事会的各项决议,组织领导日常经营管理工作。在董事会的授权范围内,代表合营企业对外进行各项经营业务;任免下属人员;行使董事会授予的其他职权。总经理或副总经理不得兼任其他经济组织的总经理或副总经理,不得参与其他经济组织对本企业的商业竞争。总经理处理重要问题时,应当同副总经理协商。总经理、副总经理及其他高级管理人员有营私舞弊或者严重失职行为的,经董事会决议可以随时解聘。

（四）合营企业的工会组织

合营企业职工有权依照《中华人民共和国工会法》和《中国工会章程》的规定建立基层工会组织，开展工会活动。根据《合营企业法实施条例》第八十六条规定，合营企业工会的基本任务是：依法维护职工的民主权利和物质利益；协助合营企业安排和合理使用福利、奖励基金；组织职工学习政治、科学、技术和业务知识，开展文艺、体育活动；教育职工遵守劳动纪律，努力完成企业的各项经济任务。工会有权代表职工与合营企业签订劳动合同并监督其执行，有权协助合营企业安排和使用福利奖励基金，有权列席董事会研究决定职工的工资制度、劳动保护、劳动保险、奖惩、劳动纪律等与职工利益有密切关系的会议，反映职工意见和要求，依法维护职工的合法民主权利和利益。

【示例3.4】 中、德双方企业意共同建立一中外合资经营企业。双方约定：合资企业的组织形式为股份有限公司；合营企业股东大会为最高权力机构，以企业总经理为法定代表人。问：该合营企业在设立中有何不符合《中外合资经营企业法》的地方？该合同应如何定立？

【思路解析】 其组织形式有问题。中外合资公司为有限责任公司。中外合资企业以董事会为最高权力机构，董事长为法定代表人。双方应根据中国的法律法规，特别是要根据《中外合资经营企业法》来签订合同。

六、合营企业的合营期限，解散和清算

（一）合营企业的经营期限

合营企业的期限，是指合营各方根据中国的法律、行政法规的规定和合营企业的经营目标的期望，在合同中对合营企业存续期间的规定。合营企业的经营期限，根据不同行业、不同情况，作出不同的规定。要注意对于限制类的中外合资经营项目，必须约定经营期限。有的行业可以约定经营期限，也可以不约定经营期限。

《合营企业法实施条例》和《中外合资经营企业合营期限暂行规定》对有关合营企业合营期限作出了具体规定。属于下列行业的，合营各方应当在合营合同中约定经营期限：①服务性行业，如饭店、公寓、写字楼、娱乐、饮食、出租汽车、彩扩、洗印、维修、咨询等；②从事资源勘察开发的；③从事土地开发及经营房地产的；④国家规定限制投资项目的：⑤法律、法规规定需要约定合同期限的。

按规定在合同中应约定合营期限的项目，一般项目原则上为10～30年。其期限应根据项目的行业类型、投资额、投资风险和投资回收期的长短确定。投资大、建设周期长、资金利润低的项目，由外国合营者提供先进技术或者关键技术生产尖端产品的项目，或者在国际上有竞争能力的产品的项目，这些属于国家鼓励和允许投资的项目，在合同中约定合营期限的，可适当放宽约定期限，其约定期限一般不超过50年。经国务院特别批准的，可以在50年以上。

属国家鼓励举办的合营企业的，除以上法律规定的行业之外，双方可以在合同中约定合营

期限,也可以不约定合营期限。

合营企业约定合营期限的,合营各方同意延长合营期限的,应在距合营期届满6个月前向审批机构提出申请,审批机构应当自收到合营企业的申请书之日起1个月内决定批准或不批准。合营企业合营各方如一致同意将合营合同中约定的合营期限条款修改为不约定合营期限的协议,应提出申请,报原审批机关审查。原审批机关应当自收到上述申请文件之日起90日内决定批准或不批准。

合营各方在合营合同中不约定合营期限的合营企业,经税务机关批准,可以按照国家有关的税收规定享受减税、免税的优惠。如合营企业实际经营期限未达到国家有关税收优惠政策规定的年限,则应当依法补缴已减免的税款。因为《外商投资企业和外国企业所得税法》及其实施细则对合营企业规定的优惠条件是以其经营期限为前提的,如税法规定,合营企业经营期限在10年以上的,从开始获利的年度起,第1年和第2年免征所得税,第3~5年减半征收企业所得税。

(二)合营企业的解散

根据《中外合资经营企业法》及其实施条例的规定,合营企业在下列情况下解散:①合营期限届满。合营企业合同或章程确定的合营期限已经到期,而投资各方又无意继续延长合营期限,则合营企业解散。②企业严重亏损,无力继续经营。企业因经营管理不善或者其他原因,造成严重亏损,企业无力继续经营,则合营企业解散。③合营一方不履行协议、合同和章程规定的义务,致使企业无法继续经营。④企业因自然灾害、战争等不可抗力遭受严重损失,无法继续经营。⑤合营企业未达到经营目的,又无发展前途。⑥合营企业合同、章程所规定的其他解散原因已经出现。

上述第②、④、⑤、⑥项情况发生的,由董事会提出解散申请书,报审批机关批准。上述第③项情况,由履行合同的一方提出申请;不履行合营企业协议、合同、章程规定义务的一方,应对合营企业由此造成的损失负赔偿责任。

(三)合营企业的清算

合营企业在宣告解散时,应当进行清算。合营企业的清算应当按照《外商投资企业清算办法》的规定成立清算委员会,由清算委员会负责清算事宜。清算委员会的成员一般从合营企业的董事中选任,董事不能担任或不适合担任清算委员会时,可聘请在中国注册的会计师、律师担任。审批机构认为必要的,可派人进行监督。

清算委员会的主要任务是:①对企业的财债权、债务进行全面清查。②编制资产负债表和财产目录,提出财产作价和计算的依据,指定清算方案,报请董事会,会议通过后执行。③在清算期间,清算委员会代表合营企业起诉和应诉。清算费用和清算委员会成员的酬劳应当从合营企业现存财产中优先支付。④履行企业偿债义务。清算委员会制订的清算方案经董事会通过后,由清算委员会代合营企业履行偿债义务,偿债顺序按照国家有关法律和行政法规执行。

合营企业解散时,其全部资产对其债务承担责任。合营企业清偿债务后的剩余财产按照合营各方的出资比例进行分配,但合营企业协议、合同及章程另有规定的除外。其资产净额或者剩余财产减除企业未分配利润、各项基金和清算费用后的余额,超过实缴资本的部分为清算所得,应当依法缴纳所得税。

合营企业的清算工作结束后由清算委员会提出清算结束报告,报请董事会,会议通过后,报原审批机构,并向原企业登记管理登记机关办理注销登记手续,缴销营业执照。

【示例 3.5】 某中外合资公司即将因合营期满而解散。某律师就清算委员会的有关问题向该公司提供的咨询意见:清算委员会的成员应由公司董事会提出,报企业主管部门批准。此意见是否符合我国法律的规定?

【思路解析】 清算委员会的成员一般应在公司董事中任选。

第二节　中外合作经营企业法

设立合作企业的基本法律依据是《中华人民共和国中外合作经营企业法》以及《中华人民共和国中外合作经营企业法实施细则》(简称《合作企业法实施细则》)我国《合作企业法》是 1988 年 4 月 13 日第七届全国人民代表大会第一次会议通过,并于 2000 年 10 月 31 日第九届全国人民代表大会常务委员会第十八次会议修改的。全文只有 27 条,内容比较概括,因此,外经贸部于 1995 年 9 月 4 日发布了《合作企业法实施细则》并于 1996 年发布了关于实施细则的说明,对中外合作者的出资、投资回收等问题作了进一步明确。

一、中外合作经营企业概述

(一)中外合作经营企业的概述

中外合作经营企业,简称合作企业,是指外国的公司、企业和其他经济组织或者个人同中国的公司、企业或者其他经济组织,依照中国的法律和行政法规,经中国政府批准,设在中国境内的,由双方依据合作经营企业合同享有权利、承担义务的企业。

合作企业可以采取有限责任公司的形式取得法人资格,也可以按合作双方的需要办成非法人形式的经济组织。取得法人资格的合作企业,其组织形式为有限责任公司;非法人资格的合作企业,其组织形式为合伙型企业,合作各方对外承担无限连带责任。

合作企业属于契约式企业,其基础是合作企业合同。中外双方通过协商,就投资或者合作条件、收益或者产品分配、风险和亏损的分担、经营管理的方式和合作企业的终止时财产的归属等事项达成一致意见,订立合同,在合同基础上设立合作企业。

(二)合作企业的特征

合作企业与合营企业都是中外双方或多方,根据中国法律在中国境内共同设立的中国企业，因此两者在设立、变更、终止、组织制度和资本制度等诸多方面具有相同或相近之处。但由于两者设立的基本法律依据不同，所以两者也存在较大的差异。合作企业和与合资企业有以下几方面的特点。

1. 组织形式灵活

合营企业的组织形式是有限责任公司，具有法人资格，合营各方以其出资额对公司承担责任，公司以其全部资产对其债务承担。合作企业既可以是法人或企业，也可以是非法人企业。其组织形式可以由合作者自由选择，灵活性强。法人型合作企业具有法人资格，对外承担有限责任；合伙型合作企业不具有法人资格，合作各方承担无限连带责任。合作企业以其全部资产对合作企业的债务承担责任。不具有法人资格的合作企业及其合作各方，依照中国民事法律的有关规定，承担民事责任。

2. 投资方式多样

合营企业各方的出资需要折算成货币，以货币形式表示各方的投资比例。合作企业的投资方式比较灵活，合作各方的投资可以向合作企业投资，也可以只提供合作条件。合作者的投资可以是货币、建筑物、机器设备或其他物料、工业产权、专有技术、土地使用权等。

3. 利润分配与亏损及风险承担的比例和方式灵活

合营企业各方按其出资比例分享利润和分担风险及亏损。合作企业按各方的约定分配收益或产品、分担亏损和风险。中外合作者可以采用的收益分配方式主要有：分配利润、分配产品或者合作各方共同商定的其他分配方式。在合作期限内，合作各方的收益分配比例可以依协议进行调整。

4. 外方可先行收回投资

合作企业可以在合同中约定外国合作者可根据合作合同的规定方式在合作期间收回出资或者在一定条件下在合作期间内先行收回投资。合营企业中的外国合营者在合营期满前不能回收投资。

5. 组织机构及经营管理灵活

合营企业的最高权力机构是董事会，由总经理、副总经理组成经营管理机构负责企业的日常经营管理工作；合作企业可以设董事会或者联合管理委员会。法人式企业一般采用董事会制，非法人式企业则采用联合管理委员会制。董事会或者联合管理委员会是合作企业的权力机构，按照合作企业章程的规定，决定企业的重大问题。董事或者委员的任期由合作企业章程规定；但是，每届任期不得超过3年，比合营企业任职期限短。

二、合作企业的设立条件

（一）设立合作企业的条件

《合作企业法》第四条规定：国家鼓励举办产品出口的或者技术先进的生产型合作企业。审批机关应当自收到规定的申请文件之日起45天内决定批准与否，并对批准设立的颁发批准证书。设立合作企业的批准机关是对外经济贸易主管部门、国务院授权的部门或地方人民政府。

合作企业设立的企业可以是法人，也可以是非法人。设立的其他规定，与合营企业基本相同。

(1)根据《合作企业法实施细则》、《合作企业法》和《民法通则》的规定，具有法人资格的合作企业的设立应具备以下条件：①具备中国法人条件；②符合国家的发展政策和产业政策，遵守国家关于指导外商投资方向的规定；③外国合作者的投资一般不低于合作企业注册资本的25%。

(2)根据《合作企业法》和《合作经营企业法实施细则》的规定，不具有法人资格的合作企业的设立应具备以下条件：①符合国家的发展政策和产业政策，遵守国家关于指导外商投资方向的规定；②合作企业应当向登记管理机构登记合作各方的投资或者提供的合作条件。

根据《合作企业法实施细则》第九条的规定，申请设立合作企业，有下列情形之一的，不予批准：①损害国家主权或者社会公共利益的；②危害国家安全的；③对环境造成污染损害的；④有违反法律、行政法规或者国家产业政策的其他情形的。

(二)设立合作企业的程序

1. 设立合作企业

设立合作企业应当由中国合作者向审查批准机关报送下列文件：①设立合作企业的项目建议书，并附送主管部门审查同意的文件；②合作各方共同编制的可行性研究报告；③由合作各方的法定代表人或其授权的代表签署的合作企业协议、合同、章程；④合作各方的营业执照或注册登记证明、资信证明及法定代表人的有效证明文件，外国合作者是自然人的，应当提供有关身份、履历和资信情况的有效证明文件；⑤合作各方协商确定的合作企业董事长、副董事长、董事或者联合管理委员会主任、副主任、委员的人选名单；⑥审查批准机关要求报送的其他文件。

2. 审查批准机关审批

在中国境内设立合作企业，依法由外经贸部或者国务院授权的部门和地方人民政府审查批准。审批机关自收到全部文件之日起45日内决定是否批准。如报送的文件不全或者有不当之处的，审查批准机关有权要求合作各方在指定期间内补全或修正。

3. 批准设立的合作企业依法向工商行政管理机关申请登记，领取营业执照

审批机关审批后颁发批准证书，合作企业应自接到批准证书之日起30天内向工商行政管理机关申请登记，领取营业执照，向税务机关办理税务登记。

【示例3.6】 中方与外方合作设立一家中外合作经营企业，在约定事项中外方出资中的150万美元为设备，与公司取得营业执照后3个月内运抵公司所在地。这是否为我国法律所允许？

【思路解析】 投资人投资或提供的合作条件由合作合同约定。

三、中外合作经营企业的注册资本与投资合作条件

(一)合作企业的注册资本

合作企业的注册资本,是指为设立合作企业,在工商行政管理机关登记的合作各方认缴的出资额之和。注册资本可以用人民币表示,也可以用合作各方约定的一种可自由兑换的外币表示。合作企业的注册资本在合作期限内不得减少。但因投资总额和生产经营规模等变化,确需减少的,须经审查批准机关批准。

(二)合作各方的投资方式

合作各方可以向合作企业投资,也可以只提供合作条件。中外合作者的投资或提供的合作条件可以是现金、实物、土地使用权、工业产权、非专利技术和其他财产权利。其中,非货币出资应依法评估作价。

合作企业的出资过程比较灵活、简便。合作各方的出资不必折算为货币形式,不必对合作各方的投资或合作条件计算出资额和各方的出资比例。合作各方只需在合同中确定各方的合作条件即可。具有法人资格的合作企业的合作各方向合作企业提供的合作条件属于合作企业的财产,不以货币的形式表示,但应作辅助登记,对企业的债务承担责任。不具有法人资格的合作企业应当向工商行政管理机关登记合作各方的投资或者提供的合作条件。中外合作者的投资或提供的合作条件,由中国注册会计师或有关机构验证并出具证明。

【注意】 合作企业可以向中国境内的金融机构借款,也可以向中国境外借款。合作企业的各项保险应当向中国境内的保险机构投保。

四、合作企业的组织形式和组织机构

(一)合作企业的组织形式

合作企业可以申请为具有法人资格的合作企业,也可以申请为不具有法人资格的合作企业。依据《合作企业法》的规定:合作企业符合中国法律关于法人条件规定的依法取得中国法人资格。取得法人资格的组织形式一般为有限责任公司。

除合作企业合同另有约定外,合作各方对合作企业承担的责任以各自认缴的出资额或者提供的合作条件为限。合作企业以其全部资产对其债务承担责任。

对不具备法人资格的企业,应依照中国民事法律的有关规定承担民事责任。

(二)合作企业的组织机构

合作企业设立董事会或者联合管理委员会作为合作企业的组织机构,有三种管理机制:董事会制、联合管理制和委托管理制。

具备法人资格的合作企业,一般设立董事会,董事会是合作企业的最高权力机构,决定合作企业的重大问题。董事会制实行董事会领导下的总经理负责制,董事会可以任命或聘用总

经理负责合作企业的日常管理工作,总经理对董事会负责。不具备法人资格的合作企业一般设立联合管理委员会。联合管理制是不具有法人资格的合作企业常采用的管理方式。联合管理机构由合作各方的代表组成,机构中的主任和副主任,分别由双方合作者担任,是合作企业最高权力机构。联合管理机构可以任命或聘请总经理负责合作企业的日常管理工作,总经理对联合管理机构负责。董事会或者联合管理委员会成员不得少于三人,其名额的分配由中外合作者参照其投资或者提供的合作条件协商确定。董事会或者联合管理委员会成员由合作各方自行委派或者撤换。

合作企业委托合作一方或合作者以外的第三方对合作企业进行管理的管理方式称为委托管理制。合作企业须经中外合作者各方同意方可委托中方或外方一方管理,并以受托方全面负责企业的经营管理,合作他方不得参与企业经营活动。合作企业成立后,改为委托合作各方以外的他人经营管理的,必须经董事会或者联合管理委员会一致同意,报审查批准机关批准,并向工商行政管理机关办理变更登记手续。

五、合作企业的经营管理

合作企业的经营管理活动,根据批准的合作企业合同、章程进行。其经营管理自主权不受干涉,并依法受到保护。

(一)生产经营管理

中外合作企业在批准的范围内开展经营活动,享有生产经营自主权。合作企业在经批准的经营范围内购买所需的原材料、燃料等物资,按照公平、合理的原则,可以在国内市场也可以在国外市场上购买。国家鼓励合营企业向国际市场自行出口其产品,也可以委托外国合营者的销售机构或中国的外贸公司代销或经销。

(二)财务管理

合作企业必须在中国境内设立会计账簿,进行独立核算,执行国家统一的财务会计制度,根据中国有关的法律和财务会计制度的规定,制定适合本企业的财务会计制度,按照规定制作会计报表,并接受所在地的财政税务机关的监督。

(三)劳动用工管理

合营企业在遵守中国的法律和行政法规的前提下,在劳动用工方面享有自主权。中外合作企业应当依法通过订立合同,对职工的录用、辞退、报酬、福利、劳动保险等事项加以规定。合作企业的职工依法可以建立工会组织,开展工会活动,维护职工的合法权益。合营企业董事会会议研究决定有关职工奖惩、工资制度、生活福利、劳动保护、保险等问题时,工会代表有权列席会议,董事会应当听取工会的意见,取得工会的合作。合作企业应当为本企业工会提供必要的活动条件。

六、合作企业的合作期限、解散和清算

(一)合作企业的期限

由中外合作者协商确定,并在合作企业合同中明确合作企业的期限。合作各方经协商在合作企业期限届满后要求延长合作期限的,应当在期限届满的180天前向审查批准机关提出申请,说明原合作企业合同执行情况,延长合作期限的原因,同时报送合作各方就延长的期限内各方的权利、义务等事项所达成的协议。审查批准机关应当自接到申请之日起30日内,决定批准或不批准。经批准延长合作期限的合作企业,凭批准文件向工商行政管理机关办理变更登记手续,延长的期限从期限届满后的第一天起计算。

外国合作者在合作企业合同约定先行回收投资,并已经回收完毕的,合作企业期限届满不再延长。如果外国合作者增加投资的,经合作各方协商同意,可以向审查批准机关申请延长合作期限。

(二)合作企业的解散

根据《合作企业法》及其实施细则的规定,合作企业解散的原因主要有以下几项:①合作期限届满;②中外合作者一方或者数方不履行合作企业合同、章程规定的义务,致使合作企业无法继续经营;③合作企业发生严重亏损,或者因不可抗力遭受严重损失,无力继续经营;④合作企业违反法律、行政法规,被依法责令关闭;⑤合作企业合同、章程中规定的其他解散原因已经出现。

合作企业的董事会或者联合管理委员会应当对上述第③项、第⑤项所列情形的发生作出决定,报审查批准机关批准。在上述第②项所列情形下,不履行合作企业合同、章程规定的义务的中外合作者一方或者数方,应当承担履行合同的他方因此遭受的损失赔偿责任。履行合同的一方或者数方有权向审查批准机关提出申请,解散合作企业。

(三)合作企业的清算

合作企业应依照国家有关法律、行政法规及合作企业合同、章程的规定办理清算事宜。《合作企业法》第二十三条规定:“合作企业期满或者提前终止时,应当依照法定程序对资产和债权、债务进行清算。中外合作者应当依照合作企业合同的约定确定合作企业财产的归属。”

第三节 外资企业法

外资企业法是调整外资企业在设立、管理、经营、终止过程中所产生的经济关系的法律规范的总称。《中华人民共和国外资企业法》于2000年10月31日第九届全国人民代表大会常务委员会修正,《中华人民共和国外资企业法实施细则》(1990年12月12日发布,以下《外资企业法实施细则》)是外资企业的主要法律依据。

一、外资企业概述

外资企业也称外商独资经营企业；它是指外国的公司、企业和其他经济组织或个人，依照中国的法律和行政法规，经中国政府批准，设在中国境内的，全部资本由外国投资者投资的企业。

外资企业有以下特点：

(1)外资企业是依照中国的法律规定在中国境内设立的有限责任公司或其他组织形式的企业。

(2)外资企业法的全部资本均由外国投资者投资，并由外国投资者经营管理。

(3)外资企业不包括外国企业和其他经济组织在中国境内的分支机构。

(4)外资企业是一个独立的经济实体，独立核算，自负盈亏，独立承担法律责任。

二、外资企业的设立条件及设立程序

(一)外资企业的设立条件

根据《外资企业法》及其实施细则的规定，设立外资企业，必须有利于中国国民经济的发展，能够取得显著的经济效益，并应至少符合下列条件之一：①采用先进技术和设备，从事新产品开发，节约能源和原材料，实现产品升级换代，可以替代进口；②年出口产品的产值达到当年全部产品产值的50%以上，并实现外汇收支平衡。

中国政府规定禁止设立的行业主要包括新闻、出版、广播、电影、国内商业、对外贸易、保险、邮电通信以及政府规定的其他行业。

限制设立外资企业的行业包括：公用事业、交通运输、房地产、信托投资及租赁。

申请设立外资企业，有下列情况之一的，不予批准：①有损中国主权或者社会公共利益的；③违反中国法律、法规的；③不符合中国国民经济发展要求的；④可能造成环境污染的；⑤危及中国国家安全的。

(二)外资企业的设立程序

在申请设立外资企业之前，须经企业所在地的县级或者县级以上人民政府签署意见。根据《外资企业法》及其实施细则的规定，设立外资企业的法律程序一般有申请、审批和登记三个阶段。其具体程序如下：

1. 提供报告

外国投资者向拟设立外资企业所在地的县级或者县级以上地方人民政府提出申请。外国投资者在提出设立外资企业的申请前，应当就下列事项向拟设立外资企业所在地的县级或者县级以上地方人民政府提交报告。报告内容包括：①设立外资企业的宗旨；②经营范围、规模；③生产产品；④使用的技术设备；⑤用地面积及要求；⑥需要用水、电、煤、煤气或者其他能源的条件及数量；⑦对公共设施的要求等。收到报告的人民政府应自收到之日起30日内以书面形式答复外国投资者。

2. 向国家审批机关提出申请

报告经所在地政府批准后,外国投资者应当通过地方政府向国家专门审批机关提出设立外资企业的申请,并按要求报送下列文件:①设立外资企业申请书;②外资企业章程;③可行性研究报告;④外资企业法定代表人(或者董事会人选)名单;⑤外国投资者的法律证明文件和资信证明文件;⑥需要进口的物资清单;⑦拟设立外资企业所在地的县级或者县级以上地方人民政府的书面答复;⑧其他需要报送的文件。

根据《外资企业法实施细则》第十五条的规定,外资企业的章程应当包括下列内容:①名称及住所;②宗旨、经营范围;③组织形式;④投资总额、注册资本、出资期限;⑤内部组织机构及其职权和议事规则,法定代表人以及总经理、总工程师、总会计师等人员的职责、权限;⑥财务、会计及审计的原则和制度;⑦劳动管理;⑧经营期限、终止及清算;⑨章程的修改程序。外资企业的章程经审批机关批准后生效,修改时须经审批机关批准后方可生效。

两个或者两个以上外国投资者共同申请设立外资企业,应当将其签订的合同副本报送审批机关备案。

3. 审批

在中国境内设立外资企业,依法由外经贸部或者国务院授权的部门和地方人民政府审查批准。审批机关在收到申请文件之日起 90 日内决定批准或者不批准。

4. 登记注册

登记成立设立外资企业的申请经审批机关批准后,外国投资者应当在收到批准证书之日起 30 日内向登记管理机构申请登记,领取营业执照。外资企业的营业执照签发日期,为该企业成立日期。外国投资者在收到批准证书之日起满 30 日未向工商行政管理机关申请登记的,外资企业批准证书自动失效。外资企业在企业成立之日起 30 日内向税务机关办理税务登记。

三、外资企业的注册资本与外国投资者的出资

(一)外资企业的注册资本

外资企业的注册资本,是指为设立外资企业在工商行政管理机关登记的资本总额,即外国投资者认缴的全部出资额。外资企业的注册资本与投资总额的比例应符合中国法律规定,注册资本要与其经营规模相适应。

外资企业在经营期内不得减少注册资本,但因投资总额和生产经营规模等发生变化,确需减少注册资本的,须经审批机关批准。外资企业注册资本的增加、转让,须经审批机关批准,并向工商行政管理机关办理相关手续。外资企业将其财产或者权益对外抵押、转让的,须经审批机关批准,并向工商行政管理机关备案。

(二)外资企业的出资方式和出资期限

外资企业的资本出资方式可以是可自由兑换的外币,也可以是机器设备、工业产权、专有

技术等作价出资，也可以用其从中国境内举办的其他外资企业获得的人民币利润出资。外国投资者以机器设备、工业产权、专有技术等作价出资的，应符合我国法律规定的条件：①该企业依赖外资企业所必需的投资；②中国不能生产的，或者虽能生产，但在技术性能或者供应时间上不能保证需要的。工业产权、专有技术的作价应与国际上通常的作价原则相一致，作价金额不得超过外资企业注册资本的20%，机器设备的作价不得高于同类机器设备当时的国际市场的正常价格。

外国投资者缴付出资的期限，应当在设立外资企业的申请书和外资企业章程中载明。外国投资者可以分期缴付出资，其中第一期出资不得少于外国投资者认缴的出资额15%，并应当在外资企业营业执照签发之日起90天内缴清，最后一期出资应当在营业执照签发之日起3年内缴清。

外国投资者未能在营业执照签发之日起90日内缴付第一期出资的，无正当理由逾期30日不缴付其他各期出资的，外资企业证书自动失效。外国投资者的每期出资缴付后，都应由法定的验资机构验资，出具有效的验资证明，并报审批机关和工商行政管理机关备案。外资企业应当向工商行政管理机关办理注销登记手续，缴销营业执照；不办理注销登记手续和缴销营业执照的，由工商行政管理机关吊销其营业执照，并予以公告。

如外国投资者有正当理由要求延期出资的，须经审批机关同意，并报工商行政管理机关备案。

【示例3.7】 某外国公司在向我国政府申请设立外资企业时，申请人要求将该外资企业登记为有限责任公司。这是否违反了我国法律的规定？

【思路解析】 外资企业的组织形式可以为有限责任公司。

四、外资企业的组织形式和组织机构

（一）外资企业的组织形式

外资企业的法律形态一般为有限责任公司，经批准也可以采取其他组织形式。

外资企业为有限责任公司的，外国投资者对企业的责任以其认缴的出资额为限，承担有限责任；外资企业为其他形式的，外国投资者对企业的责任适用中国法律法规的规定，一般承担无限连带责任。

外资企业的法定代表人是依照章程的规定，代表外资企业行使职权的负责人。法定代表人无法履行职权时，应当以书面形式委托代理人，代为行使职权。

（二）外资企业的组织机构

外资企业的组织机构可以由外国投资者根据企业不同的经营内容、经营规模、经营方式，本着精简、高效率、科学合理的原则自行设置，中国政府不加干涉。但是，按照国际惯例，设立外资企业的权利机构应遵循资本占有权同企业控制权相统一的原则，根据这一原则，外资企业的最高权力机构由资本持有者组成。

外资企业应根据其组织形式设立董事会。如果一个外资企业是由多个外国投资者出资建立的，则该企业所设立的董事会中的董事名额，一般应按照每个股东的出资比例分配，外资企业设立的董事会应推选出董事长。董事长是企业的法定代表，须向中国政府申报备案。

五、外资企业的经营期限、终止和清算

（一）外资企业的经营期限

外资企业的经营期限，根据不同行业和企业的具体情况，由外国投资者在设立外资企业的申请书中拟订，经审批机关审批。外资企业经营期满需要延长经营期限的，应当在期满180日前向审批机关提出延长申请，待批准后办理变更登记。审批机构应当自接到申请之日起30日内决定批准或不批准。外资企业经批准延长经营期限的，应当自收到批准延长期限文件之日起30日内，向工商行政管理机关办理变更登记手续。

（二）外资企业的终止

根据《外资企业法》的规定，外资企业有下列情况之一的，应予终止：①经营期限届满；②因经营不善，外国投资者决定解散；③因自然灾害、战争等不可抗力事件遭受严重损失，无法继续经营；④破产；⑤违反中国法律、法规，危害社会公共利益被依法撤销；⑥外资企业章程规定的其他解散事由出现。

外资企业如存在上述第②项、第③项、第④项所列情形，应当自行提交终止申请书，报审批机关核准。审批机关作出核准的日期为企业的终止日期。

【示例3.4】 某外商独资企业因经营期届满而进入清算，清算组从成立至清算终结前未聘请在中国注册的会计师参加。这是否符合我国法律规定？

【思路解析】 清算委员会应由外资企业的法定代表人、债权人代表以及有关主管机关的代表组成，并聘请中国的注册会计师、律师等参加。

（三）外资企业的清算

外资企业终止后，应及时进行清算。外资企业除因破产或者依法撤销而予终止的，应当在终止之日起15日内对外公告通知债权人，并在终止公告发出之日起15日内提出清算程序，原则和清算委员会人选，报审批机关审核后进行清算。在清算结束之前，外国投资者不得将企业的资金汇出或携出中国境外，不得自行处理企业财产。清算结束后，应向工商行政管理机关办理注销登记手续，缴销营业执照，其资产净值和剩余财产超过注册资本的部分视为利润，应依法缴纳所得税。外资企业因破产终止的，参照中国法律、法规的规定进行清算。外资企业被依法解散的，依照中国有关规定进行清算。

清算委员会应由外资企业的法定代表人、债权人代表以及有关主管机关的代表组成，并聘请中国的注册会计师、律师等参加。

【注意】 清算费用从外资企业现存财产中优先支付。

【引例分析】 据我国《中外合资经营企业法》的相关规定，合营各方可以采取现金、实物、工业产权等形式进行出资，中方则可以以经营期间的场地适用权出资。本案中香港A公司以

不再受保护的专利技术出资,属违法出资,B工厂可以解除合同,并要求港方赔偿全部损失。

本章小结

- 外商投资企业
  - 中外合资经营企业
    - 董事会
      - 最高权力机构
      - 人数由合营各方委派或撤换
      - 每年至少召开一次会议
    - 总经理:董事会领导下的总经理负责制
    - 工会:维护职工的合法权益
  - 中外合作企业
    - 董事会制
      - 具有法人资格的合作企业
      - 总经理对董事会负责
    - 联合管理制
      - 不具有法人资格的合作企业
      - 总经理对联合管理机构负责
    - 委托管理制
      - 合作他方不得参与企业经营活动
      - 受托方独立行使企业经营管理权
  - 外资企业
    - 中国政府不加干涉
    - 外资企业的最高权力机构由资本持有者组成
    - 董事的名额,一般应按照每个股东的出资比例分配

练习题

一、单选题

1. 某中外合资经营企业的合营企业协议与合营企业合同在内容上有部分抵触,在这种情况下应( )。

A. 以合营企业协议为准　　B. 以合营企业合同为准

C. 重新签订合同　　D. 确认抵触部分无效

2. 关于中外合资经营企业的资本,下列说法中,正确的是( )。

A. 合营企业的注册资本只能用人民币表示

B. 合营一方向第三人转让其出资份额时,不需征得合营他方同意,但应告知对方

C. 合营一方向第三人转让其出资份额时,需报审批机构批准

D. 合营企业的注册资本是各方在登记时实际缴纳的资本

3. 下列关于中外合资经营行为错误的是( )。

A. 合营各方发生纠纷可按约定在境外仲裁机构申请仲裁

B. 合营企业所需原材料、燃料可在境外购买

C. 合营企业不允许向境外银行直接筹措资金

D. 合营企业应向中国境内的保险公司投保

4. 中国甲公司与日本乙公司拟共同设立一中外合资经营企业。在拟订的下列合同条款中，违法的是(　　)。

A. 合营企业的注册资本用美元表示

B. 中方用以出资的土地使用权,其作价在合营期间不得调整

C. 合营企业编制的财务与会计报告以美元为计算和表示单位

D. 合营企业注册资本的增加或减少的决议须经董事会一致通过

5. 外资企业中,外国投资者可以分期缴付出资,但最后一期出资应当在营业执照签发之日起(　　)内缴清。其中第一期出资不得少于外国投资者认缴出资额的(　　),并应当 在外资企业营业执照签发之日起(　　)内缴清。

A. 3 年,15%,90 天　　　　B. 3 年,10%,90 天

C. 3 年,10%,180 天　　　　D. 5 年,15%,180 天

二、多选题

1. LY 电子有限公司为一家中美合资企业,外资方 Y 公司欲转让其一部分股权给另一美国公司。关于 Y 公司的部分股权转让行为,下列选项正确的是(　　)。

A. 需中方同意　　　　B. 不需经中方同意

C. 需报审批机关批准　　　　D. 不需报审批机关批准

2. 关于中外合资经营企业的注册资本,说法正确的是(　　)。

A. 在合资企业的注册资本中,外国合营者的比例一般不低于 25%

B. 合营者的投资比例在一定条件下是可以变化的

C. 合营企业的注册资本需要在登记管理机关登记

D. 合资企业的注册资本是按照合资企业合同、章程规定的生产规模需要投入的基本建设资金和生产流动资金的总和

3. 某合资经营企业合同, 经由四川省工商行政管理局核准登记于 2003 年 8 月 1 日领取营业执照。至 2004 年 3 月底,中方已经缴清全部出资,合资的美方却一直没有缴付出资,虽经中方催缴数月仍无结果。对此应(　　)。

A. 由美方向中方按合同规定支付迟延利息

B. 由工商行政机关限美方在 1 个月内缴清

C. 由美方向中方按合同规定赔偿损失

D. 视合资企业自动解散,合营企业的批准证书自动失效

4. (　　)是我国的中外合作经营企业所采用的管理形式。

A. 董事会制　　　　B. 联合管理制

C. 委托管理制　　　　D. 总经理负责制

5. 下列关于外商投资企业出资,说法正确的是(　　)。

A. 以工业产权、专有技术出资的,其作价金额不得超过外资企业注册资本的 20%

B. 第一期出资不得少于外国投资者认缴出资额的15%，并应当在外资企业营业执照签发之日起90天内缴清

C. 外国投资者未能在规定的期限内缴付第一期出资的，外资企业批准证书即自动失效

D. 外国投资者未能在规定的期限内缴付第一期出资的，工商行政管理机关吊销其营业执照，并予以公告

三、简答题

1. 外商投资企业的种类有哪几种？

2. 中外合资经营企业法的基本原则有哪些？

3. 中外合作经营企业的特点有哪些？

4. 中外合作企业终止的原因主要有哪些？

5. 中外合资股份有限公司的设立方式是什么？

四、案例分析

1. 中国某厂与英国一商人，意建立一个中外合资经营企业，双方签订了一份企业合同，其部分条款如下：

(1)合营企业的董事长只能由中方担任，副董事长由美方担任；

(2)合营企业注册资本在合资期间内既可增加也可减少；

(3)经董事会聘请，企业的总经理可以由中方担任；

(4)中方合资企业应向美方支付技术转让费，美方应向中方交纳场地使用费。

请分析以上四条是否合法。

2. YN公司是一家注册于英属维尔京群岛的美资企业，其公司总部在美国加利福尼亚州圣迭戈市，主要业务领域为塑料制品制造和销售。2000年3月，其总裁在中国内地考察后决定在苏州注册成立YN(苏州)有限公司，在苏州建立其轻质塑钢材料生产基地，并邀请法国LY公司加盟该投资项目。2000年8月2日YN公司和法国LY公司在巴黎签订了合同，约定设立YN(苏州)有限公司，由YN公司出资600万美元，占60%；LY公司出资400万，占40%。LY公司委托YN公司全权办理在中国设立公司的手续。同年9月1日，YN公司向苏州市外经贸局提出设立申请，并复交了项目报告。2001年1月7日，苏州市外经贸局正事通知YN公司由于YN公司提出的申请中的投资项目苏南一带已经发展较为充分，并且该项目的技术含量不高，我国早在5年前已经开发研制并投入生产，环保部门对次项目进行论证后发现其有污染太湖水域的危险，固不予批准。

问题：

(1)外商投资企业的设立条件是什么？

(2)苏州市外经贸局作出不予批准的决定是否合理？

第四章

Chapter 4

公司法律制度

【学习要点及目标】

通过本章学习,应该达到:

1. 掌握公司及公司法的概念及特征,了解公司的分类;
2. 掌握有限责任公司和股份有限公司的设立、组织机构的组成和职权;
3. 理解并掌握公司股份与公司债券的发行与转让;
4. 理解并掌握公司财务与会计相关制度;
5. 理解并掌握公司的变更、解散、清算等法律制度;
6. 了解违反公司法的法律责任。

【引例】 启发股份有限公司属于募集设立的股份有限公司,注册资本为人民币5 000万元,在设立过程中,经有关部门批准,以超过股票票面金额1.1倍的发行价格发行,实际所得人民币5 500万元。溢价发行款500万元当年被股东作为股利分配。两年后,由于市场行情变化,启发公司开始亏损,连续亏损两年,共计亏损人民币1 200万元。股东大会罢免了原董事长,重新选举新的董事长。经过一年的改革,公司开始盈利人民币600万元,公司考虑到各股东多年来经济利益一直受损,故决定将该利润分配给股东。自此以后,公司业务蒸蒸日上,不仅弥补了公司多年的亏损,而且发展越来越快。2009年,公司财务状况良好,法定公积金占公司注册资本的55%。公司决定,鉴于公司良好的财务状况,法定公积金可以不再提取。为了增大企业规模,公司股东大会决定把全部法定公积金转为公司资本。

请问:

1. 启发公司将股票溢价发行款作为股利分配是否正确?请说明理由。
2. 启发公司在刚开始盈利时将盈利分配给各股东的做法对不对,正确的做法是什么?
3. 2009年启发公司决定不再提取法定公积金的理由充分不充分?为什么?
4. 公司股东大会能否决定将公司的法定公积金全部转为公司资本?为什么?

第一节　公司法律制度概述

一、公司的概念及特征

（一）公司的概念

公司，是指依照法定的条件与程序设立的、以营利为目的的企业法人。

（二）公司的特征

1. 公司具有法定性

公司必须依照公司法律规定的条件并依照法律规定的程序设立；在公司成立以后，也必须严格依照有关法律规定进行管理和经营活动。

2. 公司具有法人人格

（1）公司要有独立的财产。公司作为一个以营利为目的的法人，必须有其可控制、可支配的财产，以从事经营活动。股东一旦履行了出资义务，其出资的财产权即转移至公司，构成公司的财产，公司对其享有“法人财产权”。公司的财产与股东个人的财产相分离。

（2）公司要独立承担责任。公司必须在自主经营的基础上自负盈亏，用其全部法人财产，对公司债务独立承担责任。公司独立承担责任，就意味着股东的有限责任，这过于注重保护股东的利益，却对公司债权人有失公平。因此，《中华人民共和国公司法》（以下简称《公司法》）引入了公司人格否认制度和限制关联交易制度。

（3）公司具有营利性。公司作为企业，应通过生产、经营、服务等活动取得经济利益，并将这种利益依法分配给投资人。

二、公司的分类

（一）以股东对公司的责任形式为标准进行分类

1. 无限公司

无限公司，是无限责任公司的简称，它由两个以上的股东组成，全体股东对公司的债务负连带无限责任的公司。

2. 有限公司

有限公司，也称有限责任公司，是由两个以上的股东出资组成，每个股东以其认缴的出资额对公司债务承担有限责任，而公司以其全部资产对其债务承担责任的公司。

3. 股份有限公司

股份有限公司，又称股份公司，是指由一定人数以上的股东组成，公司全部资产分为等额股份，股东以其所认购的股份对公司承担有限责任，公司以其全部资产对其债务承担责任的公司。

4. 两合公司

两合公司，是指由无限责任股东与有限责任股东共同组成，无限责任股东对公司债务负连带无限责任，有限责任股东对公司债务仅以其出资额为限承担有限责任的公司。

5. 股份两合公司

股份两合公司，是指部分对公司债务负无限连带责任的股东和部分仅以所持股份对公司债务承担有限责任的股东共同组建的公司。

【注意】 我国《公司法》只承认有限责任公司和股份有限公司两种公司形式。

（二）按公司信用基础的不同所进行分类

1. 人合公司

人合公司，是指以股东个人条件作为公司信用基础而组成的公司。这种公司对外进行经济活动时，主要依据的不是公司本身的资本或资产状况如何，而是股东个人的信用状况。无限公司就是典型的人合公司。

2. 资合公司

资合公司 ，是指以公司资本和资产条件作为其信用基础的公司。这种公司对外进行经济活动时，依靠的不是股东个人的信用情况如何，而是公司本身资本和资产是否雄厚。股份有限公司则是最典型的资合公司。

3. 人合兼资合公司

人合兼资合公司，指信用基础兼具股东个人信用及公司资本和资产信用的公司，公司既有人合性质又有资合性质。两合公司、股份两合公司即为人合兼资合公司。

（三）按公司之间的控制或从属关系进行分类

1. 母公司

母公司，指拥有另一公司一定比例以上的股份，或通过协议方式能够对另一公司的经营实行实际控制的公司。母公司也称为控股公司。

2. 子公司

子公司与母公司相对应，其一定比例以上的股份被另一公司所拥有或通过协议受到另一公司实际控制的公司即为子公司。虽然子公司受母公司的控制，但在法律上，子公司仍是具有法人地位的独立企业。子公司以自己所有的财产对外承担责任。

（四）按公司内部管辖关系进行分类

1. 总公司

总公司是管辖公司全部组织的总机构。总公司本身具有独立的法人资格，能够以自己的名义直接从事经营活动。总公司对公司系统内的业务经营、资金调度、人事安排等具有统一的决定权。

2. 分公司

分公司是总公司的对称,是指被总公司所管辖的公司分支机构,其在法律上不具有法人资格,仅为总公司的附属机构。它没有法人资格,既没有独立的财产,没有自己独立的章程,也没有独立的法人机关,当然也就不能独立承担财产责任,其业务活动的法律后果要由总公司承受。

分公司虽然不具有法人资格,但仍具有经营资格,需办理营业登记并领取营业执照。分公司可以以自己的名义独立订立合同,也可以以自己的名义参加诉讼。

【注意】 分公司和子公司承担责任的方式:子公司以自己所有的财产对外承担责任;分公司不能独立承担财产责任,其业务活动的法律后果要由总公司承受。

(五)按公司的国籍进行分类

我国兼采设立准据法主义和设立行为地主义来确定公司国籍。

(1)凡依中国法律在中国境内登记设立的公司,无论有无外国股东,无论外国股东出资多少,如各种形式的外商投资公司,都是中国公司,即本国公司。

(2)外国公司是非依所在国(东道国)国家法律并非经所在国登记而成立的,但经所在国政府许可在所在国进行业务活动的机构。

(六)以公司的股份是否公开发行及股份是否允许自由转让为标准进行分类

1. 封闭式公司

封闭式公司又称为不上市公司、私公司或非公开招股公司。其特点是公司的股份只能向特定范围的股东发行,而不能在证券交易所公开向社会发行,股东拥有的股份或股票可以有条件地转让,但不能在证券交易所公开挂牌买卖或流通。

2. 开放式公司

开放式公司又称为上市公司、公众公司或公开招股公司。其特点与封闭式公司正相反,它可以在证券市场上向社会公开发行股票,股东拥有的股票也可以在证券交易所自由地买卖或交易。

三、公司法的概念、特征及调整对象

(一)公司法的概念

公司法是规定公司法律地位、调整公司组织关系、规范公司在设立、变更与终止过程中的组织行为的法律规范的总称。

公司法的概念有广义与狭义之分。狭义的公司法,仅指专门调整公司问题的法典,如《公司法》。广义的公司法,除包括专门的公司法典外,还包括其他有关公司的法律、法规、行政规章、司法解释以及其他各法中调整公司组织关系、规范公司组织行为的法律规范,如《中华人民共和国公司登记管理条例》、《民法通则》、《合资企业法》等法中的相关规定。

(二)公司法的特征

(1)从内容看,公司法是组织法与行为法相结合的法;

(2)从体例上看,公司法是实体法与程序法相结合的法;

(3)从规范性质上看,公司法是强制性规范与任意性规范相结合的法。

(三)公司法的调整对象

公司法的调整对象主要是指在公司设立、组织、运营或解散过程中所发生的社会关系。

1. 公司内部财产关系

如公司发起人之间、发起人与其他股东之间、股东相互之间、股东与公司之间在设立、变更、破产、解散和清算过程中所形成的带有经济内容的社会关系。

2. 公司外部财产关系

公司外部财产关系主要指公司从事与公司组织特征密切相关的营利性活动,与其他公司、企业或个人之间发生的财产关系,如发行公司债券或公司股票等。

3. 公司内部组织管理与协作关系

公司内部组织管理与协作关系主要指公司内部组织机构,如股东会或股东大会、董事会、监事会相互之间,公司同公司职员之间发生的管理和协作关系。

4. 公司外部组织管理关系

公司外部组织管理关系主要指公司在设立、变更、经营活动和解散过程中与有关国家经济管理机关之间形成的纵向经济管理关系。如公司的设立审批、登记,股份与公司债的发行审批、交易管理,公司财务会计的检查监督等。

第二节　有限责任公司

一、有限责任公司的概念及特征

(一)有限责任公司的概念

有限责任公司又称为有限公司,指由法律规定的一定人数的股东所组成,股东以其出资额为限对公司债务承担责任,公司以其全部资产对其债务承担责任的企业法人。

(二)有限责任公司的特征

有限责任公司具备以下法律特征:

(1)有限责任公司是企业法人,公司的股东以其出资额对公司承担责任,公司以其全部资产对公司的债务承担责任。

(2)有限责任公司的股东人数是有严格限制的。我国《公司法》规定,股东人数为50人以下。

(3)有限责任公司是资合公司,但同时具有较强的人合因素。公司股东人数有限,一般相互认识，具有一定程度的信任感，其股份转让受到一定限制，向股东以外的人转让股份须得到其他股东过半数同意。

(4)有限责任公司不能向社会公开募集公司资本，不能发行股票。

【示例4.1】 张某、李某、赵某三人投资设立一有限责任公司。张某出资20万元人民币，李某以价值20万元的房屋出资，赵某出资10万元人民币。后经营失败，公司欠甲100万元，公司资产价值50万元，甲知道张某具有偿还能力，在公司财产不足清偿债务时，要求张某偿还所欠的债务。若你是甲的法律顾问，对甲的要求如何回答?

【思路解析】 此案例的关键在于，区分有限责任公司的股东与有限责任公司本身对外承担责任的范围。

二、有限责任公司的设立

(一)有限责任公司的设立条件

设立有限责任公司，应当具备下列条件：

1. 股东符合法定人数

法定人数是指法定资格和所限人数两重含义。法定资格是指国家法律、法规和政策规定的可以作为股东的资格。法定人数是《公司法》规定的注册有限责任公司的股东人数。《公司法》对有限责任公司的股东限定为50个以下。1人有限公司为1个股东。

【注意】 新公司法与旧公司法(2005年10月27日修改)关于有限责任公司股东数的规定是不同的。旧公司法规定股东数为2人以上50人以下；新公司法承认1人有限公司。

2. 股东出资达到法定资本的最低限额

股东首次出资不得低于出资总额的20%，即不得低于法定注册资本的最低限额，其余部分由股东自公司成立之日起两年内缴足；其中投资公司可以在五年内缴足。有限责任公司注册资本的最低限额为人民币3万元，法律、行政法规对有限责任公司注册资本的最低限额有较高规定的，从其规定。

股东可以用货币出资，也可以用实物、工业产权、非专利技术、知识产权、土地使用权作价出资；但是，法律、行政法规规定不得出资的财产除外。全体股东的货币出资金额不得低于有限责任公司注册资本的30%。

【示例4.2】 A、B、C三人经协商，准备成立一家有限责任公司甲，主要从事家具的生产，其中A为公司提供厂房和设备，经评估作价25万元，B从银行借款20万元现金作为出资，C原为一家国有企业的家具厂厂长，具有丰富的管理经验，提出以管理能力出资，作价15万元。A、B、C签订协议后，向工商局申请注册。请问：分析A、B、C的出资效力。

【思路解析】 《公司法》规定的公司出资的具体形式及出资比例。

3. 股东共同制定章程

制定有限责任公司章程，是设立公司的重要环节，公司章程由全体出资者在自愿协商的基础上制定，经全体出资者同意，股东应当在公司章程上签名、盖章。

有限责任公司章程应当载明下列事项：①公司名称和住所；②公司经营范围；③公司注册资本；④股东的姓名或者名称；⑤股东的出资方式、出资额和出资时间；⑥公司的机构及其产生办法、职权、议事规则；⑦公司法定代表人；⑧股东会会议认为需要规定的其他事项。

4. 有公司名称、建立符合有限责任公司要求的组织机构

设立有限责任公司，除其名称应符合企业法人名称的一般性规定外，还必须在公司名称中标明“有限责任公司”或“有限公司”。建立符合有限责任公司要求的组织机构，是指有限责任公司组织机构的组成、产生、职权等符合《公司法》规定的要求。公司的组织机构一般是指股东会、董事会、监事会、经理或股东会、执行董事、1～2名监事、经理。股东人数较多，公司规模较大的适用前者；反之适用后者。

5. 经营场所与条件要求

有固定的生产经营场所和必要的生产经营条件。

（二）有限责任公司的设立程序

（1）订立发起协议；

（2）制定公司章程、选举产生首届公司机关；

（3）公司名称预准；

（4）缴纳出资且验资机构验资并出具证明；

（5）申请公司设立登记；

（6）核准登记；

（7）公告成立。

（三）有限责任公司的发起人的法律责任

1. 发起人的出资违约责任

对于设立有限责任公司，《公司法》规定，股东应按期足额缴纳公司章程中规定的各自所认缴的出资额。股东以货币出资的，应当将货币足额存入有限责任公司在银行开设的账户；以非货币缴纳出资的，应当依法办理其财产权的转移手续。股东不按照前款规定缴纳出资的，除应当向公司足额缴纳外，还应当向已按期足额缴纳出资的股东承担违约责任。

2. 发起人的资本充实责任

《公司法》规定，有限责任公司成立后，发现作为设立公司出资的非货币财产的实际价额显著低于公司章程所定价额的，应当由交付该出资的股东补足其差额；公司设立时的其他股东承担连带责任。

【注意】 承担连带责任的不是全体股东，只限于公司设立时的其他股东，不包括设立后新加入的股东。

3. 发起人虚假出资、抽逃出资引发的责任

《公司法》规定，公司的发起人、股东虚假出资，未交付或者未按期交付作为出资的货币或者非货币财产的，由公司登记机关责令改正，处以虚假出资金额的5%以上15%以下的罚款。

《公司法》规定，公司的发起人、股东在公司成立后，抽逃其出资的，由公司登记机关责令改正，处以所抽逃出资金额的5%以上15%以下的罚款。

4. 承担资产评估、验资或者验证的机构的法律责任

承担资产评估、验资或者验证的机构提供虚假材料的，由公司登记机关没收违法所得，处以违法所得1倍以上5倍以下的罚款，并可以由有关主管部门依法责令该机构停业，吊销直接责任人员的资格证书，吊销营业执照。

承担资产评估、验资或者验证的机构因过失提供有重大遗漏报告的，由公司登记机关责令改正，情节较重的，处以所得收入1倍以上5倍以下的罚款，并可以由有关主管部门依法责令该机构停业，吊销直接责任人员的资格证书，吊销营业执照。

承担资产评估、验资或者验证的机构因其出具的评估结果、验资或者验证证明不实，给公司债权人造成损失的，除能够证明自己没有过错外，在其评估或者证明不实的金额范围内承担赔偿责任。

【注意】 中介组织承担损害赔偿责任的归责原则是过错推定原则。

5. 公司上级机关及其上级部门应承担的法律责任

公司登记机关对不符合《公司法》规定的登记申请予以登记，或者对符合《公司法》规定条件的登记申请不予登记的，对直接负责的主管人员和其他直接责任人员，依法给予行政处分。

公司登记机关的上级部门强令公司登记机关对不符合《公司法》规定条件的登记申请予以登记，或者对符合《公司法》规定条件的登记申请不予登记的，或者对违法登记进行包庇的，对直接负责的主管人员和其他直接责任人员依法给予行政处分。

6. 其他应承担的法律责任

(1)未依法登记为有限责任公司或者股份有限公司，而冒用有限责任公司或者股份有限公司名义的，或者未依法登记为有限责任公司或者股份有限公司的分公司，而冒用有限责任公司或者股份有限公司的分公司名义的，由公司登记机关责令改正或者予以取缔，可以并处10万元以下的罚款。

(2)公司成立后无正当理由超过6个月未开业的，或者开业后自行停业连续6个月以上的，可以由公司登记机关吊销营业执照。公司登记事项发生变更时，未依照本法规定办理有关变更登记的，由公司登记机关责令限期登记；逾期不登记的，处以1万元以上10万元以下的罚款。

(3)外国公司违反《公司法》规定，擅自在中国境内设立分支机构的，由公司登记机关责令改正或者关闭，可以并处5万元以上20万元以下的罚款。

(4)利用公司名义从事危害国家安全、社会公共利益的严重违法行为的，吊销营业执照。

(5)公司违反《公司法》规定，应当承担民事赔偿责任和缴纳罚款、罚金的，其财产不足以支付时，先承担民事赔偿责任。构成犯罪的，依法追究刑事责任。

三、有限责任公司的组织机构及职权

(一)股东会

1. 股东会的性质和职权

有限责任公司股东会由全体股东组成。股东会是公司的权力机构,依照《公司法》行使下列职权:

(1)决定公司的经营方针和投资计划;

(2)选举和更换非由职工代表担任的董事、监事,决定有关董事、监事的报酬事项;

(3)审议批准董事会的报告;

(4)审议批准监事会或者监事的报告;

(5)审议批准公司的年度财务预算方案、决算方案;

(6)审议批准公司的利润分配方案和弥补亏损方案;

(7)对公司增加或者减少注册资本作出决议;

(8)对发行公司债券作出决议;

(9)对公司合并、分立、解散、清算或者变更公司形式作出决议;

(10)修改公司章程;

(11)公司章程规定的其他职权。

2. 股东会会议的召开

(1)首次股东会会议由出资最多的股东召集和主持。

(2)股东会会议分为定期会议和临时会议。

定期会议应当依照公司章程的规定按时召开。代表1/10以上表决权的股东,1/3以上的董事,监事会或者不设监事会的公司的监事提议召开临时会议的,应当召开临时会议。

(3)有限责任公司设立董事会的,股东会会议由董事会召集,董事长主持;董事长不能履行职务或者不履行职务的,由副董事长主持;副董事长不能履行职务或者不履行职务的,由半数以上董事共同推举一名董事主持。

有限责任公司不设董事会的,股东会会议由执行董事召集和主持。

董事会或者执行董事不能履行或者不履行召集股东会会议职责的,由监事会或者不设监事会的公司的监事召集和主持;监事会或者监事不召集和主持的,代表1/10以上表决权的股东可以自行召集和主持。

(4)召开股东会会议,应当于会议召开15日前通知全体股东;但是,公司章程另有规定或者全体股东另有约定的除外。

3. 股东会决议

(1)任意的资本多数决。原则上股东会会议由股东按照出资比例行使表决权,但是公司章程另有规定的除外。

(2)对于下列特别决议采取法定的绝对多数决,即股东会会议作出修改公司章程、增加或者减少注册资本的决议,以及公司合并、分立、解散或者变更公司形式的决议,必须经代表2/3以上表决权的股东通过。

【示例4.3】 某公司有甲乙丙丁四个股东,其分别占有公司股份比例为15%,30%,40%,15%。现股东会会议要修改公司章程并减少注册资本,甲、乙、丁三人都同意,但丙不同意。请问该股东会决议能否通过?

【思路解析】 对于某些特别决议必须采取法定的绝对多数决。

(二)董事会

1. 董事会的组成及任期

(1)董事会的组成。有限责任公司设董事会,其成员为3~13人。两个以上的国有企业或者两个以上的其他国有投资主体投资设立的有限责任公司,其董事会成员中应当有公司职工代表;其他有限责任公司董事会成员中可以有公司职工代表。董事会中的职工代表由公司职工通过职工代表大会、职工大会或者其他形式民主选举产生。

董事会设董事长一人,可以设副董事长。董事长、副董事长的产生办法由公司章程规定。

(2)董事会的任期。董事任期由公司章程规定,但每届任期不得超过3年。董事任期届满,连选可以连任。

董事任期届满未及时改选,或者董事在任期内辞职导致董事会成员低于法定人数的,在改选出的董事就任前,原董事仍应当依照法律、行政法规和公司章程的规定,履行董事职务。

2. 董事会的职权

董事会对股东会负责,行使下列职权:

(1)召集股东会会议,并向股东会报告工作;

(2)执行股东会的决议;

(3)决定公司的经营计划和投资方案;

(4)制订公司的年度财务预算方案、决算方案;

(5)制订公司的利润分配方案和弥补亏损方案;

(6)制订公司增加或者减少注册资本以及发行公司债券的方案;

(7)制订公司合并、分立、解散或者变更公司形式的方案;

(8)决定公司内部管理机构的设置;

(9)决定聘任或者解聘公司经理及其报酬事项,并根据经理的提名决定聘任或者解聘公司副经理、财务负责人及其报酬事项;

(10)制定公司的基本管理制度;

(11)公司章程规定的其他职权。

3. 董事会会议及决议

董事会会议由董事长召集和主持;董事长不能履行职务或者不履行职务的,由副董事长召集和主持;副董事长不能履行职务或者不履行职务的,由半数以上董事共同推举一名董事召集和主持。

董事会的议事方式和表决程序,除本法有规定的外,由公司章程规定。董事会应当对所议事项的决定做成会议记录,出席会议的董事应当在会议记录上签名。董事会决议的表决,实行一人一票。

(三)经理

有限责任公司可以设经理,由董事会决定聘任或者解聘。经理列席董事会会议,经理对董事会负责,行使下列职权:

(1)主持公司的生产经营管理工作,组织实施董事会决议;

(2)组织实施公司年度经营计划和投资方案;

(3)拟订公司内部管理机构设置方案;

(4)拟订公司的基本管理制度;

(5)制定公司的具体规章;

(6)提请聘任或者解聘公司副经理、财务负责人;

(7)决定聘任或者解聘除应由董事会决定聘任或者解聘以外的负责管理人员;

(8)董事会授予的其他职权。

公司章程对经理职权另有规定的,从其规定。

(四)监事会

1. 监事会的组成及任期

(1)监事会的组成。有限责任公司设监事会,其成员不得少于 3 人。股东人数较少或者规模较小的有限责任公司,可以设 1 ~2 监事,不设监事会。

监事会应当包括股东代表和适当比例的公司职工代表,其中职工代表的比例不得低于 1/3,具体比例由公司章程规定。监事会中的职工代表由公司职工通过职工代表大会、职工大会或者其他形式民主选举产生。

监事会设主席一人,由全体监事过半数选举产生。监事会主席召集和主持监事会会议;监事会主席不能履行职务或者不履行职务的,由半数以上监事共同推举一名监事召集和主持监事会会议。

董事、高级管理人员不得兼任监事。

(2)监事会的任期。监事的任期每届为 3 年。监事任期届满,连选可以连任。监事任期届满未及时改选,或者监事在任期内辞职导致监事会成员低于法定人数的,在改选出的监事就任前,原监事仍应当依照法律、行政法规和公司章程的规定,履行监事职务。

2. 监事会的职权

监事会、不设监事会的公司的监事行使下列职权:

(1)检查公司财务;

(2)对董事、高级管理人员执行公司职务的行为进行监督,对违反法律、行政法规、公司章程或者股东会决议的董事、高级管理人员提出罢免的建议;

(3)当董事、高级管理人员的行为损害公司的利益时,要求董事、高级管理人员予以纠正;

(4)提议召开临时股东会会议,在董事会不履行本法规定的召集和主持股东会会议职责时召集和主持股东会会议;

(5)向股东会会议提出提案;

(6)依照本法第一百五十二条的规定,对董事、高级管理人员提起诉讼;

(7)公司章程规定的其他职权。

监事可以列席董事会会议,并对董事会决议事项提出质询或者建议。

监事会、不设监事会的公司的监事发现公司经营情况异常,可以进行调查;必要时,可以聘请会计师事务所等协助其工作,费用由公司承担。

3. 监事会会议及决议

(1)监事会每年度至少召开一次会议,监事可以提议召开临时监事会会议。

(2)监事会的议事方式和表决程序,除本法有规定的外,由公司章程规定。

(3)监事会决议应当经半数以上监事通过。

(4)监事会应当对所议事项的决定做成会议记录,出席会议的监事应当在会议记录上签名。

(五)董事、监事、高级管理人员的任职资格和职责

1. 董事、监事、高级管理人员的任职资格

有下列情形之一的,不得担任公司的董事、监事、高级管理人员:

(1)无民事行为能力或者限制民事行为能力;

(2)因贪污、贿赂、侵占财产、挪用财产或者破坏社会主义市场经济秩序,被判处刑罚,执行期满未逾 5 年,或者因犯罪被剥夺政治权利,执行期满未逾 5 年;

(3)担任破产清算的公司、企业的董事或者厂长、经理,对该公司、企业的破产负有个人责任的,自该公司、企业破产清算完结之日起未逾 3 年;

(4)担任因违法被吊销营业执照、责令关闭的公司、企业的法定代表人,并负有个人责任的,自该公司、企业被吊销营业执照之日起未逾 3 年;

(5)个人所负数额较大的债务到期未清偿。

公司违反前款规定选举、委派董事、监事或者聘任高级管理人员的,该选举、委派或者聘任无效。

董事、监事、高级管理人员在任职期间出现本条第一款所列情形的,公司应当解除其职务。

2. 董事、监事、高级管理人员的职责

董事、监事、高级管理人员应当遵守法律、行政法规和公司章程,对公司负有忠实义务和勤

勉义务；不得利用职权收受贿赂或者其他非法收入，不得侵占公司的财产。

董事、高级管理人员不得有下列行为：

(1)挪用公司资金；

(2)将公司资金以其个人名义或者以其他个人名义开立账户存储；

(3)违反公司章程的规定，未经股东会、股东大会或者董事会同意，将公司资金借贷给他人或者以公司财产为他人提供担保；

(4)违反公司章程的规定或者未经股东会、股东大会同意，与本公司订立合同或者进行交易；

(5)未经股东会或者股东大会同意，利用职务便利为自己或者他人谋取属于公司的商业机会，自营或者为他人经营与所任职公司同类的业务；

(6)接受他人与公司交易的佣金归为己有；

(7)擅自披露公司秘密；

(8)违反对公司忠实义务的其他行为。

董事、高级管理人员违反前款规定所得的收入应当归公司所有。董事、监事、高级管理人员执行公司职务时违反法律、行政法规或者公司章程的规定，给公司造成损失的，应当承担赔偿责任。

【注意】 不能担任公司董事、监事、高级管理人员的具体情形。

四、一人公司和国有独资公司的特别规定

(一)一人公司的概念及主要规定

一人有限责任公司，是指只有一个自然人股东或者一个法人股东的有限责任公司。

《公司法》对于一人有限责任公司的主要规定如下：

(1)一人有限责任公司的注册资本最低限额为人民币 10 万元。股东应当一次足额缴纳公司章程规定的出资额。

一个自然人只能投资设立一个一人有限责任公司。该一人有限责任公司不能投资设立新的一人有限责任公司。

(2)一人有限责任公司应当在公司登记中注明自然人独资或者法人独资，并在公司营业执照中载明。

(3)一人有限责任公司章程由股东制定。

(4)一人有限责任公司不设股东会。股东作出本法第三十八条第一款所列决定时，应当采用书面形式，并由股东签名后置备于公司。

(5)一人有限责任公司应当在每一会计年度终了时编制财务会计报告，并经会计师事务所审计。

(6)一人有限责任公司的股东不能证明公司财产独立于股东自己的财产的，应当对公司

债务承担连带责任。这种承担连带责任的方式被称为对一人公司的法人人格的否认。

【注意】 一人公司法人人格否认制度。

【示例4.4】 2006年2月,周某个人投资12万元成立了一家一人有限责任公司,该一人公司营业场所与周某个人居所合一,公司会计记录不清,公司经营性收支与周某个人收支未作区分。后因经营不善,公司无力继续经营。周某所投资的12万元已经远不够用于偿还债务。公司债权人向法院提起民事诉讼,要求周某清偿剩余债务。请问债权人的诉讼请求能否得到法院的支持?

【思路解析】 一人公司的法律责任与公司法人人格否认制度。

(二)国有独资公司的概念及主要规定

国有独资公司,是指国家单独出资、由国务院或者地方人民政府授权本级人民政府国有资产监督管理机构履行出资人职责的有限责任公司。

《公司法》对于国有独资公司的主要规定如下:

(1)国有独资公司章程由国有资产监督管理机构制定,或者由董事会制定,报国有资产监督管理机构批准。

(2)国有独资公司不设股东会,由国有资产监督管理机构行使股东会职权。国有资产监督管理机构可以授权公司董事会行使股东会的部分职权,决定公司的重大事项,但公司的合并、分立、解散、增加或者减少注册资本和发行公司债券,必须由国有资产监督管理机构决定;其中,重要的国有独资公司合并、分立、解散、申请破产的,应当由国有资产监督管理机构审核后,报本级人民政府批准。

(3)国有独资公司设董事会,董事每届任期不得超过3年。董事会成员中应当有公司职工代表。

董事会成员由国有资产监督管理机构委派;但是,董事会成员中的职工代表由公司职工代表大会选举产生。

董事会设董事长一人,可以设副董事长。董事长、副董事长由国有资产监督管理机构从董事会成员中指定。

(4)国有独资公司设经理,由董事会聘任或者解聘。经国有资产监督管理机构同意,董事会成员可以兼任经理。

(5)国有独资公司的董事长、副董事长、董事、高级管理人员,未经国有资产监督管理机构同意,不得在其他有限责任公司、股份有限公司或者其他经济组织兼职。

(6)国有独资公司监事会成员不得少于5人,其中职工代表的比例不得低于1/3,具体比例由公司章程规定。

监事会成员由国有资产监督管理机构委派;但是,监事会成员中的职工代表由公司职工代表大会选举产生。监事会主席由国有资产监督管理机构从监事会成员中指定。

五、有限责任公司股权转让

（一）股权转让的一般规则

1. 股权转让或转移

（1）有限责任公司的股东之间可以相互转让其全部或者部分股权。这种转让不受限制。

（2）股东向股东以外的人转让股权，应当经其他股东过半数同意。股东应就其股权转让事项书面通知其他股东征求同意，其他股东自接到书面通知之日起满30日未答复的，视为同意转让。其他股东半数以上不同意转让的，不同意的股东应当购买该转让的股权；不购买的，视为同意转让。

（3）经股东同意转让的股权，在同等条件下，其他股东有优先购买权。两个以上股东主张行使优先购买权的，协商确定各自的购买比例；协商不成的，按照转让时各自的出资比例行使优先购买权。

（4）自然人股东死亡后，其合法继承人可以继承股东资格；但是，公司章程另有规定的除外。

【示例4.5】 李某是某有限公司股东，他要将其股权转让给王某，而王某并非该公司的股东。当李某与王某达成了相关转让协议后，李某所在公司的其他股东表示要购买李某的股份。李某陷入了两难境地。请你帮助李某解决上述困境。

【思路解析】 公司法关于股权转让或转移的相关规定。

2. 强制股权转让的优选购买权

人民法院依照法律规定的强制执行程序转让股东的股权时，应当通知公司及全体股东，其他股东在同等条件下有优先购买权。其他股东自人民法院通知之日起满20日不行使优先购买权的，视为放弃优先购买权。

3. 转让股权的出资证明

转让股权后，公司应当注销原股东的出资证明书，向新股东签发出资证明书，并相应修改公司章程和股东名册中有关股东及其出资额的记载。对公司章程的该项修改不需再由股东会表决。

【注意】 股东之间以及股东向外人转让股权规定的不同。

（二）特定情形下，股东要求公司收购其股份的权利

有下列情形之一的，对股东会该项决议投反对票的股东可以请求公司按照合理的价格收购其股权：

（1）公司连续5年不向股东分配利润，而公司该5年连续盈利，并且符合本法规定的分配利润条件的；

（2）公司合并、分立、转让主要财产的；

（3）公司章程规定的营业期限届满或者章程规定的其他解散事由出现，股东会会议通过

决议修改章程使公司存续的。

自股东会会议决议通过之日起60日内，股东与公司不能达成股权收购协议的，股东可以自股东会会议决议通过之日起90日内向人民法院提起诉讼。

【注意】 股东退出公司的法定条件。

第三节　股份有限公司

一、股份有限公司的概念及特征

（一）股份有限公司的概念

股份有限公司是指全部资本分成等额股份，股东仅以其认购的股份金额为限，而不以其私人的全部财产负责，公司以其全部资产对公司债务承担责任的企业法人。

（二）股份有限公司的特征

（1）公司的资本总额平分为金额相等的股份。

（2）股东以其所认购股份对公司承担有限责任，公司以其全部资产对公司债务承担责任。

（3）每一股有一表决权，股东以其持有的股份，享受权利，承担义务。

二、股份有限公司的设立

（一）股份有限公司设立的条件

设立股份有限公司，应当具备下列条件：

（1）发起人符合法定人数。设立股份有限公司，应当有2人以上200人以下为发起人，其中须有半数以上的发起人在中国境内有住所。

（2）发起人认购和募集的股本达到法定资本最低限额。股份有限公司注册资本的最低限额为人民币500万元。法律、行政法规对股份有限公司注册资本的最低限额有较高规定的，从其规定。发起设立的由发起人全部认购；募集设立的由发起人认购的数额不得少于股份总额的35%。

（3）股份发行、筹办事项符合法律规定。

（4）发起人制定公司章程，采用募集方式设立的经创立大会通过。股份有限公司章程应当载明下列事项：

①公司的名称和住所；

②公司的经营范围；

③公司的设立方式；

④公司的股份总数、每股金额和注册资本；

⑤发起人的姓名或者名称、认购的股份数、出资方式和出资时间；
⑥董事会的组成、职权和议事规则；
⑦公司法定代表人；
⑧监事会的组成、职权和议事规则；
⑨公司的利润分配办法；
⑩公司的解散事由与清算办法；
⑪公司的通知和公告办法；
⑫股东大会会议认为需要规定的其他事项。

(5)有公司名称，建立符合股份有限公司要求的组织机构。

(6)有公司住所。

(二)股份有限公司设立的方式

股份有限公司的设立，可以采取发起设立或者募集设立的方式。

1. 发起设立

发起设立是指由发起人认购公司应发行的全部股份而设立公司。股份有限公司采取发起设立方式设立的，注册资本为在公司登记机关登记的全体发起人认购的股本总额。公司全体发起人的首次出资额不得低于注册资本的20%，其余部分由发起人自公司成立之日起两年内缴足；其中，投资公司可以在5年内缴足。在缴足前，不得向他人募集股份。以发起设立方式设立股份有限公司的，发起人应当书面认定公司章程规定其认购的股份；一次缴纳的，应即缴纳全部出资；分期缴纳的，应即缴纳首期出资。以非货币财产出资的，应当依法办理其财产权的转移手续。

2. 募集设立

募集设立是指由发起人认购公司应发行股份的一部分，其余股份向社会公开募集或者向特定对象募集而设立公司。股份有限公司采取募集方式设立的，注册资本为在公司登记机关登记的实收股本总额。以募集设立方式设立股份有限公司的，发起人认购的股份不得少于公司股份总数的35%；但是，法律、行政法规另有规定的，从其规定。

【注意】 由于股份有限公司设立的方式不同，对发起人出资的规定也不同。

(三)股份有限公司设立的程序

1. 发起设立的程序

(1)发起人签订发起人协议。

(2)发起人制定公司章程。

(3)公司名称预准。

(4)发起人认购股份。

(5)缴清首期股款并验资。

(6)选举首届董事会、监事会。发起人首次缴纳出资后,应当选举董事会和监事会,由董事会向公司登记机关报送公司章程、由依法设定的验资机构出具的验资证明以及法律、行政法规规定的其他文件,申请设立登记。

(7)董事会申请设立登记。

(8)核准登记。

(9)公告成立。

2. 募集设立的程序

(1)发起人签订发起人协议。

(2)发起人制定公司章程。

(3)公司名称预准。

(4)发起人认购股份。

(5)制作招股说明书、签订承销协议和代收股款协议。发起人向社会公开募集股份,必须公告招股说明书,并制作认股书。招股说明书应当附有发起人制订的公司章程,并载明下列事项:发起人认购的股份数;每股的票面金额和发行价格;无记名股票的发行总数;募集资金的用途;认股人的权利、义务;本次募股的起止期限及逾期未募足时认股人可以撤回所认股份的说明。

(6)申请证监会批准募股。

(7)公开募股。

(8)召开创立大会。发起人应当自股款缴足之日起 30 日内主持召开公司创立大会。创立大会由发起人、认股人组成。发起人应当在创立大会召开 15 日前将会议日期通知各认股人或者予以公告。创立大会应有代表股份总数过半数的发起人、认股人出席,方可举行。创立大会行使下列职权:审议发起人关于公司筹办情况的报告;通过公司章程;选举董事会成员;选举监事会成员;对公司的设立费用进行审核;对发起人用于抵做股款的财产的作价进行审核;发生不可抗力或者经营条件发生重大变化直接影响公司设立的,可以作出不设立公司的决议。

创立大会对前款所列事项作出决议,必须经出席会议的认股人所持表决权过半数通过。

(9)董事会申请设立登记。董事会应于创立大会结束后 30 日内,向公司登记机关报送下列文件,申请设立登记:公司登记申请书;创立大会的会议记录;公司章程;验资证明;法定代表人、董事、监事的任职文件及其身份证明;发起人的法人资格证明或者自然人身份证明;公司住所证明。

以募集方式设立股份有限公司公开发行股票的,还应当向公司登记机关报送国务院证券监督管理机构的核准文件。

(10)核准登记。

(11)公告成立。

(四)发起人的法律责任

1. 发起人的出资违约责任

对于设立股份有限公司的，《公司法》规定，以发起设立方式设立股份有限公司的，发起人应当书面认定公司章程规定其认购的股份；一次缴纳的，应缴纳全部出资；分期缴纳的，应缴纳首期出资；以非货币财产出资的，应当依法办理其财产权的转移手续。发起人不按照前款规定缴纳出资的，应当按照发起人协议的约定承担违约责任。

2. 发起人的资本充实责任

对于设立股份有限公司的，《公司法》规定，股份有限公司成立后，发起人未按照公司章程的规定缴足出资的，应当补缴；其他发起人承担连带责任。股份有限公司成立后，发现作为设立公司出资的非货币财产的实际价额显著低于公司章程所定价额的，应当由交付该出资的发起人补足其差额，其他发起人承担连带责任。

【示例 4.6】 甲、乙、丙三人设立股份有限公司，公司成立后，甲、乙按照自己承诺的份额足额缴纳了出资，但丙没有缴纳出资，导致公司没有达到公司章程规定的出资数额。甲、乙表示他们已按照规定交足了自己的份额，对于丙的行为不负责任。请问甲、乙的上述主张，理由是否成立？

【思路解析】 此案涉及发起人的资本充实原则。

3. 发起人的损害赔偿责任

《公司法》规定，在股份有限公司的设立过程中，由于发起人的过失致使公司利益受到损害的，应当对公司承担赔偿责任。

4. 公司不能成立时的发起人责任

《公司法》规定，股份有限公司的发起人应当承担下列责任：①公司不能成立时，对设立行为所产生的债务和费用负连带责任；②公司不能成立时，对认股人已缴纳的股款，负返还股款并加算银行同期存款利息的连带责任。

5. 发起人虚假出资、抽逃出资引发的责任

《公司法》规定，公司的发起人、股东虚假出资，未交付或者未按期交付作为出资的货币或者非货币财产的，由公司登记机关责令改正，处以虚假出资金额 5% 以上 15% 以下的罚款。

《公司法》规定，公司的发起人、股东在公司成立后，抽逃其出资的，由公司登记机关责令改正，处以所抽逃出资金额的 5% 以上 15% 以下的罚款。

三、股份有限公司的组织机构及职权

（一）股东大会

1. 股东大会的性质及职权

股东大会是公司的权力机构，由全体股东组成。《公司法》关于有限责任公司股东会职权的规定，适用于股份有限公司股东大会。

2. 股东大会的召开

股东大会应当每年召开一次年会。有下列情形之一的，应当在两个月内召开临时股东大会：

(1)董事人数不足本法规定人数或者公司章程所定人数的2/3时；

(2)公司未弥补的亏损达实收股本总额1/3时；

(3)单独或者合计持有公司10%以上股份的股东请求时；

(4)董事会认为必要时；

(5)监事会提议召开时；

(6)公司章程规定的其他情形。

股东大会会议由董事会召集，董事长主持；董事长不能履行职务或者不履行职务的，由副董事长主持；副董事长不能履行职务或者不履行职务的，由半数以上董事共同推举一名董事主持。董事会不能履行或者不履行召集股东大会会议职责的，监事会应当及时召集和主持；监事会不召集和主持的，连续90日以上单独或者合计持有公司10%以上股份的股东可以自行召集和主持。

【示例4.7】 某股份有限公司由于经营不善，股东要求召开股东大会更换董事长，董事长张某以生病为由不出席，副董事长王某也以各种理由推脱不出席。其他股东感到无所适从，请你给他们一个解决上述困境的建议。

【思路解析】 此种情况涉及股东大会召集及主持的特殊规定。

召开股东大会会议，应当将会议召开的时间、地点和审议的事项于会议召开20日前通知各股东；临时股东大会应当于会议召开15日前通知各股东；发行无记名股票的，应当于会议召开30日前公告会议召开的时间、地点和审议事项。

单独或者合计持有公司3%以上股份的股东，可以在股东大会召开10日前提出临时提案并书面提交董事会；董事会应当在收到提案后2日内通知其他股东，并将该临时提案提交股东大会审议。临时提案的内容应当属于股东大会职权范围，并有明确议题和具体决议事项。

股东大会不得对前两款通知中未列明的事项作出决议。

无记名股票持有人出席股东大会会议的，应当于会议召开5日前至股东大会闭会时将股票交存于公司。

3. 股东大会的决议

股东出席股东大会会议，所持每一股份有一表决权。但是，公司持有的本公司股份没有表决权。股东大会选举董事、监事，可以依照公司章程的规定或者股东大会的决议，实行累积投票制。所谓累积投票制，是指股东大会选举董事或者监事时，每一股份拥有与应选董事或者监事人数相同的表决权，股东拥有的表决权可以集中使用。

股东大会作出决议，必须经出席会议的股东所持表决权过半数通过。但是，股东大会作出修改公司章程、增加或者减少注册资本的决议，以及公司合并、分立、解散或者变更公司形式的决议，必须经出席会议的股东所持表决权的2/3以上通过。

【示例4.8】 新月股份有限公司近年来由于市场不景气，公司经营发生困难，2009年4月，新月股份有限公司决定减少注册资本。5月，股东会以代表1/2以上表决权的股东通过减资决议。请问上述程序是否合法？说明理由。

【思路解析】 上述程序是不合法的。我国《公司法》对于有限责任公司和股份有限责任公司关于一些重大事项的决议作了特别规定。

《公司法》和公司章程规定，公司转让、受让重大资产或者对外提供担保等事项必须经股东大会作出决议的，董事会应当及时召集股东大会会议，由股东大会就上述事项进行表决。

股东大会应当对所议事项的决定做成会议记录，主持人、出席会议的董事应当在会议记录上签名。会议记录应当与出席股东的签名册及代理出席的委托书一并保存。

(二)股份有限公司的董事会、经理

1. 董事会的组成及职权

股份有限公司设董事会，其成员为5～19人。董事会成员中可以有公司职工代表。董事会中的职工代表由公司职工通过职工代表大会、职工大会或者其他形式民主选举产生。《公司法》关于有限责任公司董事任期、职权的规定，适用于股份有限公司董事。

2. 董事长

董事会设董事长一人，可以设副董事长。董事长和副董事长由董事会以全体董事的过半数选举产生。

董事长召集和主持董事会会议，检查董事会决议的实施情况。副董事长协助董事长工作，董事长不能履行职务或者不履行职务的，由副董事长履行职务；副董事长不能履行职务或者不履行职务的，由半数以上董事共同推举一名董事履行职务。

3. 董事会的召开

董事会每年度至少召开两次会议，每次会议应当于会议召开10日前通知全体董事和监事。

代表1/10以上表决权的股东、1/3以上董事或者监事会，可以提议召开董事会临时会议。董事长应当自接到提议后10日内，召集和主持董事会会议。

董事会召开临时会议，可以另定召集董事会的通知方式和通知时限。

4. 董事会的决议

董事会会议应有过半数的董事出席方可举行。董事会作出决议，必须经全体董事的过半数通过。董事会决议的表决，实行一人一票。

董事会会议，应由董事本人出席；董事因故不能出席，可以书面委托其他董事代为出席，委托书中应载明授权范围。

董事会应当对会议所议事项的决定做成会议记录，出席会议的董事应当在会议记录上签名。

【示例 4.9】 某股份有限公司设有董事会，共有 7 名董事。某日召开董事会，3 人因有事没有出席，对于董事会决议，出席会议的 4 名董事有 3 人同意，1 人不同意。请问此次董事会的举行是否合法？该决议是否通过？

【思路解析】 此案涉及股份有限公司董事会决议规制。

5. 董事的法律责任

董事应当对董事会的决议承担责任。董事会的决议违反法律、行政法规或者公司章程、股东大会决议，致使公司遭受严重损失的，参与决议的董事对公司负赔偿责任。但经证明在表决时曾表明异议并记载于会议记录的，该董事可以免除责任。

6. 经理

股份有限公司设经理，由董事会决定聘任或者解聘。《公司法》关于有限责任公司经理职权的规定，适用于股份有限公司经理。公司董事会可以决定由董事会成员兼任经理。

【注意】 董事会举行和作出决议的法定人数，都必须是全体董事的 1/2 以上，而不是出席会议的股东的过半数。

(三)监事会

1. 监事会的组成及职权

股份有限公司设监事会，其成员不得少于 3 人。监事会应当包括股东代表和适当比例的公司职工代表，其中职工代表的比例不得低于 1/3，具体比例由公司章程规定。监事会中的职工代表由公司职工通过职工代表大会、职工大会或者其他形式民主选举产生。

监事会设主席一人，可以设副主席。监事会主席和副主席由全体监事过半数选举产生。监事会主席召集和主持监事会会议；监事会主席不能履行职务或者不履行职务的，由监事会副主席召集和主持监事会会议；监事会副主席不能履行职务或者不履行职务的，由半数以上监事共同推举一名监事召集和主持监事会会议。

董事、高级管理人员不得兼任监事。

《公司法》关于有限责任公司监事任期、职权的规定，适用于股份有限公司监事。

【示例 4.10】 某股份有限公司设有监事会，共有 5 名监事，其中有 1 名职工代表，公司章程规定由王某担任监事会主席。请问该公司上述现象是否存在问题？

【思路解析】 监事会的组成比例及主席产生的方式。

2. 监事会会议及决议

监事会每 6 个月至少召开一次会议。监事可以提议召开临时监事会会议。监事会的议事方式和表决程序，除本法有规定的外，由公司章程规定。监事会决议应当经半数以上监事通过。监事会应当对所议事项的决定做成会议记录，出席会议的监事应当在会议记录上签名。

四、上市公司的特别规定

1. 上市公司的概念

上市公司,是指其股票在证券交易所上市交易的股份有限公司。

2.《公司法》关于上市公司的主要规定

(1)上市公司在一年内购买、出售重大资产或者担保金额超过公司资产总额30%的,应当由股东大会作出决议,并经出席会议的股东所持表决权的2/3以上通过。

(2)上市公司设立独立董事,具体办法由国务院规定。

(3)上市公司设董事会秘书,负责公司股东大会和董事会会议的筹备、文件保管以及公司股东资料的管理,办理信息披露事务等事宜。

(4)上市公司董事与董事会会议决议事项所涉及的企业有关联关系的,不得对该项决议行使表决权,也不得代理其他董事行使表决权。该董事会会议由过半数的无关联关系董事出席即可举行,董事会会议所作决议须经无关联关系董事过半数通过。出席董事会的无关联关系董事人数不足3人的,应将该事项提交上市公司股东大会审议。

【注意】 上市公司应当设立独立董事以及有关关联关系的禁止性规定。

五、股份的发行与转让

(一)股份的含义、特征及分类

1. 股份的含义

股份是股份有限公司特有的概念,它是股份有限公司资本最基本的构成单位。股份一般有以下3层含义:①股份是股份有限公司资本的构成成分;②股份代表了股份有限公司股东的权利与义务;③股份可以通过股票价格的形式表现其价值。

2. 股份的特征

股份具有以下特征:①每一股份所代表的金额相等;②股份表示股东享有权益的范围;③股份通过股票这种证券形式表现出来;④股份的可转让性,即股东持有的股份可以依法转让。

3. 股份的分类

股份有限公司的股份依据不同的标准,可以划分为不同的种类:

(1)普通股和优先股。普通股股东有权在公司提取了公积金、公益金以及支付了优先股股利后,参与公司的盈余分配,其股利不固定。优先股股东在公司盈余或剩余财产的分配上享有比普通股股东优先的权利。但优先股股东没有表决权。

(2)表决权股和无表决权股。持有表决权股的股东享有表决权。持有无表决权股的股东,不享有表决权。目前,我国只有普通表决权股和无表决权股。

(3)记名股和无记名股。记名股是指将股东姓名记载于股票之上的股份。无记名股是指发行的不将股东姓名记载于股票之上的股份。依据我国《公司法》规定,公司向发起人、国家授权投资的机构、法人发行的股票,应当为记名股票。对社会公众发行的股票,可以为记名股票,也可以为无记名股票。

(4)额面股和无额面股。额面股又称面值股,是指股票票面标明一定金额的股份。无额面股又称比例股,是指股票不标明金额,只标明每股占公司资本的比例。我国《公司法》将票面金额作为股票上应当记载的主要事项,故由此可知,我国实际上是禁止发行无额面股。

(5)国家股、法人股、个人股和外资股。国家股是指由国家授权投资的机构或者国家授权的部门,以国有资产向公司投资形成的股份。法人股是指由具有法人资格的组织以其可支配的财产向公司投资形成的股份。个人股是指以个人合法取得的财产向公司投资形成的股份。外资股是指外国和中国港、澳、台地区的投资者,以购买人民币特种股票的形式,向公司投资形成的股份。

(二)股份发行的基本规则

1. 股份的发行

股份的发行实行公平、公正的原则。

2. 同股同权原则

(1)同种类的每一股份应当具有同等权利;

(2)同次发行的同种类股票,每股的发行条件和价格应当相同;

(3)任何单位或者个人所认购的股份,每股应当支付相同价额。

3. 禁止折价发行原则

股票发行价格可以按票面金额,也可以超过票面金额,但不得低于票面金额。

4. 禁止成立前交付原则

股份有限公司成立后,即向股东正式交付股票。公司成立前不得向股东交付股票。

【注意】 注意股票可以溢价发行和平价发行,但不能折价发行。

(三)股份转让方式及场所

《公司法》规定,股东持有的股份可以依法转让。

1. 转让场所

股东转让其股份,应当在依法设立的证券交易场所进行或者按照国务院规定的其他方式进行。

2. 转让方式

(1)记名股票,由股东以背书方式或者法律、行政法规规定的其他方式转让;转让后由公司将受让人的姓名或者名称及住所记载于股东名册。股东大会召开前20日内或者公司决定分配股利的基准日前五日内,不得进行前款规定的股东名册的变更登记。但是,法律对上市公司股东名册变更登记另有规定的,从其规定。

(2)无记名股票的转让,由股东将该股票交付给受让人后即发生转让的效力。

(3)对特殊主体的转让限制。发起人持有的本公司股份,自公司成立之日起一年内不得转让。公司公开发行股份前已发行的股份,自公司股票在证券交易所上市交易之日起一年内不得转让。

【示例4.11】 张某是某股份公司的发起人,在公司成立后6个月的时候,张某因要办理移民需要用钱,其提出要转让自己手中的股份。请问张某的上述要求能否得到满足?

【思路解析】公司法对特殊主体股份转让的限制。

公司董事、监事、高级管理人员应当向公司申报所持有的本公司的股份及其变动情况,在任职期间每年转让的股份不得超过其所持有本公司股份总数的25%;所持本公司股份自公司股票上市交易之日起一年内不得转让。上述人员离职后半年内,不得转让其所持有的本公司股份。公司章程可以对公司董事、监事、高级管理人员转让其所持有的本公司股份作出其他限制性规定。

【示例4.12】 甲、乙、丙分别是某股份有限公司的董事、监事和总经理,甲在任职期间的第一年就转让其占有的股份的30%,乙在公司上市的半年内转让其占有股份的15%,丙在离职后第5个月的时候转让了其手中关于该公司的全部股份。请问甲、乙、丙三人的行为是否符合法律规定?

【思路解析】 关于股份有限公司股份转让的特殊规定。

3. 对公司股票行为的限制

公司不得收购本公司股份。但是,有下列情形之一的除外:

(1)减少公司注册资本;

(2)与持有本公司股份的其他公司合并;

(3)将股份奖励给本公司职工;

(4)股东因对股东大会作出的公司合并、分立决议持异议,要求公司收购其股份的。

公司依照前款规定收购本公司股份后,属于(1)项情形的,应当自收购之日起10日内注销;属于(2)、(4)项情形的,应当在6个月内转让或者注销。

公司依照(3)项规定收购的本公司股份,不得超过本公司已发行股份总额的5%;用于收购的资金应当从公司的税后利润中支出;所收购的股份应当在一年内转让给职工。

公司不得接受本公司的股票作为质押权的标的。

【注意】 发起人、公司董事、监事、高级管理人员不得随意转让其所持有的本公司的股份,公司法对这种行为有禁止性规定。

第四节 股东的权利和义务

一、有限责任公司股东的权利和义务

(一)有限责任公司股东享有的权利

有限责任公司的股东基于缴纳出资享有的权利称为股东权利。在公司中,股东享有下列权利:

(1)参加股东会并按照出资比例行使表决权;

(2)选举和被选举为董事会成员、监事会成员;

(3)查阅股东会会议记录和公司财务会计报告,以便监督公司的运营;

(4)按照出资比例分取红利,即股东享有受益权;

(5)依法转让出资;

(6)优先购买其他股东转让的出资;

(7)优先认购公司新增的资本;

(8)公司终止后,依法分得公司剩余财产。此外,股东还可以享有公司章程规定的其他权利。

(二)有限责任公司股东承担的义务

(1)缴纳所认缴的出资;

(2)以其出资额为限对公司承担责任;

(3)公司设立登记后,不得抽回出资;

(4)公司章程规定的其他义务,即应当遵守公司章程,履行公司章程规定的义务。

二、股份有限公司股东的权利和义务

(一)股份有限公司股东享有的权利

(1)依照其所持有的股份份额获得股利和其他形式的利益分配。

(2)参加或者委派股东代理人参加股东会议。

(3)依照其所持有的股份份额行使表决权。

(4)对公司的经营行为进行监督,提出建议或者质询。

(5)依照法律、行政法规及公司章程的规定转让、赠与或质押其所持有的股份。

(6)依照法律、公司章程的规定获得有关信息,包括:缴付成本费用后得到公司章程;缴付合理费用后有权查阅和复印:①本人持股资料;②股东大会会议记录;③中期报告和年度报告;④公司股本总额、股本结构。

(7)公司终止或者清算时,按其所持有的股份份额参加公司剩余财产的分配.

(8)法律、行政法规及公司章程所赋予的其他权利。

(二)股份公司股东承担的义务

(1)遵守公司章程;

(2)依其所认购的股份和入股方式缴纳股金;

(3)除法律、法规规定的情形外,不得退股;

(4)法律、行政法规及公司章程规定应当承担的其他义务。

第五节　公司债券及财务会计

一、公司债券的概念及特征

(一)公司债券的概念

公司债券是指公司依照法定程序发行的,约定在一定期限还本付息的有价证券。

(二)公司债券的特征

(1)公司债券是要式有价证券;

(2)公司债券需要“还本付息”;

(3)公司债券是流通证券,可以转让、抵押而流转;

(4)公司债券的期限和还本付息条件要“事先约定”;

(5)公司债券的发行要“依照法定程序”进行。

(三)公司债券分类

1.根据是否在公司债券上记载公司债券人的姓名为标准分类

根据是否在公司债券上记载公司债券人的姓名为标准分类,可将公司债券划分为记名公司债券和无记名公司债券。

根据公司法的规定,记名公司债券应当公司债券存根簿上载明下列事项:债券持有人的姓名或者名称及住所;债券持有人取得债券的日期及债券的编号;债券总额,债券的票面金额、利率、还本付息的期限和方式;债券的发行日期。

发行无记名债券的,应当在债券存根簿上载明债券总额、利率、偿还期限和方式、发行日期及债券的编号。我国目前已发行的公司债券,绝大多数是无记名公司债券。

2. 根据公司债券能否转换成股权为标准分类

根据公司债券能否转换成股权为标准分类，可将公司债券划分为可转换公司债券和非转换公司债券。

可转换公司债券实际上是给债权人一种选择权，当债权清偿期满时，债权人可以要求收回本金、取得固定利息，也可以选择要求以期享有的债权抵缴认股款而取得公司股份，从而成为公司股东。

根据我国公司法的规定，只有上市公司才可以申请发行可转换公司债券。发行可转换为股票的公司债券，应当在债券上标明“可转换公司债券”字样，并在公司债券存根簿上载明可转换公司债券的数额。公司应当按照约定的转换办法向债券持有人换发股票，但债券持有人对是否将债券转换为股票享有选择权。

3. 根据公司发行债券时是否提供偿还本息的担保为标准分类

根据公司发行债券时是否提供偿还本息的担保为标准分类，可将公司债券划分为有担保公司债券和无担保公司债券。

在有担保公司债的情况下，债券持有人既为公司的债权人，又为公司财产的抵押权人，其债权优先于公司的其他债权人而受偿。

二、公司债券的转让

(1)公司债券可以转让，转让价格由转让人与受让人约定。公司债券在证券交易所上市交易的，按照证券交易所的交易规则转让。

(2)记名公司债券，由债券持有人以背书方式或者法律、行政法规规定的其他方式转让；转让后由公司将受让人的姓名或者名称及住所记载于公司债券存根簿。

(3)无记名公司债券的转让，由债券持有人将该债券交付给受让人后即发生转让的效力。

【注意】 由于公司债券种类的不同导致了公司债券的转让方式的不同。

三、公司的财务会计制度及财务会计报告

(一)公司财务会计制度

(1)公司应当依照法律、行政法规和国务院财政部门的规定建立本公司的财务、会计制度。

(2)公司聘用、解聘承办公司审计业务的会计师事务所，依照公司章程的规定，由股东会、股东大会或者董事会决定。公司股东会、股东大会或者董事会就解聘会计师事务所进行表决时，应当允许会计师事务所陈述意见。

(3)公司应当向聘用的会计师事务所提供真实、完整的会计凭证、会计账簿、财务会计报

告及其他会计资料,不得拒绝、隐匿、谎报。

(4)公司除法定的会计账簿外,不得另立会计账簿。对公司资产,不得以任何个人名义开立账户存储。

(二)财务会计报告

1.财务会计报告的内容

(1)资产负债表。资产负债表是反映公司在某一特定时期财务状况的报表,是静态会计报表。它是根据资产、负债和所有者权益之间的相互关系,按照一定的分类标准和一定的顺序,把公司一定日期的资产、负债、所有者权益各项目予以适当排列,并且对日常工作中形成的大量数据进行整理后编制而成的。

(2)损益表。损益表是反映公司在一定期间的经营成果及其分配情况的报表。损益表把一定期间的营业收入与其同一会计期间相关的营业费用进行配比,以计算出公司一定期间的净收益或者净亏损,是动态会计报表。

(3)财务状况变动表。财务状况变动表是综合反映一定会计期间内营运资金来源和运用及其增减变动情况的会计报表。

(4)财务情况说明书。财务情况说明书主要说明公司的主产经营,利润实现和分配,资金增减和周转,税金缴纳等情况,属于附属明细表。

(5)利润分配表。利润分配表是反映公司利润分配情况和年末未分配利润情况的会计报表,是损益表的附属明细表。

2.财务会计报告的相关规定

公司应当在每一会计年度终了时编制财务会计报告,并依法经会计师事务所审计。财务会计报告应当依照法律、行政法规和国务院财政部门的规定制作。

有限责任公司应当依照公司章程规定的期限将财务会计报告送交各股东。股份有限公司的财务会计报告应当在召开股东大会年会的20日前置备于本公司,供股东查阅;公开发行股票的股份有限公司必须公告其财务会计报告。

【示例4.13】 北斗股份有限公司属于发起设立的股份公司,注册资本为人民币3 000万元,公司章程规定每年6月1日召开股东大会年会。北斗公司管理混乱,自2005年起,陷入亏损境地。2006年5月,部分公司股东要求查阅财务账册遭拒绝。2006年股东大会年会召开,股东们发觉公司财务会计报表仍不向他们公开,理由是公司的商业秘密股东们无需知道。经股东们强烈要求,公司才提供了一套财会报表,包括资产负债表和利润分配表。股东大会年会闭会后,不少股东了解到公司提供给他们的财会报表与送交工商部门、税务部门的不一致,公司对此的解释是送交有关部门的会计报表是为应付检查的,股东们看到的才是真正的账册。请问北斗公司的行为是否合法?说明理由。

【思路解析】 从财务会计制度的规定、财务会计报告的内容以及公司股东的相关权利切入思考。

(三)违反会计制度的法律责任

公司违反《公司法》规定,在法定的会计账簿以外另立会计账簿的,由县级以上人民政府财政部门责令改正,处以5万元以上50万元以下的罚款。

公司在依法向有关主管部门提供的财务会计报告等材料上作虚假记载或者隐瞒重要事实的,由有关主管部门对直接负责的主管人员和其他直接责任人员处以3万元以上30万元以下的罚款。

【注意】 由于公司性质的不同,财务会计报告的公开程度是不同的。

四、公司利润分配

(一)公司税后利润分配顺序

(1)公司的法定公积金不足以弥补以前年度亏损的,在依照前款规定提取法定公积金之前,应当先用当年利润弥补亏损。

(2)公司分配当年税后利润时,应当提取利润的10%列入公司法定公积金。公司法定公积金累计额为公司注册资本的50%以上的,可以不再提取。

(3)公司从税后利润中提取法定公积金后,经股东会或者股东大会决议,还可以从税后利润中提取任意公积金。

(4)公司弥补亏损和提取公积金后所余税后利润,有限责任公司依照本法第三十五条的规定分配;股份有限公司按照股东持有的股份比例分配,但股份有限公司章程规定不按持股比例分配的除外。

股东会、股东大会或者董事会违反前款规定,在公司弥补亏损和提取法定公积金之前向股东分配利润的,股东必须将违反规定分配的利润退还公司。

公司持有的本公司股份不得分配利润。

【示例4.14】 某股份有限公司由于经营不善导致连续3年亏损,总计亏损800万元。经过管理模式调整,今年公司一举扭亏为盈,净盈利600万元。公司董事会觉得前几年公司没有盈利,各股东都没有分得任何利益,现在公司盈利了,就决定将600万分给了所有股东。请问该董事会的做法是否合适?

【思路解析】 公司税后利润分配有严格的法律规定。

(二)公积金的提留及使用

股份有限公司以超过股票票面金额的发行价格发行股份所得的溢价款以及国务院财政部门规定列入资本公积金的其他收入,应当列为公司资本公积金。

法定公积金转为资本时,所留存的该项公积金不得少于转增前公司注册资本的25%。公司的公积金用于弥补公司的亏损、扩大公司生产经营或者转为增加公司资本。但是,资本公积金不得用于弥补公司的亏损。

（三）违反公积金提取的法律责任

公司不依照《公司法》规定提取法定公积金的，由县级以上人民政府财政部门责令如数补足应当提取的金额，可以对公司处以20万元以下的罚款。

【注意】 法定公积金转为资本时，留存的比例。

第六节　公司的合并、分立、资本变更、解散和清算

一、公司的合并

（一）公司合并的形式

公司合并是指两个或两个以上的公司依照公司法规定的条件和程序，通过订立合并协议，共同组成一个公司的法律行为。公司的合并可分为吸收合并和新设合并两种形式。

吸收合并又称为存续合并，它是指通过将一个或一个以上的公司并入另一个公司的方式而进行公司合并的一种法律行为。并入的公司解散，其法人资格消失。接受合并的公司继续存在，并办理变更登记手续。

新设合并是指两个或两个以上的公司以消灭各自的法人资格为前提而合并组成一个公司的法律行为。其合并结果，原有公司的法人资格均告消灭。新组建公司办理设立登记手续取得法人资格。

（二）公司合并的程序

公司合并，应当由合并各方签订合并协议，并编制资产负债表及财产清单。公司应当自作出合并决议之日起10日内通知债权人，并于30日内在报纸上公告。债权人自接到通知书之日起30日内，未接到通知书的自公告之日起45日内，可以要求公司清偿债务或者提供相应的担保。

公司合并时，合并各方的债权、债务，应当由合并后存续的公司或者新设的公司承继。公司合并，登记事项发生变更的，应当依法向公司登记机关办理变更登记。

二、公司的分立

（一）公司分立的形式

公司分立，指一个公司依照公司法有关规定，通过股东会决议分成两个以上的公司。公司分立有新设分立和派生分立两种基本方式。

（1）新设分立，即将原公司法律主体资格取消而新设两个及以上的具有法人资格的公司。

（2）派生分立，即原公司法律主体仍存在，但将其部分业务划出去另设一个新公司。

（二）公司分立的程序

公司分立，其财产作相应的分割。公司分立，应当编制资产负债表及财产清单。公司应当

自作出分立决议之日起10日内通知债权人，并于30日内在报纸上公告。

公司分立前的债务由分立后的公司承担连带责任。但是，公司在分立前与债权人就债务清偿达成的书面协议另有约定的除外。公司分立，登记事项发生变更的，应当依法向公司登记机关办理变更登记。

【示例4.15】 A有限责任公司是一家经营商品批发的有限责任公司，由于市场不景气，公司负债累累。股东兰某提议将A公司分立为两个公司，一个叫B有限责任公司，另一个叫C有限公司，由B公司承担A的所有债务，C有限公司继承A公司的所有净资产。该提议被股东大会一致通过，A公司分立为B与C两家公司，约定B公司承担A公司所有债务。然后分立各方办理了相应的登记注销手续。不久，A公司的债权人黎明有限公司找上门来，发觉B公司资不抵债，要求C公司承担连带债务，C公司拿出分立协议书，拒不偿还A公司的债务。问：

(1)按照《公司法》的规定，A公司的分立程序合法吗？

(2)如何看待本案中分立协议书的效力？

【思路解析】 公司分立应该遵循法定的程序，且内部分立协议对外部债权人不发生法律约束力。

三、公司的资本变更

(一)减少注册资本

公司需要减少注册资本时，必须编制资产负债表及财产清单。公司应当自作出减少注册资本决议之日起10日内通知债权人，并于30日内在报纸上公告。债权人自接到通知书之日起30日内，未接到通知书的自公告之日起45日内，有权要求公司清偿债务或者提供相应的担保。公司减资后的注册资本不得低于法定的最低限额。

(二)增加注册资本

有限责任公司增加注册资本时，股东认缴新增资本的出资，依照《公司法》设立有限责任公司缴纳出资的有关规定执行。

股份有限公司为增加注册资本发行新股时，股东认购新股，依照《公司法》设立股份有限公司缴纳股款的有关规定执行。

公司增加或者减少注册资本，应当依法向公司登记机关办理变更登记。

四、公司的解散

(一)公司解散的概念

公司解散是指已成立的公司基于一定的合法事由而使公司消灭的法律行为。公司解散的，应当依法办理公司注销登记；设立新公司的，应当依法办理公司设立登记。

(二)公司解散的原因

公司因下列原因解散:

(1)公司章程规定的营业期限届满或者公司章程规定的其他解散事由出现;

(2)股东会或者股东大会决议解散;

(3)因公司合并或者分立需要解散;

(4)依法被吊销营业执照、责令关闭或者被撤销;

(5)公司经营管理发生严重困难,继续存续会使股东利益受到重大损失,通过其他途径不能解决的,持有公司全部股东表决权10%以上的股东,可以请求人民法院解散公司。

五、公司的清算

(一)清算组的组成及职权

(1)公司应当在解散事由出现之日起15日内成立清算组,开始清算。有限责任公司的清算组由股东组成,股份有限公司的清算组由董事或者股东大会确定的人员组成。逾期不成立清算组进行清算的,债权人可以申请人民法院指定有关人员组成清算组进行清算。人民法院应当受理该申请,并及时组织清算组进行清算。

(2)清算组在清算期间行使下列职权:

①清理公司财产,分别编制资产负债表和财产清单;

②通知、公告债权人;

③处理与清算有关的公司未了结的业务;

④清缴所欠税款以及清算过程中产生的税款;

⑤清理债权、债务;

⑥处理公司清偿债务后的剩余财产;

⑦代表公司参与民事诉讼活动。

(二)清算程序

(1)清算组应当自成立之日起10日内通知债权人,并于60日内在报纸上公告。债权人应当自接到通知书之日起30日内,未接到通知书的自公告之日起45日内,向清算组申报其债权。

债权人申报债权,应当说明债权的有关事项,并提供证明材料。清算组应当对债权进行登记。

在申报债权期间,清算组不得对债权人进行清偿。

(2)清算组在清理公司财产、编制资产负债表和财产清单后,应当制订清算方案,并报股东会、股东大会或者人民法院确认。

公司财产在分别支付清算费用、职工的工资、社会保险费用和法定补偿金,缴纳所欠税款,清偿公司债务后的剩余财产,有限责任公司按照股东的出资比例分配,股份有限公司按照股东持有的股份比例分配。

【示例 4.16】 某公司由于法定事由的出现需要解散,公司成立了清算组,在清算组刚一成立就有一债权人上门讨债,清算组当即进行了清偿,后又陆续有多名债权人上门,清算组都一一进行了清偿。到职工前来领取工资、社保、补偿金时,清算组才发现公司的资产已经所剩无几了。请问清算组在上述过程中是否存在问题,正确的清算顺序是什么?

【思路解析】 公司解散有严格的清算顺序。

清算期间,公司存续,但不得开展与清算无关的经营活动。公司财产在未依照前款规定清偿前,不得分配给股东。

(3)清算组在清理公司财产、编制资产负债表和财产清单后,发现公司财产不足清偿债务的,应当依法向人民法院申请宣告破产。

公司经人民法院裁定宣告破产后,清算组应当将清算事务移交给人民法院。

(4)公司清算结束后,清算组应当制作清算报告,报股东会、股东大会或者人民法院确认,并报送公司登记机关,申请注销公司登记,公告公司终止。

【注意】 清算结束后,申请注销公司登记的主体是清算组。

(三)公司变更、清算过程中的法律责任

1. 公司的法律责任

公司在合并、分立、减少注册资本或者进行清算时,不依照《公司法》规定通知或者公告债权人的,由公司登记机关责令改正,对公司处以 1 万元以上 10 万元以下的罚款。

公司在进行清算时,隐匿财产,对资产负债表或者财产清单作虚假记载或者在未清偿债务前分配公司财产的,由公司登记机关责令改正,对公司处以隐匿财产或者未清偿债务前分配公司财产金额 5% 以上 10% 以下的罚款;对直接负责的主管人员和其他直接责任人员处以 1 万元以上 10 万元以下的罚款。

公司在清算期间开展与清算无关的经营活动的,由公司登记机关予以警告,没收违法所得。

2. 清算组的法律责任

清算组不依照《公司法》规定向公司登记机关报送清算报告,或者报送清算报告隐瞒重要事实或者有重大遗漏的,由公司登记机关责令改正。

清算组成员利用职权徇私舞弊、谋取非法收入或者侵占公司财产的,由公司登记机关责令退还公司财产,没收违法所得,并可以处以违法所得 1 倍以上 5 倍以下的罚款。清算组成员因故意或者重大过失给公司或者债权人造成损失的,应当承担赔偿责任。

【引例分析】 公积金,是指依照法律、公司章程或股东大会决议而从公司的营业利润或其他收入中提取的一种储备金,可用于弥补亏损,扩大公司生产经营,增加资本。

股份有限公司依法溢价发行的款项属于公司资本公积金,不能作为股利分配,启发公司将股票发行的溢价款作为股利分配是错误的。

《公司法》规定的公司税后利润分配顺序如下:

(1)公司的法定公积金不足以弥补以前年度亏损的,在依照前款规定提取法定公积金之

前,应当先用当年利润弥补亏损。

(2)公司分配当年税后利润时,应当提取利润的10%列入公司法定公积金。公司法定公积金累计额为公司注册资本的50%以上的,可以不再提取。

(3)公司从税后利润中提取法定公积金后,经股东会或者股东大会决议,还可以从税后利润中提取任意公积金。

(4)公司弥补亏损和提取公积金后所余税后利润,有限责任公司依照本法第三十五条的规定分配;股份有限公司按照股东持有的股份比例分配,但股份有限公司章程规定不按持股比例分配的除外。

启发公司在刚开始盈利时未弥补以往公司的亏损就分配股利,违反法律规定,必须将分配的利润退还给公司。

《公司法》规定,公司的法定公积金累计额为公司注册资本的50%以上,可不再提取,2009年启发公司法定公积金占公司注册资本的55%,可以不再提取法定公积金。

股份有限责任公司经股东大会决议可将法定公积金转为资本,但法定公积金转为资本时,所留存的该项公积金不得少于注册资本的25%。本案中启发公司将全部法定公积金转为公司资本,显然违反了《公司法》的有关规定。

本章小结

- 公司法律制度
  - 公司法律制度概述
    - 公司的概念、特征
    - 公司的分类
    - 公司法的调整对象
  - 有限责任公司
    - 设立的条件及程序
    - 组织机构及职权
    - 一人有限公司、国有独资公司
  - 股份有限公司
    - 设立的条件与方式
    - 组织机构及职权
    - 上市公司
  - 股东的权利和义务
    - 有限责任公司股东的权利和义务
    - 股份有限公司股东的权利和义务
  - 公司债务及财务会计
    - 公司债券
    - 公司的财务会计制度
    - 公司的利润分配
  - 公司的合并、分立、资本变更解散和清算
    - 公司合并、分立
    - 公司的资本变更
    - 公司的解散与清算

练习题

一、单选题

1. 甲、乙、丙为某有限责任公司股东。现甲欲对外转让其股份，下列判断正确的是（　　）。

A. 甲必须就此事书面通知乙、丙并征求其意见

B. 在任何情况下，乙、丙均享有优先购买权

C. 在符合对外转让条件的情况下，受让人应当将股权转让款支付给公司

D. 未经工商变更登记，受让人不能取得公司股东资格

2. 王某依公司法设立了以其一人为股东的有限责任公司。公司存续期间，王某实施的行为违反公司法的是（　　）。

A. 决定由其本人担任公司执行董事兼公司经理

B. 决定公司不设立监事会，仅由其亲戚张某担任公司监事

C. 决定用公司资本的一部分投资另一公司，但未作书面记载

D. 未召开任何会议，自作主张制订公司经营计划

3. 张某拟设立一家一人有限责任公司，下列表述正确的是(　　)。

A. 注册资本不能低于 50 万元

B. 可以再参股其他有限公司

C. 只能由张某本人担任法定代表人

D. 可以再投资设立一家一人有限责任公司

4. 以公司的信用基础为标准，可以将公司划分为人合公司与资合公司。典型的资合公司是(　　)。

A. 无限公司　　　　B. 有限责任公司

C. 两合公司　　　　D. 股份有限公司

5. 有限责任公司不同于合伙企业的特点之一的是(　　)。

A. 以营利为目的　　　　B. 具有法人资格

C. 有独立的名称　　　　D. 独立对外签订合同

二、多选题

1. 甲乙设立一有限公司，甲出资著作权作价 5 万元，下列乙出资财产合法的是(　　)

A. 货币 3 万元，实物 2 万元

B. 货币 2 万元，实物 2 万元

C. 货币 2.7 万元，实物 1.3 万元

D. 货币 10 万元，实物 5 万元

2. 甲、乙、丙共同出资设立了一有限责任公司，一年后，甲拟将其在公司的全部出资转让给丁，乙、丙不同意，下列解决方案中，符合《公司法》规定的有(　　)。

A. 由乙或丙购买甲拟转让给丁的出资

B. 乙和丙共同购买甲拟转让给丁的出资

C. 章程规定股权只能内部转让，则不得向外转让

D. 乙和丙均不愿意购买，甲有权将出资转让给丁

3. 甲公司于 2008 年 7 月依法成立，现有数名推荐的董事人选，依照《公司法》规定，下列人员不能担任公司董事的是(　　)。

A. 王某，因担任企业负责人犯重大责任事故罪于 2001 年 6 月被判处 3 年有期徒刑，2004 年刑满释放

B. 张某，与他人共同投资设立一家有限责任公司，持股 70%，该公司长期经营不善，负债累累，于 2006 年被宣告破产

C. 徐某，2003 年向他人借款 100 万元，为期 2 年，但因资金被股市套住至今未清偿

D. 赵某，曾任某音像公司董事长，该公司因未经著作权人许可大量复制音像制品于2006年5月被工商部门吊销营业执照，赵某负有个人责任。

4. 华胜股份有限公司于2006年召开董事会临时会议，董事长甲及乙、丙、丁、戊等共5位董事出席，董事会中其余4名成员未出席。董事会表决之前，丁因意见与众人不合，中途退席，但董事会经与会董事一致通过，最后仍作出决议。下列选项错误的是(　　)。

A. 该决议有效，因其已由出席会议董事的过半数通过

B. 该决议无效，因丁退席使董事的同意票不足全体董事表决票的1/2

C. 该决议是否有效取决于公司股东会的最终意见

D. 该决议是否有效取决于公司监事会的审查意见

5. 下列有关股份有限公司股份转让的行为中，符合《公司法》规定的有(　　)。

A. 公司在股市上收购本公司股票一批共3%，作为奖励派发给贡献突出的员工

B. 国家授权投资的机构依法将其持有的某公司股份全部转让给另一公司

C. 与持有本公司股份的其他公司合并时，回购本公司的股份

D. 公司成立3年后，某发起人将其持有的本公司股份卖给另一发起人

三、简答题

1. 简述有限责任公司的出资形式。

2. 简述公司合并、分立的形式及承担责任的方式。

3. 简述公司解散的原因。

4. 简述股份有限公司召开临时股东会的情形。

5. 简述公司税后利润分配顺序。

四、案例分析题

1. 甲公司签发金额为1 000万元，到期日为2009年5月30日，付款人为大满公司的汇票一张，向乙公司购买A楼房。甲、乙双方同时约定：汇票承兑前，A楼房不过户。

其后，甲公司以A楼房作价1 000万元、丙公司以现金1 000万元出资共同设立丁有限公司。某会计师事务所将未过户的A楼房作为甲公司对丁公司的出资予以验资。丁公司成立后占有使用A楼房。

2009年9月，丙公司欲退出丁公司。经甲公司、丙公司协商达成协议：丙公司从丁公司取得退款1 000万元后退出丁公司；但顾及公司的稳定性，丙公司仍为丁公司名义上的股东，其原持有丁公司50%的股份，名义上仍由丙公司持有40%，其余10%由丁公司总经理贾某持有，贾某暂付200万元给丙公司以获得上述10%的股权。丙公司依此协议获款后退出，据此，丁公司变更登记为：甲公司、丙公司、贾某分别持有50%、40%和10%的股权；注册资本仍为2000万元。

丙公司退出后，甲公司要求丁公司为其贷款提供担保，在丙公司代表未到会、贾某反对的情况下，丁公司股东会通过了该担保议案。丁公司遂为甲公司从B银行借款500万元提供了

连带责任保证担保。

问题：

(1)公司的设立是否有效？为什么？

(2)退出丁公司的做法是否合法？为什么？

(3)公司股东会关于为甲公司提供担保的决议是否有效？为什么？

2. A股份有限公司拟召开2009股东大会年会，审议批准董事会报告、审议批准监事会报告、审议批准年度财务预算方案、决算方案、审议批准公司的利润分配方案。公司在国务院证券管理部门指定的报纸上登载了召开股东大会年会的通知。通知内容如下：

A股份有限公司关于召开2009股东大会年会的通知

兹定于2009年5月15日在公司本部办公楼二层会议室内召开2009年度股东大会年会，特通知如下：

一、凡持有本公司股份50万股以上的股东可向本公司索要本通知，并持通知出席股东大会会议。

二、持有本公司股份不足50万股的股东，可自行组合，每50万股选出一名代表，向本公司索要本通知，并持通知出席股东大会会议。

三、持有本公司股份不足50万股的股东，5月10日前不自行组合产生代表的，本公司将向其寄送“通讯表决票”，以通讯方式表决。

A股份有限公司董事长

2009年5月5日

(1)上述通知有哪些违法之处？说明理由。

(2)改写一份符合公司法要求的通知。

第五章

Chapter 5

合同法律制度

【学习要点及目标】

通过本章学习,应该达到:

1. 明确合同的概念、分类,合同法的概念以及基本原则;

2. 掌握合同的内容,合同订立的程序,合同成立的时间和地点、格式条款以及缔约过失责任;

3. 掌握合同的生效、有效合同、无效合同、可变更、可撤销合同、效力待定合同;

4. 掌握合同履行的规则、抗辩权的行使、保全措施;

5. 掌握合同担保的主要方式,包括保证、抵押、质押、留置、定金五种;

6. 掌握合同的变更、合同的转让以及合同终止的具体情形;

7. 掌握违约责任的主要形式。

8. 了解具体合同的类别与内容。

【引例】 2011 年 3 月初,原告约定被告将位于哈尔滨市道外区宏伟路小区 3 栋 3 单元 301 室的房屋以 43 万元的价格出售给原告。原告于 2011 年 3 月 7 日向被告支付购房定金 50 000 元,并约定需经原告丈夫及哥哥同意后才能购买,如果不满意被告需将购房定金如数返还给原告。2011 年 3 月 9 日,被告以传真方式将购房合同传真给原告。2011 年 5 月 16 日,被告退回原告购房定金 50 000 元并支付利息 200 元。后原告以被告不愿意出售房屋违约为由,向法院提起诉讼。

请问:该合同的表现形式是什么?合同是否成立?

第一节 合同与合同法概述

一、合同概述

（一）合同的概念

合同也称契约，是指平等主体的自然人、法人、其他组织之间设立、变更、终止民事权利义务关系的协议。

合同有广义和狭义之分。广义的合同除了包括民事合同外，还包括行政法上的行政合同、劳动法上的劳动合同、国际法上的国家合同等。民事合同是指当事人之间设立、变更、终止民事关系的协议，它包括物权合同、债权合同、身份合同等。《中华人民共和国合同法》（以下简称《合同法》）中所称的合同，是指狭义上的合同，其调整对象为除了身份合同以外的所有民事合同。

【注意】 身份关系，是指基于主体的一定身份而发生的，以身份利益为内容的人身关系。（如基于亲属、婚姻等而产生的身份关系，包括父母子女、夫妻等身份关系）。非体现身份利益的合同受《合同法》调整。比如夫妻间的财产协议，家庭之间的分家财产协议均是基于一定的身份关系，但内容是关于财产的处分，适用合同的有关规定。

（二）合同的法律特征

（1）合同是平等主体所实施的民事法律行为。合同是当事人在平等、自愿的基础上，以意思表示为要件，所实施的能够引起民事权利义务发生、变更、终止的合法行为。只有当事人的意思表示符合法律规定，合同才具有法律约束力，否则就不能产生预期的合同效力。

（2）合同是双方或多方意思表示一致的民事法律行为。合同的本质在于合意，只有互为意思表示且一致，合同才能成立。

（3）合同是以明确当事人之间权利义务为目的的民事法律行为。合同的目的在于设立、变更、终止民事权利义务关系，通过成立并生效的协议来确定当事人的权利和义务。这就与日常生活中不具有法律约束力的协议，如约定逛商场、喝咖啡等区分开来。

（三）合同的分类

根据不同的标准，可将合同分为不同的种类。合同的分类可以使人们更加准确地掌握同一类合同的共同特征及其成立、生效条件，有助于正确适用法律处理合同纠纷，还可对合同法律制度的完善起到促进作用。通常，在立法与合同法理论上对合同作以下分类：

1. 有名合同与无名合同

根据合同在法律上有无名称，可分为有名合同与无名合同。凡是法律上已经赋予一定名称的合同就叫做有名合同，又叫做典型合同。我国《合同法》分则中规定了买卖、租赁、供用电、水、气、热力合同，赠与合同，借款合同，租赁合同，融资租赁合同等 15 种合同，及《中华人民共和国保险法》规定了财产保险合同和人身保险合同，这些都是有名合同。有名合同的订立、履行和纠纷的解决，都应依照法律的有关规定办理。无名合同是法律上没有赋予一定名称的合同，又叫做非典型合同，如旅游合同等。但无名合同并非没有自己的名称，而是法律对这类合同未明确规定。无名合同的订立、履行和纠纷的解决，可参照与该合同类似的有名合同；没有类似的有名合同可以参照的，则应根据民法关于民事法律行为和合同的一般规定办理。

2. 单务合同与双务合同

根据合同当事人中是一方负有义务还是双方互负义务，可分为单务合同与双务合同。只有一方当事人负有义务的合同是单务合同，如赠与、借用等合同；双方都负有义务的合同是双务合同，如买卖、租赁、运输等合同。在双务合同中，又分为完全的双务合同与不完全的双务合同。形成对价关系并互为前提的是完全的双务合同，如买卖合同等；不具有对价关系、彼此不构成前提的是不完全的双务合同，如无偿的委托合同等。

【示例 5.1】 父亲跟儿子说，今年期末考第一名，就给你一台数码相机。父亲作为赠与方，有赠与财产的义务；虽然这个赠与附有条件，儿子要考第一名才能拿到礼物，但是儿子的第一名并不能送给父亲，不成为对待给付的关系。

3. 有偿合同与无偿合同

根据当事人取得权利有无对价，可以将合同分为有偿合同和无偿合同。有偿合同是交易关系，是双方财产的交换，是对价的交换，如买卖 、租赁、有偿保管、运输、承揽等合同。无偿合同不存在对价，不是财产的交换，而是一方付出财产或者付出劳务(付出劳务可以视为付出财产利益)。赠与合同是典型的无偿合同，保管合同、委托合同一般是无偿合同，但可以约定为有偿合同。

【示例 5.2】 大学生小赵国庆节放假回家，将自己价值 7 999 元的笔记本电脑交给同宿舍的小苏保管。翌日，小苏将电脑锁在自己柜子里到校外游玩，等下午六点左右回到宿舍时，发现宿舍被撬开，电脑已经被盗。

【思路解析】 小苏对于笔记本电脑的丢失，无重大过失，更无故意，因此小苏不承担责任。无偿合同是一种善良的、助人为乐的行为，在当前社会应该受到提倡和发扬光大。无偿合同轻过失免责的规定，是法律与道德的联结点。无偿合同条款发生争议时作有利于保管人的解释，也是出于同一理由。

4. 诺成合同与实践合同

根据合同的成立是否以标的物的交付为要件，可分为诺成合同与实践合同。凡是仅以双方当事人意思表示一致为成立要件的合同就叫做诺成合同，又叫做不要物合同，如买卖、承揽、租赁等合同；凡是除双方当事人意思表示一致外，还要求以标的物的交付作为合同成立要件的合同就叫做实践合同，又叫做要物合同，如赠与、保管、借款、货物运输等合同。

【示例5.3】 原告骑摩托车到红太阳酒店和朋友聚会，当驶入酒店停车场时，由于已经停满了车辆，酒店保安指挥原告将车停到酒店入口处的国庆北路人行道上停放，原告锁车后即进入酒店。当晚10时许，原告发现车已经丢失，即报告酒店并报案。次日，原告向酒店索赔。

【思路解析】 保管合同属于实践性合同，因此判断保管合同是否成立的标准，就是寄存人是否将保管物交付保管人。在本案中，由于酒店的停车场已经没有停车位，原告在酒店保安的指挥下，将车停到酒店入口处的国庆北路人行道上停放。根据案情，该停放点并不属于酒店的保管场所。但是根据《合同法》第369条，当事人可以约定保管场所或者方法。因此应当认定保管物已经交付，保管合同成立，酒店应当承担赔偿责任。

5. 要式合同与不要式合同

《合同法》里"法律、行政法规规定采用书面形式的，应当采用书面形式"，这就是法定形式。比如，支票等票据的格式是人民银行规定的，这个格式不能改变，否则就无法支取现金。"当事人约定采用书面形式的，应当采用书面形式"，这就是约定形式。

【示例5.4】 甲公司租给乙公司一个车间，双方口头约定租期为1年。至租期半年时，甲方对乙方生厌，又觉得租金太低，就要赶乙方走，乙方不从。甲方起诉，要求法院认可合同的解除。

【思路解析】 《合同法》第215条规定："租赁期限6个月以上的，应当采用书面形式。当事人未采用书面形式的，视为不定期租赁。"租赁期为6个月以上的合同为要式合同，当事人应当采用书面形式。本案当事人没有采用书面形式，就不能发生乙方追求的效果。不定期租赁，就意味着任何一方都可以随时解除合同。甲方可以通知乙方解除合同，但要给对方必要的准备时间。准备期届满之时，即为租赁合同效力丧失之时，乙方应当搬出。乙方的损失，甲方不赔偿，因为甲方有任意解除权。

6. 主合同与从合同

根据合同能否独立存在，可分为主合同与从合同。能够独立存在的合同是主合同；依附于主合同才能存在的合同是从合同，如保证合同等。主合同无效，从合同也就无效，唯一例外的是合同中的解决争议的仲裁条款，它作为从合同，具有独立性，主合同无效，从合同约定的仲裁条款仍然有效；从合同无效，不影响主合同的效力。例如，在商业银行贷款担保关系中，抵押合同就是以借款合同的存在为前提的。主合同的效力决定了从合同的效力。

二、合同法概述

（一）合同法的概念

合同法是调整平等民事主体之间商品交换关系的法律规范的总称，由合同基本法和相关法律法规组成。我国的合同基本法是1999年3月15日第九届全国人民代表大会第二次会议通过的《中华人民共和国合同法》，自1999年10月1日起施行。《合同法》由总则、分则和附则三部分构成，共23章，428条。

合同法作为民法体系的重要组成部分，与侵权行为、不当得利和管理法律制度共同构成民法的分支部门——债法。合同法作为市场经济法律体系中的基本法律，对规范和鼓励交易、维护交易安全和秩序、促进经济效率和推动经济健康发展均有重要的意义。

（二）合同法的基本原则

合同法的基本原则，指统领合同法的各个领域，是制定、执行和解释合同法的根本准则，也是人民法院、仲裁机构在审理、仲裁合同纠纷时应当遵循的原则。

1. 平等原则

《合同法》规定，合同当事人的法律地位平等，一方不得将自己的意志强加给另一方。

在法律上，合同当事人之间不存在隶属关系，是平等主体。不论所有制性质、经济实力强弱，其法律地位是平等的。平等的当事人之间的权利、义务也是对等的，既享有权利，同时又承担义务，而且彼此的权利、义务是相应的。

2. 自愿原则

自愿原则是指合同当事人通过协商，自愿决定和调整相互的权利义务关系，任何单位和个人不得非法干涉。自愿原则是合同法的重要基本原则，除法律强制性的规定外，合同当事人通过协商，自愿决定和调整相互权利义务关系。

自愿原则体现了民事活动的基本特征，是民事关系区别于行政法律关系、刑事法律关系的特有的原则。

3. 公平原则

公平原则要求当事人之间的权利、义务要对等，要公平合理，即在意思表示真实的情况下，要以利益均衡作为价值判断标准来调整合同主体之间的关系，强调双方负担和风险的合理分配。其具体包括：

（1）在订立合同时，要根据公平原则确定双方的权利和义务，不得滥用权利，不得欺诈，不得假借订立合同恶意进行磋商；

（2）根据公平原则确定风险的合理分配；

（3）根据公平原则确定违约责任。

4. 诚实信用原则

诚实信用原则要求当事人在订立、履行合同以及合同终止后的全过程中，都要诚实，讲信用，相互协作。其具体包括：

（1）当事人在订立合同时不得有欺诈或其他违背诚实信用的行为；

（2）在履行合同义务时，当事人应当遵循诚实信用的原则，履行及时通知、协助、提供必要的条件、防止损失扩大、保密等义务；

（3）合同终止后，当事人也应当遵循诚实信用的原则，根据交易习惯履行通知、协助、保密等义务。

5. 公序良俗和合法性原则

这是一切民事法律的基本原则，也是对"自愿"原则的限制和补充。公序良俗作为对合同自由的一种限制是现代民法的一项重要制度，是个人利益服从于社会公共利益的体现，对构筑现代社会文明发挥了重要作用。

公序良俗是公共秩序和善良风俗的合称。公序即公共秩序，指国家社会的一般利益；而良俗，即善良风俗，指为社会、国家的存在和发展所必需的一般道德，是特定社会所尊重的起码的伦理要求。

第二节　合同的订立

一、合同订立的概念与形式

（一）合同订立的概念

合同订立又称为缔约，指两个或两个以上的民事主体，依法就合同的主要条款经过协商一致达成协议的法律行为。合同的当事人可以是自然人，也可以是法人或其他组织，但都应当具有与订立合同相应的民事权利能力和民事行为能力。当事人也可以依法委托代理人订立合同。

（二）合同订立的形式

《合同法》第10条规定："当事人订立合同，有书面形式、口头形式和其他形式。法律、行政法规规定采用书面形式的，应当采用书面形式。当事人约定采用书面形式的，应当采用书面形式。"由此可见，目前存在的合同形式主要有以下几种：

1. 书面形式

书面形式就是以文字方式表现合同内容的形式，是指合同书、信件和数据电文（包括电报、电传、传真、电子数据交换和电子邮件）等可以有形地表现所载内容的形式。书面形式明确肯定，有据可查。发生纠纷时书面合同方便举证，有利于当事人主张权利，也便于法院或仲裁机构审判、裁决。书面形式又分为一般书面形式和特殊书面形式。特殊书面形式是指除了用文字表现合同内容外，还要对合同进行其他程序，主要有公证、审批、登记。

【注意】　合同法要求必须采用一般书面形式的合同有五类：金融机构为贷款人的借款合同、融资租赁合同、建设工程合同、技术开发合同和技术转让合同。

2. 口头形式

口头形式就是以谈话的方式订立合同，如当面交谈、电话联系等。以口头形式订立合同，简单、方便、迅速，在日常生活中经常被采用。但口头形式的缺点也很明显，即不能复制，容易发生争议，发生争议后不易举证。

【示例5.5】　甲是一个有着50年雕刻生涯的加工红木家具厂的老板，从1999年6月开始历经三年雕刻完成了一张桌面雕刻，图案为清明上河图，台面周围是百福百寿图和古钱吉祥图案，桌子脚雕刻为龙形的红木圆桌。这张桌子在2002年6月5日的常熟市翁同和博物馆举行的红木雕刻作品展上引得不少人愿出高价收购。乙是一经营红木家具的商人，2002年7月1日来到甲的家中要求甲将这张红木圆桌交付给他，因为这是他于1999年6月向甲定制的。但甲拒绝了乙的要求，说这张桌子是深圳某公司老板丙定制的。经多方交涉不成，乙将甲告上法院。在法庭上，乙承认因双方都是老主顾，从未签订什么协议。但有一张2002年6月26日写的一张甲签名的便条："乙向甲定做清明上河图鸡翅木圆桌一张，共计人民币8万元整，货款已付清，一星期内提货。"后法院判决甲于判决生效10日内将该圆桌交付给乙。

【思路解析】　乙在定做桌子时只用口头方式与甲订立了合同，遭到甲否认后如无其他证据证明则可能承担不利的后果。幸好乙还有一张甲签名的便条，虽然便条不是合同本身，但也可以证明合同的存在，结合案件其他事实，法官做出了双方存在合同关系，甲应向乙交付圆桌的判决。若在定做时签一份书面的合同，就不会发生这场官司了。希望人们在保持诚信美德的同时，再签一份规范严谨的书面合同，共同给诚信加把锁。

3. 其他合同形式

其他合同形式主要是指默示形式。默示形式是指不直接以语言文字而是通过行为作意思表示。默示形式一般包括推定形式和沉默形式。推定形式是指当事人不用语言及文字，而是通过某种有目的的行为表达自己意思的一种形式，即从当事人的积极行为中，可以推定其已作了意思表示，如存车人将车停放在看车场，车场读卡机自动吐出存车计时卡，从当事人的停放车辆和发给存车卡的行为中可推断出当事人保管车辆的意思表示。沉默形式是指当事人既不用口头形式、书面形式，也不用实施任何行为，而是以消极的不作为的方式进行的意思表示，如继承人知道被继承人死亡，对其是否继承遗产不作任何表示，只保持沉默。沉默形式只有在法律有特别规定或者当事人事先有特别约定的情况下才能运用。

二、合同订立的内容

根据《合同法》的规定，在不违反法律强制性规定的情况下，合同订立的内容，可以由当事人自由约定，其具体体现当事人的权利与义务。一般包括以下条款：①当事人的名称或者姓名和住所；②标的，即合同双方当事人权利义务所共同指向的对象；③数量；④质量；⑤价款或者报酬；⑥履行期限、地点和方式；⑦违约责任；⑧解决争议的方法。

除上述条款之外，根据法律规定或按合同性质必须具备的条款，以及当事人一方要求具备的条款，也是合同的主要条款。

当事人对合同条款的理解有争议的，应当按照合同所使用的词句、合同的有关条款、合同的目的、交易习惯及诚实信用原则，确定该条款的真实意思。合同文本采用两种以上文字订立并约定具有同等效力的，对各文本使用的词句推定具有相同含义。各文本使用的词句不一致的，应当根据合同的目的予以解释。

【注意】 涉外合同的当事人可以选择处理合同争议所适用的法律，但法律另有规定的除外。涉外合同的当事人没有选择的，适用与合同有最密切联系的国家的法律。在中华人民共和国境内履行的中外合资经营企业合同、中外合作经营企业合同、中外合作勘探开发自然资源合同，适合中华人民共和国法律。

三、合同订立的程序

合同订立的程序是指当事人之间对合同内容进行相互协商，取得一致意见的过程。合同的成立要经过要约、承诺阶段。要约和承诺是合同成立的基本规则，也是合同成立必须经过的两个阶段。

（一）要约

要约又称为报价、发盘、出盘等，是希望和他人订立合同的意思表示。当一方当事人向对方提出合同条件，做出签订合同的意思表示时，称为“要约”。发出要约的当事人称为要约人，要约所指向的对方当事人则称为受要约人。

1. 要约的生效要件

（1）内容具体确定。要约的内容必须具有足以使合同成立的主要条件，包括主要条款，如标的、数量、质量、价款或者报酬、履行期限、地点和方式等，一经受要约人承诺，合同即可成立。如果要约内容含混不清，内容不具备一个合同的最基本的要素，即使受要约人承诺，也会因缺乏合同的主要条件而使合同无法成立。

【示例 5.6】 某购物网站给小张发来一条短消息：某公司生产的某款保温杯已经到货，每个定价 30 元，1 个月内款到发货，免邮费。

【思路解析】 该短消息属于要约。本消息有标的物——某款保温杯、价格——每个 30 元，虽然缺少数量，但是这个可以凭借小张的汇款来确定。因此这个短消息的内容具体明确，可以表明发信人的订立合同的想法。

（2）表明经受要约人承诺，要约人即受该意思表示约束。要约是一种法律行为，要约人发出的要约的内容必须能够表明：如果对方接受要约，合同即告成立。

在示例 5.6 中，小张若在 1 个月内给该网站汇去人民币 90 元整，网站就有义务给小张邮寄 3 个保温杯。否则，小张可以追究其责任。

（3）要约一般向特定人发出，特殊情况下，也可以向不特定人发出。发出要约的目的在于订立合同，要约人必须是能够确定的；受要约人一般也是特定的，但在一些场合，要约人也可以向不特定人发出要约。

【示例5.7】　甲向乙发出一封电报，称：现有空调500台，每台售价2 000元，如有意购买，请于8月1日前到我厂提货。该电报是否属于要约？

【思路解析】　甲向乙发出的电报，是一份向特定人发出的要约，其内容明确具体，包括标的物、价格、履行方式等主要条款。

【示例5.8】　某商场在电子柜台一台数码照相机的标签上标明了其规格及价格。该行为是否属于要约？

【思路解析】　内容具体确定，是向不特定的顾客发出的要约。

【注意】　要约并非一定要向特定的人发出，要以要约人的真实意思为准。如果要把向不特定人发出的订约建议作为要约，必须限定条件来达到这一目的：在一物数卖的情况下，凡作出承诺的，合同均成立，但要约人要对作出承诺而得不到履行的受要约人要承担违约责任。

2. 要约邀请

要约邀请是希望他人向自己发出要约的意思表示。

要约邀请与要约不同。要约邀请的目的是邀请他人向自己发出，处于合同的准备阶段，没有法律约束力，而要约则是一个一经承诺就成立合同的意思表示。实践中要约与要约邀请往往很难区别，《合同法》规定，寄送的价目表、拍卖公告、招标公告、招股说明书等都属于要约邀请，商业广告的内容符合要约规定的，例如，悬赏广告，是广告人以广告的方式声明，对于完成特定行为的人，将给予一定的报酬。这类广告视为要约。

【示例5.9】　某减肥产品广告称：该产品是美国进口的，不仅迅速减肥，且不再反弹。咨询订购热线×××，免费送货。该广告属于要约还是要约邀请？

【思路解析】　这是一个要约邀请，广告内容只是说明标的物的功能及效果，不具备合同主要条款，目的是希望他人向自己发出订合同的要约。

【注意】　要约邀请与要约在不同时间与状态下的转换。例如，商业广告，在实践中大量的商业广告只是着重于对商品的介绍，对于权利义务的分配内容并不十分明确，也并未表明只要广告的观看者愿意购买，买卖合同就立刻成立。因此，商业广告原则上属于要约邀请。但是当商业广告不单是介绍和推销产品，而是载有明确的权利义务分配内容时，人们就可以认定该商业广告属于要约。

【示例5.10】　甲公司7月1日通过报纸发布广告，称其有某型号的计算机出售，每台售价8 000元，随到随购，数量不限，广告有效期到7月30日。乙公司委托王某携带金额16万元的支票于7月28日到甲公司购买计算机，但甲公司声称广告所述计算机已全部售罄。乙公司为此受到一定的经济损失，则乙公司起诉甲公司赔偿。

【思路解析】　此案双方发生纠纷的原因是甲公司没有理解要约和要约邀请的区别。甲公司发布的商业广告，内容具体确定，对标的物、数量、价格均有描述，而且规定了要约的期限。乙公司在甲公司规定的期限内去购买刊登广告的商品，是同意甲公司要约的行为。甲公司作为要约人，要受到要约的约束，负有与乙公司签订合同的义务。

3. 要约的生效

要约到达受要约人时生效。我国《合同法》采取到达主义，即要约送达到受约人能够控制的地方开始生效。要约的送达方式不同，其到达时间的确定也不同。

(1)采用数据电文形式订立合同，收件人指定特定系统接收数据电文的，该数据电文进入该特定系统的时间，视为到达时间；未指定特定系统的，该数据电文进入收件人的任何系统的首次时间，视为到达时间。

(2)采用口头形式发出要约的，在受要约人了解要约时即可生效。

(3)采用邮件、电报，电传、传真等方式发出要约的，要约送达受要约人时开始生效。

4. 要约的撤回、撤销与失效

要约撤回是指要约在发出后、生效前，要约人使要约不发生法律效力的意思表示。

法律规定要约可以撤回，原因在于这时要约尚未发生法律效力。撤回要约的通知应当在要约到达受要约人之前或者与要约同时到达受要约人。

要约撤销是指要约人在要约生效后、受要约人承诺前，使要约丧失法律效力的意思表示。撤销要约的通知应当在受要约人发出承诺通知之前到达受要约人。也就是说，要约已经到达受要约人，在受要约人做出承诺之前，要约人可以撤销要约。由于撤销要约可能会给受要约人带来不利的影响，因此《合同法》规定了两种不得撤销要约的情形：①要约人确定了承诺期限或者以其他形式明示要约不可撤销；②受要约人有理由认为要约是不可撤销的，并已经为履行合同做了准备工作。

【注意】 要约不得撤销中的第②种情形，即“受要约人有理由认为要约是不可撤销的，并……”。其立法的正当性在于：如果要约的内容让一个理性的一般人能够推测出要约人已经放弃了撤销权，而事实上并没有，那么要约人也应该对自己的意思表示不清以及给对方当事人造成的不便承担责任，这种责任就是要约不得撤销，以保护相对人的信赖利益。

要约失效是指要约丧失法律效力，即要约人与受要约人均不再受其约束，要约人不再承担接受承诺的义务，受要约人也不再享有通过承诺使合同得以成立的权利。《合同法》规定了要约失效的情形。

(1)拒绝要约的通知到达要约人。受要约人接到要约后，拒绝了要约，在拒绝要约的通知到达要约人时，该要约失去法律效力。

(2)要约人依法撤销要约。

(3)承诺期限届满，受要约人未做出承诺。要约中确定了承诺期限的，超过这个期限不承诺，则要约失效；要约中没有规定承诺期限的，在通常情况下，要约发出后一段合理时间内不承诺的，要约失效。

(4)受要约人对要约的内容做出实质性变更。这应是一个新的要约，提出新的要约就是对原要约的拒绝，使原要约失去效力。

【示例5.11】 甲与经销商乙在电话中就大豆买卖进行了磋商。几周后，甲收到一份由乙签字的合同确认书。当发现交货数量已大大超过自己的供货能力时，决定不做这笔生意，随手将合同确认书丢到一边。后来，乙上门催甲履行合同，甲认为自己与乙不存在合同关系，拒绝履行。为此乙起诉要求甲履行合同。经查合同确认书结尾部分有一款规定：对该确认书予以保留，而不就其中的不妥之处提出异议，等于承认和接受了这份合同。

【思路解析】 乙向甲寄合同确认书的行为，属于要约。显然，合同确认书结尾部分的规定对甲没有约束力，甲只是获得了承诺的地位，但也有拒绝承诺的自由。甲乙之间的合同并未成立。

【注意】 要约人死亡或者丧失行为能力时，要约原则上应确认失效。

(二)承诺

承诺是受要约人同意要约的意思表示，并导致合同成立。

1. 承诺的有效条件

承诺应当具备以下条件：①承诺必须由受要约人做出，如由代理人做出承诺，则代理人须有合法的委托手续；②承诺必须向要约人做出；③承诺的内容必须与要约的内容一致；④承诺必须在有效期限内做出。

2. 承诺的方式

承诺应当以通知的方式做出，通知的方式可以是口头的，也可以是书面的。一般来说，如果法律或要约中没有规定必须以书面形式表示承诺的，当事人就可以口头形式表示承诺。根据交易习惯或当事人之间的约定，承诺也可不以通知的方式，而以通过实施一定的行为或以其他方式做出。

3. 承诺的生效与承诺期限

承诺通知到达要约人时生效。承诺不需要通知的，根据交易习惯或者要约的要求做出承诺的行为时生效。

要约确定的期限的，承诺应当在要约确定的期限内到达要约人。要约以信件或者电报做出的，承诺期限自信件载明的日期或者电报交发之日开始计算。信件未载明日期的，自投寄该信件的邮戳日期开始计算。要约以电话、传真等快速通信方式做出的，承诺期限自要约到达受要约人时开始计算。

要约没有确定承诺期限的，承诺应当依照下列规定到达：①要约以对话方式做出的，应当即时做出承诺，但当事人另有约定的除外；②要约以非对话方式做出的，承诺应当在合理期限内到达。

【示例5.12】 安庆家具厂得知Z机关所建办公楼要购置一批办公桌椅，于2月1日致函Z机关以每套1 000元的优惠价格出售办公桌椅。Z机关考虑到安庆家具厂生产的家具质量可靠，便于2月2日回函订购300套桌椅，提出每套价格800元，同时要求3个月内将桌椅送至Z机关，验货后7日内电汇付款。安庆家具厂收到函件后，于2月4日又发函Z机关，同意Z机关提出的订货数量、交货时间及方式、付款时间及方式，但同时提出了其每套桌椅售价1 000元已属优惠价格，考虑Z机关所订桌椅数量较多，可以按每套桌椅900元来出售。Z机关2月6日发函表示同意。2月7日，安庆家具厂电话告知Z机关收到了2月6日函件。根据合同法律制度的规定，哪个函件是该合同的要约？

【思路解析】 2月4日安庆家具厂发出的函件是该合同的要约。其原因是：①2月1日安庆家具厂发出的函件属于要约邀请；②2月2日Z机关发出的函件属于要约，但已经失效；③2月4日安庆家具厂发出的函件属于新要约，即该合同的要约；④2月6日Z机关发出的函件属于承诺。

4. 承诺的迟延与迟到

受要约人超过承诺期限发出承诺的，除要约人及时通知受要约人该承诺有效的以外，为新要约。受要约人在承诺期限内发出承诺，按照通常情形能够及时到达要约人，但因其他原因承诺到达要约人时超过承诺期限的，除要约人及时通知受要约人因承诺超过期限不接受该承诺的以外，该承诺属迟到的承诺，但属有效。

5. 承诺撤回

《合同法》第27条规定："承诺可以撤回。撤回承诺的通知应当在承诺到达要约人之前或者与承诺的通知同时到达要约人。"撤回承诺，一般只发生在承诺采用书面通知的情况下，如果承诺采用的是对话方式做出或者通过行为方式作出，都不存在撤回承诺的问题。

【注意】 要约除了撤回外，还可以撤销。与要约不同的是，承诺只可能撤回，而不能撤销。因为承诺一经生效，合同即告成立，对于已经成立的合同，一方当事人无权撤销，而只能按照合同变更、解除的规定处理。

【示例5.13】 乙接到甲发出的传真，称："现有棉服500件，清仓处理，每件售价60元，如有意购买，请于9月15日前到我厂提货"。乙于是给甲回了一封传真，称：我方同意购买，价格每件55元，9月5日到你厂提货。乙给甲发的传真是否属于承诺？

【思路解析】 乙给甲发出的传真不是承诺，因为乙对甲要约的内容做出了实质性的变更。

四、格式条款

在实践中，有些行业（如电力、煤气、自来水、铁路、邮政等商品供应或服务行业）需要进行频繁的、重复性的交易，在多次交易的过程中为了简化合同订立的程序，而事先拟定的条款，从而形成了"格式条款"（又称为格式合同）。

(一)格式条款的概念

格式条款是当事人为了重复使用而预先拟定,并在订立合同时未与对方协商的条款。当事人采用格式条款订立合同时,提供格式条款的一方应当遵循公平原则确定当事人之间的权利和义务。

格式条款的特征是未与交易相对方协商而事先拟定。因而,格式条款往往带有很大的不公平性。

(二)《合同法》对格式条款的使用限制

为纠正格式条款的不公平性,《合同法》从三个方面对格式条款的使用予以限制。

1. 提供格式条款一方的说明义务

提供格式条款的一方有提示说明的义务,应当采取合理的方式提请对方注意免除或限制其责任的条款,按照对方的要求对该条款予以说明。

2. 某些格式条款无效

某些格式条款无效包括:①提供格式条款的一方免除其责任,加重对方责任,排除对方主要权利的条款无效。②格式条款具有《合同法》第52条规定的情形时无效,这些情形包括一方以欺诈、胁迫的手段订立合同,损害国家利益;恶意串通,损害国家、集团或者第三人的利益;以合法形式掩盖非法目的;损害社会公共利益;违反法律、行政法规的强制性规定。③格式条款具有《合同法》第53条规定的情形时无效,这些情形包括有造成对方人身伤害的免责条款;有因故意或重大过失造成对方财产损失的免责条款。

其中,第①和③项的规定是对格式条款特有的限制。

3. 对格式条款的解释

对格式条款的内容理解发生歧义的,应当按照通常理解予以解释。对格式条款有两种以上解释的,应当做出不利于提供格式条款一方的解释;格式条款和非格式条款不一致的,应当采用非格式条款。

五、合同的成立

合同的成立,是指当事人经协商达成一致而建立了合同关系。合同成立是合同法中的一个重要问题,其重要性表现在:①确认合同是否存在;②区分合同责任与缔约过失责任的根本标志;③在多数情况下,合同成立的时间是判断合同生效的标准时间。

(一)合同成立的要件

合同成立依法应当具备以下三个要件:

(1)有明确的合同主体。

(2)订约双方对合同的实质性条款达成一致。这是合同成立的核心要件。

(3)合同的成立应经过要约和承诺阶段。

(二)合同成立的时间

(1)承诺生效时合同成立。确定合同成立的标准有两个:一是有效承诺的通知到达要约人时,承诺生效,合同即告成立;二是根据交易习惯或者要约要求通过行为做出承诺的,受要约人做出该行为时,承诺生效,合同即告成立。这只是关于合同成立的一般规定,法律、行政法规规定或当事人约定采用特定形式订立合同的,适用以下规定。

(2)当事人采用合同书形式订立合同的,自双方当事人签字或者盖章时合同成立。

(3)当事人采用信件、数据电文等形式订立合同的,可以在合同成立之前要求签订确认书。签订确认书时合同成立。

(三)合同成立的地点

合同成立的地点可能关系到案件的管辖。在涉外合同中,合同成立的地点还可能涉及不同国家的法律适用问题。因此,《合同法》对合同成立的地点做了规定。

(1)承诺生效的地点为合同成立的地点。

(2)采用数据电文形式订立的合同,收件人的主营业地为合同成立的地点;没有主营业地的,其经常居住地为合同成立的地点。当事人另有约定的,按其约定。

(3)采用合同书形式订立合同的,双方当事人签字或者盖章的地点为合同成立的地点。若双方当事人未在同一地点签字或者盖章,则以最后一方签字或者盖章的地点为合同成立的地点。

(四)合同实际履行与合同成立的关系

《合同法》规定了两种特殊情况下对合同成立的确认。

(1)法律、行政法规规定或当事人约定采用书面形式订立合同,当事人未采用书面形式,但另一方已经履行主要义务,对方接受的,该合同成立。

(2)采用合同书形式订立合同,在签字或盖章之前,当事人一方已履行主要义务,对方接受的,该合同成立。

【示例5.14】 2008年4月30日,甲以手机短信形式向乙发出购买一台笔记本电脑的要约,乙于当日回短信同意要约。但由于"五一"期间短信系统繁忙,甲于5月3日才收到乙的短信,并因个人原因于5月8日才阅读乙的短信,后于9日回复乙"短信收到"。甲与乙之间的买卖合同何时成立?

【思路解析】 合同成立时间应该是2008年5月3日。根据《合同法》的规定:①承诺生效时合同成立。②承诺通知到达要约人时生效。③采用数据电文订立合同,收件人指定特定系统接收数据电文的,该数据电文进入该特定系统的时间,视为到达时间;未指定特定系统的,该数据电文进入收件人的任何系统的首次时间,视为到达时间。在本案中,应以5月3日,即甲收到乙的短信为承诺生效的时间。

六、缔约过失责任

(一)缔约过失责任的概念和构成要件

1. 缔约过失责任的概念

缔约过失责任是合同当事人在订立合同过程中,因违反法律规定和诚实信用原则致使合同未能成立,并给对方造成损失,所应当承担的损害赔偿责任。

2. 缔约过失责任的构成要件

(1)缔约过失责任是当事人在合同订立过程中产生的责任。缔约过失责任不是违约责任,因为违约责任必须以合同有效成立且当事人违反合同约定为前提,而缔约过失责任是以合同不成立为前提。

(2)缔约过失责任是法定责任,以诚实信用原则为基础。缔约过失责任的产生和承担不以合同当事人事先有约定为必要,只要缔约当事人违反诚实义务,侵害了对方当事人的权益并且给对方当事人造成损失,即应该承担缔约过失责任。

(3)缔约过失责任是赔偿责任。只有缔约责任人的行为侵害了对方当事人的利益,并给对方造成损失的时候,才向对方当事人承担赔偿责任。

(二)缔约过失的表现

《合同法》第42条规定,当事人在订立合同过程中有下列情形之一,给对方造成损失的,应当承担损害赔偿责任。

1. 假借订立合同进行恶意磋商

所谓假借也是一种故意。比如张某要出兑自己的饭庄,李某前来订立合同,李某并没有成立合同的真实意思,他找张某协商只不过是为了套取张某的关于进货来源,烹饪方法等商业秘密。

2. 故意隐瞒与订立合同有关的重要事实或者提供虚假情况

在合同订立过程中,当事人有如实告知的义务。当事人故意隐瞒自身履行能力或者故意隐瞒出卖标的物的缺陷等,从而给对方造成损失。例如,与订立合同有关的规定(某种合同须经批准、某种货物出口需有许可证)。

【示例5.15】 甲公司得知乙公司正在与丙公司谈判。甲公司本来并不需要这个合同,但为排挤乙公司,就向丙公司提出了更好的条件。乙公司退出后,甲公司也借故中止谈判,给丙公司造成了损失。甲公司的行为如何定性?(　　)

A. 欺诈　　B. 以合法形式掩盖非法目的

C. 恶意磋商　　D. 正常的商业竞争

【答案】 C

3. 有其他违背诚实信用原则的行为

订立合同过程中的其他违背诚实信用原则的行为复杂多样,主要有:①要约人违反有效要约;②缔约时意思表示不真实;③违反初步协议;④违反附随义务(如未尽告知义务和未尽保护义务);⑤合同无效和被撤销;⑥无权代理。

(三)缔约过失责任的承担

缔约过失责任方须承担对方信赖利益的损失,包括直接损失和间接损失。

直接损失包括:缔约费用及利息。如邮电费用,查看标的物或赴缔约地所支出的合理费用,准备履行所支出的费用及利息(如运送标的物或受领对方给付所支出的合理费用)。间接损失多表现为丧失与第三人另订合同的机会所产生的损失。

【示例5.16】 2008年5月,甲公司向乙排灌站发出信函一封,内容为:"我公司现有两台光明牌发电机,备有全部出场证明和国家有关部门颁发的合格证,现因资金紧张,拟议每台15万元的价格出售,如果贵站想购买,请于6日内携款来我公司办理。运费自理。"排灌站在收信的第3日致电甲公司,甲公司称发电机没有售出,只要对方在约定的时间携款30万元到甲公司,该发电机即卖给排灌站。可等到排灌站于第5日雇车来到甲公司时,被告知发电机已经于1日前被他人买走。

【思路解析】 从甲公司给排灌站的信函可知,甲公司表明了出售的意图、货物的数量、价格和订立合同的时间,可见信函具有要约的性质,甲公司应该受自己意思表示的约束。现在甲公司违反了诚实信用的原则,在要约有效期内一物二卖,主观上有过错,客观上造成了排灌站因为信赖其要约而支出的雇车费而造成的经济损失。据此,甲公司应付缔约过失责任。

第三节　合同的效力

一、合同生效

合同生效是指已经成立的合同在当事人之间产生了一定的法律约束力,也就是法律效力。《合同法》规定:"依法成立的合同,自成立时生效"。可见,合同成立与合同生效是不同的概念。合同成立是合同生效的前提条件,如果合同未成立,就谈不上合同生效的问题。合同成立后,只有当其符合生效条件时才能生效。在大多数情况下,合同成立与合同生效是同时发生的,即在合同成立之时也就生效了。但是也有少数合同,合同虽然成立但并不发生法律效力,这主要是指无效合同、可撤销合同、效力待定合同。

根据《合同法》的规定,合同生效主要有以下三种情况。

(1)依法成立的合同,自成立时生效。未依法成立的合同,虽已成立,但不一定产生法律约束力,这需要按欠缺合同生效条件的程度,分别按无效合同、可撤销合同、效力待定合同处理。

(2)法律、行政法规规定应当办理批准、登记等手续生效的,合同办批准、登记等手续后生效。

【注意】 一审法庭辩论终结前当事人仍未办理批准手续的，或者仍未办理批准、登记等手续的，该合同被认定为未生效。例如，当事人以土地使用权、城市房地产等抵押的，应当办理抵押登记，抵押合同自登记之日起生效。当事人以上述财产签订抵押合同后，未办理登记手续的，该合同未生效。

(3)法律、行政法规规定合同应当办理登记手续，但未规定登记后生效的，当事人未办理登记手续不影响合同的效力，合同标的物所有权及其他物权不能转移。例如，在房屋买卖合同中，房屋买卖应当办理登记手续，但未规定登记后生效，房屋的出让和转让，未办理登记手续的，房屋所有权不发生移转，但并不影响房屋买卖合同的效力。

二、附条件、附期限合同的效力

1. 附条件合同生效

附条件合同是指当事人以将来不确定实现的事实的发生与否，限制其法律行为效力的发生或存续的意思表示而订立的合同。

法律行为中所附的条件可以是事件，也可以是行为，但是能够作为法律行为所附条件的事实必须具备以下条件：①是将来发生的事实，已发生的事实不能作为条件；②是不确定的事实，即条件是否必然发生，当事人不能肯定；③是当事人任意选择的事实，而非法定的事实；④是合法的事实，不得以违法或违背道德的事实作为所附条件；⑤所限制的是法律行为效力的发生或消灭，而不涉及法律行为的内容，即不与行为的内容相矛盾。其条件主要有：停止条件、解除条件、肯定条件和否定条件。

当事人对合同的效力可以约定附条件。附生效条件的合同，自条件成就时生效。附解除条件的合同，自条件成就时失效。条件的成就，原则上对所附条件将来成就与否，应该顺其自然。当事人为自己的利益不正当地阻止条件成就的，视为条件已成就；不正当地促成条件成就的，视为条件不成熟。

2. 附期限合同生效

附期限合同是指当事人以将来确定发生的事实，限制其法律行为效力的发生或存续的意思表示而订立的合同。

附期限的法律行为，是指在法律行为中指明一定的期限，把期限的到来作为法律行为生效或终止的依据。期限是必然到来的事实，这与附条件的法律行为所附的条件不同。法律行为所附期限可以是明确的期限，如某年某月某日，也可以是不确定的期限，如“某人死亡之日”、“果实成熟之时”等。期限有延缓期限和解除期限，有确定期限和不确定期限，有法定期限和约定期限。

当事人对合同的效力可以约定附期限。附生效期限的合同，自期限届至时生效；附终止期限的合同，自期限届满时失效。

三、无效合同

无效合同是指合同虽然已经成立，但因其严重欠缺有效条件，国家不予承认和保护，没有法律效力的合同。无效合同从订立时起就没有法律约束力。合同部分无效，不影响其他部分效力的，其他部分仍然有效。

（一）无效合同的法定情形

根据《合同法》等有关法律、法规的规定，有下列情形之一的，合同无效：

1. 一方以欺诈、胁迫的手段订立合同，损害国家利益的合同

所谓欺诈，就是故意隐瞒真实情况或故意告知对方虚假的情况，欺骗对方，诱使对方作出错误的意思表示而与之订立合同。胁迫是指行为人以将要发生的损害或者以直接实施损害相威胁，使对方当事人产生恐惧而与之订立合同。

【示例 5.17】 2010 年，某地一商店以欺诈手段隐瞒真实情况卖给农民假化肥，使之庄稼歉收。农民起诉，请求确认合同无效，返还价款，赔偿损失。

【思路解析】 该商店违反了《产品质量法》第 39 条的禁止性规定，也触犯了《刑法》第 147 条规定的销售伪劣化肥罪。这个合同既侵犯了农民的利益，也侵害了公法保护的国家利益，应当确认无效，并支持农民的诉讼要求。

2. 恶意串通，损害国家、集体或者第三人利益的合同

所谓恶意串通的合同，就是合同的双方当事人非法勾结，为牟取私利而共同订立的损害国家、集体或者第三人利益的合同。

【示例 5.18】 陈某经某房屋中介公司的介绍，对某市区新城 11 号商品房产生了购买意向，并分别与中介公司和该房屋所有者刘某签订了委托协议书和房屋买卖交接书。合同约定，房屋的成交价格为每平方米 4 800 元，陈某支付给中介公司中介费 12 450 元。由于刘某只有该房屋的商品房认购书，还未办理产权登记，所以合同还约定由刘某负责到开发商处办理更名手续，并由陈某支付给刘某购房差价 12 700 元。后来，陈某在开发商售楼处发现该房屋也在以每平方米 4 800 元的价格对外出售，顿时感到自己多花了冤枉钱，于是以中介公司与刘某合伙欺骗为由向工商部门申诉，要求中介公司返还中介费、刘某返还差价款。经调查，刘某实际上是炒房者，为了逃避缴税，其先在开发商处以交定金的方式获取房屋认购书，然后通过中介公司找到买主加价转卖，再到开发商处更名。房屋中介公司为了赚取中介费，提供了合同文本，代理了对方的交易。

【思路解析】 在本案中，中介公司主观上知道刘某逃避纳税，倒卖商品房，却仍然以赚取中介费为目的提供合同，促成房屋交易，具有明显的主观故意性。客观上，刘某轻而易举地赚取了 12 700 元好处费，房屋中介公司也因此获得了 12 450 元的中介费。而购房者要以高于开发商的销售价格购买商品房，国家税收也因此流失。据此，工商部门认定中介公司和刘某构成利用合同恶意串通、损害国家利益的行为。

3. 以合法形式掩盖非法目的的合同

以合法形式掩盖非法目的的合同又称作隐匿行为，是指当事人实施的行为在形式上是合法的，但是在内容上和目的上是非法的。当事人故意表现出来的形式或故意实施的行为不是其要达成的目的，也不是真实意思，而是希望通过这种表现上看起来合法的形式和行为掩盖和达到其非法目的。例如，通过订立赠与合同，逃避债务给付；订立联营合同，目的在于非法拆借资金等。

4. 损害社会公共利益的合同

法律、行政法规无明确规定，但合同又明显地损害了社会公共利益时，可以适用"损害社会公共利益"条款确认合同无效。有人认为，医院药方工作人员因吃回扣同卖方订立的购买伪劣药品的合同是损害社会公共利益的合同，但这应当适用《反不正当竞争法》、《药品管理法》等法律确认违反法律的强制性规定并予以取缔，无需适用本条规定。适用本条的，应属于法律、行政法规无明确规定的。

【示例5.19】 甲、乙赌博，乙输给甲3 000元，但无钱支付，双方订立了赌债还款合同。

【思路解析】 赌债合同是否有效，法律没有明确规定。由于赌博是损害社会道德风尚的违法行为，对赌债不应支持，应确认合同无效。

5. 违反法律、行政法规的强制性规定的合同

强制性规定指义务性规定及禁止性规定。义务性规定是应当履行、不得违反的，如《消费者权益保护法》规定的经营者应承担的10项义务。禁止性规定指民事主体不得做出的行为，如《反垄断法》禁止大型国有企业滥用优势地位损害消费者利益。

（二）无效合同的处理

（1）因无效合同取得的财产，应当予以返还；不能返还或者没有必要返还的，应当折价补偿。

（2）有过错的一方应当赔偿对方因此所受到的损失；双方都有过错的，应当各自承担相应的责任。

（3）当事人恶意串通订立合同，损害国家、集体或者第三人利益的，因此取得的财产收归国家、集体所有或者返还第三人。

（4）免责条款的限制性规定。免责条款是指合同中的双方当事人在合同中约定的，为免除或限制一方或双方当事人未来责任的条款。对严重违反诚实信用原则和社会公共利益的免责条款，法律予以禁止。《合同法》规定，合同中的下列免责条款无效：

①造成对方人身伤害的；

②因故意或者重大过失造成对方财产损失的。

【示例5.20】 原告是被告的一个房客。一天晚上,原告顺着通往她租的房间的楼梯往下走时,由于那里没有电灯,导致她从楼梯摔下,受了伤。原告向法院起诉,要求被告承担赔偿责任。但是被告辩称,原告签署的租赁合同中包括一个免责条款:"出租人不对承租人及其家人、客人、雇员或者进入该房间或该建筑物的任何其他人受到的任何伤害承担责任。"

【思路解析】 人身安全权是不可转让、不可放弃的权利,也是法律重点保护的权利。因此不能允许当事人以免责条款的方式事先约定免除这种责任(这种责任通常表现为违约责任与侵权责任竞合)。对于财产权,不允许当事人预先约定免除一方故意或因重大过失而给对方造成的损失,否则会给一方当事人提供滥用权利的机会。这个免责条款很显然是无效的。

四、效力待定合同

(一)效力待定合同的概念和特征

效力待定合同,是指合同虽然已经成立,但其不完全符合有关生效要件,能否发生当事人预期的法律效果尚未确定,只有经过权利人的追认,才能生效的合同。效力待定合同的特征如下:

(1)合同已经成立。

(2)当事人或合同订立者欠缺主体资格而合同的效力尚未确定。

(3)合同是否发生法律效力须经权利人追认。

【注意】 所谓追认,是权利人明确做出同意或者承认的意思表示。追认必须是明示的,沉默不构成追认;追认必须是无条件的,对合同条款的全部同意,附条件的同意或只同意一部分属于提出新的要约,必须相对方同意方可生效。

(二)效力待定合同的种类

效力待定合同主要是因为当事人缺乏缔约能力、处分能力和代理资格所造成的。

1.限制民事行为能力人订立的合同的效力待定

限制民事行为能力人订立的合同,经法定代理人追认后,该合同有效,但纯获利益的合同或者与其年龄、智力、精神健康状况相适应而订立的合同,不必经法定代理人追认。

相对人可以催告法定代理人在1个月内予以追认。法定代理人未作表示的,视为拒绝追认。合同被追认之前,善意相对人有撤销的权利。撤销应当以通知的方式作出。

根据法律规定,限制民事行为能力人订立的合同在以下三种情况下是有效的:经过法定代理人追认;纯获利益的合同,如接受奖励、赠与、报酬的合同;与其年龄、智力、精神健康状况相适应而订立的合同。

除签订纯获利的合同以外,无民事行为能力人只能由其法定代理人代理签订合同,不能自己订立合同,否则合同无效。如果无民事行为能力人订立了合同,该合同必须经过其法定代理人的追认,合同才能产生法律效力。

2. 无权代理的行为人代订合同的效力待定

(1)无权代理。无权代理是指没有代理权而以他人名义进行的民事行为。无权代理包括三种情况:一是没有代理权的代理;二是超越代理权的代理;三是代理权终止后而为的代理。在无权代理的情况下,如果经过本人追认,无权代理人所为代理行为的法律效果归属于被代理人,视为有权代理。行为人没有代理权、超越代理权或者代理权终止后,以被代理人名义订立的合同,未经被代理人追认,对被代理人不发生效力,由行为人承担责任。相对人可以催告被代理人在1个月内予以追认。被代理人未作表示的,视为拒绝追认。合同被追认之前,善意相对人有撤销的权利。撤销应当以通知的方式做出。

(2)表见代理。行为人没有代理权、超越代理权或者代理权终止后以被代理人名义订立合同,相对人有理由相信行为人有代理权的,该代理行为有效。这是关于表见代理的规定。所谓表见代理,是指客观上存在使相对人相信无权代理人的行为有代理权的情况和理由,且相对人主观上为善意时,代理行为有效。表见代理的情形有:被代理人对第三人表示已将代理权授予他人,而实际并未授权;被代理人已知无权代理人表示为他的代理人而不反对;被代理人将某种有代理权的证明文件(如盖有公章的空白介绍信、空白合同文本、合同专用章等)交给他人,他人以该种文件使第三人相信其有代理权并与之进行法律行为;代理授权不明;代理人违反被代理人的意思或超越代理权,第三人无过失地相信其有代理权而与之进行法律行为;代理关系终止后未采取必要的措施而使第三人仍然相信行为人有代理权,并与之进行法律行为。

3. 无处分权人处分他人财产的合同效力待定

无处分权人处分他人财产是指对他人财产在法律上的处分,包括财产的赠与、转让、租赁、设定抵押权等。当事人订立合同处分财产时,应当享有财产处分权,否则合同无效。但是,法律规定,无处分权的人处分他人的财产,经权利人追认或者无处分权的人订立合同后取得处分权的,该合同有效。如果合同相对人善意且有偿取得财产,则合同相对人能够享有财产所有权,原财产所有权人的损失,由擅自处分人承担赔偿责任。

根据《中华人民共和国物权法》的规定:无处分权人将不动产或者动产转让给受让人的,所有权人有权追回;除法律另有规定外,符合下列情形的,受让人取得该不动产或者动产的所有权:

(1)受让人受让该不动产或者动产时是善意的;

(2)以合理的价格转让;

(3)转让的不动产或者动产依照法律规定应当登记的已经登记,不需要登记的已经将付给受让人。

受让人依照上述规定取得不动产或者动产的所有权的,原所有权人有权向无处分权人请求赔偿损失。

4. 法定代表人、负责人超越权限订立的合同

《合同法》第50条规定:"法人或者其他组织的法定代表人、负责人超越权限订立的合同,除相对人知道或者应当知道其超越权限的以外,该代表行为有效。”这是《合同法》建立的代表行为有效制度。

法人或其他组织的工作人员分为法定代表人和其他工作人员两类。在他们对外订立合同时,他们的身份以及他们同法人的关系是有区别的。法定代表人的职务行为是代表行为,不是代理。因为他是法人的代表人,行使的是法人的职权,被视为法人。同理,其他组织的负责人的行为也是代表行为。其他工作人员以法人名义同相对人签订合同,他们的行为不是代表行为,即使持有法人的介绍信,授权书或者盖有法人印鉴的空白合同书等文件,他也只能是法人的代理人,同法人是代理关系。

【示例5.21】 某矿泉水厂(以下简称甲方)为便于联系业务,扩大销路,聘请某机关后勤部门干部朱某当业务顾问并支付津贴。朱某未通过单位有关领导私自以单位的名义,与甲方签订了一份购销矿泉水合同,并采取欺骗手段偷盖了单位印章。合同签订后,朱某又拿着合同到机关下属单位要求其按合同购买矿泉水。不久,某机关(简称乙方)领导得知此事,指令机关下属单位拒绝收货。为此,甲乙双方发生纠纷,甲方以乙方不履行合同为由起诉到人民法院,要求乙方履行合同义务并赔偿损失。

【思路解析】 此案中的朱某虽然是乙方的干部,但他不是乙方的法定代表人或负责人,他若以乙方名义与他人签订合同,必须有乙方的法定代表人授予其代理权。但朱某在没有取得代理权的情况下,私下代表乙方与甲方签订合同,该行为是无权代理行为。对该代理行为,乙方事后又不予追认。因此,朱某以乙方名义与甲方签订的购销合同,对乙方不发生法律效力。甲方要求乙方履行合同的要求不能支持。甲方的损失,应由行为人朱某自行承担。乙方不承担任何法律责任。

合同法规定,法定代表人的行为就是法人行为,其他组织的负责人的行为也是其他组织的行为,那么如果法定代表人违反内部规定,超越权限订立合同,对于法人或者其他组织当然有效,由组织承担责任。

【注意】 本条规定的依据是过错原则。合同相对人没有知道法人章程、法人和其他组织对法定代表人和负责人的权限范围的限制的义务,如果法人和其他组织也没有告诉相对人这些限制,那么法律就会保护善意相对人的权利。如果相对人知道或者应当知道法定代表人或者负责人超越权限的,法人或者其他组织对因此订立的合同不承担责任。

【示例5.22】 某公司董事长同某银行订立保证合同,为其公司股东的债务向该银行保证,如果该股东不履行,由公司负连带保证责任。

【思路解析】 《公司法》第60条规定:“董事、经理不得以公司资产为本公司的股东或者其他个人债务提供担保。”这是法律的强制性规定,银行应当知道这个禁止性规定,这个合同对公司不产生效力,该公司不承担保证责任。

五、可变更或可撤销合同

(一)可变更或可撤销合同的概念

可变更或可撤销合同是指合同当事人订立的合同欠缺生效条件时,一方当事人可以按照自己的意思,请求人民法院或者仲裁机构作出裁定,从而使合同的内容变更或使合同的效力归于消灭的合同。可撤销合同具有以下的特点:

(1)可撤销合同是当事人意思表示不真实的合同。

【注意】 因为欺诈、胁迫、乘人之危、重大误解以及显示公平而成立的合同是可变更、可撤销合同。我国《合同法》把因欺诈、胁迫签订的合同一分为二,将其中具有"损害国家利益"特点的作为无效合同的对象。

(2)可撤销合同在未被撤销之前,仍然是有效合同。

【注意】 这一特征是与无效合同的重大区别。因为可变更、可撤销合同只是意思表示不真实的合同,一般只是涉及当事人的利益关系。因此,法律并不是直接否认其效力,而是赋予当事人撤销权或者变更权。在当事人撤销或者变更合同之前,合同是有效的,只有在被撤销后,才自始无效。这既体现了法律对公平交易的要求,又反映了意思自治原则。

(3)对可撤销合同的撤销,必须由当事人请求人民法院或者仲裁机构作出。

(4)当事人可以撤销合同,也可以变更合同的内容,甚至可以维持原合同保持不变。

【注意】 可变更、可撤销合同主要涉及当事人意思表示不真实的问题,而当事人意思表示是否真实,只有当事人自己最清楚,也只有其自愿承受该行为的后果,才能确认合同的效力。因此,只有当事人才能够行使变更权或者撤销权,其他人不得主张合同无效,法院也是采取不告不理的态度。这是此类合同与无效合同的又一区别。

(二)可变更或可撤销合同的法律规定

根据《合同法》规定,下列合同,当事人一方有权请求人民法院或者仲裁机构变更或者撤销。

(1)因重大误解订立的。重大误解是一方因自己的过错而对合同的内容等发生误解,订立了合同,并造成较大损失的情形。误解直接影响到当事人所应享受的权利和承担的义务。重大误解既可以是单方面的误解,也可以是双方的误解。但对于订立合同后能否得到的经济利益、商业风险大小而产生的错误认识,不属于重大误解。

【示例5.23】 某商场新进一种CD机,价格定为2 598元。柜台组长在制造价签时,误将2 598元写为598元。赵某在浏览该柜台时发现该CD机物美价廉,于是用信用卡支付1 196元购买了两台CD机。一周后,商店盘点时,发现少了4 000元,经查是柜台组长标错价签所致。由于赵某用信用卡结算,所以商店查出是赵某少付了CD机货款,找到赵某,提出或补交4 000元或退回CD机,商店退还1 196元。赵某认为彼此的买卖关系已经成立并交易完毕,商店不能反悔,拒绝商店的要求。商店无奈只得向人民法院起诉,要求赵某返还4 000元或CD机。

【思路解析】 当事人因对标的物的价格的认识错误而实施的商品买卖行为。这一错误不是出卖人故意造成的,而是因疏忽标错价签造成,这一误解对出卖人造成较大的经济损失。所以,根据本案的情况,符合重大误解的构成要件,应依法认定为属于重大误解的民事行为。法院可根据《合同法》裁决赵某将CD机返还给商店,由柜台组长对由此造成赵某的损失承担责任。

【注意】 误解与欺诈有区别。被欺诈方对事实也有误解,但这同欺诈方的欺诈行为有因果关系,是对方的欺诈造成的误解。而误解是误解方因为自己的疏忽造成的,相对方至多是为误解方提供了条件,在有些情况下,相对方也有误解,合同是因为双方的误解签订的。误解方的相对方是善意的。

(2)在订立合同时显失公平的。显失公平是指一方当事人利用优势或者对方没有经验,在订立合同时致使双方的权利与义务明显违反公平、等价有偿原则的行为。

【示例5.24】 甲许可乙公司实施其某项专利,专利使用费经反复谈判压至3万元,期限2年。乙在这2年内由于该专利获税后利润1 000万元。

【思路解析】 经调查,甲对经商毫不了解,乙在订立合同前经调研得知该专利的市场前景乐观,市场需求大,因此乙压低专利使用费的行为是显失公平的。

【注意】 显失公平可以表现在合同的各个方面,如买卖合同中标的物的价格过高或者过低,租赁合同中的租赁费过高或者过低,居间合同中居间费过高过低,建设工程合同工期过短等。

(3)一方以欺诈、胁迫的手段或乘人之危,使对方在违背真实意思的情况下订立的合同。受损害方有权请求人民法院或者仲裁机构变更或者撤销。

乘人之危订立合同,是指一方当事人故意利用他人的为难处境或者紧迫需要,迫使他方接受某种明显不公平的条件并作出违背真实意思的意思表示,从而订立了对危难境地之人极其不利的合同。

(三)可变更、可撤销合同请求权的行使和消灭

《合同法》第54条规定:"受损害方有权请求人民法院或者仲裁机构变更或者撤销合同。当事人请求变更的,人民法院或者仲裁机构不得撤销。"

撤销权不能永久存续。有下列情形之一的,撤销权消灭:

(1)撤销权没有在1年内行使。具有撤销权的当事人自知道或者应当知道撤销事由之日起1年内没有行使撤销权,则撤销权消灭。比如,因欺诈订立的合同,在知道或者应当知道自己被欺诈的情况后,应当在1年之内向法院或仲裁机关提出变更或撤销的请求,超过了1年的期限,则撤销权丧失。《合同法》规定:撤销权应当在1年内行使,也包括变更权。

(2)明示或者默示放弃撤销权。具有撤销权的当事人知道撤销事由后明确表示或者以自己的行为表示放弃撤销权。例如,被欺诈的一方当事人在知道被欺诈的真相后,仍然表示要履

行合同，这是明示放弃撤销权；再如，被欺诈的一方是卖方，在知道欺诈的真相后，又收取对方货款、给对方发货，这是默示放弃撤销权。

对可撤销的合同是否撤销，或是采取撤销还是变更措施，完全由当事人决定。当事人请求变更的，人民法院或者仲裁机构不得撤销。

（四）被变更或被撤销合同的效力和结果

可变更合同经当事人请求变更的，应按变更后的内容履行；可撤销合同经当事人请求撤销的，就将产生追溯力，即该合同自始就没有法律约束力。

无效的合同或者被撤销的合同自始没有法律约束力。两者具有相同的法律后果，但可撤销合同不同于无效合同，其主要区别在于：①两者发生的原因不同。可撤销合同发生的原因是意思表示有瑕疵；无效合同发生的原因是合同根本不具备有效合同的成立要件。②两者的效力不同。可撤销合同在被撤销之前是有效的，只是在有撤销权人行使撤销权而撤销该合同时，其效力才归于消灭，而且追溯到自始无效。③确认两者无效的条件和程序不同。可撤销合同是否撤销取决于当事人的意思，其他人无权主张该合同无效或撤销；而无效合同是绝对无效的，行为人及利害关系人都可主张无效，人民法院或者仲裁机构也可以依职权确认其无效。

合同无效、被撤销或者终止的，不影响合同中独立存在的有关解决争议方法的条款的效力。

六、合同无效或者被撤销的法律后果

合同被确认无效或者被撤销以后，在当事人之间仍应产生相应的法律后果，主要包括以下三种。

1. 返还财产

返还财产是使当事人的财产关系恢复到合同签订以前的状态。不论接受财产的一方是否具有过错，都负有返还财产的义务。如果不能返还或者没有必要返还的，应当折价补偿。

2. 赔偿损失

有过错的一方应当赔偿对方因此所受到的损失，双方都有过错的，应当各自承担相应的责任。

3. 追缴财产

当事人恶意串通，损害国家、集体或者第三人利益的，因此取得的财产收归国家所有或者返还集体或第三人。

第四节　合同的履行

一、合同履行的概念和原则

（一）合同履行

合同履行，是指合同生效后，当事人双方按照合同约定的条款，完成各自承担的义务和实

现各自享有的权利，使当事人订立合同的目的得以实现的行为。

（二）合同履行的原则

合同当事人履行合同时，应遵循以下原则：

1. 全面、适当履行原则

全面、适当履行原则，是指合同当事人按照合同约定全面履行自己的义务，包括履行义务的主体、标的、数量、质量、价款或者报酬以及履行的方式、地点、期限等，都应当按照合同的约定全面履行。《合同法》第 60 条第 1 款规定："当事人应当按照约定全面履行自己的义务。"

2. 诚实、信用履行原则

诚实、信用履行原则是指合同当事人除应当按照合同约定全面履行自己的义务外，还应根据合同的性质、目的和交易习惯，履行合同未作约定的附随义务。《合同法》第 60 条第 2 款规定："当事人应当遵循诚实信用原则，根据合同的性质、目的、交易习惯履行通知、协助、保密等义务。"

3. 经济合理履行原则

经济合理履行原则，是指合同当事人履行合同应讲求经济效益，付出最小的成本而取得最佳的合同利益。这项原则在合同法中有很多体现，如《合同法》第 119 条规定："当事人一方违约后，对方应当采取适当措施防止损失的扩大；没有采取适当措施致使损失扩大的，不得就扩大的损失要求赔偿。当事人因防止损失扩大而支出的合理费用，由违约方承担。"

合同生效后，当事人不得因姓名、名称的变更或者法定代表人、负责人、承办人的变动而不履行合同义务。

二、合同内容约定不明的确定规则

《合同法》第 61 条规定："合同生效后，当事人就质量、价款、或者报酬、履行地点、等内容没有约定，或者约定不明的，可以协议补充。不能达成补充协议的，按照合同有关条款和交易习惯确定。"

（一）协议补充

协议补充，是指合同当事人对没有约定或者约定不明确的合同内容通过协商的办法订立补充协议，该协议是对原合同内容的补充，因而成为原合同的组成部分。

（二）按照合同有关条款或者交易习惯确定

当事人对合同某项内容没有约定，或者约定不明确且不能达成补充协议时，可以依据合同的其他方面的内容确定；或者按照人们在同样的合同交易中通常采用的合同内容（即交易习惯）予以补充或者加以确定。

（三）合同内容不明确，又不能达成补充协议时的确定规则

《合同法》第 62 条规定：当事人就有关合同内容约定不明确，依照本法第 61 条的规定仍

不能确定的,适用下列规定:

(1)质量要求不明确的,按照国家标准、行业标准履行;没有国家标准、行业标准的,按照通常标准或者符合合同目的的特定标准履行。

(2)价款或者报酬不明确的,按照订立合同时履行地市场价格履行;依法应当执行政府定价或者政府指导价的,按照规定履行。

(3)履行地点不明确的,给付货币的,在接受货币一方所在地履行;交付不动产的,在不动产所在地履行;其他标的,在履行义务一方所在地履行。

(4)履行期限不明确的,债务人可以随时履行,债权人也可以随时要求履行,但应当给对方必要的准备时间。

(5)履行方式不明确的,按照有利于实现合同目的的方式履行。

(6)履行费用的负担不明确的,由履行义务一方负担。

(四)合同中约定执行政府定价或政府指导价的确定规则

《合同法》第63条规定:"执行政府定价或者政府指导价的,在合同约定的交付期限内政府价格调整时,按照交付时的价格计价。逾期交付标的物的,遇价格上涨时,按照原价格执行;价格下降时,按照新价格执行。逾期提取标的物或者逾期付款的,遇价格上涨时,按照新价格执行;价格下降时,按照原价格执行。"

【示例5.25】

执行政府定价的逾期法律责任如表5.1所示。

表5.1　执行政府定价的逾期法律责任

法定情况	价格上涨时	价格下降时
逾期交付标的物的	按原价格执行	按新价格执行
逾期提取标的物的或逾期付款的	按新价格执行	按原价格执行

三、合同履行中的抗辩权

抗辩权是指在双务合同中,一方当事人享有的依法对抗对方要求或否认对方权利主张的权利。履行抗辩权的设置,使当事人可以在法定情况下对抗对方的请求权,使当事人的拒绝履行行为不构成违约,可以更好地维护当事人的合法权益。履行抗辩权主要包括同时履行抗辩权、后履行抗辩权和不安抗辩权。

1. 同时履行抗辩权

同时履行抗辩权是指双务合同的当事人应同时履行义务,一方在对方未履行前,有拒绝对方请求自己履行合同的权利。《合同法》规定:"当事人互负债务,没有先后履行顺序的,应当同时履行。一方在对方履行之前有权拒绝其履行要求。一方在对方履行债务不符合约定时,有权拒绝其相应的履行要求。"

【注意】 都说同时履行抗辩权是“一手交钱一手交付交易观念的反映”,但即使是这样,是否也有先后?

不能把同时履行当成瞬间同时履行。同时履行是在法律上的同一时间点履行,可能是同一日,也可能是同一个月。比如,甲乙约定,甲货到乙处,乙当即验货,验货付款。此时,尽管在生活时间上有先有后,但在法律时间上属于同时履行。其根本标志是:甲没有给乙以期限利益。

【示例5.26】 甲、乙订立一商品买卖合同,约定甲给付乙10吨货物,乙付款100万元。后甲交付了7吨货物,同时请求乙付款100万元。

【思路解析】 在本案中,甲、乙未约定履行顺序,故乙可以行使同时履行抗辩权。但此时应行使30万元的抗辩权,对另外70万元,乙无权行使抗辩权。

2. 后履行抗辩权

后履行抗辩权是指双务合同中应先履行义务的一方当事人未履行时,对方当事人有拒绝其请求履行合同的权利。《合同法》规定:“当事人互负债务,有先后履行顺序,先履行一方未履行的,后履行一方有权拒绝其履行要求。先履行一方履行债务不符合约定的,后履行一方有权拒绝其相应的履行要求。”

【示例5.27】 甲公司与乙公司签订一份买卖木材合同,合同约定买方甲公司应在合同生效后10日内向卖方乙公司支付20%的预付款,乙公司收到预付款后3日内发货至甲公司,甲公司收到货物验收后即结清余款。乙公司收到甲公司20%预付款后的第2日即发货至甲公司。甲公司收到货物后经验收发现木材质量不符合合同约定,遂及时通知乙公司并拒绝支付余款。

【思路解析】 甲公司拒绝支付余款是合法的。乙公司虽然将木材如期运至甲公司,但其木材质量不符合合同约定的质量,及其履行债务不符合合同约定,甲公司有权根据后履行抗辩权拒绝支付余款。

3. 不安抗辩权

不安抗辩权是指双务合同中应先履行义务的一方当事人,有证据证明对方当事人不能或可能不能履行合同义务时,在对方当事人未履行合同或提供担保之前,有暂时中止履行合同的权利。

《合同法》规定,合同的当事人一方负有履行合同的义务的,在合同订立之后,履行前,有确切证据证明对方有下列情形之一的,先履行义务人可以暂时中止履行:

(1)经营状况严重恶化;

(2)转移财产、抽逃资金,以逃避债务;

(3)丧失商业信誉;

(4)有丧失或者可能丧失履行债务能力的其他情形。

当事人依法中止履行的,应当及时通知对方。对方提供适当担保时,应当恢复履行。中止履行后,如果对方当事人在合理期限内未恢复履行能力并且未提供适当担保的,中止履行的一方可以解除合同。

此外，债权人分立、合并或者变更住所没有通知债务人，致使履行债务发生困难的，债务人可以中止履行或者将标的物提存。

【示例 5.28】 研究所甲与公司乙订立了一份技术秘密转让合同：甲将其拥有的某个技术秘密转让给乙独家使用，乙应在合同成立后 10 日内支付入门费 30 万元，甲应在合同成立 20 日内将该技术秘密的有关资料交给乙。就在乙方准备交费之际，乙发现甲正与另一公司就同一技术秘密订立技术转让合同。乙能拒绝支付技术入门费吗？

【思路解析】 当乙有充分证据证明甲正与另一公司就同一技术秘密订立技术转让合同的事实时，即便乙能拒绝支付技术入门费，也很可能不能获得对此技术的独家使用权。为避免损失，乙能拒绝支付技术入门费，这是乙行使不安抗辩权成立的表现。但应将拒绝的原因通知甲研究所。

四、合同的保全

债务人的财产是债权得以清偿的一般担保。法律为防止债务人的财产不当减少而设债的保全制度，即债务人不采取法定方式主张债权，或者其财产不当减少时，债权人有代位权或撤销权。

（一）合同保全概念

合同的保全，是指法律为了防止因债务人的财产不当减少而给债权人的债权带来危害，允许债权人对债务人或第三人的行为行使撤销权或代位权。

代位权是针对债务人的消极行为，撤销权是针对债务人的积极行为。两者都是为了排除对债权的危害，实现债务人的财产权利或者恢复债务人的财产，使之能够以财产保障对债权人的清偿。

（二）代位权

《合同法》规定，因债务人怠于行使其到期债权，对债权人造成损害的，债权人可以向人民法院请求以自己的名义代位行使债务人的债权，但该债权专属于债务人自身的除外。

【注意】 “对债权人造成损害”是指影响了债权人实现债权，对“造成损害”的解除应当是宽松的，损害包括现实的损害和可能的损害，并非一定是损害已经形成。损害可以是不能清偿债权，也可以是清偿有困难。

行使代位权的有四个条件：

（1）债务人对第三人享有合法债权，并且是非专属于债务人自身的权利。

【注意】 专属于债务人自身的债权，是指基于扶养关系、抚养关系、赡养关系、继承关系产生的给付请求权和劳动报酬、退休金、养老金、抚恤金、安置费、人寿保险、人身伤害赔偿请求权等权利。

(2)债务人怠于行使其债权,即不以诉讼方式或仲裁方式向债务人主张其享有的具有金钱给付内容的到期债权。

(3)因债务人怠于行使权利已危及债权人的债权,即债务人不履行其对债权人的到期债务,致使债权人的到期债权未能实现。

(4)债务人的债权已到期,债务人已陷于迟延履行。

代位权的行使范围以债权人的债权为限,对超出部分人民法院不予支持。债权人行使代位权的必要费用,由债务人负担。

【示例 5.29】

代位权图示如图 5.1 所示。

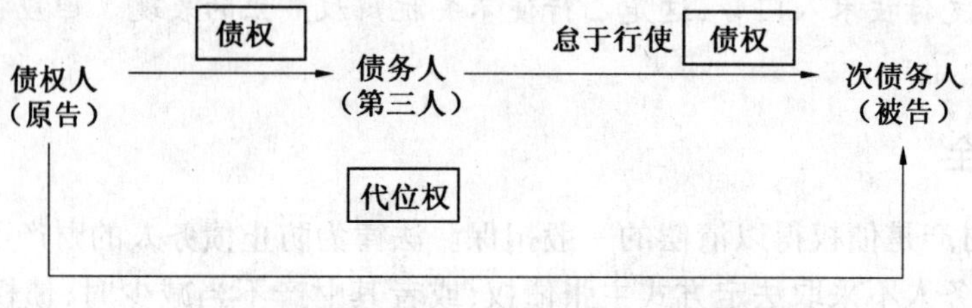

图 5.1　代位权图示

【示例 5.30】 在甲、乙签订的合同中,甲为债权人,乙为债务人,甲对乙的债权为 100 万元。乙又是丙的债权人,债权为 200 万元,已经到期。乙因怠于行使其对丙的到期债权,致使甲的到期债权得不到清偿,甲是否可以行使代位权?如何行使?数额是多少?如果甲对乙的债权为 200 万元,乙对丙的债权为 100 万元,甲行使代位权的数额是多少?

【思路解析】 甲可以行使代位权。甲可以向人民法院请求以自己的名义代位行使乙对丙的债权,甲请求的数额应该以其所保全的债权为限,即只能请求丙向其清偿 100 万元。如果甲对乙的债权为 200 万元,乙对丙的债权为 100 万元,则甲请求的数额应以乙对丙的债权数额为限,即只能请求丙向其清偿 100 万元。

(三) 撤销权

《合同法》规定,因债务人放弃其到期债权或者无偿转让财产,对债权人造成损害的,债权人可以请求人民法院撤销债务人的行为。债务人以明显不合理的低价转让财产,对债权人造成损害,并且受让人知道该情形的,债权人也可以请求人民法院撤销债务人的行为。

引起撤销权发生的要件是债务人有损害债权人债权的行为发生,包括放弃到期债权、无偿转让财产或以明显不合理的低价转让财产。

【注意】 无偿行为不论第三人善意、恶意取得,均可撤销;有偿转让行为,以第三人的恶意取得为要件,若第三人主观上无恶意,则不能撤销其善意取得的行为。债务人、第三人的行为被撤销的,其行为自始无效。

债权人行使撤销权应以自己的名义,向被告住所地人民法院提起诉讼,请求法院撤销债务人的处分财产的危害债权的行为。撤销权自债权人知道或者应当知道撤销事由之日起1年内行使。自债务人的行为发生之日起5年内没有行使撤销权的，该撤销权消灭。

撤销权的行使范围以债权人的债权为限，债权人行使撤销权的必要费用，由债务人承担。

【示例5.31】

撤销权图示如图5.2所示。

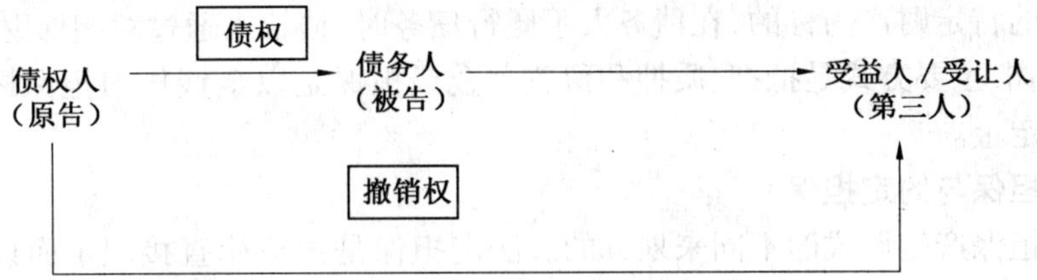

图5.2　撤销权图示

【示例5.32】　甲公司为开发新项目，急需资金。2005年3月12日，向乙公司借钱15万元。双方谈妥，乙公司借给甲公司15万元，借期6个月，月息为银行贷款利息的1.5倍，至同年9月12日本息一起付清，甲公司为乙公司出具了借据。甲公司因新项目开发不顺利，未盈利，到了9月12日无法偿还欠乙公司的借款。某日，乙公司向甲公司催促还款无果，但得到一信息，某单位曾向甲公司借款20万元，现已到还款期，某单位正准备还款，但甲公司让某单位不用还款。于是乙公司向法院起诉，请求甲公司以某单位的还款来偿还债务，甲公司辩称该债权已放弃，无法清偿债务。

【思路解析】　甲公司与乙公司之间的借贷合同关系，系自愿订立，无违法内容，又有书面借据，是合法有效的。本案中，甲公司放弃对某单位享有的债权，表面上是处分自己的权益，但实际上却损害了乙公司的债权，依照我国合同法的规定，乙公司可以行使撤销权，撤销甲公司放弃债权的行为。乙公司也可以行使代位权。

第五节　合同的担保

一、合同担保概述

（一）合同担保的概念

合同的担保，是指合同当事人依照法律规定或双方约定，为确保债务履行和债权实现而采取的法律保障措施。概据《中华人民共和国担保法》（以下简称《担保法》）的规定，在借贷、买卖、货物运输、加工承揽等经济活动中，债权人需要以担保方式保障其债权实现的，可以设定保证、抵押、质押、留置和定金五种方式的担保。

合同的担保的目的既是为保证合同债务的履行，更是为确保合同债权的实现。其具有从属性、补充性、和保障性的特点。

(二)合同担保的分类

1. 人的担保、物的担保与金钱担保

这是以担保标的的不同来划分的。人的担保是指以人的信誉设立的担保,当债务人不履行债务时,由担保人以其一般财产负责清偿的担保形式,主要方式是保证。物的担保是以债务人或第三人的特定财产为标的,在债务人不履行债务时,债权人通过对担保财产的处分优先受偿的担保形式,主要方式是抵押、质押和留置。金钱担保是以金钱作为担保标的的担保形式,主要方式是定金。

2. 法定担保与约定担保

这是以担保产生形式的不同来划分的。法定担保是由法律直接规定而设立的担保,这种担保无需当事人约定,只要符合法定条件即可成立,仅包括留置方式。约定担保是根据当事人的约定而设立的担保,这类担保最为普遍,包括保证、抵押、质押和定金方式。

3. 原担保与反担保

这是以担保合同设立目的的不同来划分。原担保是指为主合同的实现设立的担保。反担保是为担保之债的实现而约定设立的担保。由于留置是法定担保,故不能作为反担保的方式,常见的反担保方式主要是保证、抵押和质押。

二、合同担保的方式

(一)保证

保证是指第三人和债权人约定,当债务人不履行债务时,该第三人按照约定履行债务或承担责任的行为。其中第三人为保证人,债务人为被保证人,债权人既是合同中的债权人,也是保证合同中的债权人。但需注意,保证关系的当事人为保证人和债权人,债务人并非保证关系的当事人。保证人与债务人之间是一种委托关系,与保证关系是两个相互独立的法律关系。

1. 保证人的资格

《担保法》规定,具有代为清偿债务能力的法人、其他组织或者公民,可以做保证人。国家机关、学校、幼儿园、医院等以公益为目的的事业单位、社会团体,企业法人的分支机构、职能部门,不得做担保人。但是,在经国务院批准为使用外国政府或者国际经济组织贷款进行转贷的情况下,国家机关可以做保证人。企业法人的分支机构有法人书面授权的,可以在授权范围内提供保证。

2. 保证合同的内容和方式

保证合同的内容是指保证人与债权人依照法律规定以书面形式订立的保证合同中所确定的双方的权利义务。保证合同不完全具备法律规定内容的,并非无效,当事人可以补正。

保证的方式有两种:一般保证和连带责任保证。一般保证是指当事人在保证合同中约定,债务人不能履行债务时，由保证人承担保证责任。连带责任保证是指当事人在保证合同中约定保证人与债务人对债务承担连带责任。当事人对保证方式没有约定或约定不明确的，按照连带责任承担保证责任。

两种保证方式的区别在于：在一般保证中，保证人享有先诉抗辩权，即在主合同纠纷未经审判或者仲裁，并就债务人财产依法强制执行仍不能履行债务前，对债权人可以拒绝承担保证责任；而连带责任保证的保证人无此项权利，债务人在主合同规定的债务履行期届满没有履行债务的，债权人可以要求债务人履行债务，也可以要求保证人在其保证范围内承担保证责任。

3. 保证范围、责任、期间与免责

保证人在约定的保证担保范围内承担保证责任，一般包括主债权及利息、违约金、损害赔偿金和实现债权的费用。但当事人对保证担保的范围没有约定或约定不明确的，保证人应当对全部债务承担责任。

同一债权既有保证又有物的担保的，保证人对物的担保以外的债权承担保证责任。若债权人放弃物的担保的，保证人在债权人放弃权利的范围内免除保证责任。另外，同一债务有两个以上保证人的，保证人应当按约定的保证份额承担保证责任。没有约定的，保证人承担连带责任，债权人可以要求任何一个保证人承担全部保证责任。

保证人在法定或约定的保证期间内承担保证责任。在保证期间内，如果债权人依法将主债权转让给第三人的，保证人在原担保范围继续承担保证责任；如果债权人许可债务人转让债务的，应当取得保证人书面同意，未经保证人书面同意的，保证人不再承担保证责任；上述有关保证责任的内容，合同另有约定的依约定。

保证人与债权人未约定保证期间的，保证期间为主债务履行期届满之日起 6 个月。在合同约定的保证期间或法律规定的保证期间，债权人未对债务人提起诉讼或者申请仲裁的，或债权人未要求保证人承担保证责任的，保证人免除保证责任。保证人承担保证责任后，有权向债务人追偿。

对于主合同当事人双方串通，骗取保证人提供保证，或合同债权人采取欺诈、胁迫等手段，使保证人在违背真实意思的情况下提供保证的，保证人免责。

（二）抵押

抵押是指债务人或第三人不转移对其所提供财产的占有，将该财产作为债权的担保。当债务人不履行债务时，债权人有权依法以该财产折价或以拍卖、变卖该财产的价款优先受偿。其中债务人或第三人为抵押人，债权人为抵押权人，提供担保的财产为抵押物。

1. 抵押物的范围

《担保法》规定下列财产可以抵押：①抵押人所有的房屋和其他地上附着物；②抵押人所有的机器、交通运输工具和其他财产；③抵押人依法有权处分的国有土地使用权、房屋和其他地上附着物；④抵押人依法有权处分的国有机器、交通运输工具和其他财产；⑤抵押人依法承包并经发包方同意抵押的荒山、荒沟、荒丘、荒滩等荒地的土地使用权；⑥依法可以抵押的其他财产。上述财产也可一并抵押。

不得用于抵押的财产包括:①土地所有权;②耕地、宅基地、自留地、自留山等集体所有的土地使用权,但法律另有规定的除外;③学校、幼儿园、医院等以公益为目的的事业单位、社会团体的教育设施、医疗卫生设施和其他社会公益设施;④所有权、使用权不明或者有争议的财产;⑤依法被查封、扣押、监管的财产;⑥依法不得抵押的其他财产。

此外,乡(镇)、村企业的土地使用权不得单独抵押,以乡(镇)、村企业的厂房等建筑抵押的,其占用范围内的土地使用权同时抵押。同样,以依法取得的国有土地上的房屋抵押的,该房屋占用范围内的国有土地使用权同时抵押。以出让方式取得的国有土地使用权抵押的,应将抵押时该国有土地上的房屋同时抵押。

抵押人所担保的债权不得超出其抵押物的价值。财产抵押后,该财产的价值大于所担保债权的余额部分,可以再次抵押,但不得超出其余额部分。

2. 抵押合同与抵押物登记

抵押合同应当采用书面形式,抵押合同不完全具备法律规定内容的,可以补正。

以法律规定必须要办理抵押物登记的财产作抵押的,应办理抵押物登记,抵押合同自登记之日起生效。法定抵押的财产包括:①土地使用权抵押;②房产(城市房地产、乡镇、村企业厂房)抵押;③林木抵押;④重要机动运输工具抵押;⑤企业的设备、动产抵押。

以其他财产抵押的,可以自愿办理抵押物登记,抵押合同自签订之日起生效。但当事人未办理抵押物登记的,不得对抗第三人。

抵押期间,抵押人转让已办理登记的抵押物的,应当通知抵押权人并告知受让人转让物已经抵押的情况;抵押人未通知抵押权人或者未告知受让人的,转让行为无效。转让抵押物的价款明显低于其价值的,抵押权人可以要求抵押人提供相应的担保;抵押人不提供的,不得转让抵押物。

3. 抵押权的实现

债务履行期满抵押权人未受清偿的,可以与抵押人协议以抵押物折价或以拍卖、变卖该抵押物所得的价款受偿,协议不成的,抵押权人可以向法院提起诉讼。为债务人抵押担保的第三人,在抵押权人实现抵押权后,有权向债务人追偿。

抵押权因抵押物灭失而消灭,但因灭失所得的赔偿金,应作为抵押财产,抵押权人仍对之享有优先受偿权。

(三)质押

质押是指债务人或第三人将动产或权利交于债权人,作为债权的担保,当债务人不履行债务时,债权人有权依法以变卖该动产或权利的价款优先受偿,质押因此分为动产质押和权利质押。在质押关系中,债务人或者第三人为出质人,债权人为质权人,移交的动产或权利为质物。

质押合同应当采用书面形式,自质物移交于质权人占有时生效。对于权利质押,以汇票、支票、本标、债券、存款单、仓单、提单出质的,质押合同自权利凭证交付之日起生效。以依法可以转让的股票、商标专用权、专利权、著作权中的财产权出质的，应向有关部门办理出质登记，质押合同自登记之日起生效。以有限责任公司的股份出质的，适用公司法股权转让的有关规定。质押合同自股权出质记载于股东名册之日起生效。

债务履行期届满债务人履行债务的，或出质人提前清偿所担保的债权的，质权人应当返还质物。债务履行期届满质权人未受清偿的，可以与出质人协议以质物折价，也可以依法拍卖、变卖质物。为债务人质押担保的第三人，在质权人实现质权后，有权向债务人追偿。

质权因质物灭失而消灭，但因灭失所得的赔偿金，应作为出质财产。质权与其担保的债权同时存在，债权消灭的，质权也消灭。

（四）留置

留置是指在法律规定的特定合同中，债权人按照合同约定占有债务人的动产，债务人不按照合同约定的期限履行债务的，债权人有权依法留置该财产，以该财产折价或以拍卖、变卖该财产的价款优先受偿。享有留置权的债权人为留置权人，被留置的动产为留置物。

因保管、运输、加工承揽合同以及法律规定可以留置的其他合同发生的债权，债务人不履行债务的，债权人享有留置权，但当事人另有约定的除外。留置权人负有妥善保管留置物的义务，因保管不善致使留置物灭失或者毁损的，留置权人应承担民事责任。

债权人与债务人应在合同中约定，债权人留置财产后，债务人应当在不少于2个月的期限内履行债务。债权人与债务人在合同中未约定的，债权人留置财产后，应当确定2个月以上的期限，通知债务人在该期限内履行债务。债务人逾期仍不履行的，债权人可以与债务人协议以留置物折价，也可以依法拍卖、变卖留置物。留置物折价或者拍卖、变卖后，其价款超过债权数额的部分归债务人所有，不足部分由债务人清偿。

留置权消灭的原因包括债权的消灭或债务人另行提供担保并被债权人接受等。

（五）定金

定金是指当事人约定一方向对方给付一定的金钱作为债权的担保，债务人履行债务后，该项金钱抵作价款或者收回；若给付金钱的一方不履行约定的债务，无权要求返还定金；若收受金钱的一方不履行约定的债务，应当双倍返还的担保形式。

定金应当以书面形式约定，当事人应在定金合同中约定交付定金的期限。定金合同从实际交付定金之日生效。定金的数额由当事人约定，但不得超过主合同标的额的20%。超过的部分法院不予支持。因不可抗力、意外事件致使主合同不能履行或合同双方都违约的，则不再适用上述有关定金的规定。

第六节　合同的变更、转让和终止

一、合同的变更

依法成立的合同受法律保护，对当事人具有法律约束力。当事人应当按照合同约定履行自己的义务，不得擅自变更或者解除合同。如果在合同订立之后，因为主、客观原因需要对双方权利、义务进行调整时，合同当事人可以依法变更合同。

合同的变更是指合同内容的变更，不包括合同主体的变更。合同主体的变更属于合同的转让。合同变更是合同关系的局部变化，如标的数量的增加或减少，价款的变化，履行时间、地点、方式的变化，而不是合同性质的变化。

合同变更需要当事人协商一致，但法律、行政法规规定变更合同应当办理批准、登记等手续的，应当办理相应手续。当事人对合同变更的内容约定不明确的，推定为未变更。

合同变更后，当事人应按照变更后的合同内容履行。合同的变更，仅对变更后未履行的部分有效，对已履行的部分无溯及力。

二、合同的转让

合同的转让，即合同主体的变更，指当事人将合同的权利和义务全部或者部分转让给第三人。合同的转让分为权利的转让、义务的转移和权利义务的概括转让三种。

（一）合同权利的转让

合同权利转让，是指债权人将合同的权利全部或者部分转让给第三人的法律制度。其中债权人是转让人，第三人是受让人。合同权利全部转让的，原合同关系消灭，受让人取代原债权人的地位，成为新的债权人，原债权人脱离合同关系。合同权利部分转让的，受让人作为第三人加入到合同关系中，与原债权人共同享有债权。债权人转让主权利的，附属于主权利的从权利也一并转让，受让人在取得债权时，也取得与债权有关的从权利，但该从权利专属于债权人自身的除外。

《合同法》规定，下列情形的债权不得转让：①根据合同性质不得转让。其主要指基于当事人特定身份而订立的合同，如赠与合同、委托合同、雇用合同等。②按照当事人约定不得转让。③依照法律规定不得转让，如最高额抵押的主合同债权不得转让等。

债权人转让权利的，无须债务人同意，但应当通知债务人。未经通知，该转让对债务人不发生效力。债务人接到债权转让通知后，债务人对让与人的抗辩，可以向受让人主张。债务人接到债权转让通知时，债务人对让与人另享有债权的，并且债务人的债权先于转让的债权到期或者同时到期的，债务人可以向受让人主张抵消。债权人转让权利的通知不得撤销，但经受让人同意的除外。

【示例5.33】 我国公民王某系收藏爱好者，将其收藏的明代书画转让给外国人。该转让行为是否有效？

【思路解析】 该转让行为无效。我国《中华人民共和国文物保护法》中明确规定，私人收藏的文物其所有权受国家保护，其所有权的转移必须严格遵守国家法律规定，王某将文物转让给外国人，其转让行为是无效的。

（二）合同义务的转移

合同义务的转移是指债务人经债权人同意，将合同的义务全部或者部分转移给第三人。

债务人将合同义务的全部或者部分转移给第三人的，都应当经债权人同意。未经债权人同意，债务人转移合同义务的行为对债权人不发生效力。债权人有权拒绝第三人向其履行，同时有权要求债务人履行义务并承担不履行或迟延履行合同的法律责任。债务人转移义务的，新债务人可以主张原债务人对债权人的抗辩。债务人转移义务的，新债务人应当承担与主债务有关的从债务，如利息或违约金等一并转移，但该从债务专属于原债务人自身的除外。经债权人同意，债务人转移合同义务后，受让人与债权人之间因履行合同发生纠纷诉至人民法院，受让人就债务人对债权人的权利提出抗辩的，可以将债务人列为第三人。

（三）合同权利义务的概括转让

合同权利义务的概括转让是指当事人一方经对方同意，将自己在合同中的权利和义务一并转让给第三人。合同权利义务的概括转让可以是合同权利和义务全部由出让人转移至受让人，即全部转让；也可以是合同权利和义务的一部分出让人转移至受让人，即部分转让。

合同关系的一方当事人将权利和义务一并转让时，除了应当征得另一方当事人的同意外，还应当遵守《合同法》有关转让权利和义务转移的其他规定。

当事人订立合同后合并的，由合并后的法人或者其他组织行使合同权利，履行合同义务。当事人订立合同后分立的，除债权人和债务人另有约定的以外，由分立的法人或者其他组织对合同的权利和义务享有连带债权，承担连带债务。

三、合同的终止

合同的终止，又称为合同的消灭，是指合同当事人之间的债权债务关系消灭，当事人不再受合同关系的约束。

（一）合同权利义务终止的具体情形

根据《合同法》规定，有下列情形之一的，合同的权利义务终止。

1. 债务已经按照约定履行

债务已经按照约定履行，是指债务人按照约定的标的、质量、数量、价款或报酬、履行期限、履行地点和方式全面履行。债务按照合同约定得到履行，一方面可以使合同债权得到满足，另一方面也可以使合同债务归于消灭，产生合同的权利义务终止的后果。

【注意】 以下情况也属于合同按照约定履行:①当事人约定的第三人按照合同内容履行;②债权人同意以他种给付代替合同原定给付;③当事人之外的第三人接受履行。

2. 合同解除

合同解除,是指合同有效成立后,因主、客观情况发生变化,使合同的履行成为不必要或不可能,根据双方当事人达成的协议或一方当事人的意思表示提前终止合同效力。合同解除有约定解除和法定解除两种情况。

约定解除,是指根据合同自愿原则,当事人在法律规定范围内享有自愿解除合同的权利,包括协商解除和约定解除权。协商解除是指合同生效后,未履行或未完全履行之前,当事人以解除合同为目的,经协商一致,订立一个解除原来合同的协议,使合同效力消灭的行为。约定解除权是指当事人在合同中约定,合同履行过程中出现某种情况,当事人一方或双方有解除合同的权利。解除权可以在订立合同时约定,也可以在履行合同的过程中约定,可以约定一方解除合同的权利,也可以约定双方解除合同的权利。约定解除权必须符合合同生效的条件,不得违反法律、损害国家利益和社会公共利益。

法定解除,是指在合同成立后,没有履行或没有完全履行完毕之前,当事人一方或双方在法律规定的解除条件出现时,行使解除权而使合同关系消灭。《合同法》规定有下列情形之一的,当事人可以解除合同。

(1)因不可抗力致使不能实现合同目的。不可抗力是指不能预见、不能避免并不能克服的客观情况。属于不可抗力的情况有:自然灾害、战争、社会异常事件、政府行为。只有不可抗力致使合同目的不能实现时,当事人才可以解除合同。

(2)因预期违约解除合同。即在履行期限届满之前,当事人一方明确表示或者以自己的行为表明不履行主要债务的,对方当事人可以解除合同。

(3)当事人一方迟延履行主要债务,经催告后在合理期限内仍未履行。

(4)当事人一方迟延履行债务或者有其他违约行为致使不能实现合同目的。其他违约行为主要包括:完全不履行合同,履行质量与约定严重不符,部分履行合同等。

(5)法律规定的其他情形。如因行使不安抗辩权而中止履行合同,对方在合理期限内未恢复履行能力,也未提供适当担保的,中止履行的一方可以请求解除合同。

当事人一方主张解除合同时,应当通知对方。合同自通知到达对方时解除。对方有异议的,可以请求人民法院或者仲裁机构确认解除合同的效力。

合同解除后尚未履行的,终止履行;已经履行的,根据履行情况和合同性质,当事人可以要求恢复原状、采取其他补救措施,并有权要求赔偿损失。合同的权利义务终止,不影响合同中结算和清理条款的效力。

3. 债务抵销

债务抵销,是指合同双方当事人互负债务时,相互充抵债务,从而使各自的债务在对等额内相互消灭。

(1)法定抵销。

《合同法》第99条规定,当事人互负到期债务,该债务的标的物种类、品质相同的,任何一方可以将自己的债务与对方的债务抵消,但依照法律规定或者按照合同性质不得抵消的除外。当事人主张抵消的,应当通知对方。通知自到达对方时生效。抵消不得附条件或者附期限。

(2)约定抵销。

《合同法》第100条规定:"当事人互负债务,标的物种类、品质不相同的,经双方协商一致,也可以抵销。约定抵销应遵循双方自愿的原则。"

【注意】 下列情形的债务不得抵消:①因侵权行为所负的债务;②法律禁止扣押的债权,如劳动报酬;③约定影响第三人为给付的债务。

4.提存

提存是指由于债权人的原因,债务人无法向其交付合同标的物而将该标的物交给提存机关,从而消灭债务、终止合同的制度。

债务的履行有时需要债权人的协助,如果债权人无正当理由拒绝受领或者不能受领,债务人的债务不能履行,但需随时准备履行。因此在法律规定的情形下,债务人可以通过提存标的物履行合同,从而终止合同。

《合同法》规定有下列情形之一,债务人可以将标的物提存。

(1)债权人无正当理由拒绝受领。如在仓储合同中,合同期限届满,仓单持有人无正当理由不提取仓储物,经催告在合理期限内仍不提取的,保管人可以提存该货物。

(2)债权人下落不明。

(3)债权人死亡未确定继承人或者丧失民事行为能力未确定监护人。

(4)法律规定的其他情形。如《中华人民共和国担保法》规定,抵押人转让抵押物所得的价款,应当向抵押权人提前清偿所担保的债权或者向与抵押权人约定的第三人提存。

标的物提存后,除债权人下落不明的以外,债务人应当及时通知债权人或者债权人的继承人、监护人。

提存费用由债权人负担。提存期间,标的和标的孳息归债权人所有,同时提存后发生的毁损、灭失的风险也由债权人承担。债权人可以随时领取提存物,但债权人对债务人负有到期债务的,在债权人未履行债务或者提供担保之前,提存部门根据债务人的要求应当拒绝其领取提存物。

债权人领取提存物的权利,自提存之日起5年内不行使而消灭,提存物扣除提存物费用后归国家所有。

【示例5.34】 债权人高某下落不明,债务人王某难以履行债务,遂将标的物提存,王某将标的物提存后,该标的物如果意外毁损灭失,其损失应由(　　)。

A. 高某承担　　B. 王某承担

C. 高某和王某共同承担　　D. 提存机关承担

【答案】 A

【注意】 司法实践中,不属于"难以履行债务情形"的有:债权人仅仅是迟延受领、债权人下落不明但有财产代管人、债权人的继承人或者监护人。

5. 免除和混同

免除是指债权人自愿放弃债权,免除债务人的全部或部分债务,以使合同全部或部分终止的行为。免除是单方法律行为,无需债务人的同意,但一经作出便不得撤回。

混同是指债权和债务同归于一人,致使合同关系归于消灭的事实。但混同涉及第三人利益的,债权不因混同而消灭。

(二)合同权利义务终止的法律后果

合同权利义务终止所产生的法律后果,主要有以下几个方面。

(1)合同约定的从权利和从义务一并消灭,如债务的担保、违约金和利息的支付等也一并消灭。

(2)在合同当事人之间发生后合同义务。《合同法》规定,合同的权利义务终止后,当事人应当遵循诚实信用原则,根据交易习惯履行通知、协助、保密等义务。

(3)合同中关于解决争议的方法、结算和清理条款继续有效,直至结算和清理完毕。《合同法》规定,合同无效、被撤销或者终止的,不影响合同中独立存在的有关解决争议方法的条款的效力。合同的权利义务终止,不影响合同中结算和清理条款的效力。

【示例5.35】 甲方在乙处订购了1万台电扇,要求4月份到货。甲方订购的这1万台电扇预定在6月初上架零售。到4月份未到货。甲方是否可以依此解除合同?

【思路解析】 在此种情况下,依诚实信用原则,甲方不能直接通知乙方解除合同而应催告,给对方合理的宽展期,至宽展期届满,乙方仍不交货,甲方可通知乙方解除合同。

第七节　违约责任

一、违约责任概述

(一)违约行为

违约行为是合同当事人不履行或者不适当履行合同义务的客观事实。在我国违约行为可以分为以下几种类型:

(1)履行不能,是指债务人由于某种原因不能履行其债务。

(2)迟延履行,是指债务人能够履行,但在履行期届满时却没有履行债务。

(3)拒绝履行,是指债务人能够履行其债务而在履行期届满时,对债权人表示不履行债务。

(4)受领迟延,是指债权人对于债务人的履行应当且能够受领而不受领或不能受领。

(5)不完全履行,是指当事人虽进行了履行,但履行的内容不符合法律的规定或者合同的约定,即不符合债务的本旨。

(二)违约责任

违约责任,是指合同当事人一方或双方不履行合同义务或者履行合同义务不符合规定时,依照法律规定或者合同约定所承担的法律责任。违约责任是一种民事责任,因当事人违反合同义务而产生,主要表现为财产责任,可由当事人在法律规定的范围内事先约定,如约定一定数额的违约金,约定对违约产生的损失赔偿额的计算方法,约定免除责任的条款等。

根据《合同法》第 107 条规定,当事人一方不履行合同义务或者履行合同义务不符合约定的,应当承揽继续履行、采取补救措施或者赔偿损失等违约责任。当事人双方都违反合同的,应当各自承担相应的责任。当事人一方因第三人的原因造成违约的,应当向对方承担违约责任,当事人一方和第三人之间的纠纷,依照法律规定或者按照约定解决。

(三)违约责任的归责原则

违约责任的归责原则,是指基于一定的归责事由确定违约责任承担的法律原则。违约责任的归责原则主要有两类,即过错责任原则和严格责任原则。

过错责任原则以过错的存在作为追究违约责任的要件。对过错的存在采取两种方式确认:①适用"谁主张,谁举证"的原则,由债权人举证证明债务人存在过错;②在特定情况下适用"举证责任倒置"的原则,债务人须举证证明自己不存在过错。

严格责任原则追究违约责任不以过错的存在作为要件,违约方不履行合同义务,不论其主观上是否具有过错均应承担违约责任。我国《合同法》规定的违约责任归责原则为严格责任原则。

二、承担违约责任的方式

《合同法》规定的承担违约责任的方式主要有以下几种:继续履行、采取补救措施、赔偿损失、支付违约金和给付或者双倍返还定金。

(一)继续履行

继续履行又称实际履行、强制实际履行,是指债权人在债务人不履行合同义务时,可请求人民法院或者仲裁机构强制债务人实际履行合同义务。

《合同法》规定,当事人一方未支付价款或者报酬的,对方可以要求其支付价款或者报酬。

当事人一方不履行非金钱债务或者履行非金钱债务不符合约定的，对方可以要求履行，但有下列情形之一的除外：①法律上或者事实上不能履行；②债务的标的不适于强制履行或者履行费用过高；③债权人在合理期限内未要求履行。

【示例5.36】 继续履行的构成条件，包括(　　)。

A. 必须有违约行为存在

B. 必须由非违约方在合理的期限内提出继续履行的请求

C. 继续履行在事实上是可能的和经济上是合理的

D. 必须依据法律和合同的性质能够履行

【答案】 ABCD

(二)采取补救措施

补救措施是债务人履行合同义务不符合约定，债权人在请求人民法院或者仲裁机构强制债务人实际履行合同义务的同时，可根据合同履行情况要求债务人采取的补救履行措施。

(三)赔偿损失

当事人一方不履行合同义务或者履行合同义务不符合约定的，在履行义务或者采取补救措施后，对方还有其他损失的，应当赔偿损失。损失赔偿额应当相当于因违约所造成的损失，包括合同履行后可以获得的利益，但不得超过违反合同一方订立合同时预见到或者应当预见到的因违反合同可能造成的损失。

【注意】 当事人一方违约后，对方没有采取适当措施致使损失扩大的，不得就扩大的损失要求赔偿。当事人因防止损失扩大而支出的合理费用由违约方承担。

(四)支付违约金

违约金是指合同当事人一方由于不履行合同或者履行合同不符合约定时，按照合同的约定，向对方支付的一定数额的货币。

违约金是对不能履行或者不能完全履行合同行为的一种带有惩罚性质的经济补偿手段，不论违约的当事人一方是否已给对方造成损失，都应当支付。约定的违约金低于造成的损失的，当事人可以请求人民法院或者仲裁机构予以增加；约定的违约金过分高于造成的损失的，当事人可以请求人民法院或者仲裁机构予以适当减少。当事人就迟延履行约定违约金的，违约方支付违约金后，还应当履行债务。

(五)给付或者双倍返还定金

定金是合同当事人一方为了确保合同的履行，依据法律规定或当事人双方的约定，由一方当事人按照合同标的额的一定比例，预先向对方支付的金钱。

《合同法》规定，当事人可以依照《担保法》约定一方向对方给付定金作为债权的担保。债务人履行债务后，定金应当抵作价款或者收回。给付定金的一方不履行约定的债务的，无权要求返还定金；收受定金的一方不履行约定的债务的，应当双倍返还定金。

【注意】 当事人在合同中既约定违约金,又约定定金的,一方违约时,对方可以选择适用违约金或者定金条款,但两者不可同时并用。

图 5.3 所示为定金、违约金与损害赔偿金的不同适用示图。

	定金	违约金	损害赔偿金
基本特征	为了确保合同履行预先支付的金钱或其他替代物	当事人约定或者法律规定在当事人一方不履行合同时向另一方支付一定数额的金钱或财物	违约人补偿、赔偿受害人因为违约所遭受的损失的责任承担方式
效力	(1)债权的担保 (2)违约责任的承担	违约责任的承担原则上要求违约方有过错	分为补偿性损害赔偿金和惩罚性损害赔偿金(《消费者权益保护法》双倍赔偿的规定)
适用	(1) 当事人一方迟延履行或者其他违约行为使得合同目的不能实现,可以适用定金罚则; (2) 不完全履行合同的,应按未履行部分所占比例,适用罚金规则; (3) 第三人过错致使合同不能履行的,适用定金规则,受处罚的当事人可以向第三人追偿	(1)违约金的支付独立于履行行为,支付违约金后,履行义务不免除; (2)违约金的发生不以损害发生为必要	(1)包括积极损失和可得利益损失; (2)可得利益损失受到两个限制: ①可预见规则 ②减轻损失规则

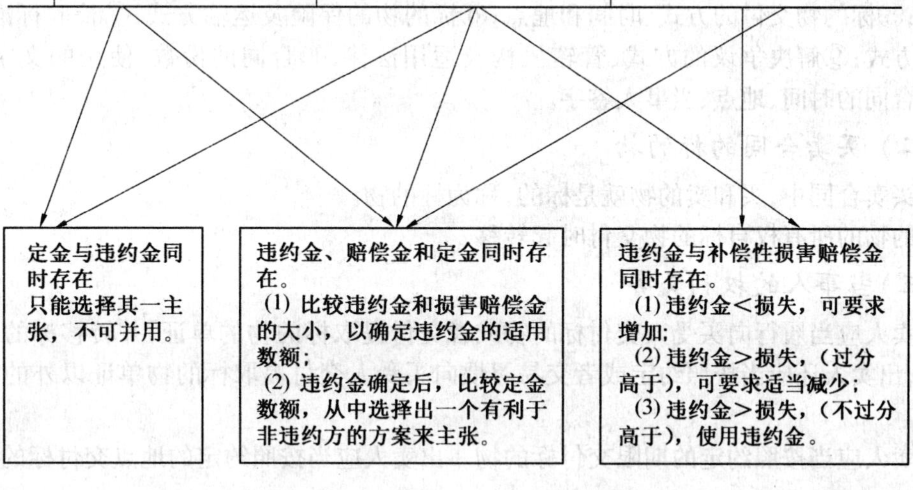

图 5.3　定金、违约金与损害赔偿金的不同适用示图

三、免责事由

合同订立后,一方当事人没有履行合同或者履行合同不符合约定,应当向对方承担违约责

任。但是,当事人一方违约是由于某些无法防止的客观原因造成的,则可以根据情况免除违约方的违约责任。

根据《合同法》第 117 条规定,因不可抗力不能履行合同的,根据不可抗力的影响,部分或者全部免除责任,但法律另有规定的除外。当事人迟延履行后发生不可抗力的,不能免除责任。

不可抗力,是指不能预见、不能避免并不能克服的客观情况。当事人一方因不可抗力不能履行合同的,应当及时通知对方,以减轻可能给对方造成的损失,并应当在合理期限内提供证明。

另外,《合同法》还就免责条款作了规定。一般来说,当事人就经过充分协商确定的免责条款,只要是完全建立在当事人自愿的基础上,又不违反公共利益,法律就对其效力给予承认。但是对严重违反诚实信用原则和社会公共利益的免除条款,法律予以禁止。

第八节 具体合同

一、买卖合同

(一)买卖合同的概念及内容

买卖合同是出卖人转移标的物的所有权于买受人,买受人支付价款的合同。根据《合同法》的规定,买卖合同的内容应当包括:①当事人的名称或者姓名和住所;②买卖标的物的名称、数量、质量及包装方式;③标的物的价格、金额、货币及价格术语;④价款的支付时间、地点和方式;⑤标的物交付的方式、时间和地点;⑥标的物的保险及运输方式;⑦检验标准和方法;⑧结算方式;⑨解决争议的方式、管辖机构及适用法律;⑩合同的份数、使用的文字及效力;⑪订立合同的时间、地点、当事人签字。

(二) 买卖合同的标的物

在买卖合同中,买和卖的物就是标的,称为标的物。

标的物的所有权自标的物交付时起转移。

(三)当事人的权利义务

出卖人应当履行向买受人交付标的物或者交付提取标的物的单证,并转移标的物所有权的义务,出卖人还应当按照约定或者交易习惯向买受人交付提取标的物单证以外的有关单证和资料。

出卖人应当按照约定的期限交付标的物。出卖人应当按照约定的地点交付标的物。

(四)标的物毁损、灭失风险的承担

标的物毁损、灭失的风险,在标的物交付之前由出卖人承担,交付之后由买受人承担。因买受人的原因致使标的物不能按照约定的期限交付的,买受人应当自违反约定之日起承担标的物毁损、灭失的风险。

（五）买卖合同价款的支付

买卖合同中买受人应当按照约定的数额支付价款。出卖人多交标的物的，买受人可以接收或者拒绝接收多交的部分。

二、赠与合同

（一）赠与合同的概念

赠与合同是赠与人将自己的财产无偿给予受赠人，受赠人表示接受赠与的合同。

（二）当事人的权利义务

如果赠与合同具有救灾、扶贫等社会公益、道德义务的性质，或者经过公证的赠与合同，赠与人不交付赠与的财产的，受赠人可以要求交付。

因赠与人故意或者重大过失致使赠与的财产毁损、灭失的，赠与人应当承揽损害赔偿责任。

赠与可以附义务。赠与附义务的，受赠人应当按照约定履行义务。

赠与人的经济状况显著恶化，严重影响其生产经营或者家庭生活的，可以不再履行赠与义务。

（三）赠与的撤销

赠与人在赠与财产的权利转移之前可以撤销赠与。但具有救灾、扶贫等社会公益、道德义务性质的赠与合同或者经过公证的赠与合同，不得撤销。另外，受赠人有下列法律规定的情形之一的，赠与人可以撤销赠与：①严重侵害赠与人或者赠与人的近亲属；②对赠与人有抚养义务而不履行；③不履行赠与合同约定的义务；④因受赠人的违法行为致使赠与人死亡或者丧失民事行为能力的，赠与人的继承人或者法定代理人可以撤销赠与。

赠与人的撤销权，自知道或者应当知道撤销原因之日起 1 年内行使。赠与人的继承人或者法定代理人的撤销权，自知道或者应当知道撤销原因之日起 6 个月内行使。

撤销权人撤销赠与的，可以向受赠人要求返还赠与的财产。

三、借款合同

（一）借款合同的概念和内容

借款合同是借款人向贷款人借款，到期返还借款并支付利息的合同。借款合同采用书面形式，但自然人之间借款另有约定的除外。

（二）当事人的权利义务

订立贷款合同，借款人应当按照贷款人的要求提供与借款有关的业务活动和财务状况的真实情况以及相应的担保，并应当按照约定向贷款人定期提供有关财务会计报表等资料。贷款人按照约定可以检查、监督借款的使用情况。一方以欺诈、胁迫手段或者乘人之危，使对方在违背真实意思的情况下所形成借贷关系，应认定为无效。借款人还应当按照约定的期限返还借款。

(三)借款利息的规定

借款的利息不得预先在本金中扣除。利息预先在本金中扣除的,应当按照实际借款数额返还借款并计算利息。借款人应当按照约定的期限支付利息。自然人之间的借款合同对支付利息没有约定或者约定不明确的,视为不支付利息;约定支付利息的,借款的利率不得违反国家有关限制借款利率的规定。

四、租赁合同

(一)租赁合同的概念和内容

租赁合同是出租人将租赁物交付承租人使用、收益,承租人支付租金的合同。

租赁期限6个月以上的,应当采用书面形式。当事人未采用书面形式的,视为不定期租赁。租赁期限不得超过20年。超过20年的,超过部分无效。租赁期间届满,当事人可以续订租赁合同,但约定的租赁期限自续订之日起不得超过20年。

(二)当事人的权利义务

在租赁期间因占有、使用租赁物获得的收益,归承租人所有,但当事人另有约定的除外。

承租人未经出租人同意转租的,出租人可以解除合同。承租人无正当理由未支付或者延迟支付租金的,出租人可以要求承租人在合理期限内支付,承租人逾期不支付的,出租人可以解除合同。

因不可归责于承租人的事由,致使租赁物部分或全部毁损、灭失的,承租人可以要求减少租金或者不支付租金;因租赁物部分或者全部毁损、灭失,致使不能实现合同目的的,承租人仍然可以随时解除合同。

出租人出卖租赁房屋的,应当在出卖之前的合理期限内通知承租人,承租人享有以同等条件优先购买的权利。

租赁物在租赁期间发生所有权变动的,不影响租赁合同的效力。承租人继续使用租赁物,出租人没有提出异议的,原租赁合同继续有效,但租赁期限为不定期。

五、融资租赁合同

(一)融资租赁合同的概念和内容

融资租赁合同是出租人根据承租人对出卖人、租赁物的选择,向出卖人购买租赁物,提供给承租人使用,承租人支付租金的合同。

融资租赁合同应当采用书面形式。

(二)当事人的权利义务

出租人根据承租人对出卖人、租赁物的选择订立的买卖合同,未经承租人同意,出租人不得变更与承租人有关的合同内容。

出租人应当保证承租人对租赁物的占有和使用,租赁物不符合约定或者不符合使用目的的,出租人不承担责任。出租人享有租赁物的所有权。

承租人破产的,租赁不属于破产财产,出租人和承租人也可以约定租赁期间届满租赁物的归属。对租赁物的归属没有约定或者约定不明确的,可以协议补充,不能达成补充协议的,按照合同有关条款或者交易习惯确定。仍不能确定的,租赁物的所有权归出租人。

六、承揽合同

(一)承揽合同的概念和内容

承揽合同是承揽人按照定做人的要求完成工作,交付工作成果,定做人给付报酬的合同。承揽包括加工、定做、修理、复制、测试、检验等工作。

(二)承揽当事人的权利义务

承揽人应当以自己的设备、技术和劳力,完成主要工作,但当事人另有约定的除外。

承揽人将其承揽的主要工作交由第三人完成的,应当就该第三人完成的工作成果向定做人负责;未经定做人同意的,定做人也可以解除合同。

定做人应当按照约定的期限支付报酬。对支付报酬的期限没有约定或者约定不明确的,可以协议补充,不能达成补充协议的,按照合同有关条款或者交易习惯确定。仍不能确定的,定做人应当在承揽人交付工作成果时支付;工作成果部分交付的,定做应当相应支付。

定做人未向承揽人支付报酬或者材料费等价款的,承揽人对完成的工作成果享有留置权,但当事人另有约定的除外。

定做人中途变更承揽工作的要求,造成承揽人损失的,应当赔偿损失。定做人可以随时解除承揽合同,造成承揽人损失的,应当赔偿损失。

七、建设工程合同

(一)建设工程合同的概念和内容

建设工程合同是承包人进行工程建设,发包人支付价款的合同。建设工程合同包括工程勘察、设计、施工合同。

(二)当事人的权利和义务

发包人可以与总承包人订立建设承包合同,也可以分别与勘察人、设计人、施工人订立勘察、设计、施工承包合同。

发包人未按照约定支付价款的,承包人可以催告发包人在合理期限内支付价款。

总承包人或者勘察、设计、施工承包人经发包人同意可以将自己承包的部分工作交由第三人完成。

因承包人的原因,致使建设工程在合理使用期限内,造成人身和财产损害的,承包人应当承担损害赔偿责任。

八、运输合同

运输合同是承运人将旅客或者货物从起运地点运输到约定地点,旅客、托运人或者收货人支付票款或者运输费用的合同。运输合同包括:客运合同、货运合同和多式联运合同。

(一)客运合同

客运合同自承运人向旅客交付客票时成立,但当事人另有约定或者另有交易习惯的除外。

旅客因自己的原因,不能按照客票记载的时间乘坐的,应当在约定的时间内办理退票或者变更手续。逾期办理的,承运人可以不退票款,并不再承担运输义务。

从事公共运输的承运人,不得拒绝旅客通常、合理的运输要求。承运人应当在约定期间或者合理期间内将旅客安全运输到约定地点。

(二)货运合同

托运人办理货物运输,应当向承运人准确表明收货人的名称或者姓名或者指示的收货人,货物的名称、性质、质量、数量、收货地点等有关货物运输的必要情况。

从事公共运输的承运人不得拒绝托运人通常、合理的运输要求。承运人应当在约定期间或者合理期间内,将货物安全运输到约定地点。

(三)多式联运合同

多式联运经营人,可以与参加多式联运的各区段承运人,就多式联运合同的各区段运输,约定相互之间的责任,但该约定不影响多式联运经营人对全程运输承担的义务。

九、委托合同、行纪合同及居间合同

(一)委托合同

委托合同是委托人和受托人约定,由受托人处理委托人事务的合同。

受托人完成委托事务的,委托人应当向其支付报酬。

受托人应当按照委托人的指示处理委托事务。因情况紧急,难以和委托人取得联系的,受托人应当妥善处理委托事务,但事后应当将该情况及时报告委托人。

委托人或者受托人可以随时解除委托合同。因解除合同给对方造成损失的,除不可归责于该当事人的事由以外,应当赔偿损失。

委托人或者受托人死亡、丧失民事行为能力或者破产的,委托合同终止,但当事人另有约定或者根据委托事务的性质不宜终止的除外。

(二)行纪合同

行纪合同是行纪人以自己的名义为委托人从事贸易活动,委托人支付报酬的合同。在行纪合同中,行纪人处理委托事务支出的费用,一般由行纪人自行负担。

(三)居间合同

居间合同是居间人向委托人报告订立合同的机会或者提供订立合同的媒介服务,由委托人支付报酬的合同。

【示例5.37】　表5.2~5.5为常见的几种合同的法律规定及适用。

表5.2　租赁合同

项目	内容		
当事人权利与义务	出租人	权利	收取租金
		义务	(1)交付出租物 (2)维修义务 (3)瑕疵担保
	承租人	权利	(1)转租。经出租人同意,擅自转租的,出租人可以解除合同 (2)获得利息归承租人所有 (3)减少或免除租金。因不可归责承租人事由导致租赁物毁损、灭失或因第三人主张权利致使出租物不能使用、收益 (4)解除合同。租赁物质量不合格、毁损、灭失,承租人解除合同 (5)继续承租。 ①承租人死亡,共同居住人可以按原租继续履行 ②租赁期届满,承租人继续使用租赁物,出租人没有异议,合同有效 ③买卖不破租赁。租赁期发生所有权变动,不影响原租赁合同 (6)优先购买权。出租人出卖房屋,承租人同等条件享有优先购买权
		义务	(1)支付租金。租赁期间不满1年的,应当在租赁期间届满时支付,租赁期间在1年以上的,应当在每届满1年时支付,剩余期间不满1年的,应当在租赁期间届满时支付 (2)按照约定方法使用租赁物 (3)不得擅自改善或者增设他物 (4)瑕疵通知
合同性质	有名合同、有偿合同、诺成合同、双务合同、不要式合同		
合同期限	(1)租赁期限6个月以上的,应采用书面形式。当事人未采用书面形式的,视为不定期租赁。不定期租赁当事人可随时解除合同 (2)租赁期不得超过20年,超过20年的,超过部分无效。租赁期间届满,当事人可能续订租赁合同,但约定的租赁期限自续订之日起不得超过20年		

表 5.3 赠与合同

项目	内容
赠与合同撤销	(1)在赠与财产的权利转移之前可以撤销赠与 (具有救灾、扶贫等社会公益、道德义务性质的赠与合同或者经过公证的赠与合同,不适用) (2)受赠人有下列情形之一的,赠与人可以撤销赠与 ①严重侵害赠与人或者赠与人的近亲属 ②对赠与人有扶养义务而不履行的 ③不履行赠与合同约定的义务
赠与合同的解除	赠与人的经济状况显著恶化,严重影响其生产经营或家庭生活的,可不再履行赠与义务
赠与人的责任	(1)因赠与人故意或者重大过失致使赠与财产毁损、灭失的,赠与人应承担损害赔偿责任 (2)赠与的财产有瑕疵的,赠与人不承担责任 (3)附义务的赠与,赠与的财产有瑕疵的,赠与人在附义务的限度内承担与出卖人相同的责任 (4)赠与人故意不告知瑕疵或者保证无瑕疵,造成受赠人损失的,应当承担损害赔偿责任

表 5.4 运输合同

项目	客运合同	货运合同
归责原则	(1)对旅客伤亡承担无过错责任 (2)承运人对旅客自带物品损失承担过错责任 (3)承运人对托运行为损失承担无过错责任	承运人对货物运输过程中货物的毁损、灭失承担无过错责任
免责事由	因为旅客自身健康原因或者旅客故意、重大失误造成旅客伤亡	(1)不可抗力 (2)货物自身的自然性质 (3)合理损耗 (4)托运人的过错 (5)收货人的过错
特殊规定	(1)对旅客有救助义务 (2)禁止携带违禁物品	(1)在承运人将货物交付收货人之前,托运人可以要求承运人中止运输、返还货物、变更到达地或者将货物交给其他收货人,但应当赔偿承运人因此受到的损失 (2)留置 (3)提存

表 5.5 承揽合同与建设工程合同

项目	承揽合同	建设工程合同
合同形式	不要式合同	要式合同，须采书面形式
对第三人完成部分工作的规定	主要工作——须经定作人同意 辅助工作——无须经定作人同意	必须经发包人同意
第三人完成部分工作的责任承担	依法可以由第三人完成的工作成果，承揽人就第三人完成的工作成果向定作人负责，第三人不对定作人负违约责任	第三人就其完成的工作成果与承包人向发包人承担连带责任
定作人/发包人不按约定支付价款时，对承揽人/承包人的保障	除当事人另约定外，承揽人对完成的工作成果享有留置权	除按照建设工程的性质不宜折价、拍卖的以外，承包人可以与发包人协议将该工程折价，也可以申请人民法院将该工程依法拍卖。建设工程的价款就该工程折价或者拍卖的价款优先受偿

【引例分析】 该案例涉及合同成立的时间以及口头合同的效力问题。司法实践中，必须贯彻一个基本的合同法理念：合同自当事人意思表示一致时成立，而不论采取的是何种形式。《合同法》第 10 条规定：当事人订立合同，有书面形式、口头形式和其他形式。原、被告双方订立了口头的购房合同。被告传真书面购房合同给原告，只是将双方达成的口头购房协议书面化，并不影响合同的成立。法院审理认为，2011 年3 月初，原、被告经协商达成了初步购房意向，2011 年3 月7 日，被告收取了原告向被告支付的购房定金 50 000 元，此时双方也已达成了口头购房协议，并交付了购房定金；2011 年 3 月 9 日，被告以传真方式将购房合同传真给原告，原告对此未提出异议。原、被告双方形成购房合意，购房合同成立。购房合同系双方的真实意思表示，内容不违反法律规定，是合法有效的。因此，审理法院认为双方自口头协议达成时合同成立是正确的。

本章小结

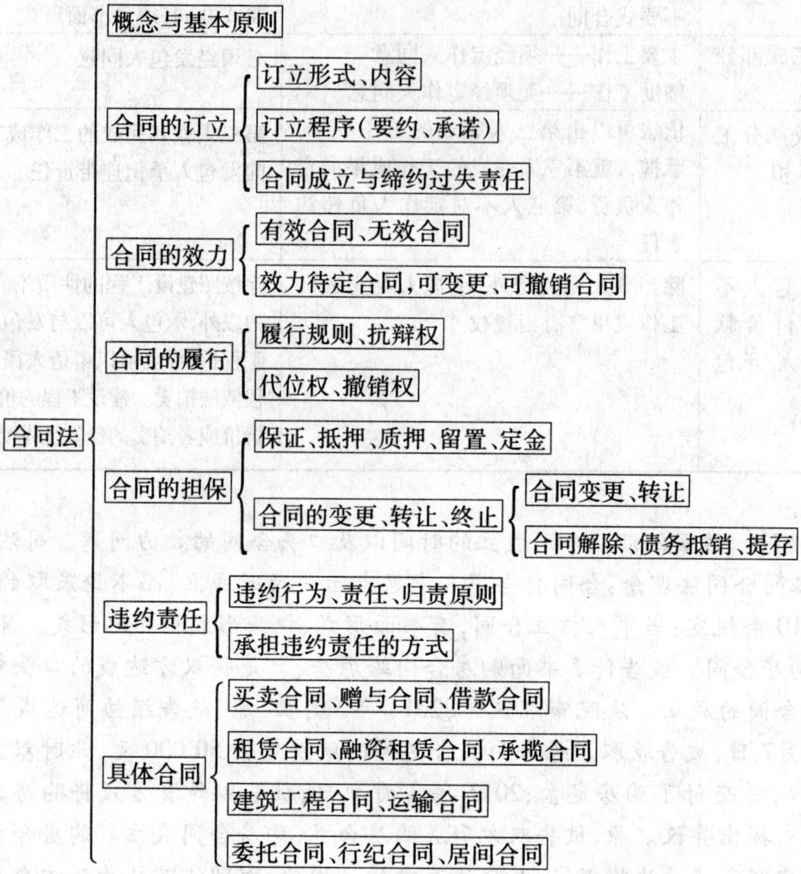

练习题

一、单选题

1. 下列合同中，属于单务合同的是（　　）。

A. 赠与合同　　B. 买卖合同　　C. 租赁合同　　D. 承揽合同

2. 下列合同中，属于实践合同的是（　　）。

A. 租赁合同　　B. 买卖合同　　C. 加工合同　　D. 借贷合同

3. 下列合同中，应当采取书面形式的是（　　）。

A. 技术转让合同　　B. 买卖合同

C. 租赁合同　　D. 保管合同

4. 采取格式条款订立合同的，若格式条款和非格式条款不一致的，应当采用（　　）。

A. 格式条款　　B. 诚信原则
C. 非格式条款　　D. 法律规定

5. 法律规定应当采用书面形式的合同，当事人未采用书面形式，但已履行主要义务的，该合同为(　　)。

A. 有效成立　　B. 可变更可解除
C. 无效　　D. 可撤销

6. 具备以下哪一个条件，合同就肯定不能成立(　　)。

A. 内容违法　　B. 合同内容不完全
C. 意思表示不一致　　D. 条款有疏漏

7. 甲是乙企业的销售人员，随身携带盖有乙企业公章的空白合同书，便于随时对外签约。后甲因收取回扣被乙企业除名，但空白合同书未收回。甲以此合同书与丙签订购销协议，该购销协议的效力应(　　)。

A. 不成立　　B. 无效　　C. 效力待定　　D. 有效

8. 甲与乙订立合同，但由于丙的原因甲未能向乙完全履行，则(　　)。

A. 甲向乙承担违约责任
B. 丙向乙承担违约责任
C. 甲和乙共同向丙承担违约责任
D. 甲和丙均不向乙承担违约责任

9. 当事人在合同中约定有定金和违约金的情况时，可以(　　)。

A. 选择适用定金或者违约金
B. 选用定金和违约金一起适用
C. 定金或者违约金只能适用一个
D. 定金和违约金视情况适用

10. 当事人如果认为约定的违约金过高或者过低的，可以(　　)。

A. 单方调整违约金的数额
B. 单方向仲裁机构或者人民法院请求调整违约金数额
C. 双方向仲裁机构或者人民法院请求调整违约金数额
D. 由第三方进行调整违约金数额

二、多选题

1. 下列合同既属于双务合同，又属于有偿合同的是(　　)。

A. 买卖合同　　B. 借用合同
C. 租赁合同　　D. 附有保管费的保管合同

2. 下列合同属于应办理登记的合同的是(　　)。

A. 出版合同　　B. 股票质押合同

C. 动产质押合同　　D. 土地使用权出租合同

3. 下列情况,属无效合同的有(　　)。

A. 欺诈　　B. 胁迫

C. 无行为能力的人实施　　D. 当事人以合法形式掩盖非法目的

4. 下列合同中,可撤销的情形是(　　)。

A. 因重大误解订立的

B. 在订立合同时显失公平的

C. 受欺诈的损害国家利益的行为

D. 恶意串通损害第三人利益的

5. 下列免责条款,无效的是(　　)。

A. 因故意或重大过失造成双方人身伤害的

B. 过失造成对方财产损害的

C. 因故意或重大过失造成财产损害的

D. 过失造成人身伤害的

6. 合同的履行原则为(　　)。

A. 全面履行原则　　B. 实际履行原则

C. 协助履行原则　　D. 经济合理原则

7. 仅属于双务合同效力的有(　　)。

A. 同时履行抗辩权　　B. 不安抗辩权

C. 撤销权　　D. 代位权

8. 下列哪些情形,可中止履行(　　)。

A. 经营状况严重恶化　　B. 转移财产抽逃资金以逃避债务

C. 丧失商业信誉　　D. 有丧失履行能力的情形

9. 甲与乙签订销售空调 100 台的合同,但当甲向乙交付时,乙以空调市场疲软为由,拒绝受领,要求甲返还货款。下列说法正确的是(　　)。

A. 甲可以向有关部门提存这批空调

B. 空调在向当地公证机关提存后,因遇火灾,烧毁 5 台,其损失应由甲承担

C. 提存费用应由乙支付

D. 若自提存之日起 5 年内乙不领取空调,则归甲所有

10. 甲购买一辆汽车,在开回的路上因刹车失灵而翻车受伤。在此情形下,他可以要求(　　)承担责任。

A. 请求商家承担违约责任

B. 请求厂家同时承担违约责任和侵权责任

C. 请求厂家承担侵权责任

D. 请求厂家承担侵权责任，同时请求商家承担违约责任

三、简答题

1. 合同的分类有哪些？

2. 如何区分要约和要约邀请？

3. 合同效力的情形有哪些？

4. 合同履行中当事人可以行使哪些抗辩权？这些抗辩权分别适用于何种情况？

5. 什么是合同的变更、转让？法律对合同的变更、转让有哪些限制？

6. 承担合同违约责任的主要形式有哪些？

四、案例分析题

1. 甲企业（本题下称“甲”）向乙企业（本题下称“乙”）发出传真订货，该传真列明了货物的种类、数量、质量、供货时间、交货方式等，并要求乙在10日内报价。乙接受甲发出传真列明的条件并按期报价，也要求甲在10日内回复；甲按期复电同意其价格，并要求签订书面合同。乙在未签订书面合同的情况下按甲提出的条件发货，甲收货后未提出异议，亦未付货款。后因市场发生变化，该货物价格下降。甲遂向乙提出，由于双方未签订书面合同，买卖关系不能成立，故乙应尽快取回货物。乙不同意甲的意见，要求其偿付货款。随后，乙发现甲放弃其对关联企业的到期债权，并向其关联企业无偿转让财产，可能使自己的货款无法得到清偿，遂向人民法院提起诉讼。要求：

（1）试述甲传真订货、乙报价、甲回复报价行为的法律性质。

（2）买卖合同是否成立？并说明理由。

（3）对甲放弃到期债权、无偿转让财产的行为，乙可向人民法院提出何种权利请求，以保护其利益不受侵害？对乙行使该权利的期限，法律有何规定？

2. 甲乙双方约定：购买钢材100吨，乙方于8月10日先付50%的价款作为定金，款到3日内甲方发货，货到后乙方支付剩余50%的货款；任何一方违约须交付10%的违约金。合同订立后，乙方得知甲方经营状况严重恶化，有可能丧失履行能力，且乙方已有确切证据。因此，乙方于7月10日要求甲方提供担保，并暂停付款。后经反复协商，甲方提供了一定担保，乙方收到货后经检验，该批钢材质量不符合双方约定的标准，无法满足乙方生产需要。因乙方工程进度急需，乙方不得已从市场上购买一批钢材。此时钢材价格上扬，乙方比按合同购买多支出5万元费用。根据《合同法》的有关规定，请回答下列问题：

（1）乙方要求甲方提供履行担保且中止付款，是否是违约行为？为什么？

（2）在要求甲方提供担保和中止履行之后，乙方有何义务和权利？

（3）在后来甲方违约的情况下，乙方应如何要求甲方承担违约责任？

3. 甲、乙双方约定购买钢材100吨，乙方于8月10日先付50%的价款作为定金，款到3日内甲方发货，货到后乙方支付剩余50%的货款；任何一方违约须交付10%的违约金。合同订立后，乙方得知甲方经营状况严重恶化，有可能丧失履行能力，且乙方已有确切证据。因此乙

方于 7 月 10 日要求甲方提供担保,并暂停付款。后经反复协商,甲方提供了一定担保,乙方收到货后经检验,该批钢材质量不符合双方约定的标准,无法满足乙方生产需要。因乙方工程进度急需,乙方不得已从市场上购买一批钢材。此时钢材价格上扬,乙方比按合同购买多支出 5 万元。根据《合同法》的有关规定请回答下列问题:

(1)乙方要求甲方提供履行担保且中止付款,是否是违约行为?为什么?

(2)在要求甲方提供担保和中止履行之后,乙方有何义务和权利?

(3)在后来甲方违约的情况下,乙方应如何要求甲方承担违约责任?

第六章

Chapter 6

市场规制法律制度

【学习要点及目标】

通过本章学习,应该达到:

1. 了解产品质量的概念,掌握产品召回制度及生产者与销售者的产品质量义务;
2. 了解消费者权益保护法一般规定,掌握消费者权利与经营者的义务以及消费者权益争议的解决;
3. 了解反不正当竞争法的概念及特征,掌握不正当行为及其行为要点;
4. 了解反垄断法的概念、立法宗旨和适用范围,掌握垄断行为及其认定与调查;
5. 了解广告及广告法的概念、特征,掌握广告活动准则和审查。

【引例】 2009 年,某艺术学校在某市的一家报纸上刊登了一则招生广告和简章,该广告称:某艺术学校是经省教委批办的,有重点大学的多位艺术教授任教,并可以颁发大中专毕业文凭,承诺学生毕业后被推荐到香港、澳门、台湾等地的演出机构工作。由于,该家报纸是该市的正式刊物,并享有大量的读者群,这则广告一经刊出,即引起了众多学生的关注,并吸引了 400 名学生报名。该校按照每年 5 000 元的标准收费,共收得学费和其他杂费 200 万余元。开学后,学校的实际情况与广告及招生简章多有不符,学生纷纷要求退学,并要求退还学杂费。被校方拒绝,学生遂联合向法院提起诉讼。请问:

1. 本案中艺校的广告行为是否违法? 说明理由。
2. 本案中承担责任的主体都有哪些? 说明理由。

第一节　产品质量法

一、产品质量法概述

（一）产品质量

产品质量指的是在商品经济范畴，企业依据特定的标准，对产品进行规划、设计、制造、检测、计量、运输、储存、销售、售后服务、生态回收等全程的必要的信息披露。产品质量除了含有实物产品之外，还含有无形产品质量，即服务产品质量。

这里所谈的产品质量是由各种要素所组成的，这些要素也被称为产品所具有的特征和特性。产品的质量通常包括使用性能、安全、可用性、可靠性、可维修性、经济性、环境等方面。

（二）产品质量法

产品质量法，是指调整产品质量监督管理以及生产经营者对其生产经营的缺陷产品所致他人人身伤害或财产损失应承担的赔偿责任所产生的社会关系的法律规范的总称。

该法一般由产品质量责任、产品质量监督管理、产品质量损害赔偿、处理质量争议等方面的法律规定。

（三）产品召回制度

1. 产品召回制度的背景

我国现行的消费者权益保护制度主要是《中华人民共和国产品质量法》、《消费者权益保护法》、《民法》中的民事赔偿制度和1988年通过行政手段实行的产品“三包”制度。虽然我国的上述法律法规为消费者提供了维权武器，但涉及缺陷产品召回方面的内容是泛泛而言，而且太笼统，缺乏可操作性。

而缺陷产品召回制所要达到这样一种效果，那就是只要发现有批量产品存在质量问题并有可能对消费者造成伤害，企业就有义务将产品召回补救或者销毁。显而易见，产品召回制度有着“防患于未然”的功能，较之于被动保护的《消费者权益保护法》等，有着明显的优越性。

因此，在建立和完善社会主义市场经济体制，参与国际经济一体化的过程中，建立缺陷产品管理制度已成为我国经济发展和法治建设的必然选择。

2. 我国产品召回法律制度及实施

为加强对缺陷汽车产品召回事项的管理，消除缺陷汽车产品对使用者及公众人身、财产安全造成的危险，维护公共安全、公众利益和社会经济秩序，2004年3月12日，国家质检总局、国家发改委、商务部和海关总署四部委联合发布了《缺陷汽车产品召回管理规定》，决定于2004年10月1日起施行。

2007年8月颁布实施了《食品召回管理规定》和《儿童玩具召回管理规定》，以加强食品安全监管、规范儿童玩具召回活动。

【示例6.1】 2011年,央视3·15晚会上锦湖轮胎被揭露在轮胎制造过程中存在违规生产的严重问题。锦湖轮胎在制造过程中,大量添加返炼胶,此事件引起了社会的广泛关注。3月21日下午17时,锦湖轮胎全球总裁金宗镐、中国区总裁李汉燮通过央视《消费主张》栏目,面对镜头正式向广大消费者发布道歉声明,宣布召回所有违规产品。

思考:想一想当年丰田的刹车门、三菱的刹车管漏油门、汉兰达的爬坡门、广本的婚礼门,“双汇”……我们看产品、食品的召回制度对公民消费的安全保障的重要性。

但是,召回制度刚刚推出,还有待于进一步法制化。

二、产品质量义务

(一)生产者的产品质量义务

1. 生产者的积极义务

(1)产品质量应符合下列要求:

①不存在危及人身、财产安全的不合理危险,有国家标准、行业标准的应当符合该标准;

②具备产品应当具备的使用性能,但是对产品存在使用性能的瑕疵作出说明的除外;

③符合在产品或者其包装上注明采用的产品标准,符合以产品说明、实物样品的方式表明的质量状况。

(2)包装及产品标识应当符合下列要求:

①特殊产品(如易碎、易燃、易爆的物品,有毒、有腐蚀性、有放射性的物品,其他危险物品,储运中不能倒置和有其他特殊要求的产品)的标识、包装质量必须符合相应的要求,依照规定做出警示标志或者中文警示说明。

②普通产品,应有产品质量检验的合格证明,有中文标明的产品名称、生产厂的厂名和地址;根据需要标明产品规格、等级、主要成分。

限期使用的产品,应标明生产日期和安全使用期或者失效日期;产品本身易坏或者可能危及人身、财产安全的产品,有警示标志或者中文警示说明。

裸装的食品和其他依据产品的特点难以附加标识的裸装产品,可以不附加产品标识。

2. 生产者的消极义务

(1)不得生产国家明令淘汰的产品;

(2)不得伪造产地,不得伪造或者冒用他人的厂名、厂址;

(3)不得伪造或者冒用认证标志、名优标志等质量标志;

(4)不得掺杂、掺假,不得以假充真、以次充好,不得以不合格产品冒充合格产品。

【注意】 对普通产品、特殊产品及裸装产品标识的不同要求。

(二)销售者的产品质量义务

1. 销售者的积极义务

(1)销售者应当建立并执行进货检查验收制度,验明产品合格证明和其他标识;

(2)销售者应当采取措施,保持销售产品的质量;

(3)销售者销售的产品的标识应当符合《中华人民共和国产品质量法》(简称《产品质量法》)第二十七条的规定。

2. 销售者的消极义务

(1)销售者不得销售国家明令淘汰并停止销售的产品和失效、变质的产品;

(2)销售者不得伪造产地,不得伪造或者冒用他人的厂名、厂址;

(3)销售者不得伪造或者冒用认证标志等质量标志;

(4)销售者销售产品,不得掺杂、掺假,不得以假充真、以次充好,不得以不合格产品冒充合格产品。

三、违反产品质量的法律责任

违反产品质量义务的法律责任,即产品质量责任,是指生产者、储运者、销售者以及对产品质量负有直接责任的人违反产品质量义务应承担的法律后果。

(一)构成产品质量法律责任的条件

(1)生产了不符合产品质量要求的产品;

(2)必须有人身伤亡或财产损失的事实;

(3)产品质量不合格与财产损害事实之间有因果联系。

上述三点是生产者的产品责任构成要件,这是一种严格责任。对销售者而言,除了具备以上三个要件之外,还应以其过错的存在为要件。销售者承担责任的归责原则是过错推定原则。

(二)承担的民事责任

(1)修理、更换、退货、赔偿损失责任。

(2)因产品存在缺陷造成人身、他人财产损害的,产品生产者应当承担赔偿责任。生产者能够证明有下列情况之一的,不承担赔偿责任:①未将产品投入流通的;②产品投入流通时,引起损害的缺陷尚不存在的;③产品投入流通时的科学技术水平尚不能发现缺陷存在的。

【注意】 生产者产品责任免责的三种情形。

(3)由于销售者的过错使产品存在缺陷,造成人身、他人财产损害的,或者销售者不能指明缺陷产品的生产者或供货者的,销售者应当承担赔偿责任。

(4)因产品存在缺陷造成受害人人身伤害的,侵害人应当赔偿医疗费、治疗期间的护理费、因误工减少的收入等费用;造成残疾的,还应当支付残疾者生活自助费、生活补助费、残疾赔偿金以及由其扶养的人所必需的生活费等费用;造成受害人死亡的,并应当支付丧葬费、死亡赔偿金以及由死者生前扶养的人所必需的生活费等费用；造成受害人财产损失的，侵害人应当恢复原状或折价赔偿；受害人因此遭受其他重大损失的，侵害人应当赔偿损失。

(5)因产品存在缺陷造成人身、他人损害的，受害人可以向产品生产者要求赔偿，也可以向产品的销售者要求赔偿。属于产品生产者的责任，销售者在赔偿后有权向生产者追偿。属于产品的销售者的责任，生产者在赔偿后有权向销售者追偿。

【示例6.2】 自2004年10月份以来，辽宁省瓦房店的菜农从瓦房店市某蔬菜供销服务站购买了大批有毒棚膜。由于使用了有毒棚膜，造成1万平方米的大棚蔬菜绝收，经济损失达33万余元。经中国科学院大连化学物理研究所检验，此膜含有国家早已明令禁用于农膜生产的磷苯二甲酸二异丁酯。当地农民根据此检验结果去找瓦房店市某蔬菜供销服务站，要求其赔偿经济损失，但瓦房店市某蔬菜供销服务站认为责任在吉林省敦化市某厂，自己不愿意承担赔偿责任。请问该供销服务站的抗辩理由是否成立？说明理由。

【思路解析】 本案涉及产品质量责任及其承担的法律问题；也涉及销售者与生产者的责任承担义务问题。

第二节　消费者权益保护法

一、消费者权益保护法概述

消费者权益保护法是指调整在保护消费者权益过程中发生的经济关系的法律规范的总称。

所谓消费者，是指为生活消费需要购买、使用商品和接受服务的人。消费者权益是指消费者依法享有的权利及该权利受到保护时而给消费者带来的应得利益，其核心是消费者的权利。

二、消费者权益保护法的适用对象和原则

（一）消费者权益保护法的适用对象

(1)消费者为生活消费需要购买、使用商品或者接受服务的，适用消费者保护法。从事消费活动的社会组织、企事业单位不属于消费者保护法意义上的"消费者"。

【示例6.3】 春节将至，某单位要为职工发放福利。负责采购的人员采购了一批不锈钢蒸锅。蒸锅发放不久，就有职工向单位反映这批蒸锅存在种种质量问题。请问此时单位是否可以以违反《消费者权益保护法》为由追究销售者或厂家责任？

【思路解析】 何为消费者及消费者的范围。

(2)农民购买、使用直接用于农业生产的生产资料时，参照消费者保护法执行。农民购买直接用于农业生产的生产资料，虽然不是为个人生活消费，但是作为经营者的相对方，其弱者地位是不言而喻的。所以，消费者保护法将农民购买、使用直接用于农业生产的生产资料行为

纳入该法的保护范围。

(3)经营者为消费者提供其生产、销售的商品或者提供服务,适用消费者保护法。消费者保护法以保护消费者利益为核心,在处理经营者与消费者的关系时,经营者首先应当遵守该法的有关规定;该法未做规定的,应当遵守其他有关法律、行政法规的规定。

【注意】 本法所指消费者仅指自然人,不包括社会组织、团体和单位。

(二)消费者权益保护法的基本原则

1. 国家对消费者特别保护的原则

在《中华人民共和国消费者权益保护法》(以下简称《消费者权益保护法》)中,专章规定了消费者的权利,同时,站在消费者权益的立场上,对经营者设定了明确的义务,也规定了国家机关在保护消费者权益方面的职责,同时,在消费争议的解决、消费者权益受到损害的救济问题上,规定了一系列有利于消费者的程序和措施,对消费给予了特别保护。

2. 国家保护与社会监督相结合的原则

《消费者权益保护法》第六条规定:"保护消费者的合法权益是全世界社会共同的责任。国家鼓励、支持一切组织和个人对损害消费者合法权益的行为进行社会监督。大众传播媒介应当做好维护消费者合法权益的宣传,对损害消费合法权益的行为进行舆论监督。"

3. 充分、及时、有效保护原则

(1)每个消费者的权益均受《消费者权益保护法》保护,《消费者权益保护法》未作规定的,受其他法律保护。

(2)每个消费者都享有全面的消费权利,《消费者权益保护法》规定了消费者的九大权利,基本上概括了消费者在社会生活不同领域、不同方面应当享有的权利。

(3)《消费者权益保护法》不仅要求经营者对消费者承担修理、重作、更换、退货、补足商品数量的责任,退货款和服务费用或者赔偿的责任,而且还要求经营者承担人身、财产损害赔偿责任,承担因欺诈行为造成损害的加倍赔偿责任。

(4)行政职能机关、消费者权益保护组织和司法机关等。发现损害消费者合法权益的行为应及时立案查处。

4. 平等、自愿、诚实信用原则

平等即不论任何人(或商家)法律地位是平等的,不能店大欺客,也不可欺行霸市;自愿即愿买愿卖,不可强买强卖;诚实信用即不伪不诈,童叟无欺。

三、消费者的权利

我国《消费者权益保护法》规定的消费者的权利有以下九项:

(一)安全权

消费者在购买、使用商品和接受服务时,享有人身、财产安全不受损害的权利。对可能危及人身、财产安全的商品和服务，经营者应当向消费者作出真实的说明和明确的警示，并说明和标明正确使用商品或者接受服务的方法以及防止危害发生的方法。

(二)知情权

消费者享有知悉商品真实情况的权利。

(三)自主选择权

消费者享有自由选择商品或者服务的权利。

(四)公平交易权

消费者在购买商品或者接受服务时，有权获得质量保障、价格合理、计量正确等公平交易条件，有权拒绝经营者的强制交易行为。

(五)求偿权

消费者因购买、使用商品或者接受服务受到人身、财产损害时，享有依法获得赔偿的权利。

(六)结社权

消费者享有依法成立维护自身合法权益的社会团体的权利。

(七)获得有关知识权

消费者享有获得有关消费和消费者权益保护方面的知识的权利。

(八)人格尊严和民族风俗习惯受尊重的权利

消费者在购买、使用商品和接受服务时，享有人格尊严、民族风俗习惯得到尊重的权利。

(九)监督权

消费者享有对商品和服务以及保护消费者权益工作进行监督的权利。有权检举、控告侵害消费者权益的行为，有权对保护消费者工作提出批评、建议。

【示例6.4】 2005年1月，在某市繁华商品区的某时装店内，一位女士让女营业员拿出一双价值370元的女鞋试穿，试穿后觉得不理想，准备离开。这时营业员将她拦住说，不能只试穿，要么将这双鞋买了，要么得给20元的试穿费，否则不许离开店堂。无奈，另外两名女士离开时装店找到区消协投诉。区消协同志到达该店后，两名营业员仍然态度蛮横，口出污言，扣住那名女士不放长达一个多小时。请问：时装店的两名营业员的行为是否合法？说明理由。

【思路解析】 从消费者的权利角度分析营业员的行为的合法性。

四、经营者的义务

我国《消费者权益保护法》规定的经营者的义务主要有以下十项：

(1)经营者向消费者提供商品或者服务，应当依照《产品质量法》和其他有关法律、法规的规定履行义务。

经营者和消费者有约定的，应当按照约定履行义务，但双方的约定不得违背法律、法规的规定。

(2)经营者应当听取消费者对其提供的商品或者服务的意见，接受消费者的监督。

(3)经营者应当保证其提供的商品或者服务符合保障人身、财产安全的要求。对可能危及人身、财产安全的商品和服务，应当向消费者作出真实的说明和明确的警示，并说明和标明正确使用商品或者接受服务的方法以及防止危害发生的方法。

经营者发现其提供的商品或者是服务存在严重缺陷，即使正确使用商品或者接受服务仍然可能对人身、财产安全造成危害的，应当立即向有关行政部门报告和告知消费者，并采取防止危害发生的措施。

(4)经营者应当向消费者提供有关商品或者服务的真实信息，不得作引人误解的虚假宣传。

经营者对消费者就其提供的商品或者服务的质量和使用方法等问题进行回答，应当作出真实、明确的答复。

商店提供商品应当明码标价。

(5)经营者应当标明其真实名称和标记。租赁他人柜台或者场地的经营者，应当标明其真实名称和标记。

(6)经营者提供商品或者服务，应当按照国家有关规定或者商业惯例向消费者出具购货凭证或者服务单据；消费者索要购货凭证或者服务单据的，经营者必须出具。

(7)经营者应当保证在正常使用商品或者接受服务的情况下其提供的商品或者服务应当具有的质量、性能、用途和有效期限；但消费者在购买该商品或者接受该服务前已经知道其存在瑕疵的除外。

经营者以广告、产品说明、实物样品或者其他方式表明商品或者服务的质量状况的，应当保证其提供的商品或者服务的实际质量与表明的质量相符。

(8)经营者提供商品或者服务，按照国家规定或者与消费者的约定，承担包修、包换、包退或者其他责任的，应当按照国家规定或者约定履行，不得故意拖延或者无理拒绝。

(9)经营者不得以格式合同、通知、声明、店堂告示等方式作出对消费者不公平、不合理的规定，或者减轻、免除其损害消费者合法权益应当承担的民事责任。

格式合同、通知、店堂告示等含有前款所列内容的，其内容无效。

(10)经营者不得对消费者进行侮辱、诽谤，不得搜查消费者的身体及其携带的物品，不得侵犯消费者的人身自由。

【注意】 日常生活中常见的经营者单方排除消费者权利或加重消费者义务的条款是无效的，出现问题时经营者还是要承担责任。

【示例6.5】　在我们的日常生活中经常遇到这样的现象，在某商场搞促销的活动现场经常会有这样的告示：打折商品一经售出概不退换。请问商场的上述做法是否有效？

【思路解析】《消费者权益保护法》规定的经营者的义务。

五、消费者权益争议的解决及法律责任

（一）消费者权益争议的解决

1.争议解决的途径

消费者和经营者发生消费者权益争议的，可以通过下列途径解决：

(1)与经营者协商和解。当消费者和经营者因商品或服务发生争议时，协商和解应作为首选方式，协商和解必须在自愿平等的基础上进行。

(2)请求消费者协会调解。消费者权益保护法明确消费者协会其中一项职能就是对消费者的投诉事项进行调查、调解。消费者协会作为保护消费者权益的社会团体，调解经营者和消费者之间的争议，应依照法律、行政法规及公认的商业道德从事，并由双方自愿接受和执行。

(3)向有关行政部门申诉。消费者权益争议涉及的领域很广，当权益受到侵害时，消费者可根据具体情况，向不同的行政职能部门，如物价部门、工商行政管理部门、技术质量监督部门等提出申诉，求得行政救济。

(4)提请仲裁。由仲裁机构解决争端，在国际国内商贸活动中被广泛采用。消费者权益争议也可通过仲裁途径予以解决。不过，仲裁必须具备的前提条件是双方订有书面仲裁协议。在一般的消费活动中，大多数情况下没有必要也没有条件签订仲裁协议。因此，在消费领域，很少有以仲裁方式解决争议的。

(5)向人民法院提起诉讼。消费者权益保护法及相关法律都规定，消费者权益受到损害时，可径直向人民法院起诉，也可因不服行政处罚决定而向人民法院起诉。司法审判具有权威性、强制性，是解决各种争议的最后手段。消费者为求公正解决争议，可依法行使诉权。

2.解决争议的特定规则

(1)生产者与销售者的连带责任。消费者在购买、使用商品时，其合法权益受到损害的，可以向销售者要求赔偿。销售者赔偿后，属于生产者的责任或者属于向销售者提供商品的其他销售者的责任的，销售者有权向生产者或者其他销售者追偿。

消费者或者其他受害人因商品缺陷造成人身、财产损害的，可以向销售者要求赔偿，也可以向生产者要求赔偿。属于生产者责任的，销售者赔偿后。有权向生产者追偿。属于销售者责任的，生产者赔偿后，有权向销售者追偿。此时，销售者与生产者被看做一个整体，对消费者承担连带责任。

(2)消费者在接受服务时，其合法权益受到损害时，可以向服务者要求赔偿。

(3)变更后的企业仍应承担赔偿责任。消费者在购买、使用商品或者接受服务时，其合法权益受到损害，因原企业分立、合并的可以向变更后承受其权利义务的企业要求赔偿。

（4）营业执照持有人与租借人的赔偿责任。使用他人营业执照的违法经营者提供商品或者服务，损害消费者合法权益的，消费者可向其要求赔偿，也可以向营业执照的持有人要求赔偿。

（5）展销会举办者、柜台出租者的特殊责任。消费者在展销会、租赁柜台购买商品或者接受服务，其合法权益受到损害的，可以向销售者或服务者要求赔偿。展销会结束或者柜台租赁期满后，也可以向展销会的举办者、柜台的出租者要求赔偿。展销会的举办者、柜台的出租者赔偿后，有权向销售者或者服务者追偿。

（6）虚假广告的广告主与广告经营者的责任。当消费者因虚假广告而购买、使用商品或者接受服务时，若合法权益受到损害，可以向利用虚假广告提供商品或服务的经营者要求赔偿。广告的经营者发布虚假广告的，消费者可以请求行政主管部门予以惩处。广告的经营者不能提供经营者的真实名称、地址的，应当承担赔偿责任。

【注意】 消费者合法权益受到损害时的求偿对象问题，主要分清在什么情况下应该什么人承担连带责任的问题。

（二）违反消费者权益保护法的民事责任

1. 一般规定

经营者提供商品或者服务有下列情形之一的，除本法另有规定外，应当依照产品质量法和其他有关法律、法规的规定，承担民事责任：①商品存在缺陷的；②不具备商品应当具备的使用性能而出售时未作说明的；③不符合在商品或者其包装上注明采用的商品标准的；④不符合商品说明、实物样品等方式表明的质量状况的；⑤生产国家明令淘汰的商品或者销售失效、变质的商品的；⑥销售的商品数量不足的；⑦服务的内容和费用违反约定的；⑧对消费者提出的修理、重作、更换、退货、补足商品数量、退还货款和服务费用或者赔偿损失的要求，故意拖延或者无理拒绝的；⑨法律、法规规定的其他损害消费者权益的情形。

当侵犯消费者权益的行为同时符合《消费者权益保护法》和《民法通则》、《合同法》等普通民事法律的民事责任要件时，消费者有权选择适用《消费者权益保护法》请求保护。

2. 特殊规定

①"三包"责任。消费者权益保护法明确规定，对国家规定或者经营者与消费者约定包修、包换、包退的商品，经营者应当负责修理、更换或者退货。在保修期内两次修理仍不能正常使用的，经营者应当负责更换或者退货。对于"三包"的大件商品，消费者要求经营者修理、更换、退货的，经营者应当承担运输等合理费用。

②邮购商品的民事责任。《消费者权益保护法》规定，经营者以邮购方式提供商品的，应当按照约定提供。未按照约定提供的，应当按照消费者的要求履行约定或者退回货款；并应当承担消费者必须支付的合理费用。

③预收款方式提供商品或服务的责任。《消费者权益保护法》规定，经营者以预收款方式提供商品或服务的，应当按照约定提供。未按照约定提供的，应依照消费者的要求履行约定或

者退回预付款，并应当承担预付款的利息、消费者必须支付的合理费用。

④消费者购买的商品，依法经有关行政部门认定为不合格的，消费者可以要求退货，经营者应当负责退货，而不得无理拒绝。一般商品，发现问题后应经过修理、更换，仍无法使用的再予以退货；对不合格商品，只要消费者要求退货，经营者即应负责办理，不得以修理、更换或者其他借口延迟或者拒绝消费者退货要求。

⑤经营者提供商品或服务，造成消费者或其他人受伤、残疾、死亡的，应当支付医疗费、治疗期间的护理费、因误工减少的收入等费用；造成残疾的，除上述费用外，还应支付残疾者生活自助费、生活补助费、残疾赔偿金以及由其抚养的人所必需的生活费等费用；造成消费者或其他受害人死亡的，应当支付丧葬费、死亡赔偿金以及由死者生前抚养的人所必需的生活费用。

⑥侵犯消费者人格尊严、人身自由的民事责任。经营者不得对消费者侮辱、诽谤，不得侵犯消费者的人身自由。违反上述规定的，经营者应当停止侵害、恢复名誉、消除影响、赔礼道歉，并赔偿损失。

⑦对欺诈行为的惩罚性规定。消费者权益保护法规定：经营者提供商品或者服务有欺诈行为的，应当按照消费者的要求增加赔偿其受到的损失，增加赔偿的金额为消费者购买商品的价格或者接受服务的费用的一倍。

【示例 6.6】　1995 年，王海到北京出差，他偶然买到一本介绍消费者权益保护法的书。他为消费者保护法第 49 条所吸引。为了验证这一规定的可行性，他来到隆福大厦，见到一种标明“日本制造”，单价 85 元的“索尼”耳机。他怀疑这是假货，便买了一副，找到索尼公司驻京办事处。经证实为假货后，他返回隆福大厦，又买了 10 副相同的耳机，然后要求商场依照消费者保护法第 49 条的规定予以加倍赔偿。商场同意退回第一副耳机并赔偿 200 元，但拒绝对后 10 副给予任何赔偿，理由是，他是“知假买假”、“钻法律的空子”。请问：王海的行为到底如何认定？请说明理由。

【思路解析】　这个问题的核心在于对王海“消费者”身份认定。

3. 消费者权益保护法中的刑事责任

违反消费者权益保护法，构成犯罪的行为包括：

(1) 经营者提供商品或者服务，造成消费者或其他受害人受伤、残疾、死亡的；

(2) 以暴力、威胁等方法阻碍有关行政部门工作人员依法执行职务的；

(3) 国家机关工作人员玩忽职守或者包庇经营者侵害消费者合法权益的。

对这些行为应根据情节依法追究刑事责任。

第三节　反不正当竞争法

一、反不正当竞争法概述

（一）不正当竞争

1. 不正当竞争的概念

不正当竞争，是指经营者违反《中华人民共和国反不正当竞争法》（以下简称《反不正当竞争法》）的规定，损害其他经营者的合法权益，扰乱社会经济秩序的行为。不正当竞争是对正当竞争行为的违反和侵害。

2. 不正当竞争的特征

（1）不正当竞争行为的主体是经营者；

（2）不正当竞争行为是违法行为；

（3）不正当竞争行为侵害的客体是其他经营者的合法权益和正常的社会经济秩序。

（二）反不正当竞争法

1. 反不正当竞争法的概念

反不正当竞争法是调整在制止不正当竞争过程中发生的社会关系的法律规范的总称。

2. 反不正当竞争法的立法目的

反不正当竞争法的立法目的是为了保障社会主义市场经济健康发展，鼓励和保护正当竞争，制止不正当竞争，保护经营者和消费者的合法权益。

3. 反不正当竞争法的基本原则

反不正当竞争法的基本原则包括自愿、公平、平等、诚实信用、遵守公认商业道德以及不得滥用竞争权利等原则。

二、不正当竞争行为及要点

根据《反不正当竞争法》的规定，不正当竞争行为主要包括以下几种：

（一）欺骗性交易行为及要点

1. 欺骗性交易行为

（1）假冒他人的注册商标；

（2）擅自使用知名商品特有的名称、包装、装潢，或者使用与知名商品近似的名称、包装、装潢，造成和他人的知名商品相混淆，使购买者误认为是该知名商品；

（3）擅自使用他人的企业名称或者姓名，引人误认为是他人的商品；

(4)在商品上伪造或者冒用认证标志、名优标志等质量标志,伪造产地,对商品质量作引人误解的虚假表示。

2. 行为要点

(1)该行为的主体是从事市场交易活动的经营者。

(2)经营者在市场经营活动中,客观上实施了《反不正当竞争法》禁止的不正当竞争手段,如假冒他人企业名称,仿冒国家名优标志,擅自使用知名商品特有名称、包装、装潢,伪造产地名称等。其实质在于盗用他人的劳动成果,利用其良好的商品声誉或者商业信誉为自己牟取非法利益。

(3)经营者的欺骗性行为已经或足以使用户或消费者误认,即这种欺骗行为达到了较为严重的程度。

【注意】 欺骗性行为主体必须是经营者,欺骗行为必须是已经或足以使用户或消费者误认。

(二)强制性交易行为及要点

1. 强制性交易行为

公用企业或者其他依法具有独占地位的经营者,限定他人购买其指定的经营者的商品,以排挤其他经营者的公平竞争。

2. 强制性交易行为的要点

(1)公用企业是实施该行为的特定主体。公用企业不是政府机关,公用企业的强制交易行为与政府机关滥用行政权力强制交易有所区别。

(2)其他处于公平交易地位的经营者的商品是公用企业强制性交易行为的客体。该行为是强制安排他人之间进行交易,并非强迫他人与自己进行交易。

(3)公用企业的行为带有强制性,使被强制者难以抗拒,不得不服从安排与他人交易。

(4)公用企业实施这种交易行为的目的,是从被指定的经营者处获得非法利益。

(三)限制竞争行为及要点

1. 限制竞争行为

政府及其所属部门不得滥用行政权力,限定他人购买其指定的经营者的商品,限制其他经营者正当的经营活动。政府及其所属部门滥用行政权力,限制外地商品进入本地市场,或者本地商品流向外地市场。

2. 限制竞争的行为要点

(1)政府和政府部门介入竞争,干扰正常的交易,限制竞争。这是指政府和政府部门从地方和部门的狭隘出发,利用行政手段限制竞争。

(2)这类行为的客体是本来平等竞争条件下经营者从事交易的商品。

(3)滥用行政权力限制竞争行为是对经济职权的滥用。

(4)政府和政府部门限制竞争既可以是直接的指示、命令,也可能是利用职权限制他人自由选择经营者的商品,以“管、卡、压”等手段间接限制竞争。

【示例6.7】 红光水泥厂是某县纳税大户,为了保护该厂的利益,县政府决定凡是参与本县开发项目的企业必须使用红光水泥厂生产的水泥,其他地方产的水泥一律不许进入该县进行销售。请问该县政府的做法是否恰当?

【思路解析】 此例涉及限制竞争行为如何判断的问题。

(四)商业贿赂行为及要点

1. 商业贿赂行为

经营者采用财物或者其他手段进行贿赂以销售或者购买商品。在账外暗中给予对方单位或者个人回扣的,以行贿论处;对方单位或者个人在账外暗中收受回扣的,以受贿论处。经营者销售或者购买商品,可以以明示方式给对方折扣,可以给中间人佣金。经营者给对方折扣、给中间人佣金的,必须如实入账。接受折扣、佣金的经营者必须如实入账。

2. 商业贿赂行为的要点

(1)行为的主体是经营者和受经营者指使的人(包括其职工)。

(2)行为的目的是争取市场交易机会,而非其他目的(如政治目的、提职、获取职称等)。

(3)有私下暗中给予他人财物和其他好处的行为,且达到一定数额。

(4)该行为由行贿与受贿两方面构成:一方行贿,另一方不接受,不构成商业贿赂;一方索贿,另一方不给付,也不构成商业贿赂。

【注意】 禁止贿赂行为和暗中折扣行为,但允许明账折扣和佣金。

(五)虚假宣传行为及要点

1. 虚假宣传行为

经营者利用广告或者其他方法,对商品的质量、制作成分、性能、用途、生产者、有效期限、产地等作引人误解的虚假宣传。广告的经营者不得在明知或者应知的情况下,代理、设计、制作、发布虚假广告。

2. 虚假宣传行为的要点

(1)行为的主体是广告主、广告代理制作者和广告发布者。在某些情况下,三者身份可能重叠。

(2)上述主体实施了虚假宣传行为。

(3)上述虚假广告或虚假宣传达到了引人误解的程度,因而具有社会危害性。

(4)主观方面,广告商在明知或应知情况下,方对虚假广告负法律责任;对广告主,则不论其主观上处于何种状态,均必须对虚假广告承担法律责任。

【注意】 虚假宣传行为主体是广告主、广告代理制作者和广告发布者。广告经营者只有在明知的情况下才承担责任,广告主则不论其主观状态,均应承担责任。

(六)侵犯商业秘密行为及要点

1.侵犯商业秘密行为

经营者采用下列手段侵犯商业秘密:

(1)以盗窃、利诱、胁迫或者其他不正当手段获取权利人的商业秘密;

(2)披露、使用或者允许他人使用以前项手段获取权利人的商业秘密;

(3)违反约定或者违反权利人有关保守商业秘密的要求,披露、使用或者允许他人使用其所掌握的商业秘密。第三人明知或者应知前款所列违法行为,获取、使用或者披露他人的商业秘密,视为商业秘密。

本条所称的秘密,是指不为公众所知悉、能为权利人带来经济利益、具有实用性并经权利人采取保密措施的技术信息和经营信息。

2.侵犯商业秘密行为的要点

(1)认定是否构成侵权,必须首先依法确认商业秘密确实存在。

(2)行为主体可以是经营者,也可以是其他人。《反不正当竞争法》规定的各种不正当竞争行为的实施者,绝大多数要求其具有经营者的身份,而侵犯商业秘密的人则不受该限制。

(3)客观上,行为主体实施了侵犯他人商业秘密的行为。实施的方式有盗窃、利诱、胁迫或不当披露、使用等。

(4)以非法手段获取、披露或者使用他人商业秘密的行为已经或可能给权利人带来损害后果。

【示例6.8】 甲是某证券公司业务人员,为了获取高额利益,其通过向某大型国有企业领导送礼的方式获得该企业将要进行重组的重大信息,然后其将该信息转卖给相关利益人,从而使该国企在重组的过程中处于非常被动的地位。请问甲的行为如何定性?

【思路解析】 此案涉及侵犯商业秘密行为。

(七)低价倾销行为及要点

1.低价倾销行为

经营者以排挤对手为目的,以低于成本的价格销售商品,有下列情形之一的,不属于不正当行为:

(1)销售鲜活商品;

(2)处理有效期限即将到期的商品或者其他积压的商品;

(3)季节性降价;

(4)因清偿债务、转产、歇业降价销售商品。

2.低价倾销行为的要点

(1)行为的主体是经营者,而且在绝大多数情况下,是大型企业或在特定市场上具有经营优势地位的企业。

(2)经营者客观上实施了低价倾销行为。这里的低价倾销,如上所述,是指以低于成本价格销售商品。

(3)经营者低价倾销行为的目的是排挤竞争对手,以便独占市场。因此,并非一时就某一种商品低于成本价格销售,而是较长时间以较大的市场投放量低价倾销。

【注意】 低价倾销行为的四种例外。

【示例6.9】 2005年8月,启发纸厂推出"茉莉"牌餐巾纸,每箱价格为30元。该品牌投放市场以后,以其低廉的价格,良好的质量赢得广大消费者的青睐。而海阔纸厂的"牡丹"牌餐巾纸在市场上却无人问津。2006年7月,海阔纸厂为了彻底击垮对手,作出了大胆决定,以低于成本价的每箱18元的价格投放市场,并同时优化纸质。2007年2月,海阔纸厂凭借其雄厚的实力终于将对手击垮。请问:海阔纸厂的行为是否合法?说明理由。

【思路解析】 本案涉及以低于成本价格销售商品以排挤竞争对手的不正当竞争行为及其应承担的法律后果。

(八)搭售和附加不合理条件行为及要点

1. 搭售和附加不合理条件行为

经营者销售商品,违背购买者的意愿搭售商品或者附加其他不合理的条件。

2. 搭售和附加不合理条件行为的要点

(1)违背自愿原则,违背交易相对人的意愿。

(2)违背公平原则。

(3)该行为具有依仗经济优势限制竞争的性质。

(九)不正当有奖销售行为及要点

1. 不正当有奖销售行为

经营者从事下列有奖销售,构成不正当有奖销售:

(1)采用谎称有奖或者故意让内定人员中奖的欺骗方式进行有奖销售;

(2)利用有奖销售的手段推销质次价高的商品;

(3)抽奖式的有奖销售,最高奖的金额超过5 000元。

2. 不正当有奖销售行为的要点

(1)不正当有奖销售的主体是经营者。

(2)经营者实施了法律禁止的不正当有奖销售行为,如欺骗性有奖销售或巨奖销售等。

(3)经营者实施不正当有奖销售,目的在于争夺顾客,扩大市场份额,排挤竞争对手。

【注意】 不正当有奖销售行为主体是经营者,不包括有关机构、团体经政府和政府有关部门批准的有奖募捐和彩票发售活动。

(十)诋毁商誉行为及要点

1. 诋毁商誉行为

经营者捏造、散布虚伪事实，损害竞争对手的商业信誉、商品声誉。

2. 诋毁商誉行为的要点

(1)行为的主体是市场经营活动中的经营者，其他经营者如果受其指使从事诋毁商誉行为的，可构成共同侵权人。

(2)经营者实施了诋毁商誉行为，如通过广告、新闻发布会等形式捏造、散布虚假事实，使用户、消费者不明真相产生怀疑心理，不敢或不再与受诋毁的经营者进行交易活动。若发布的消息是真实的，则不构成诋毁行为。

(3)诋毁行为是针对一个或多个特定竞争对手的。如果捏造、散布的虚假事实不能与特定的经营者相联系，商誉主体的权利便不会受到侵害。应注意的是，对比性广告通常以同行业所有其他经营者为竞争对手而进行贬低宣传，此时应认定为商业诋毁行为。

(4)经营者对其他竞争者进行诋毁，其目的是败坏对方的商誉，其主观心态出于故意是显而易见的。

(十一)串通勾结投标行为及要点

1. 串通勾结投标行为

串通勾结投标是指投标者串通投标，抬高标价或者压低标价或投标者和招标者相互勾结，以排挤竞争对手的公平竞争。

2. 串通勾结投标行为的要点

串通勾结投标，由于其主体不同，其表现形式各有特点：

(1)投标者之间的串通投标行为。其形式主要有：①投标人之间相互约定，一致抬高投标报价或者一致压低投标报价；②围标行为，就是多数厂商参与投标，但事先协商出最低价的厂商，彼此约定在类假项目中，轮流以低价位或高价位中标。

(2)招标者与投标者之间的勾结行为。其主要形式有：①招标人违反有关招标的程序规定，在开标之前，私下开启各投标人标书，与某一投标人私下联系，泄露其他竞争者底价条件，促成其中标；②招标人对勾结者用各种方法以优厚待遇，在同等条件招标竞争者中以各种隐蔽手段促成串通者中标；③投标人与招标人勾结，表面上在公开投标时压低标价中标，中标后再给投标人额外补偿。

【示例6.10】 某单位要一次性采购一批约1 000台计算机，为了谨慎起见，该单位采取了对外招标的方式。有甲、乙、丙、丁四家单位参与了竞标，其中甲公司的业务人员通过关系获得了采购单位招标的底价，乙、丙、丁三个公司则通过相互串通故意压低标价的形式递交了标书。最终丙公司中标。甲公司向招标单位揭发乙丙丁之间的相互串通行为。请问此处招标过程涉及哪些不正当行为？

【思路解析】 此案涉及串通勾结招标行为的表现形式。

三、不正当竞争行为的监督检查及法律责任

(一)不正当竞争行为的监督检查

对不正当竞争行为进行的监督检查,既包括专门机构的监督检查,也包括其他组织和公民个人进行的社会监督。

1. 监督检查部门

我国《反不正当竞争法》第3条第2款规定:“县级以上人民政府工商行政管理部门对不正当竞争行为进行监督检查;法律、行政法规规定由其他部门监督检查的,依照其规定。”在我国,县级以上人民政府工商行政管理部门及法律、行政法规规定的其他部门是对不正当竞争行为进行监督检查的部门。

2. 监督检查部门的职权

县级以上监督检查部门对不正当竞争行为,可以进行监督检查。监督检查部门在监督检查不正当行为时,有权行使下列职权:

(1)按照规定的程序询问被检查的经营者、利害关系人、证明人,并要求提供证明材料或者与不正当竞争行为有关的其他资料;被检查的经营者、利害关系人和证明人应当如实提供有关资料或者情况。

(2)查询、复制与不正当竞争行为有关的协议、账册、单据、文件、记录、业务函电和其他资料。

(3)检查与《反不正当竞争法》第5条规定的不正当竞争行为有关的财物,必要时可以责令被检查的经营者说明该商品的来源和数量,暂停销售,听候检查,不得转移、隐匿、销毁该财物。

需要指出的是,监督检查部门的工作人员监督检查不正当竞争行为时,应当出示检查证件。这既是监督检查工作的程序之一,也是监督检查部门工作人员应遵守的义务。

(二)不正当竞争行为的民事责任

《反不正当竞争法》规定:民事责任的意义在于保护合法经营者的合法权益不受侵害,以及受到实际损害时得以补偿。因此,损害赔偿责任的方式主要是赔偿财产损失,并以金钱赔偿为主,辅之以非财产损害的责任。

第四节　反垄断法

一、反垄断法概述

(一)垄断

法律意义上的垄断应是市场主体、政府机构或国家凭借其经济优势或国家权力,以单独、合谋或其他方式而实施的、妨碍或排斥市场竞争效果的行为。

(二)反垄断法

1. 反垄断法的概念

反垄断法,顾名思义就是反对垄断和保护竞争的法律制度。它是市场经济国家基本的法律制度。

2. 我国反垄断法的立法宗旨

我国反垄断法的立法宗旨:为了预防和制止垄断行为,保护市场公平竞争,提高经济运行效率,维护消费者利益和社会公共利益,促进社会主义市场经济健康发展。

3. 反垄断法的适用范围

(1)中华人民共和国境内经济活动中的垄断行为,适用《中华人民共和国反垄断法》(以下简称《反垄断法》);中华人民共和国境外的垄断行为,对境内市场竞争产生排除、限制影响的,适用本法。

(2)特别条款。《反垄断法》第五十五条规定:经营者依照有关知识产权的法律、行政法规规定行使知识产权的行为,不适用本法。但是,经营者滥用知识产权,排除、限制竞争的行为,适用本法。

(3)除外条款。《反垄断法》第五十六条规定:农业生产者及农村经济组织在农产品生产、加工、销售、运输、储存等经营活动中实施的联合或者协同行为,不适用本法。

二、垄断行为

我国法律所规定的垄断行为包括以下内容:

(一)垄断协议

1. 垄断协议的概念及特征

(1)垄断协议的概念。垄断协议是指两个或者两个以上的经营者(包括行业协会等经营者团体),通过协议或者其他协同一致的行为,实施固定价格、划分市场、限制产量、排挤其他竞争对手等排除、限制竞争的行为。

(2)垄断协议的特征。

①实施主体是两个或者两个以上的经营者;

②共同或者联合实施;

③以排除、限制竞争为目的。

2. 垄断协议的分类

(1)横向垄断协议。横向垄断协议,是指两个或两个以上在生产或者销售过程中处于同一阶段的经营者之间,以协议、决议或者其他形式,为了达到排除或者限制竞争、谋取超额利润的目的,而实施的垄断行为。

我国《反垄断法》关于横向垄断协议的禁止性规定如下。

禁止具有竞争关系得经营者达成下列垄断协议：

①固定或者变更商品价格；

②限制商品的生产数量或者销售数量；

③分割销售市场或者原材料采购市场；

④限制购买新技术、新设备或者限制开发新技术、新产品；

⑤联合抵制交易；

⑥国务院反垄断执法机构认定的其他垄断协议。

(2)纵向垄断协议。纵向垄断协议是指两个或两个以上在同一产业中处于不同阶段而有买卖关系的企业，通过共谋而实施的限制竞争行为。其主要类型有维持转售价格、搭售、独家经营、独占地区以及其他限制交易方营业自由的行为。

纵向垄断协议与横向垄断协议不同，纵向垄断协议不是发生在直接竞争者之间，它一般是非竞争者之间达成的协议，对于生产的社会化、经济的协调发展具有一定的积极意义，如保证产品或服务质量、企业声誉以及消费者安全，消除免费搭车现象，促进售后服务，增强不同品牌的同类商品间的竞争等，它对竞争的危害相对于横向限制来说较小，因而它在各国受到的管制程度也较小，往往要区分不同的类型而分别对待。一般说来，对大多数纵向垄断协议是采取合理性的具体分析方法的，它们获得豁免的可能性也比较大。

我国《反垄断法》关于纵向垄断协议的禁止性规定如下。

禁止经营者与交易相对人达成下列垄断协议：

①固定向第三人转售商品的价格；

②限定向第三人转售商品的最低价格；

③国务院反垄断执法机构认定的其他垄断协议。

【示例6.11】 在某处研讨会上，大家就某些现象是否构成垄断协议产生了分歧：①某行业协会组织本行业的企业就防止进口原料的恶性竞争达成保护性协议；②三家大型房地产公司的代表聚会，就商品房价格达成一致涨价的共识；③某品牌的奶粉含有毒物质的事实被公布后，数家大型零售公司联合声明拒绝销售该产品。请问你是如何看待这些现象的？

【思路解析】 垄断协议的内涵及表现形式。

3. 垄断协议的豁免

垄断协议的豁免，是指经营者之间的协议、决议或者其他协同行为，虽然有排除、限制竞争的影响，但该类协议在其他方面所带来的好处要大于其对竞争的不利影响，因此法律规定对其豁免，即排除适用反垄断法的规定。

《反垄断法》第十五条规定对以下垄断协议予以豁免：

(1)为改进技术、研究开发新产品的。改进技术、研究开发新产品，可以提高生产率，有利于经济发展和消费者利益；所以本项规定为上述目的达成的垄断协议可以豁免。

(2)为提高产品质量、降低成本、增进效率，统一产品规格、标准或者实行专业化分工的。

统一产品的规格、标准，主要是指经营者对各种原材料、半成品或者成品在性能、规格、质量、等级等方面规定统一要求，使商品之间具有可替代性和兼容性；实行专业化分工，是指经营者发挥各自专长，分工协作，使他们从生产多种商品的全能型企业转变为专门化企业，由此实现经济合理化。

(3)为提高中小经营者经营效率，增强中小经营者竞争力的。相对于大企业，中小企业处于弱势，在竞争中处于不利地位。

(4)为实现节约能源、保护环境、救灾救助等社会公共利益的。节约能源、保护环境、救灾救助等涉及社会公共利益的行为，有利于社会的持续发展，有利于人民群众的利益。

(5)因经济不景气，为缓解销售量严重下降或者生产明显过剩的。这主要是针对特定经济时期作的规定。在经济不景气时，市场会严重供大于求，造成销售量大幅度下降，出现生产大量过剩现象。在这种特定情况下，对经营者达成的限制产量或者销量等垄断协议予以豁免，有利于避免对社会资源造成巨大损害，有有利于避免造成大量失业，有利于经济的恢复。

(6)为保障对外贸易和对外经济合作中的正当利益的。对外贸易和对外经济合作主要是指商品的进出口和劳务输出等活动。

(7)法律和国务院规定的其他情形。对于其他情形，有赖于在未来的反垄断法实施细则中予以明确。

【注意】　垄断协议的豁免的具体形式。

(二)滥用市场支配地位

1. 滥用市场支配地位的概念

滥用市场支配地位也称为滥用市场优势地位，是指企业获得一定的市场支配地位以后滥用这种地位，对市场的其他主体进行不公平的交易或者排除竞争对手的行为。

2. 我国《反垄断法》关于市场支配地位的认定

我国《反垄断法》第十八条规定认定经营者具有市场支配地位，应当依据下列因素：

(1)该经营者在相关市场的市场份额，以及相关市场的竞争状况；

(2)该经营者控制销售市场或者原材料采购市场的能力；

(3)该经营者的财力和技术条件；

(4)其他经营者对该经营者在交易上的依赖程度；

(5)其他经营者进入相关市场的难易程度；

(6)与认定该经营者市场支配地位有关的其他因素。

以下情况可以推定经营者具有市场支配地位：

(1)一个经营者在相关市场的市场份额达到1/2的；

(2)两个经营者在相关市场的市场份额合计达到2/3的；

(3)三个经营者在相关市场的市场份额合计达到3/4的。

有上述第(2)、(3)项规定的情形，其中有的经营者市场份额不足1/10的，不应当推定该经营者具有市场支配地位。

3. 滥用市场支配地位的表现

(1)以不公平的高价销售商品或者以不公平的低价购买商品;

(2)没有正当理由,以低于成本的价格销售商品;

(3)没有正当理由,拒绝与交易相对人进行交易;

(4)没有正当理由,限定交易相对人只能与其进行交易或者只能与其指定的经营者进行交易;

(5)没有正当理由搭售商品,或者在交易时附加其他不合理的交易条件;

(6)没有正当理由,对条件相同的交易相对人在交易价格等交易条件上实行差别待遇;

(7)国务院反垄断执法机构认定的其他滥用市场支配地位的行为。

【示例6.12】 2010年11月3日腾讯向用户宣布:在360公司停止对QQ进行外挂侵犯和恶意诋毁之前,决定将在安装360软件的电脑上停止运行QQ软件,并同时宣布,QQ空间不支持360浏览器。请就腾讯的上述做法作出你的评论。

【思路解析】 此案的关键在于,腾讯的行为是否构成滥用市场支配地位。

(三)经营者集中

1. 经营者集中的概念及表现形式

(1)经营者集中的概念。经营者集中是指经营者通过合并、资产购买、股份购买、合同约定(联营、合营)、人事安排、技术控制等方式取得对其他经营者的控制权或者能够对其他经营者施加决定性影响的情形。

(2)经营者集中的表现形式。根据我国《反垄断法》的规定,经营者集中是指下列情形:

①经营者合并;

②经营者通过取得股权或者资产的方式取得对其他经营者的控制权;

③经营者通过合同等方式取得对其他经营者的控制权或者能够对其他经营者施加决定性影响。

2. 经营者集中的申报

经营者集中达到国务院规定的申报标准的,经营者应当事先向国务院反垄断执法机构申报,未申报的不得实施集中。

经营者集中有下列情形之一的,可以不向国务院反垄断执法机构申报:

(1)参与集中的一个经营者拥有其他每个经营者50%以上有表决权的股份或者资产的;

(2)参与集中的每个经营者50%以上有表决权的股份或者资产被同一个未参与集中的经营者拥有的。

经营者向国务院反垄断执法机构申报集中,应当提交下列文件、资料:

(1)申报书;

(2)集中对相关市场竞争状况影响的说明;

(3)集中协议;

(4)参与集中的经营者经会计师事务所审计的上一会计年度财务会计报告;

(5)国务院反垄断执法机构规定的其他文件、资料。

申报书应当载明参与集中的经营者的名称、住所、经营范围、预定实施集中的日期和国务院反垄断执法机构规定的其他事项。

3. 审查期限及应当考虑的因素

(1)审查期限。国务院反垄断执法机构应当自收到经营者提交的符合本法规定的文件、资料之日起30日内,对申报的经营者集中进行初步审查,作出是否实施进一步审查的决定,并书面通知经营者。国务院反垄断执法机构作出决定前,经营者不得实施集中。

国务院反垄断执法机构作出不实施进一步审查的决定或者逾期未作出决定的,经营者可以实施集中。

国务院反垄断执法机构决定实施进一步审查的,应当自决定之日起90日内审查完毕,作出是否禁止经营者集中的决定,并书面通知经营者。作出禁止经营者集中的决定,应当说明理由。审查期间,经营者不得实施集中。

有下列情形之一的,国务院反垄断执法机构经书面通知经营者,可以延长前款规定的审查期限,但最长不得超过60日:

①经营者同意延长审查期限的;

②经营者提交的文件、资料不准确,需要进一步核实的;

③经营者申报后有关情况发生重大变化的。

国务院反垄断执法机构逾期未作出决定的,经营者可以实施集中。

(2)经营集中的审查应当考虑的因素。

①参与集中的经营者在相关市场的市场份额及其对市场的控制力;

②相关市场的市场集中度;

③经营者集中对市场进入、技术进步的影响;

④经营者集中对消费者和其他有关经营者的影响;

⑤经营者集中对国民经济发展的影响;

⑥国务院反垄断执法机构认为应当考虑的影响市场竞争的其他因素。

【注意】 对外资并购境内企业或者以其他方式参与经营者集中,涉及国家安全的,除依照本法规定进行经营者集中审查外,还应当按照国家有关规定进行国家安全审查。

(四)滥用行政权力排除、限制竞争

(1)行政机关和法律、法规授权的具有管理公共事务职能的组织不得滥用行政权力,限定或者变相限定单位或者个人经营、购买、使用其指定的经营者提供的商品。

(2)行政机关和法律、法规授权的具有管理公共事务职能的组织不得滥用行政权力,实施下列行为,妨碍商品在地区之间的自由流通:

①对外地商品设定歧视性收费项目、实行歧视性收费标准,或者规定歧视性价格;

②对外地商品规定与本地同类商品不同的技术要求、检验标准,或者对外地商品采取重复检验、重复认证等歧视性技术措施,限制外地商品进入本地市场;

③采取专门针对外地商品的行政许可,限制外地商品进入本地市场;

④设置关卡或者采取其他手段,阻碍外地商品进入或者本地商品运出;

⑤妨碍商品在地区之间自由流通的其他行为。

(3)行政机关和法律、法规授权的具有管理公共事务职能的组织不得滥用行政权力,以设定歧视性资质要求、评审标准或者不依法发布信息等方式,排斥或者限制外地经营者参加本地的招标投标活动。

(4)行政机关和法律、法规授权的具有管理公共事务职能的组织不得滥用行政权力,采取与本地经营者不平等待遇等方式,排斥或者限制外地经营者在本地投资或者设立分支机构。

(5)行政机关和法律、法规授权的具有管理公共事务职能的组织不得滥用行政权力,强制经营者从事本法规定的垄断行为。

(6)行政机关不得滥用行政权力,制定含有排除、限制竞争内容的规定。

三、垄断行为的调查及法律责任

(一)垄断行为的调查

1. 必须进行调查的情形

对涉嫌垄断行为,任何单位和个人有权向反垄断执法机构举报。反垄断执法机构应当为举报人保密。举报采用书面形式并提供相关事实和证据的,反垄断执法机构应当进行必要的调查。

2. 调查措施

反垄断执法机构调查涉嫌垄断行为,可以采取下列措施:

(1)进入被调查的经营者的营业场所或者其他有关场所进行检查;

(2)询问被调查的经营者、利害关系人或者其他有关单位或者个人,要求其说明有关情况;

(3)查阅、复制被调查的经营者、利害关系人或者其他有关单位或者个人的有关单证、协议、会计账簿、业务函电、电子数据等文件、资料;

(4)查封、扣押相关证据;

(5)查询经营者的银行账户。

采取前款规定的措施,应当向反垄断执法机构主要负责人书面报告,并经批准。

3. 调查的要求

反垄断执法机构调查涉嫌垄断行为,执法人员不得少于2人,并应当出示执法证件。

执法人员进行询问和调查,应当制作笔录,并由被询问人或者被调查人签字。

4. 调查的中止、终止和恢复

(1)调查的中止。对反垄断执法机构调查的涉嫌垄断行为,被调查的经营者承诺在反垄断执法机构认可的期限内采取具体措施消除该行为后果的,反垄断执法机构可以决定中止调查。中止调查的决定应当载明被调查的经营者承诺的具体内容。

(2)调查的终止。反垄断执法机构决定中止调查的,应当对经营者履行承诺的情况进行监督。经营者履行承诺的,反垄断执法机构可以决定终止调查。

(3)调查的恢复。有下列情形之一的,反垄断执法机构应当恢复调查:

①经营者未履行承诺的;

②作出中止调查决定所依据的事实发生重大变化的;

③中止调查的决定是基于经营者提供的不完整或者不真实的信息作出的。

【注意】 对反垄断执法机构调查的涉嫌垄断行为,被调查的经营者承诺在反垄断执法机构认可的期限内采取具体措施消除该行为后果的,反垄断执法机构可以决定中止调查,并对经营者的承诺进行监督,但不能直接决定终止调查,只有经营者履行承诺的,才能终止调查。

(二)法律责任

1. 垄断协议的法律责任

(1)经营者违反《反垄断法》规定,达成并实施垄断协议的,由反垄断执法机构责令停止违法行为,没收违法所得,并处上一年度销售额1%以上10%以下的罚款。

(2)经营者主动向反垄断执法机构报告达成垄断协议的有关情况并提供重要证据的,反垄断执法机构可以酌情减轻或者免除对该经营者的处罚。

(3)行业协会违反本法规定,组织本行业的经营者达成垄断协议的,反垄断执法机构可以处50万元以下的罚款;情节严重的,社会团体登记管理机关可以依法撤销登记。

2. 滥用市场支配地位的法律责任

经营者违反《反垄断法》规定,滥用市场支配地位的,由反垄断执法机构责令停止违法行为,没收违法所得,并处上一年度销售额1%以上10%以下的罚款。

3. 经营者集中的法律责任

经营者违反《反垄断法》规定,实施集中的,由国务院反垄断执法机构责令停止实施集中、限期处分股份或者资产、限期转让营业以及采取其他必要措施恢复到集中前的状态,可以处50万元以下的罚款。

4. 行政性垄断的法律责任

行政机关和法律、法规授权的具有管理公共事务职能的组织滥用行政权力,实施排除、限制竞争行为的,由上级机关责令改正;对直接负责的主管人员和其他直接责任人员依法给予处分。反垄断执法机构可以向有关上级机关提出依法处理的建议。

法律、行政法规对行政机关和法律、法规授权的具有管理公共事务职能的组织滥用行政权力实施排除、限制竞争行为的处理另有规定的,依照其规定。

5. 拒绝审查、调查的法律责任

对反垄断执法机构依法实施的审查和调查，拒绝提供有关材料、信息，或者提供虚假材料、信息，或者隐匿、销毁、转移证据，或者有其他拒绝、阻碍调查行为的，由反垄断执法机构责令改正，对个人可以处2万元以下的罚款，对单位可以处20万元以下的罚款；情节严重的，对个人处2万元以上10万元以下的罚款，对单位处20万元以上100万元以下的罚款；构成犯罪的，依法追究刑事责任。

6. 执法机构工作人员的法律责任

反垄断执法机构工作人员滥用职权、玩忽职守、徇私舞弊或者泄露执法过程中知悉的商业秘密，构成犯罪的，依法追究刑事责任；尚不构成犯罪的，依法给予处分。

第五节　广告法

一、广告法概述

（一）广告的概念及特点

1. 广告的概念

广告是为了某种特定的需要，通过一定形式的媒体，公开而广泛地向公众传递信息的宣传手段。广告有广义和狭义之分：

广义广告包括非经济广告和经济广告。非经济广告指不以盈利为目的的广告，又称为效应广告，如政府行政部门、社会事业单位乃至个人的各种公告、启事、声明等，主要目的是推广。

狭义广告仅指经济广告，又称为商业广告，是指以盈利为目的的广告，通常是商品生产者、经营者和消费者之间沟通信息的重要手段，或企业占领市场、推销产品、提供劳务的重要形式，主要目的是扩大经济效益。

我国广告法中所指的广告是指商品经营者或者服务提供者承担费用，通过一定媒介和形式直接或者间接地介绍自己所推销的商品或者所提供的服务的商业广告。

2. 广告的特点

广告与一般大众传播和宣传活动相比，有其独有的特点：

（1）广告是一种传播工具，是将某一项商品的信息，由这项商品的生产或经营机构（广告主）传送给一群用户和消费者；

（2）做广告需要付费；

（3）广告进行的传播活动是带有说服性的；

（4）广告是有目的、有计划的，是连续的；

（5）广告不仅对广告主有利，而且对目标对象也有好处，它可使用户和消费者得到有用的信息。

（二）广告主体

广告法对广告主体作了明确的规定，具体主体划分为广告主、广告经营者、广告发布者。

广告主，是指为推销商品或者提供服务，自行或者委托他人设计、制作、发布广告的法人、其他经济组织或者个人。

广告经营者，是指受委托提供广告设计、制作、代理服务的法人、其他经济组织或者个人。

广告发布者，是指为广告主或者广告主委托的广告经营者发布广告的法人或者其他经济组织。

（三）广告法

1. 广告法的概念

狭义的广告法是国家立法机关依照一定的法律程序所制定的专门调整广告活动的法律，即广告法典，特指《中华人民共和国广告法》（以下简称《广告法》）这部法典。

广义的广告法是指用来调整广告管理、广告活动的强制性行为规范的总称。广义的广告法除了《广告法》以外，还包括了国务院及有关主管部门制定和颁布的广告管理的行政法规和规章，以及地方性法规、规章等。

2. 广告法的基本原则

（1）公平原则。公平原则具有以下三个方面的内容：

①广告主、广告经营者或广告发布者不得利用虚假的、引人误解的广告欺骗或者误导广告受众或者消费者，诱导广告受众或者消费者购买其产品或者接受其服务。

②凡参与广告市场竞争的广告行为主体，都应当依照同一规则从事广告活动，严禁广告行为主体利用其优势，采用任何非正当的或者不道德的手段进行不公平竞争。

③在广告活动中，广告行为主体应当平等地享有权利和承担义务，不允许任何广告行为主体只享有权利而不承担义务；也不允许某些广告行为主体利用自己的优势地位，强迫交易对方放弃其依法享有的权利。

（2）真实、合法原则。该项原则实际包含两个方面的内容，即“广告的真实性”和“广告的合法性”。广告的真实性，就是要求广告主在广告中提出的任何主张和陈述都是客观真实的，其所依据的数据、资料都是可以证实的，其所援引的依据和证据都是合法有效的。广告的合法性，是指广告的形式和内容都必须遵守法律和行政法规的规定，不得违反公序良俗或者损害他人利益。广告的合法性，又可分为广告内容的合法性和广告形式的合法性。

（3）诚实信用原则。这项原则要求广告行为主体在广告活动中应保持善意、诚实，恪守信用，反对任何形式的误导和欺骗。

二、广告准则

广告准则又称为广告标准，是指发布广告的一般原则与限制，是判断广告是否合法的依据，是广告法律、法规规定的广告内容与形式应符合的要求。

（一）一般广告准则

1. 一般广告准则的积极内容

（1）广告内容应当有利于人民的身心健康，促进商品和服务质量的提高，保护消费者的合法权益，遵守社会公德和职业道德，维护国家的尊严和利益。

（2）广告内容必须真实。广告内容应真实地、客观地传播有关商品或服务的信息，不得欺骗受众，或对受众产生误导。

广告的真实性主要表现在以下几个方面：

①商品的质量、价格、生产者、产地及承诺必须具有真实性；

②对服务的形式、质量、内容、价格、承诺要真实；

③广告中表明推销商品、提供服务附带赠送礼品的，应当标明赠送的品种和数量；

④广告使用数据、统计资料、调查结果、文摘、引用语应当真实、准确并表明出处。

（3）广告要具有可识别性。广告应在形式上具有可识别性，能够使消费者辨明其为广告。大众传播媒体不得以新闻报道形式发布广告，通过大众传播媒介发布的广告应当有广告标记与其他非广告信息相区别，不得使消费者产生误解。特别是利用电视、广播、杂志、报纸等大众传播媒体发布广告时，必须有专门的标记作为提示，以便广大消费者将广告与新闻区别开。

2. 一般广告准则的禁止内容

（1）广告不得含有贬低其他商品或服务的内容。

（2）不得损害未成年人和残疾人的身心健康。

（3）广告不得有下列情形：

①使用中华人民共和国国旗、国徽、国歌；

②使用国家机关和国家机关工作人员的名义；

③使用国家级、最高级、最佳等用语；

④妨碍社会安定和危害人身、财产安全，损害社会公共利益；

⑤妨碍社会公共秩序和违背社会良好风尚；

⑥含有淫秽、迷信、恐怖、暴力、丑恶的内容；

⑦含有民族、种族、宗教、性别歧视的内容；

⑧妨碍环境和自然资源保护；

⑨法律、行政法规规定禁止的其他情形。

【示例 6.13】 某公司为了扩大产品的影响力，特聘请某广告公司设计产品的宣传广告。该广告公司设计的广告语中有这样的词句：该产品是最好的、最具保健价值的产品，并宣称该产品是国家质量监督局推荐的产品。请问该广告公司的做法是否恰当？

【思路解析】 此案涉及一般广告准则的禁止内容。

(二)特殊广告准则

1. 涉及专利的广告

(1)广告中涉及专利产品或者专利方法的,应当标明专利号和专利种类。

(2)未得到专利权的不得在广告中谎称取得了专利权。

(3)不能使用正在申请的专利和已经终止、撤销、无效的专利做广告。

2. 药品、医疗器械广告

(1)对表现广告内容的要求。

①不得含有不科学的表示功效的断言或者保证;

②不得说明治愈率或者有效率;

③不得与其他药品的功效和安全性相比较;

④不得利用医疗科研单位、学术机构、医疗机构或者专家表现,或利用患者的名义和形象做证明;

⑤法律、行政法规规定禁止的其他内容。

(2)必须经过严格的审核。

①药品广告的内容必须以国务院卫生行政部门或者省、自治区、直辖市行政卫生部门批准的说明书为准。

②国家规定的应当在医生指导下使用的治疗性药品广告中,必须注明"按医生处方购买和使用"。

③药品广告中介绍药品的成分、功能、主治、用量、服法、禁忌症、不良反应等内容,必须与卫生行政部门批准的说明书一致,不得擅自更改。

④利用电视、广播、报纸、杂志和其他印刷品以及路牌发布推荐给个人使用的药品广告,必须标明对患者的忠告性语言:"请在医生指导下使用。"

⑤麻醉药品、精神药品、毒性药品、放射性药品等特殊药品,不得做广告。

【示例 6.14】 某药厂经过研制生产出一种新药。为了打开销路,该厂在广播上做广告,宣称该药能治疗百病,且治愈率将达 100%,更重要的是该药与其他药品相比没有任何副作用,得到了某某医疗机构的认可。请问该厂所做的广告是否存在瑕疵?

【思路解析】 此案涉及特殊广告准则中对药品、医疗器械广告内容的禁止性规定。

3. 烟草广告

我国《广告法》对烟草广告作了限制性规定:

(1)禁止利用广播、电影、电视、报纸、期刊发布烟草广告。

(2)禁止在各类等候室、影剧院、会议厅堂、体育比赛场馆等公共场所设置烟草广告。

(3)烟草广告中必须标明"吸烟有害健康"。

【示例6.15】 赵某到住所附近某电影院看电影,在其入场时,看到影院门口贴着××牌香烟的烟盒模型广告。烟盒上标明了该种香烟由某烟草公司生产,广告由某广告公司制作。请问:该香烟广告是否合法?说明理由。

【思路解析】 本案实际上涉及在公共场所对烟草广告的禁止性规定。

4. 食品、酒类、化妆品广告

食品、酒类、化妆品广告的内容必须符合卫生许可的事项,并不得使用医疗用语或者易与药品混淆的用语。

5. 农药广告

(1)不得使用无毒、无害等表明安全性断言的语言;

(2)不得含有不科学的表示功效的断言或者保证;

(3)不得含有违反农药使用规程的文字、语言或者画面;

(4)法律、行政法规规定禁止的其他内容。

【注意】 广告法对特殊商品广告的不同规定。

三、广告活动及审查

(一)广告活动

1. 广告活动共性

(1)广告主、广告经营者、广告发布者之间在广告活动中应当依法订立书面合同,明确各方权利和义务。

(2)广告主、广告经营者、广告发布者不得在广告活动中进行任何形式不正当竞争。

(3)法律、行政法规规定禁止生产、销售商品或者提供服务,以及禁止发布广告商品或者服务,不得设计、制作、发布广告

2. 广告主的广告活动

(1)广告主自行或者委托他人设计、制作、发布广告,所推销商品或者所提供服务应当符合广告主经营范围。

(2)广告主委托设计、制作、发布广告,应当委托具有合法经营资格广告经营者、广告发布者。

(3)广告主自行或者委托他人设计、制作、发布广告,应当具有或者提供真实、合法、有效下列证明文件:

①营业执照以及其他生产、经营资格证明文件;

②质量检验构对广告中有关商品质量内容出具证明文件;

③确认广告内容真实性其他证明文件。

发布广告需要经有关行政主管部门审查,还应当提供有关批准文件。

(4)广告主在广告中使用他人名义、形象的，应当先取得他人书面同意；使用无民行为能力人、限制民事行为能力人名义、形象，应当先取得其监护人书面同意。

3. 广告经营者、广告发布者的广告活动

(1)广告经营者在广告中使用他人名义、形象的，应当先取得他人书面同意；使用无民行为能力人、限制民事行为能力人名义、形象，应当先取得其监护人书面同意。

(2)从事广告经营的，应当具有必要专业技术人员、制作设备，并依法办理司或者广告经营登记，方可从广告活动。

广播台、视台、报刊出版单位广告业务，应当由其专门从广告业务构办理，并依法办理兼营广告登记。

(3)广告经营者、广告发布者依据法律、行政法规查验有关证明文件，核实广告内容。对内容不实或者证明文件不全广告，广告经营者不得提供设计、制作、代理服务，广告发布者不得发布。

(4)广告经营者、广告发布者按照国家有关规定，建立、健全广告业务承接登记、审核、档案管理制度。

(5)广告收费应当合理、公开，收费标准和收费办法应当向物价和工商行政管理部门备案。

广告经营者、广告发布者应当布其收费标准和收费办法。

(6)广告发布者向广告主、广告经营者提供媒介覆盖率、收视率、发行量等资料应当真实。

4. 户外广告活动

(1)户外广告设置规划和管理办法，由当地县级以上地方人民政府组织广告监督管理、城市建设、环境保护、安等有关部门制定。

(2)有下列情形之一，不得设置户外广告：

①利用交通安全设施、交通标志；

②影响政共设施、交通安全设施、交通标志使用；

③妨碍生产或者人民生活，损害容貌；

④国家机关、文物保护单位和名胜风景点建筑控制地带；

⑤当地县级以上地方人民政府禁止设置户外广告区域。

(二)广告审查

1. 广告审查的概念

所谓广告审查制度，是指广告审查机关在广告交付设计、制作、代理和发布前，对广告主主体资格、广告内容及其表现形式和有关证明文件或材料的审查，并出具与审查结果和审查意见相应的证明文件的一种广告管理制度。

《广告法》规定："利用广播、电影、电视、报纸、期刊以及其他媒介发布药品；医疗器械；农药、兽药等商品的广告和法律、行政法规规定应当进行审查的其他广告，必须在发布前依照相关法律、行政法规由有关行政主管部门对广告内容进行审查,未经审查,不得发布。"

2. 广告审查的范围、程序及办法

(1)广告审查的范围。广告审查的范围包括广告主体资格的审查;广告内容和表现形式的审查;证明文件的审查。

(2)广告审查的程序。广告审查的程序是:承接登记;审查人员初审;广告业务负责人终审;建立审查档案。

(3)广告审查的办法。

①根据广告管理法规审查。广告经营者和广告证明出具机关在承办广告和出具广告证明时,应当依照广告管理法规确立的规范对广告内容及其表现形式逐次进行检查,发现有违法内容的,应当要求客户删除,广告客户拒绝删除的,作出不予承办或出具证明的决定。

②依据证明文件审查。广告管理法规对广告客户委托经营者或广告证明机关承办或出具广告证明,应当提交和交验的证明文件作出了明确、具体的规定。广告经营者和广告证明出具机关应当依据客户的证明文件对广告进行审查,检查广告内容是否与证明文件内容相符合,凡无合法证明、证明不齐以及证明文件不能证明广告内容真实合法的,作出不予承办或出具证明的决定。

四、违反《广告法》的民事责任

(一)发布虚假广告的民事责任

(1)发布虚假广告,欺骗和误导消费者,使购买商品或者接受服务的消费者的合法权益受到损害的,由广告主依法承担民事责任;

(2)广告经营者、广告发布者明知或者应知广告虚假仍设计、制作、发布的,应当依法承担连带责任。

(3)广告经营者、广告发布者不能提供广告主的真实名称、地址的,应当承担全部民事责任。

(4)社会团体或者其他组织,在虚假广告中向消费者推荐商品或者服务,使消费者的合法权益受到损害的,应当依法承担连带责任。

(二)广告侵权行为的民事责任

有下列侵权行为的,依法向被侵权者承担民事责任:

(1)在广告中损害未成年人或者残疾人的身心健康的;

(2)假冒他人专利的;

(3)贬低其他生产经营者的商品或者服务的;

(4)广告中未经同意使用他人名义、形象的;

(5)其他侵犯他人合法民事权益的。

【注意】　虚假广告中应承担连带责任的不同情形。

【示例 6.16】　如今，明星代言比比皆是。长期以来，许多名人明星在利益驱动下，缺乏社会责任与公德心，利用自己的知名度、影响力，随心所欲地代言虚假广告。许多观众因为明星的推荐买了虚假产品吃了亏，却不关明星的事，只能哑巴吃黄连。对于代言虚假广告明星们却能“全身而退”。请问明星在代言广告方面应当承担什么样的责任？你对此方面的立法有何建议？

【思路解析】　明星代言虚假广告能否承担责任，关键看广告法是否将其作为广告活动的主体加以调整。

【引例分析】

1. 本案中，被告利用虚假不实广告，欺骗学生，骗取一定的经济利益，是不正当的广告行为，违反了广告法的相关规定，侵害了消费者的正当权益，法院应判令其退还入校学生的学杂费；

2. 在本案中，作为广告发布者的某报社也应承担相应的法律责任。因为，作为广告的发布者，其应该查证所发布的广告内容的真实性，但其未履行法定义务，说明其也有过错。依据《广告法》第三十八条的规定，该报社应依法承担连带责任。

本章小结

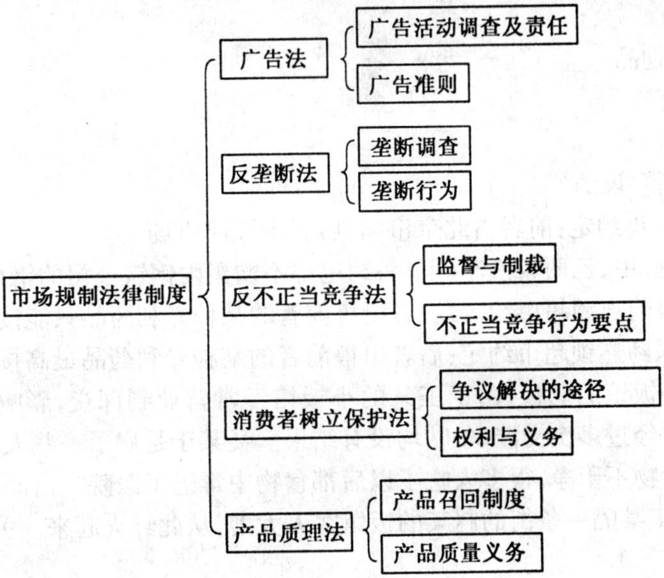

练习题

一、单选题

1. 消费者可对经营者请求“退一赔一”的是(　　)。

A. 进口的眼镜及说明书没有标注生产厂名和厂址

B. 出售国家明令淘汰的农药

C. 速食品及包装上没有标注生产日期和保质期

D. 中国内地制造的皮鞋标明为意大利原产进口

2. 下列行为违反《反不正当竞争法》规定的是(　　)。

A. 市卫生局成立的儿童保健专家组受某生产厂家委托,对其婴儿保健产品提供质量认证标志并收取赞助费

B. 市工商局和市电视台联合举办消费者信得过产品评选活动,评选中违反公平程序而使当选的前八名全部为本市产品

C. 市交管局规定,全市货运车辆必须在指定的两种品牌中选择安装一款车辆运行记录器,否则不予年检;其指定品牌为本地的“波浪”牌和法国的 NJK 牌

D. 市政府决定对市酒厂减免地方税以提供财政支持

3. 下列属于我国产品质量法所称产品的是(　　)。

A. 初级农产品

B. 天然形成的物品

C. 房屋

D. 电

4. 下列不是垄断协议的(　　)。

A. 家乐福和沃尔玛约定:前者占北京市场,后者占天津市场

B. 因为价格问题,甲、乙两家汽车厂口头约定都不购买丙钢铁公司的钢材

C. 甲药厂和乙医药连锁超市约定:后者出售前者的某种专利药品只能按某价格出售

D. 甲药厂和乙医药连锁超市约定:后者出售前者的某种专利药品最高按某价格出售

5. 王某是一家小饭馆的老板,由于王某的小饭馆经常营业到深夜,影响了楼上吴某的休息。吴某与王某为此经过多次交涉、争吵均没有结果。吴某于是雇了一些人到处散发小广告,说王某的饭馆由于食物不干净,很多人吃了以后都食物中毒进了医院。由此,王某的饭馆生意非常冷清。相反,与王某隔一条街的赵某的饭馆客人大增,从此红火起来。关于本案有以下几种说法,正确的是(　　)。

A. 吴某的行为构成诋毁商誉,是不正当竞争行为

B. 吴某的行为构成限制竞争,是不正当竞争行为

C. 赵某的行为构成限制竞争,是不正当竞争行为

D. 王某有权要求吴某消除影响,赔偿损失

二、多选题

1. 根据《广告法》规定,必须依法查验有关证明文件,核实广告内容。核实广告内容的责任人是(　　)。

A. 广告主

B. 广告经营者

C. 广告发布者

D. 工商行政管理部门

2. 关于市场支配地位推定制度,下列符合我国《反垄断法》规定的是(　　)。

A. 经营者在相关市场的市场份额达到1/2的,推定为具有市场支配地位

B. 两个经营者在相关市场的市场份额合计达到2/3,其中有的经营者市场份额不足1/10的,不应当推定该经营者具有市场支配地位

C. 三个经营者在相关市场的市场份额合计达到3/4,其中有两个经营者市场份额合计不足1/5的,不应当推定该两个经营者具有市场支配地位

D. 被推定具有市场支配地位的经营者,有证据证明不具有市场支配地位的,不应当认定其具有市场支配地位

3. 下列产品的包装不符合《产品质量法》的要求的是(　　)。

A. 某商场销售的"三星"彩电只有韩文和英文的说明书

B. 某厂生产的火腿肠没有标明厂址

C. 某厂生产的香烟上没有标明"吸烟有害身体健康"

D. 某厂生产的瓶装葡萄酒没有标明酒精度

4. 经营者以低于成本价销售下列商品的行为,不属于不正当竞争行为的是(　　)。

A. 销售鲜活商品

B. 销售有效期限将到期的商品

C. 销售积压商品

D. 因清偿债务,歇业降价销售商品

5. 消费者张某在某商场购买了乙厂生产的压力锅之后,依法经有关行政部门认定为不合格商品,张某找到商场要求退货。下列的处理方法不正确的是(　　)。

A. 该商场认为购物小票上已经注明"一经售出,概不退换",因此拒绝退货

B. 该商场认为该产品经过修理能达到合格,因此拒绝退货

C. 该商场按照消费者的要求无条件负责退货

D. 该商场可以依法选择修理、更换、退货中的任一方式

三、简答题

1. 简述商业秘密。

2. 简述“三包”责任。

3. 简述广告活动的禁止内容。

4. 简述产品质量法的归责原则。

5. 简述可以推定为滥用市场支配地位的情形。

四、案例分析题

1. 某市甲、乙两厂均生产一种“记忆增强器”产品。甲厂产品的质量比乙厂产品好得多，因而其市场占有率远远高于乙厂。王某是甲厂技术人员。乙厂为提高本厂的市场占有率，付给王某一大笔“技术咨询费”，获取其提供的甲厂技术秘密。乙厂运用这些技术对自己的产品进行了改进。同时，乙厂在本市电视台发布广告，声称本厂生产的记忆增强器功效迅速质量可靠，其他厂家生产的同类产品质量无保证，呼吁消费者当心。另外，乙厂还以高额回扣诱使本市几家大型商场的购货人员不再采购甲厂产品。本市消费者李某等人在使用乙厂产品一段时间后，不仅记忆力没有增强，反而出现了神经衰弱症状。李某等人在电视台的协助下，向已广反映了情况。乙厂随后发现，王某提供的甲厂技术资料缺少几项关键技术，致使乙厂产品存在质量缺陷。

(1)乙厂的上述行为中，何者构成不正当竞争？

(2)对于李某享有什么样的赔偿请求权？

2. 王某在一次展销会上看中了一套由启刚公司生产的组合家具，计5 600元。销售人员张某称该公司为中外合资企业，生产出口系列产品。于是双方签订了订货合同，王某预交了560元定金。在按规定时间交货时，王某发现货品与样品不符，并存在质量问题。交货人员表示可以上门维修。王某交付了4 400元，余下的640元待家具修好后付清。半个月后，家具不但没修好，而且出现了更加严重的质量问题。

在多次与销售人员张某交涉无效的情况下，王某找到家具展销会主办单位龙华公司反映情况，要求协助解决，并提出退货要求，龙华公司许诺一个月内解决。

十几天后，王某被告知肯特公司已撤销展销会，龙华公司无法履行退货承诺。于是王某来到消费者协会寻求支持。经查，张某不是启刚公司业务人员，而却所售家具只有一件是肯特产品。在“消协”的支持下，任某起诉到法院，要求龙华公司返还货款4 960元并加倍赔偿5 600元，承担经济损失2 800元。

问：任某的要求是否合理，为什么？

第七章

Chapter 7

知识产权法律制度

【学习要点及目标】

通过本章学习，应该达到：

1. 了解知识产权的概念及法律特征；
2. 了解知识产权法的概念；
3. 掌握著作权的概念、构成要素、保护期限及邻接权；
4. 掌握专利权的概念，构成要素，授予条件，申请与实施，法律保护；
5. 掌握商标权的概念，构成要素，注册与审批，法律保护。

【引例】 某研究员张某经过自己的独立研究，发明了一种教学仪器——“眼球仪”。2007年11月通过省教委系统内部鉴定。2008年3月1日，张某就“眼球仪”的发明申请了实用新型专利；同年11月，获得国家专利局授予的专利权。其后，张某在甲教学仪器厂签订了专利许可合同。

2009年，张某发现某省教学仪器公司买进的200台眼球仪与自己的发明专利完全相同，但不是甲教学仪器厂生产的。经调查，这批“眼球仪”的制造者是乙教学仪器厂，该厂根据2007年11月教委系统内部鉴定会上取得的技术资料擅自仿造了该专利产品，并出售给省教学仪器公司。

张某认为，乙教学仪器厂未经其同意，擅自制造专利产品，属于侵犯专利权行为，遂起诉到中级人民法院，要求乙教学仪器厂停止其侵权行为，并赔偿其因此而蒙受的经济损失。

乙教学仪器厂则认为，自己虽于2008年7月开始制造生产该专利产品，但自己于2007年11月就已取得“眼球仪”的技术资料，并在2008年2月，张某申请专利之前就已经做好了使用的必要准备，属于先权使用，享有先用权，不构成侵权。

请问：乙教学仪器厂的行为究竟属先权使用，还是构成侵权呢？

第一节　知识产权法概述

一、知识产权的概念及法律特征

(一)知识产权的概念

知识产权是指公民或法人等主体依据法律的规定,对其从事智力创作或创新活动所产生的知识产品所享有的专有权利,又称为“智力成果权”、“无形财产权”。

广义的知识产权包括人类一切智力创造成果。

狭义的知识产权,是指传统意义上的知识产权,一般包括专利权、商标权和著作权。

(二)知识产权的法律特征

知识产权作为一种无形产权,从法律上讲,其与一般意义上的财产权相比,具有三种最明显的法律特征:

(1)知识产权的地域性。即除签有国际公约或双力、多边协定外,依一国法律取得的权利只能在该国境内有效,受该国法律保护。

(2)知识产权的独占性。即只有权利人才能享有,他人不经权利人许可不得行使其权利。

(3)知识产权的时间性。各国法律对知识产权分别规定了一定期限,期满后则权利自动终止。

二、知识产权法的概念

知识产权法是指调整因创造、使用智力成果而产生的,以及在确认、保护与行使智力成果所有人的知识产权的过程中,所发生的各种社会关系的法律规范之总称。

第二节　著作权法

一、著作权法概述

(一)著作权的概念

著作权又称为版权,是指自然人、法人或者其他组织对文学,艺术或科学作品依法享有的人身权利和财产权利的总称。

(二)著作权的特征

与其他知识产权相比,著作权除了具有知识产权所共有专有性、地域性、时间性的特征外,还具有以下特征:

(1)著作权因作品的创作完成而自动产生,一般不必履行任何形式的登记或注册手续,也不论其是否已经发表。

(2)著作权突出对人身权的保护。著作权中作者的发表权、署名权、修改权、保护作品完整权等人身权利,永远归作者享有,不能转让,也不受著作权保护期限的限制。

【示例7.1】 甲经过长期艰苦创作,于2010年7月1日完成了著作《红楼揭秘》,乙于2010年7月2日来到甲家中发现了甲的创作稿件,随后趁甲不注意之际复印了其中的部分内容,然后以自己的名义发表。甲得知后非常生气,找乙讨要说法,乙的回答是你的东西都没有发表,根本就不享有著作权。请问乙的说法是否正确?甲如何保护自己未发表作品的相关权益?

【思路解析】 此案的关键在于著作权产生的时间。

【注意】 著作权为自动保护,无须履行审查、登记手续。著作权自创作完成时获得,而不是自发表之日起。作品应以定稿为准。

二、著作权的构成要素

(一)著作权的主体

著作权的主体也称为著作权人,即依法对文学、艺术和科学作品享有著作权的人,包括自然人、法人和其他组织,在一定条件下,国家也可能成为著作权的主体。

一般意义上讲,作者,即文学、艺术和科学作品的创作者对作品享有著作权。也就是说,著作权的主体一般为直接创作作品的人。但对一些特殊的作品的著作权人的确定还需作出明确规定,具体规定如下:

(1)演绎创作所产生的新作品,其著作权由演绎者享有,但行使著作权时不得侵犯原作品的著作权。

(2)合作作品的著作权由合作作者共同享有。

如果合作作品不可以分割使用,其著作权由各合作作者通过协商一致行使;不能协商一致,又无正当理由的,任何一方不得阻止他人行使除转让以外的其他权利,但是所得收益应当合理分配给所有合作作者。

如果合作作品可以分割使用,作者对各自创作的部分可以单独享有著作权,但行使著作权时,不得侵犯合作作品整体的著作权。

【示例7.2】 甲作曲、乙填词,共同创作抒情歌曲《初恋》,后甲无意间在同事家听到一首名为《热恋》的低格调的歌曲,与他所创作的《初恋》曲调完全一样。一看盒带上署名为甲作曲、乙填词。甲又气又羞,去谴责乙,声称乙侵犯了自己的著作权,要求停止侵害,并赔偿损失。乙辩称,原歌系合作,自己只改了填了自己的歌词部分,这是法律所允许的,拒绝了甲的上述要求。甲无奈,诉诸法院。请问:乙这一行为是否侵权?本案应如何处理?

【思路解析】 合作作品是否可以分割使用以及分割使用时对合作人的著作权的保护。

(3)汇编作品的著作权由汇编人享有,但行使著作权时,不得侵犯原作品的著作权。由于汇编权是作者的专有权利,因而汇编他人受版权法保护的作品或作品的片段时,应征得他人的同意,并不得侵犯他人对作品享有的发表权、署名权、保护作品完整权和获得报酬权等著作权。

(4)影视作品的著作权由制片者享有,但编剧、导演、摄影、作词、作曲等作者享有署名权,并有权按照与制片者签订的合同获得报酬。影视作品中的剧本、音乐等可以单独使用的,其作者有权单独行使其著作权。

(5)职务作品著作权要分具体情况对待:一般职务作品,其著作权由作者享有,但法人或者其他组织有权在业务范围内优先使用;特殊职务作品的作者享有署名权,著作权人的其他权利由法人或者其他组织享有,法人或者其他组织可以给予作者奖励。特殊职务作品,即主要是利用法人或其他组织的物质技术条件制作,并由法人或其他组织承担责任的工程设计图、产品设计图、地图、计算机软件等职务作品,或法律、行政法规规定或合同约定著作权由法人或者其他组织享有的职务作品。

【示例7.3】 甲是某单位职工,其利用业余时间完成了一项与自己所从事工作相关度极高的创作;乙也是本单位职工,其主要利用单位提供的各种物质技术条件完成了一项研究成果。请问在这两种情况下,著作权到底归谁?

【思路解析】 职务作品著作权的归属要视不同情况而定。

(6)委托作品的著作权归属由委托人和受托人通过合同约定。合同未作明确约定或者没有订立合同的,著作权属于受托人,但委托人在约定的使用范围内享有使用作品的权利。

(7)绘画、书法、雕塑等美术作品的原件所有权转移,不视为作品著作权的转移,但美术作品原件的展览权由原件所有人享有。

(8)作者身份不明的作品,由作品原件的所有人行使除署名权以外的著作权。作者身份确定后,由作者或者其继承人行使著作权。

【注意】 作品著作权一般归创作人享有。但对上述八类特殊作品的著作权的归属要详细区分,并熟练掌握。

(二)著作权的内容

1. 著作人身权

著作人身权是指作者通过创作作品而依法享有获得名誉、声望和维护作品完整性的权利。该权利与人身密不可分而又无直接财产内容,这种权利具有整体的不可转让性;不可剥夺性;永久性的特性。

著作人身权包括:

(1)发表权,即决定作品是否公布于众的权利。

(2)署名权,即表明作者身份,在作品上署名的权利。

(3)修改权,即修改或者授权他人修改作品的权利。

(4)保护作品完整权,即保护作品不受歪曲、篡改的权利。

【注意】 著作人身权一般具有不可转让性,但是个别权能具有可继承性(如发表权等)。

2. 著作财产权

著作财产权是指著作权人依法享有的控制作品的使用并获得财产利益的权利。该权利包括使用权和获得报酬权。

使用权是指以复制、发行、出租、展览、放映、广播、网络传播、摄制、改编、翻译、汇编等方式使用作品的权利。具体包括以下内容:

(1)复制权,即以印刷、复印、拓印、录音、录像、翻录、翻拍等方式将作品制作一份或者多份的权利。

(2)发行权,即以出售或者赠与方式向公众提供作品的原件或者复制件的权利。

(3)出租权,即有偿许可他人临时使用电影作品和以类似摄制电影的方法创作的作品、计算机软件的权利,计算机软件不是出租的主要标的的除外。

(4)展览权,即公开陈列美术作品、摄影作品的原件或者复制件的权利。

(5)表演权,即公开表演作品,以及用各种手段公开播送作品的表演的权利。

(6)放映权,即通过放映机、幻灯机等技术设备公开再现美术、摄影、电影和以类似摄制电影的方法创作的作品等的权利。

(7)广播权,即以无线方式公开广播或者传播作品,以有线传播或者转播的方式向公众传播广播的作品,以及通过扩音器或者其他传送符号、声音、图像的类似工具向公众传播广播的作品的权利。

(8)信息网络传播权,即以有线或者无线方式向公众提供作品,使公众可以在其个人选定的时间和地点获得作品的权利。

(9)摄制权,即以摄制电影或者类似摄制电影的方法将作品固定在载体上的权利。

(10)改编权,即改编作品,创作出具有独创性的新作品的权利。

(11)翻译权,即将作品从一种语言文字转换成另一种语言文字的权利。

(12)汇编权,即将作品或作品的片段通过选择或者编排,汇集成新作品的权利。

(13)应当由著作权人享有的使用作品的其他权利。

获得报酬权是指著作权人依法享有的因作品的使用或转让而获得报酬的权利。获得报酬权通常是从使用权、使用许可权或转让权中派生出来的财产权,是使用权、使用许可权或转让权必然包含的内容。但获得报酬权有时又具有独立存在的价值,并非完全属于使用权、使用许可权或转让权的附属权利。

(三)著作权的客体

著作权的客体是指著作权所保护的对象,即作品。这里所称的作品是指文学、艺术和科学领域内具有独创性并能以某种形式复制的智力创作成果。要想成为作品,必须具备独创性和可复制性的特征。

依据我国《著作权法》的规定,可以成为著作权的客体的作品有:文字作品,口述作品,音乐作品,戏剧作品,曲艺作品,舞蹈作品,美术作品,摄影作品,电影、电视、录像作品,地图作品,示意图,计算机软件以及法律、行政法规规定的其他作品。

当然并非所有的作品都可以成为著作权的客体,下列作品就不受著作权法保护:

(1)依法禁止出版、传播的作品;

(2)不适于享有著作权的作品。其包括法律、法规,国家机关的决议、决定、命令和其他具有立法、行政、司法性质的文件,及其官方正式译文,实事新闻,历法、数表、通用表格和公式。

【注意】 计算机软件也属于作品。

三、著作权的保护期限

著作权因其内容性质的不同保护期限也不同,财产权和发表权是有期限的,人身权是无期限的。保护期限因作品的性质不同而起算点也有所不同,自然人、法人作品和影视作品的保护期限起算点不同。具体规定如下:

作者的署名权、修改权、保护作品完整权的保护期不受限制。

【示例7.4】 众所周知,我国在历史上出现过许多伟大的历史人物,也产生了许多伟大的著作。而这些作者早已作古,那他们留下的著作的权利归属是一个什么样的状况呢?请举例说明。

【思路解析】 以古典名著《红楼梦》为例,虽然《红楼梦》的作者曹雪芹早已谢世,这部作品从财产意义上说早已进入公有领域,但对作者的署名权、修改权和保护作品完整权却给予法律上的永久性保护。

公民的作品,其发表权、使用权和获得报酬权的保护期为作者终生及其死亡后50年,截止于作者死亡后第50年的12月31日;如果是合作作品,截止于最后死亡的作者死亡后的第50年的12月31日。

法人或者非法人单位的作品、著作权(署名权除外)由法人或者非法人单位享有的职务作品,其发表权、使用权和获得报酬权的保护期为50年,截止于作品首次发表后第50年的12月31日,但作品自创作完成后50年内未发表的,本法不再保护。

电影、电视、录像和摄影作品的发表权、使用权和获得报酬权的保护期为五十年,截止于作品首次发表后第五十年的12月31日,但作品自创作完成后五十年内未发表的,本法不再保护。

【注意】 著作权因其性质不同而保护期限不同,财产权和发表权有期限,人身权无期限;自然人、法人作品和影视作品的保护期起算点不同。

四、著作权的取得与限制

(一)著作权的取得

著作权的取得和产生需要什么条件,各国历史传统不一,法律要求也不同。我国《著作权法》采用自动保护原则。作品一经产生,不论整体还是局部,只要具备了作品的属性即产生著作权，既不要求登记，也不要求发表，也无须在复制物上加注著作权标记。

(二)著作权的限制

著作权限制是指法律规定对著作权人著作权的行使给予一定的限制，包括对著作权人本人行使著作权进行的限制和他人行使著作权人享有的著作权的限制。这种限制表现为以下三个方面：

1. 著作权的合理使用

《著作权法》第二十二条规定：在下列情况下使用作品，可以不经著作权人许可，不向其支付报酬，但应当指明作者姓名、作品名称，并且不得侵犯著作权人依照本法享有的其他权利：

(1)为个人学习、研究或者欣赏，使用他人已经发表的作品。

(2)为介绍、评论某一作品或者说明某一问题，在作品中适当引用他人已经发表的作品。

(3)为报道时事新闻，在报纸、期刊、广播电台、电视台等媒体中不可避免地再现或者引用已经发表的作品。

(4)报纸、期刊、广播电台、电视台等媒体刊登或者播放其他报纸、期刊、广播电台、电视台等媒体已经发表的关于政治、经济、宗教问题的时事性文章，但作者不许刊登、播放的除外。

(5)报纸、期刊、广播电台、电视台等媒体或者播放在公众集会上发表的讲话，但作者声明不许刊登、播放的除外。

(6)为学校课堂教学或者科学研究，翻译或者少量复制已经发表的作品，供教学或者科学研究，翻译或者少量复制已经发表的作品，供教学或者科学研究人员使用，但不得出版发行。

(7)国家机关为执行公务在合理范围内使用已经发表的作品。

(8)图书馆、档案馆、纪念馆、博物馆、美术馆等为陈列或者保存版本的需要，复制本馆收藏的作品。

(9)免费表演已经发表的作品，该表演未向公众收取费用，也未向表演者支付报酬。

【示例7.5】 某地发生强烈自然灾害，为了为灾区筹集善款，某娱乐公司组织了一场大型慈善义演活动，活动门票收入全部捐给灾区，参加演出的表演人员均不收取任何报酬，活动中很多节目都是经典的他人已经发表的作品，且表演该作品并没有征得著作权人的许可。请问该娱乐公司的行为是否恰当？

【思路解析】 此例涉及著作权合理使用中的特殊规定。

(10)对设置或者陈列在室外公共场所的艺术作品进行临摹、绘画、摄影、录像。

(11)将中国公民、法人或者其他组织已经发表的以汉语言文字创作的作品翻译成少数民族语言文字作品在国内出版发行。

(12)将已经发表的作品改成盲文出版。

以上规定适用于对出版者、表演者、录音录像制作者、广播电台、电视台的权利的限制。

【注意】 为新闻目的而合理使用，作品必须是已发表的；将中国公民、法人或者其他组织已经发表的以汉语言文字创作的作品翻译成少数民族语言文字作品在国内出版发行，原作品必须是汉族文字作品。

2. 著作权的法定许可使用

法定许可使用是指根据法律的直接规定，以特定的方式使用他人已经发表的作品可以不经著作权人的许可，但应当向著作权人支付使用费。我国《著作权法》规定了法定许可使用制度，具体体现在如下条文中：

(1)凡是著作权人向报社、杂志社投稿的，作品刊登后，除著作权人声明不得转载、摘编的外，其他报刊可以转载或者作为文摘、资料刊登，但应当按照规定向著作权人支付报酬。

(2)表演者使用他人无论发表与否的作品进行营业性演出，应当经著作权人许可，并且按照规定支付报酬。这里的作品包括演绎作品，须同时经原著作权人与演绎作者许可。

(3)录音制作者使用他人已经合法录制为录音制品的音乐作品制作录音制品，可以不经著作权人许可，但应当按规定支付报酬，著作权人声明不许使用的不得使用。

(4)广播电台、电视台使用他人已经发表的作品制作广播、电视节目，可以不经著作权人许可，但著作权人声明不许使用的不得使用，并且除著作权法规定可以不支付报酬的以外，应当按照规定支付报酬。

3. 著作权的强制许可使用

强制许可是指在特定条件下，由著作权主管机关根据情况，将对已经发表的作品进行特殊使用的权利授予申请获得此项使用权的人，并把授权的依据称为“强制许可证”，故该制度又称为“强制许可证”制度。强制许可与法定许可的区别是，法定许可是由法律直接规定允许使用的方式，凡符合条件的均可自行使用，使用人并无特定的范围。强制许可则需经使用人事先申请，由主管机关授权后方可使用，并向著作权人支付报酬。未获主管机关授权的不得使用。强制许可的对象限于已经发表的作品。申请获得使用权的人应当首先向著作权人请求许可使用，著作权人拒绝授权许可使用后，才能向政府主管部门申请强制许可。两个基本的著作权国际公约《伯尔尼公约》和《世界版权公约》的现行文本都规定了强制许可制度。

五、邻接权

邻接权又称为作品传播者权，是指作品传播者对其传播作品过程中所作出的创造性劳动成果所享有的权利。邻接权是在传播作品中产生的权利。在我国，邻接权主要是指出版者的权利、表演者的权利、录音录像制品制作者的权利、广播电视的播放权利。

(一)出版者的权利

1. 出版者的权利内容

(1)版式设计专有权。版式设计是指出版者对其出版的图书、期刊的版面和外观装饰所作的设计。

(2)专有出版权。图书出版者对著作权人交付出版的作品，按照双方订立的出版合同的约定享有专有出版权。其他出版者未经许可不得出版同一作品，著作权人也不得将出版者享有专有出版权的作品一稿多投。

报纸、杂志社对著作权人的投稿作品在一定期限内享有先载权。但著作权人自稿件发出之日起15日内未收到报社通知决定刊登的，或者自稿件发出之日起在30日内未收到期刊社通知决定刊登的，可以将同一作品向其他报社、期刊社投稿。双方另有约定的除外。

2. 出版者的主要义务

(1)按合同约定或国家规定向著作权人支付报酬；

(2)按照合同约定的出版质量、期限出版图书；

(3)重版、再版作品的，应当通知著作权人，并支付报酬；

(4)出版改编、翻译、注释、整理已有作品而产生的作品，应当取得演绎作品的著作权人和原作品的著作权人许可，并支付报酬；

(5)对出版行为的授权、稿件来源的署名、所编辑出版物的内容等尽合理的注意义务，避免出版行为侵犯他人的著作权等民事权利。

(二)表演者的权利

这里所说的表演是指包括演员、演出单位或者其他表演文学、艺术作品的人通过演员的声音、表情、动作公开再现作品或演奏作品。

1. 表演者的权利内容

表演者对其表演享有下列权利：

(1)表明表演者身份；

(2)保护表演形象不受歪曲；

(3)许可他人从现场直播和公开传送其现场表演，并获得报酬；

(4)许可他人录音录像，并获得报酬；

(5)许可他人复制、发行录有其表演的录音录像制品，并获得报酬；

(6)许可他人通过信息网络向公众传播其表演，并获得报酬。

2. 表演者的主要义务

表演者使用他人的作品演出，应当征得著作权人许可，并支付报酬；使用改编、翻译、注释、整理已有作品而产生的作品演出，应当征得演绎作品著作权人和原作品著作权人许可，并支付报酬。

(三)录音录像制品制作者的权利

1. 录音录像制品制作者的权利

录制者对其制作的录音录像制品，享有许可他人复制、发行、出租、通过信息网络向公众传播并获得报酬的权利。

2. 录音录像制品制作者的义务

录制者使用他人作品制作录音录像制品，应当取得著作权人许可，并支付报酬；使用演绎作品制作录制品的，应当征得演绎作品著作权人和原作品著作权人的许可，并支付报酬；录制表演活动的，应当同表演者订立合同，并支付报酬。

（四）广播电视的播放权利

1. 广播电视的播放权利

播放者有权禁止未经许可的下列行为：将其播放的广播、电视转播；将其播放的广播、电视录制在音像载体上以及复制音像载体。

2. 播放者应当履行下列义务

播放他人未发表的作品，应当取得著作权人的许可，并支付报酬；播放已发表的作品或已出版的录音录像制品，可以不经著作权人许可，但应按规定支付报酬。

六、著作权的法律保护

（一）著作权的侵权行为

（1）未经著作权人许可，发表其作品的；

（2）未经合作作者许可，将与他人合作创作的作品当作自己单独创作的作品发表的；

（3）没有参加创作，为谋取个人名利，在他人作品上署名的；

（4）歪曲、篡改他人作品的；

（5）剽窃他人作品的；

（6）未经著作权人许可，以展览、摄制电影和以类似摄制电影的方法使用作品，或者以改编、翻译、注释等方式使用作品的，本法另有规定的除外；

（7）使用他人作品，应当支付报酬而未支付的；

（8）未经电影作品和以类似摄制电影的方法创作的作品、计算机软件、录音录像制品的著作权人或者与著作权有关的权利人许可，出租其作品或者录音录像制品的，本法另有规定的除外；

（9）未经出版者许可，使用其出版的图书、期刊的版式设计的；

（10）未经表演者许可，从现场直播或者公开传送其现场表演，或者录制其表演的；

（11）其他侵犯著作权以及与著作权有关的权益的行为。

（12）未经著作权人许可，复制、发行、表演、放映、广播、汇编、通过信息网络向公众传播其作品的，本法另有规定的除外；

（13）出版他人享有专有出版权的图书的；

（14）未经表演者许可，复制、发行录有其表演的录音录像制品，或者通过信息网络向公众传播其表演的，本法另有规定的除外；

（15）未经录音录像制作者许可，复制、发行、通过信息网络向公众传播其制作的录音录像制品的，本法另有规定的除外；

（16）未经许可，播放或者复制广播、电视的，本法另有规定的除外；

（17）未经著作权人或者与著作权有关的权利人许可，故意避开或者破坏权利人为其作品、录音录像制品等采取的保护著作权或者与著作权有关的权利的技术措施的，法律、行政法规另有规定的除外；

(18)未经著作权人或者与著作权有关的权利人许可，故意删除或者改变作品、录音录像制品等的权利管理电子信息的，法律、行政法规另有规定的除外；

(19)制作、出售假冒他人署名的作品的。

【示例7.6】 某网站为了积聚人气，增加对该网站的点击率，特将当前市面上非常流行的书籍影印成电子版本放在自己网站的鲜明位置，供读者免费在线阅读，其造成的结果是这些书的纸质版的销售大受影响。有些作者要求该网站进行赔偿，网站却以免费提供没有收取任何费用为由进行抗辩，拒绝赔偿。请问该网站是否应当承担赔偿责任?

【思路解析】 此案的核心在于网站的行为是否构成著作权的侵权行为。

(二)侵犯著作权的法律责任

对于上述侵权行为的，应当根据情况，承担停止侵害、消除影响、赔礼道歉、赔偿损失等民事责任；同时损害公共利益的，可以由著作权行政管理部门责令停止侵权行为，没收违法所得，没收、销毁侵权复制品，并可处以罚款；情节严重的，著作权行政管理部门还可以没收主要用于制作侵权复制品的材料、工具、设备等；构成犯罪的，依法追究刑事责任。

第三节　专利法

一、专利法概述

(一)专利权

专利权，简称"专利"，是发明创造人或其权利受让人对特定的发明创造在一定期限内依法享有的独占实施权，是知识产权的一种。

(二)专利法

专利法是确认发明人(或其权利继受人)对其发明享有专有权，规定专利权人的权利和义务的法律规范的总称。

二、专利权的主体、内容和客体

(一)专利权的主体

1.发明人和设计人

非职务发明创造，申请专利的权利属于发明人或者设计人；申请被批准后，该发明人或者设计人为专利权人。

2. 职务发明创造

执行本单位的任务或者主要是利用本单位的物质技术条件所完成的发明创造为职务发明创造。职务发明创造申请专利的权利属于该单位;申请被批准后,该单位为专利权人。

利用本单位的物质技术条件所完成的发明创造,单位与发明人或者设计人订有合同,对申请专利的权利和专利权的归属作出约定的,从其约定。

3. 合作与委托

两个以上单位或者个人合作完成的发明创造、一个单位或者个人接受其他单位或者个人委托所完成的发明创造,除另有协议的以外,申请专利的权利属于完成或者共同完成的单位或者个人。申请被批准后,申请的单位或者个人为专利权人。

【示例7.7】 公司甲与业余发明人乙订立了一份技术开发协议,约定由乙为甲开发完成一项电冰箱温控装置技术,由甲为乙提供开发资金、设备、资料等,并支付报酬。在约定时间内乙完成了合同约定的任务,并安约定将全部技术资料和权利都交给了甲公司。此外,乙在完成开发任务的过程中,还开发了一项附属技术T,并以自己的名义就技术T申请专利。甲公司知道此事后,认为技术T的专利申请权应归甲公司所有,因此,甲、乙双方就技术T的专利申请权归宿发生争议。分析问题:

1. 该技术T的专利申请权应归谁所有?请说明理由。

2. 该纠纷可通过哪些渠道解决?

【思路解析】 委托发明的专利权的归属问题。

【注意】 无论是在职务发明还是在合作或委托完成的发明创造,只要有协议对权利归属作了约定,就应当遵守协议的约定。

(二)专利权的内容

专利权的内容是指专利权人依法享有的权利和承担的义务。

1. 专利权人的权利

(1)独占实施权。发明和实用新型专利权被授予后,除专利法另有规定的以外,任何单位或者个人未经专利权人许可,都不得实施其专利,即不得为生产经营目的制造、使用、许诺销售、销售、进口其专利产品,或者使用其专利方法以及使用、许诺销售、销售、进口依照该专利方法直接获得的产品。

外观设计专利权被授予后,任何单位或者个人未经专利权人许可,都不得实施其专利,即不得为生产经营目的制造、销售、进口其外观设计专利产品。

(2)实施许可权。它是指专利权人可以许可他人实施其专利技术并收取专利使用费。许可他人实施专利的,当事人应当订立书面合同。

(3)转让权。专利权可以转让。转让专利权的,当事人应当订立书面合同,并向国务院专利行政部门登记,由国务院专利行政部门予以公告,专利权的转让自登记之日起生效。中国单位或者个人向外国人转让专利权的,必须经国务院有关主管部门批准。

(4)标示权。它是指专利权人享有在其专利产品或者该产品的包装上标明专利标记和专利号的权利。

【注意】 向外国人转让专利申请权、专利权的合同必须经过批准才能生效;转让、实施许可的合同都是要式合同。

2. 专利权人的义务

专利权人的义务主要是缴纳专利年费。专利权人应当自被授予专利权的当年开始缴纳年费。未按规定交纳年费的,可能导致专利权终止。

此外,职务发明创造专利的单位,在授予专利权后,应当按照规定对发明人或设计人进行奖励;专利实施后,根据其推广应用所取得的经济效益,应按规定对发明人或者设计人发给合理的报酬。

3. 专利权的期限

发明专利权的期限为20年,实用新型专利权和外观设计专利权的期限为10年,均自申请日起计算。专利权期限届满后,专利权终止。专利权期限届满前,专利权人可以书面声明放弃专利权。

【注意】 三种专利权的期限不同,期限的起算点是申请日,而非专利权日。

(三)专利权的客体

专利权的客体也称为专利法保护的对象,是指依法应授予专利权的发明创造。我国专利法规定,专利权的客体包括发明、实用新型和外观设计三种。

(1)发明。发明是指对产品、方法或者其改进所提出的新的技术方案。发明必须是一种技术方案,是发明人将自然规律在特定技术领域进行运用和结合的结果。

发明分为产品发明、方法发明两种类型,既可以是原创性的发明,也可以是改进型的发明。

产品发明是关于新产品或新物质的发明。这种产品或物质是自然界从未有过的,是人利用自然规律作用于特定事物的结果。

方法发明是指为解决某特定技术问题而采用的手段和步骤的发明。能够申请专利的方法通常包括制造方法和操作使用方法两大类,前者如产品制造工艺、加工方法等,后者如测试方法、产品使用方法等。

改进发明是对已有的产品发明或方法发明所作出的实质性革新的技术方案。

(2)实用新型。实用新型是指对产品的形状、构造或者其结合所提出的适于实用的新的技术方案,又称为小发明或小专利。它的创造性和技术水平较发明专利低,但实用价值大,在专利权审批上采取简化审批程序、缩短保护期限、降低收费标准办法加以保护。实用新型专利只保护产品。

(3)外观设计。外观设计又称为工业产品外观设计,是指对产品的形状、图案或者其结合以及色彩与形状、图案相结合所作出的富有美感并适于工业上应用的新设计。这种新设计可以是线条、图案或色彩的平面设计,也可以是产品的立体造型。

外观设计的载体必须是产品。通常,产品的色彩不能独立构成外观设计,除非产品色彩变化的本身已形成一种图案。可以构成外观设计的组合有:产品的形状;产品的图案;产品的形状和图案;产品的形状和色彩;产品的图案和色彩;产品的形状、图案和色彩。

(四)专利法不予保护的对象

(1)违反法律、社会公德或妨害公共利益的发明创造。例如,用于赌博的设备、机器或工具;吸毒的器具等不能被授予专利权。

(2)科学发现。

(3)智力活动的规则和方法。例如,交通行车规则、各种语言的语法、速算法或口诀、心理测验方法、各种游戏、娱乐的规则和方法、乐谱、食谱、棋谱、计算机程序本身等。

(4)疾病的诊断和治疗方法。但是药品或医疗器械可以申请专利。

(5)动物和植物品种。但是对于动物和植物品种的生产方法,可以依照授予专利权。

(6)用原子核变换方法获得的物质。

(7)对平面印刷品的图案、色彩或者二者的结合作出的主要起标识作用的设计。

【注意】 动植物品种不能被授予专利。但动植物品种的生产方法,可以授予专利。

三、授予专利权的条件

(一)授予专利权的发明和实用新型的条件

(1)新颖性。新颖性是指该发明或者实用新型不属于现有技术,也没有任何单位或者个人就同样的发明或者实用新型在申请日以前向国务院专利行政部门提出过申请,并记载在申请日以后公布的专利申请文件或者公告的专利文件中。

申请专利的发明创造在申请日以前六个月内,有下列情形之一的,不丧失新颖性:

①在中国政府主办或者承认的国际展览会上首次展出的;

②在规定的学术会议或者技术会议上首次发表的;

③他人未经申请人同意而泄露其内容的。

(2)创造性。创造性是指与现有技术相比,该发明具有突出的实质性特点和显著的进步,该实用新型具有实质性特点和进步。

(3)实用性。实用性是指该发明或者实用新型能够制造或者使用,并且能够产生积极效果。

这里所称现有技术,是指申请日以前在国内外为公众所知的技术。

(二)授予专利权的外观设计的条件

新颖性是授予外观设计专利权的首要条件,授予专利权的外观设计应当不属于现有设计;也没有任何单位或者个人就同样的外观设计在申请日以前向国务院专利行政部门提出过申请,并记载在申请日以后公告的专利文件中。

授予专利权的外观设计与现有设计或者现有设计特征的组合相比，应当具有明显区别。

授予专利权的外观设计不得与他人在申请日以前已经取得的合法权利相冲突。

这里所称现有设计，是指申请日以前在国内外为公众所知的设计。

【注意】 授予专利权时，外观设计与发明、实用新型的条件不同，外观设计只需要具备新颖性就可以授予专利权。

四、专利的申请与审查批准

（一）专利的申请

专利申请是指从专利申请文件递交专利局并获得专利申请号，至该申请被驳回、被授权或被视为撤回之间的阶段，是获得专利权的必须程序。专利申请与申请专利是不同的，申请专利是指专利申请人向专利局申请获得专利权的一个行为，而专利申请是指申请专利这个行为处于特定法律状态的一个阶段。

1. 专利申请的原则

（1）书面原则。在国内申请专利必须递交书面文件，一切都是以递交的书面文件为依据。随着电子信息技术的发展，我国专利局已在少数的涉外代理机构中就部分申请件试行电子申请。

（2）先申请原则。同样的发明创造，在理论上只能授予一项专利权。因此，如果两个以上的申请人分别就同样内容的发明创造申请专利，专利权则授予最先申请的人。专利局收到专利申请文件之日为申请日。如果申请文件是邮寄的，以寄出的邮戳日为申请日。如果是两个人在同一天提出申请，则可协商解决，或者采取共同申请的方式，或者转让给其中一方申请。协商不成时，就都不能获得批准，只能作为技术秘密保护或使其成为自由公知技术。

【示例7.8】 甲、乙二人各自经过努力，分别研制出了节约电能的发明装置，二人打算向专利局申请专利。甲为了保险起见，于2010年5月20日亲手将专利申请文件送到专利局，乙由于怕麻烦，于是于2010年5月20日将文件寄送给专利局，5月22日专利局收到乙的文件。请问专利局会将专利权授予谁？

【思路解析】 此案涉及专利权申请的先申请原则、专利申请日的确定及同时申请的解决规则问题。

（3）优先权原则。申请人自发明或者实用新型在外国第一次提出专利申请之日起12个月内，或者自外观设计在外国第一次提出专利申请之日起6个月内，又在中国就相同主题提出专利申请的，依照该外国同中国签订的协议或者共同参加的国际条约，或者依照相互承认优先权的原则，可以享有优先权。这通常称之为“外国优先权”。

申请人自发明或者实用新型在中国第一次提出专利申请之日起12个月内，又向国务院专利行政部门就相同主题提出专利申请的，可以享有优先权。这一般称之为“本国优先权”。

（4）单一性原则。所谓单一性原则，也就是一发明一申请原则。一件发明或者实用新型专利申请应当限于一项发明或者实用新型,属于一个总的发明构思的两项以上的发明或者实用新型,可以作为一件申请提出。一件外观设计专利申请应当限于一种产品所使用的一项外观设计,用于同一类别并且成套出售或者使用的两项以上的外观设计,可以作为一件提出。

【注意】 国内优先权仅适用于发明和实用新型,不适用于外观设计。

2. 专利申请文件

申请发明或者实用新型专利的,应当提交请求书、说明书、摘要、权利要求书等文件。请求书应当写明发明或者实用新型的名称,发明人或者设计人的姓名,申请人姓名或者名称、地址,以及其他事项。说明书应当对发明或者实用新型作出清楚、完整的说明,以所属技术领域的技术人员能够实现为准;必要的时候,应当有附图。摘要应当简要说明发明或者实用新型的技术要点。权利要求书应当以说明书为依据,说明要求专利保护的范围。

申请外观设计专利的,应当提交请求书以及该外观设计的图片或者照片等文件,并且应当写明使用该外观设计的产品及其所属的类别。

(二)专利的审查批准

我国对发明专利审批采用审查制,即必须经过初步审查公开和实质审查才可授予专利权。对实用新型专利和外观设计专利的审批采用登记制,即只经过初步审查就可以授予专利权。

1. 发明专利的审查与批准

(1)初步审查。专利主管机关查明该申请是否符合专利法关于申请形式要求的规定。

(2)早期公开。专利局收到发明专利申请后,经初步审查认为符合要求的,自申请日起满18个月,即行公布。专利局可以根据申请人的请求早日公布其申请。

(3)实质审查。发明专利申请自申请日起3年内,专利局可以根据申请人随时提出的请求,对其申请进行实质审查;申请人无正当理由逾期不请求实质审查的,该申请即被视为撤回。专利局认为必要的时候,可以自行对发明专利申请进行实质审查。

(4)授权登记公告。发明专利申请经实质审查没有发现驳回理由的,由专利局作出授予发明专利权的决定,发给发明专利证书,同时予以登记和公告。发明专利权自公告之日起生效。

2. 实用新型和外观设计专利的审查与批准

实用新型和外观设计专利申请经初步审查没有发现驳回理由的,由专利局作出授予实用新型专利权或者外观设计专利权的决定,发给相应的专利证书,同时予以登记和公告。实用新型专利权和外观设计专利权自公告之日起生效。

【注意】 专利权的初步审查仅仅为形式审查,专利权的生效日期为公告之日。

五、专利实施的强制许可

强制许可又称为非自愿许可,是指国务院专利行政部门依照法律规定,不经专利权人的同意,直接许可具备实施条件的申请者实施发明或实用新型专利的一种行政措施。我国《专利法》将强制许可分为三类：

（一）不实施时的强制许可

（1）不实施时的强制许可，是指具备实施条件的单位以合理的条件请求发明或者实用新型专利权人许可实施其专利，而未能在合理长的时间内获得这种许可时，国务院专利行政部门根据该单位的申请，可以给予实施该发明专利或者实用新型专利的强制许可。

（2）这种强制许可必须符合以下条件：

①申请获得专利实施强制许可的主体，必须是单位，且必须具备实施所申请的专利的条件。

②申请专利实施强制许可的客体，只能是发明专利或者实用新型专利。对外观设计专利不能申请强制许可。

③申请获得专利实施强制许可，必须具备法律规定的理由。a.申请人已经向发明或者 实用新型专利权人提出了实施该专利的请求，要求专利权人许可其实施专利。b.申请人是以合理的条件向专利权人提出了请求。c.申请人在“合理长的时间内”未能获得专利权人的实施专利的许可。

④申请获得专利实施的强制许可，应当向国务院专利行政部门提出申请。

⑤按照专利法实施细则的规定，依本条规定提出专利实施强制许可，只能在专利权被授予满三年后方可提出。

（二）根据公共利益需要的强制许可

（1）根据公共利益需要的强制许可，是指在国家出现紧急状态或者非常情况时，或者为了公共利益的目的，国务院专利行政部门可以给予实施发明专利或者实用新型专利的强制许可。

（2）这种强制许可决定的情况有两类：

①国家出现紧急状态或者非常情况。例如，爆发战争、爆发大规模疫病、发生严重自然灾害等情况。

②为了公共利益的目的。例如，为了公共利益对一项获得专利的污染防治技术方案给予强制实施许可。

（三）从属专利的强制许可

（1）从属专利的强制许可，是指一项取得专利权的发明或者实用新型比前已经取得专利权的发明或者实用新型具有显著经济意义的重大技术进步，其实施又有赖于前一发明或者实用新型的实施的，国务院专利行政部门根据后一专利权人的申请，可以给予实施前一发明或者实用新型的强制许可。

在依照前款规定给予实施强制许可的情形下，国务院专利行政部门根据前一专利权人的申请，也可以给予实施后一发明或者实用新型的强制许可。

（2）这种强制许可必须符合以下条件：

①两项发明或者实用新型专利必须是相关的、从属的，后一项专利的实施又有赖于前一专利的实施，否则后一项专利将无法实施的。

②后一项取得专利权的发明或者实用新型比前已经取得专利权的发明或者实用新型具有显著经济意义的重大技术进步。

【注意】 强制许可只能是发明和实用新型。

六、专利权的保护

（一）专利侵权行为

专利侵权行为是指在专利权有效期限内，行为人未经专利权人许可又无法律依据，以营利为目的实施他人专利的行为。其具体形式有：

（1）直接侵权行为。

①制造发明、实用新型、外观设计专利产品的行为；

②使用发明、实用新型专利产品的行为；

③许诺销售发明、实用新型专利产品的行为；

④销售发明、实用新型或外观设计专利产品的行为；

⑤进口发明、实用新型、外观设计专利产品的行为；

⑥使用专利方法以及使用、许诺销售、销售、进口依照该专利方法直接获得产品的行为；

⑦假冒他人专利的行为。

为生产经营目的使用或者销售不知道是未经专利权人许可而制造并售出的专利产品或者依照专利方法直接获得的产品，能证明其产品合法来源的，仍然属于侵犯专利权的行为，需要停止侵害，但不承担赔偿责任。

（2）间接侵权行为。这是指行为人本身的行为并不直接构成对专利权的侵害，但实施了诱导、怂恿、教唆、帮助他人侵害专利权的行为。常见的表现形式有：行为人销售专利产品的零部件、专门用于实施专利产品的模具或者用于实施专利方法的机械设备；行为人未经专利权人授权或者委托，擅自转让其专利技术的行为等。

【注意】 直接侵害发明、实用新型的行为方式与直接侵害外观设计的行为不同。

（二）不视为专利侵权的行为

（1）专利权人制造、进口或者经专利权人许可而制造、进口的专利产品或者依照专利方法直接获得的产品售出后，使用、许诺销售或者销售该产品的；

（2）在专利申请日前已经制造相同产品、使用相同方法或者已经作好制造、使用的必要准备，并且仅在原有范围内继续制造、使用的；

（3）临时通过中国领陆、领水、领空的外国运输工具，依照其所属国同中国签订的协议或者共同参加的国际条约，或者依照互惠原则，为运输工具自身需要而在其装置和设备中使用有关专利的；

（4）专为科学研究和实验而使用有关专利的。

第四节　商标法

一、商标法概述

（一）商标的概念

商标是商品的生产者经营者在其生产、制造、加工、拣选或者经销的商品上或者服务的提供者在其提供的服务上采用的，用于区别商品或者服务来源的，由文字、图形、字母、数字、三维标志、颜色组合，或者上述要素的组合。

（二）商标的主要分类

1. 根据识别对象分类

根据识别对象不同，商标划分为商品商标和服务商标。

商品商标，是指由文字、图形或其组合构成，使用于商品，用以区别不同经营者所生产或者经营的同一种或者类似商品的专用标记。其识别对象是一般商品。

服务商标是服务性行业所使用的标志，即提供服务的人在其向社会公众提供的服务项目上所使用的标志。

2. 按照其构成商标图案的形态分类

按照商标构成图案的形态分类，可以分为：

（1）文字商标，即由文字构成的商标。

（2）图形商标是指由图形构成的商标。

（3）字母商标，是指由字母构成的商标。

（4）数字商标，是指由表示数量的数字构成的商标。

（5）三维标志商标，即立体商标，是指由长、宽、高三种度量组成的商标。

（6）颜色组合商标，是指由几种不同的颜色按照一定的规则组合而成的商标。

组合商标，即由上述各种要素组合组成的商标。这种商标图文并茂，其设计一般以图形为主，文字为辅，既表形，又表意。在我国及国际上，组合商标的使用最为普遍。

3. 商标按其使用者的不同进行分类

商标按其使用者的不同进行分类，可以分为制造商标、销售商标和集体商标。

制造商标，也称为生产商标，是商品制造者所使用的商标。例如，南京熊猫电子集团公司在生产的收录机上使用的“熊猫”商标；重庆啤酒集团股份公司在自己生产的啤酒上使用的“山城”商标。

销售商标也称为商业商标，是指销售者在自己经销的商品上使用的商标。例如，贸易公司、百货公司等商业企业使用的标志。

集体商标，是指以团体、协会或者其他组织的名义注册，供该组织成员在商事活动中使用，以表明使用者在该组织中的成员资格的标志。

4. 商标按其功能分类

商标按其功能不同，可以分为联合商标、防御商标与证明商标。

联合商标，是指同一个商标所有人在相同或类似商品上使用的若干个近似商标。例如，某一企业的正商标为“牡丹”，又以“白牡丹”、“红牡丹”、“黑牡丹”为联和商标。

防御商标，是指同一商标所有人在不同类别的商品上注册使用同一个驰名商标。例如，某厂生产的“白玉”牌牙膏，遂又在化妆品、香皂、洗涤剂上注册使用该商标，后者即构成防御商标。

证明商标又称为保证商标，是指由对某种商品或者服务具有监督能力的组织所控制，而由该组织以外的单位或者个人使用于其商品或者服务，用以证明该商品或者服务的原产地、原料、制造方法、质量或者其他特定品质的标志。国际上流行的纯羊毛标志、欧共体采用的“担保商标”等，都是一种证明商标。

二、商标权的主体、内容和客体

（一）商标权的主体

商标权的主体，也称为商标权人，是指经过申请商标注册取得商标专用权的商标所有人，包括自然人、法人或者其他组织。

1. 商标权主体的资格

商标注册申请人，必须是依法成立的企业、事业单位、社会团体、个体工商户、个人合伙及符合规定的外国人或者外国企业。

其中，外国申请人在我国申请商标注册，应按其所属国同我国签订的协议或共同参加的国际条约或对等原则，并委托国家工商行政管理局指定的商标代理组织办理。

2. 商标权主体的条件

商标申请人必须是为自己生产、制造、加工、拣选或者经销的商品申请商标注册，超出此范围的商品，不能提出注册申请。

（二）商标权的内容

商标权的内容是指商标权人依法享有的权利和承担的义务。

1. 商标权人的权利

（1）使用权。使用权即专有使用权，指商标权人在核定使用的商品上专有使用核准注册商标的权利。

(2)禁止权。禁止权又称为排他权,禁止任何第三方未经其许可在相同或类似的商品或服务上使用与其注册商标相同或近似的商标的权利。禁止权的范围大于专有使用权的范围:专有使用权的效力范围是“核准注册的商标和核定使用的商品”,与专有使用权相比较,禁止权有更宽的效力范围。它由“核准注册的商标和核定使用的商品”,扩展至与核准注册的商标相近似的商标和与核定使用的商品相类似的商品。

(3)续展权。注册商标的有效期为十年,注册商标有效期满,需要继续使用的,应当在期满前六个月内申请续展注册;在此期间未能提出申请的,可以给予六个月的宽展期。每次续展注册的有效期为十年。

(4)转让权。注册商标专用权人在商标有效期限内,有权依法将其注册商标转让给他人,注册商标一经转让,商标转让权人即丧失其专用权,而受让人则取得了该注册商标的专用权。这是财产所有权的转移,不是财产使用权的转移。

(5)许可权。注册商标专用权人可以通过签订商标许可合同,许可他人使用其注册商标。这仅属商标使用权的转移,而非商标专用权的转移,商标专用权仍归注册商标专用权人拥有。

2. 商标权人的义务

(1)缴纳各项费用的义务;

(2)标明注册标记的义务;

(3)保证商品质量的义务;

(4)依法使用注册商标的义务,商标权人不得连续三年停止使用注册商标。

(三)商标权的客体

商标权的客体是商标权所指向的对象,也就是商标权的物化载体,即注册商标。

1. 构成商标的要件

(1)商标必须为文字、图形、字母、数字、三维标志和颜色组合,以及上述要素的组合。

(2)商标必须具备显著特征。

2. 不得作为商标使用及注册的情况

(1)同中华人民共和国的国家名称、国旗、国徽、军旗、勋章相同或近似的,以及同中央国家机关所在地特定地点的名称或者标志性建筑物的名称、图形相同的。

(2)同外国的国家名称、国旗、国徽、军旗相同或者近似的,但该国政府同意的除外。

(3)同政府间国际组织的名称、旗帜、徽记相同或者近似的,但经该组织头脑故意或者不易误导公众的除外。

(4)与表明实施控制、予以保证的官方标志、检验印记相同或者近似的,但经授权的除外。

(5)同“红十字”、“红新月”的名称、标志相同或近似的。

(6)带有民族歧视性的。

(7)夸大宣传并带有欺骗性的。

(8)有害于社会主义道德风尚或者有其他不良影响的。

(9)县级以上行政区划的地名或者公众知晓的外国地名,不得作为商标。但是,地名有其他含义或者作为集体商标、证明商标组成部分的除外;已经注册的使用地名的商标继续有效。

(10)仅有本商品的通用名称、图形、型号的。

(11)仅仅直接表示本商品的质量、主要原料、功能、用途、重量、数量及其他特点的。

(12)缺乏显著特征的。

【注意】 地名可以作为注册商标的条件。

三、商标注册与审批

(一)商标注册的原则

商标注册是指商标的使用人为了取得商标专用权,将其使用或准备使用商标,依照法律规定的条件和程序,向商标主管机关提出注册申请,经商标主管机关审核,予以注册的制度。商标注册应当遵循下列原则:

1. 申请在先原则

申请在先原则又称注册在先原则,是指两个或者两个以上的商标注册申请人,在同一种商品或者类似商品上,以相同或者近似的商标申请注册的,申请在先的商标,其申请人可获得商标专用权,在后的商标注册申请予以驳回。如果是同一天申请,初步审定并公告使用在先的商标,驳回其他人的申请,不予公告;同日使用或均未使用的,申请人之间可以协商解决,协商不成的,由各申请人抽签决定。商标注册的申请日期,以商标局收到申请文件的日期为准。

【注意】 《专利法》与《商标法》对于同一天申请给予了不同的处理规则,详见下列流程:①同一天申请专利的→由当事人协商、共同申请或一方转让给其中一方申请→如协商不成→作为技术秘密保护或使其成为自由公知技术;

②同一天申请商标的→由使用在先者获得商标权→同日使用或均未使用的→协商,如协商不成→由各方抽签决定。

这里涉及以下商标优先权问题:

(1)国际优先权。商标注册申请人自其商标在外国第一次提出商标注册申请之日起6个月内,又在中国就相同商品以同一商标提出商标注册申请的,依照该外国同中国签订的协议或者共同参加的国际条约,或者按照相互承认优先权的原则,可以享有优先权。即以在国外申请之日为申请日。

(2)国内优先权。商标在中国政府主办的或者承认的国际展览会展出的商品上首次使用的,自该商品展出之日起6个月内,该商标的注册申请人可以享有优先权。即以首次展出之日为申请日。

【示例7.9】　甲于2009年4月1日开始使用“茉莉”牌商标，乙于同年4月25日开始使用相同商标。甲、乙均于同年6月1日向商标局寄出注册“茉莉”商标的申请文件，但甲的申请文件于6月5日寄至，乙的文件于6月4日寄至。请问谁能获得“茉莉”商标的商标权？

【思路解析】　商标的申请在先原则。判别申请日期应以商标局收到申请文件的日期为准。

2. 自愿注册原则

自愿注册原则是指商标使用人是否申请商标注册取决于自己的意愿。在自愿注册原则下，商标注册人对其注册商标享有专用权，受法律保护。未经注册的商标，可以在生产服务中使用，但其使用人不享有专用权，无权禁止他人在同种或类似商品上使用与其商标相同或近似的商标，但驰名商标除外。

在实行自愿注册原则的同时，我国规定了在极少数商品上使用的商标实行强制注册原则，作为对自愿注册原则的补充。目前，必须使用注册商标的商品有两大类：一是人用药品；二是烟草制品，包括卷烟、雪茄烟和有包装的烟丝。这些商品使用未注册商标的，禁止销售。

（二）商标注册的审批

1. 商标注册的审查

商标注册审查从程序上分为两个阶段：形式审查和实质审查。

（1）形式审查。形式审查又称为书式审查，指商标局收到商标注册申请后，对申请手续所进行的审查。其主要包括以下内容：审查商标注册申请人资格，是否具有该种商标注册申请的权利；审查商标注册申请的条件，是否符合《商标法》及《商标法实施条例》规定要求的完备的手续；审查《商标注册申请书》填写是否符合规定要求；审查商品或服务分类是否准确，是否符合一件商标、一类商品或服务一份申请的要求；审查商标注册申请是否委托了代理机构，委托书是否符合规定要求等。

（2）实质审查。实质审查是指商标局指定审查员对经过审查、编定申请号的商标注册申请，就商标合法性所进行的检查、检索、分析对比、调查研究，并相应作出予以初步审定或驳回的一系列工作。其主要包括四个方面的内容：商标是否符合法定的构成要素；是否具有显著特征；是否违反了《商标法》的禁用条例；是否与他人已经注册或者审定公告的商标相同或者近似。

2. 商标注册的批准

经实质审查后，商标局对于符合《商标法》有关规定的，作出允许其注册的决定，并在《商标公告》中予以公告。初步审定的商标自刊登初步审定公告之日起三个月无人提出异议的以及虽有异议但不成立的，该商标予以注册，同时刊登注册公告。

【注意】　商标的审查包括审查、公告、异议、核准四个阶段。初步审定是在进行形式审查和实质审查之后认定的。

四、注册商标的续展、转让、使用许可及商标管理

（一）注册商标的有效期和续展

1. 注册商标的有效期

注册商标的期限，是指注册商标具有法律效力的持续期间。注册商标的有效期为 10 年，自核准之日起计算。

2. 续展

有效期期满之前 6 个月可以进行续展并缴纳续展费用，每次续展有效期仍为 10 年。续展次数不限。如果在这个期限内未提出申请的，可给予 6 个月的宽展期。若宽展期内仍未提出续展注册的，商标局将其注册商标注销并予公告。

【注意】 商标的续展有续展期和宽展期，续展也要经过公告程序。

（二）注册商标的转让

注册商标的转让是指注册商标的专有权人将其注册商标依法定程序，按一定的条件，转为他人所有的行为。

我国《商标法》规定，转让注册商标的，转让人与受让人共同向商标局提出申请，提交转让申请书，并交回原注册证，经商标局确认申请手续完备后，予以受理。经商标局核准后，将原注册证发给受让人，并予以公告。自公告之日起有效。

注册商标的转让有两种形式：一是企业之间、企业与个体工商业者之间，以及个体工商业者之间通过签订合同转让，这是注册商标转让的主要形式；二是个体工商业者因死亡其注册商标专用权由其继承人接受继承，从而使注册商标专用权发生转移。但继承人应将依法继承的事实应向商标局报告，经商标局认可后生效。注册商标专用权转让后，受让人或继承人必须保证商品质量，维护商标的信誉，保护消费者的利益。

【注意】 转让注册商标必须采取书面形式，并要经商标局核准。受让人自公告之日起享有商标权。

（三）注册商标的使用许可

注册商标的使用许可是指商标专用权人将其注册商标通过签订许可使用合同，许可他人使用其注册商标的法律行为。

经许可使用他人注册商标的，必须在使用该注册商标的商品上标明被许可人的名称和商品产地。许可人应监督被许可人的商品质量。被许可人也应保证使用该注册商标的商品质量。商标使用许可合同，应当报商标局备案。

（四）商标管理

1. 对注册商标使用的管理

根据《商标法》的规定，使用注册商标有下列行为之一的，由商标局责令其限期改正或撤

销其注册商标并根据情况予以罚款：

(1)自行改变注册商标的文字、图形或者其组合的；

(2)自行改变注册商标的注册人名义、地址或者其他注册事项的；

(3)自行转让注册商标的；

(4)连续3年停止使用的。

使用注册商标，其商品粗制滥造，以次充好，欺骗消费者的，由各级工商行政管理部门分别不同情况，责令限期改正，并可以予以通报或者处以罚款，或者由商标局撤销其注册商标。

2. 对未注册商标使用的管理

我国《商标法》规定，使用未注册商标，有下列行为之一的，由地方工商行政管理部门予以制止，限期改正，并可予以通报或者处以罚款：

(1)冒充注册商标的；

(2)违反商标法第10条规定的；

(3)粗制滥造，以次充好，欺骗消费者的。

3. 对商标标识的管理

《商标法实施条例》规定：任何人不得非法印制或者买卖商标标识。对违反上述规定的，由工商行政管理机关予以制止，收缴其商标标识，并可根据情节处以非法经营额20%以下的罚款；销售自己商标标识的，商标局可以撤销其注册商标，属于侵犯注册商标专用权的，则按照侵权的有关规定处理。

对商标局撤销注册商标的决定，当事人不服的，可以在收到通知15日内申请复审，由商标评审委员会做出终局决定，并书面通知申请人。对工商行政管理机关作出的罚款决定，当事人不服的，可以在收到通知15日内，向人民法院起诉，期满不起诉又不履行的，由有关工商行政管理部门申请人民法院强制执行。

4. 对注册商标使用许可的管理

商标注册人，许可他人使用其注册商标，必须签订注册商标使用许可合同。许可人应当在规定期限内，将许可合同副本送交行政管理机关报送商标局备案。违反上述规定的，由工商行政管理机关责令限期改正，拒不改正的由许可人所在地工商行政管理机关报请商标局撤销该注册商标，并收缴被许可人的商标标识。

五、商标权的保护

(一)商标侵权行为

商标侵权是指他人出于商业目的，没有经商标专用权人的许可而擅自使用其已经注册的商标的行为。《商标法》第52条规定，有下列行为之一的，均属侵犯注册商标专用权的行为。

(1)未经注册商标所有人的许可，在同一种商品或者类似商品上使用与其注册商标相同或者近似的商标的；

【示例7.10】 曾用一元钱赢得“中国知识产权第一案”的老字号王致和公司又遇到了商标在国外被抢注的事情。北京王致和食品有限公司总经理王家槐透露，由于拓展德国市场的需要，王致和公司去德国注册其商标，但却意外被告知，这个商标和标识已经被一家名为OKAI的公司于2005年11月21日注册申请，而这家公司此前曾销售过王致和公司的产品。请问商标遭抢注问题如何才能得到有效解决？

【思路解析】 首先应当对商标抢注的对象进行分类：一类是未注册商标；一类是将他人已为公众熟知的商标或驰名商标在非类似商品或服务上申请注册的行为。对于两类不同的对象所涉及的法律原则也就不同：前者是商标“申请在先”与“使用在先”之争，涉及的主要问题是商标权的发生原则；后者则主要是关于“在先商标权”的保护范围及“其他在先权利”的保护问题，同时也触及了商标权的发生原则。

(2)销售侵犯注册商标专用权的商品的；

(3)伪造、擅自制造他人注册商标标识或者销售伪造、擅自制造的注册商标标识的；

(4)给他人的注册商标专用权造成其他损害的。

(5)未经商标注册人同意，更换其注册商标并将该更换商标的商品又投入市场的。

【注意】 对于销售侵犯商标权的商品，并非交付商品才能构成侵权，在交易过程中侵权行为就已成立。

(二)驰名商标的保护

(1)就相同或者类似商品申请注册的商标是复制、模仿或者翻译他人未在中国注册的驰名商标，容易导致混淆的，不予注册并禁止使用。

就不相同或者不相类似商品申请注册的商标是复制、模仿或者翻译他人已经在中国注册的驰名商标，误导公众，致使该驰名商标注册人的利益可能受到损害的，不予注册并禁止使用。

已经注册的商标，违反《商标法》规定的，自商标注册之日起五年内，商标所有人或者利害关系人可以请求商标评审委员会裁定撤销该注册商标。对恶意注册的，驰名商标所有人不受五年的时间限制。

(2)认定驰名商标应当考虑下列因素：

①相关公众对该商标的知晓程度；

②该商标使用的持续时间；

③该商标的任何宣传工作的持续时间、程度和地理范围；

④该商标作为驰名商标受保护的记录；

⑤该商标驰名的其他因素。

(三)商标侵权的民事责任

(1)民事赔偿。侵犯商标专用权的赔偿数额，为侵权人在侵权期间因侵权所获得的利益，或者被侵权人在被侵权期间因被侵权所受到的损失，包括被侵权人为制止侵权行为所支付的合理开支。

上面所称侵权人因侵权所得利益，或者被侵权人因被侵权所受损失难以确定的，由人民法院根据侵权行为的情节判决给予50万元以下的赔偿。

销售不知道是侵犯注册商标专用权的商品，能证明该商品是自己合法取得的并说明提供者的，不承担赔偿责任。

(2)侵权证据保全。商标注册人或者利害关系人有证据证明他人正在实施或者即将实施侵犯其注册商标专用权的行为，如不及时制止，将会使其合法权益受到难以弥补的损害的，可以在起诉前向人民法院申请采取责令停止有关行为和财产保全的措施。

为制止侵权行为，在证据可能灭失或者以后难以取得的情况下，商标注册人或者利害关系人可以在起诉前向人民法院申请保全证据。人民法院接受申请后，必须在48小时内作出裁定；裁定采取保全措施的，应当立即开始执行。

人民法院可以责令申请人提供担保，申请人不提供担保的，驳回申请。

申请人在人民法院采取保全措施后15日内不起诉的，人民法院应当解除保全措施。

销售明知是假冒注册商标的商品，销售金额数额较大的，处三年以下有期徒刑或者拘役，并处或者单处罚金；销售金额数额巨大的，处三年以上七年以下有期徒刑，并处罚金。

伪造、擅自制造他人注册商标标识或者销售伪造、擅自制造的注册商标标识，情节严重的，处三年以下有期徒刑、拘役或者管制，并处或者单处罚金；情节特别严重的，处三年以上七年以下有期徒刑，并处罚金。

【引例分析】

发明创造被授予专利后，就获得了法律保护，只允许专利所有人即专利权人专有使用，而禁止他人擅自使用。未经专利权人许可实施该专利构成侵权。

先用权，是指某项发明创造在专利权人提出专利申请前，如果另一发明人已经在制造相同产品或使用相同方法，或已经做好制造、使用的必要准备的，法律允许其不受专利权人专用权的限制，仍有权在原有范围内继续制造或使用该发明创造。

先用权适用的前提是两个以上发明人或单位分别独立地完成相同的发明其中一个取得了专利权，其他人因未申请或晚申请没有获得专利权的情形。

享有优先权的条件是，另一个发明人在申请人提出申请之日前，已经制造相同产品或使用相联系方法，或已为制造或使用做好必要准备，并且这种使用不构成公开使用。优先权的实施旨在保护相同发明中没有专利权的发明人的最低利益。

本案中，张某和乙教学仪器厂不是分别独立地作出相同的发明，而是乙教学仪器厂擅自利用了省教委内部鉴定会上张某的发明技术资料，虽然在张某申请专利前已做好制造“眼球仪”的准备，但它不是另一发明人，根据专利法有关规定，乙教学仪器厂不享有优先权，它的行为构成对张某专利权的侵犯。根据《专利法》第60条的规定，乙教学仪器厂应停止侵权行为，并赔偿张某所受损失。

本章小结

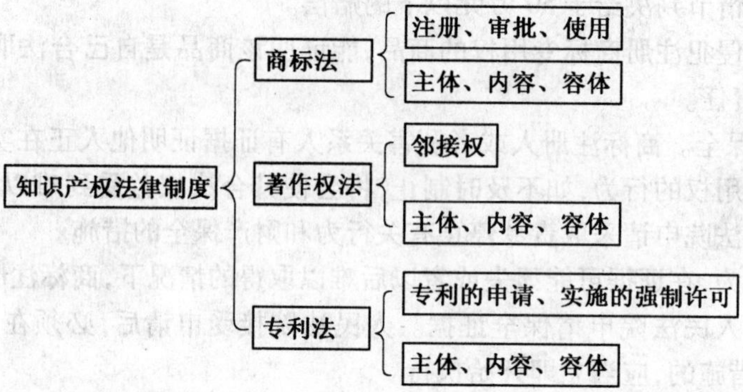

练习题

一、单选题

1. 甲创作的一篇杂文,发表后引起较大轰动。该杂文被多家报刊、网站无偿转载。乙将该杂文译成法文,丙将之译成维文,均在国内出版,未征得甲的同意,也未支付报酬。下列观点正确的是(   )。

A. 报刊和网站转载该杂文的行为不构成侵权

B. 乙和丙的行为均不构成侵权

C. 乙的行为不构成侵权,丙的行为构成侵权

D. 乙的行为构成侵权,丙的行为不构成侵权

2. 黑土公司获得一种新型药品制造方法的发明专利权后,发现市场上有大量白云公司制造的该种新型药品出售,遂向法院起诉要求白云公司停止侵权并赔偿损失。依据新修改《专利法》规定,下列说法错误的是(　　)。

A. 所有基层法院均无该案管辖权

B. 黑土公司不应当承担被告的药品制造方法与专利方法相同的证明责任

C. 白云公司如能证明自己实施的技术属于现有技术,法院应告知白云公司另行提起专利无效宣告程序

D. 如侵犯专利权成立,即使没有证据确定损害赔偿数额,黑土公司仍可获得 1 万元以上 100 万元以下的赔偿额

3. 美国某公司于 2004 年 12 月 1 日在美国就某口服药品提出专利申请并被受理,2005 年 5 月 9 日就同一药品向中国专利局提出专利申请,要求享有优先权并及时提交了相关证明文件。中国专利局于 2008 年 4 月 1 日授予其专利。关于该中国专利,下列选项正确的是(   )。

A. 保护期从 2004 年 12 月 1 日起计算

B. 保护期从 2005 年 5 月 9 日起计算

C. 保护期从 2008 年 4 月 1 日起计算

D. 该专利的保护期是 10 年

4. 甲经乙许可，将乙的小说改编成电影剧本，丙获该剧本手稿后，未征得甲和乙的同意，将该电影剧本改编为电视剧本并予以发表，下列对丙的行为的说法正确的是(　　)。

A. 侵犯了甲的著作权，但未侵犯乙的著作权

B. 侵犯了乙的著作权，但未侵犯甲的著作权

C. 不构成侵权

D. 同时侵犯了甲的著作权和乙的著作权

5. 某酒厂生产的“天下景”牌葡萄酒，其包装正面和两侧的图形、字体、色彩均与已在我国注册的驰名商标“万宝路”牌卷烟的包装盒相似，其封口上印的标识也与“万宝路”卷烟封口相近似。该厂所在地的工商局发现后，责令该厂停止销售这种葡萄酒，收缴其全部外包装，并处以罚款。关于本案的以下意见，正确的是(　　)。

A. 该厂使用的是商品装潢，不构成侵犯他人商标专用权

B. 葡萄酒与卷烟不是同类产品，故本案不存在侵权问题

C. “万宝路”是驰名商标，根据《保护工业产权巴黎公约》应扩大其保护范围

D. 本案在“万宝路”生产厂家未提出控告的情况下，工商行政管理机关报无权查处

二、多选题

1. 作曲家甲创作了一首歌曲《雪花飘飘》，唱片公司乙经甲同意并请歌星丙演唱，将该歌和其他歌曲一起制作成 DVD 唱片。某酒店将合法购买的该正版 DVD 唱片在其咖啡厅播放。关于该酒店行为的定性，下列选项错误的是(　　)。

A. 侵犯了甲的表演权　　B. 侵犯了乙的录制者权

C. 侵犯了丙的表演者权　　D. 合法行为

2. 甲公司委托乙公司设计并制作产品包装盒，未签订书面合同。丙在市场上发现该产品包装盒上未经其许可使用了其画《翠竹》作为背景图案。如果该产品包装盒的整体设计也构成美术图案，下列选项正确的是(　　)。

A. 产品包装盒的版权属于甲公司

B. 乙公司侵害了丙的复制权

C. 甲公司对乙公司的侵权行为不知情，但仍构成侵权

D. 甲公司不能对产品包装盒获得外观设计专利

3. 法国发明家克利特于 1990 年 10 月 20 日就一项发明在法国申请了专利。1991 年 9 月 30 日，克利特又就该发明向中国专利局提出了申请，并申请优先权。后克利特将该发明在法国和中国分别于 1992 年 12 月 31 日、1993 年 8 月 5 日被授予专利权。据《专利法》其在中国的申请日以及专利权有效期截止于(　　)。

A. 1990 年 10 月 20 日

B. 1991 年 9 月 30 日

C. 2010 年 10 月 20 日

D. 2012 年 12 月 31 日

4. 作者甲将其创作的一部小说交乙出版社出版，但双方始终未签订出版合同，事后，该作者又与丙出版社签订了专有出版合同，将此书交丙出版。现乙对丙提出异议。本案依法应如何认定？(　　)

A. 甲的行为属一稿多投，侵犯了乙的权利

B. 丙明知乙已出版此书，仍与甲签订出版合同，属侵权行为

C. 甲一稿多投并不违法，乙不签订出版合同有悖于著作权法的要求

D. 乙应尊重丙的专有出版权，不得再出版此书

5. 下列侵犯著作权的行为中，侵权人不但要承担民事责任，还可以由著作权行政管理部门予以行政处罚的是(　　)。

A. 未经著作权人许可，以表演、播放、展览等方式使用作品的

B. 未经著作权人许可，以营利为目的，复制发行其作品的

C. 未经广播电台、电视台许可，复制发行其制作的广播、电视节目的

D. 未经表演者许可，对其表演录制成音像出版的

三、简答题

1. 简述著作权的内容。

2. 简述邻接权的主要内容。

3. 简述专利法不予保护的对象。

4. 简述不得作为商标使用及注册的情况。

5. 简述注册商标的使用管理。

四、案例分析题

1. 甲公司指派员工唐某从事新型灯具的研制开发，唐某于 1999 年 3 月完成了一种新型灯具的开发。甲公司对该灯具的技术采取了保密措施，并于 2000 年 5 月 19 日申请发明专利。2001 年 12 月 1 日，国家专利局公布该发明专利申请，并于 2002 年 8 月 9 日授予甲公司专利权。此前，甲公司与乙公司于 2000 年 7 月签订专利实施许可合同，约定乙公司使用该灯具专利技术 4 年，每年许可使用费 10 万元。

2004 年 3 月，甲公司欲以 80 万元将该专利技术转让给丙公司。唐某、乙公司也想以同等条件购买该专利技术。最终甲公司将该专利出让给了唐某。唐某购得专利后，拟以该灯具专利作价 80 万元作为出资，设立一家注册资本为 300 万元的有限责任公司。

2004 年 12 月，有人向专利复审委员会申请宣告该专利无效，理由是丁公司已于 1999 年 12 月 20 日开始生产相同的灯具并在市场上销售，该发明不具有新颖性。经查，丁公司在获悉

甲公司开发出新型灯具后，以不正当手段获取了甲公司的有关技术资料并一直在生产、销售该新型灯具。

问题：

(1)唐某作为发明人，依法应享有哪些权利？

(2)该专利是否应当因为不具有新颖性而被宣告无效？为什么？

2. 赵某与王某都以同一历史背景下的同一人物为题材撰写小说，因此在某些历史事件描述上相同，王某的小说出版在后。赵某将小说交给了甲出版社，但双方没有签订出版合同。事后赵某又将小说交给了乙出版社出版。赵某的书出版后很受欢迎，某大学教授蔡某主要研究历史小说，在他的一部书中为了介绍赵某的小说对原著作进行了大量引用，引用的数量达到被引用作品的1/4。剧作家金某经赵某同意后将赵某的小说改编成电影剧本。另一剧作家徐某未经赵某和金某的同意将该电影剧本改编成电视剧本并给予发表。

问题：

(1)王某是否侵犯了赵某的著作权？

(2)赵某一稿多投是否违法？

(3)甲出版社是否有权出版赵某的小说？

(4)蔡某是否侵犯了赵某的著作权？

(5)徐某的行为是否构成侵权？

第八章

Chapter 8

金融法律制度

【学习要点及目标】

通过本章学习,应该达到:

1. 了解金融、金融法的概念及我国的金融机构体系;
2. 掌握中央银行的法律地位、主要业务和违反人民币管理的法律责任;
3. 了解商业银行的设立、组织机构、变更、接管和终止;
4. 掌握商业银行的业务范围、业务管理及法律责任;
5. 了解银行业监督管理法的内容;
6. 掌握票据行为、票据权利、票据抗辩、涉外票据的法律适用及法律责任;
7. 掌握汇票、本票和支票的法律规定;
8. 了解证券的概念、种类和证券机构;
9. 掌握证券发行、交易和法律责任。

【引例】 A、B两公司签订了100万元的买卖合同,B公司发货后,A公司于2009年7月16日向B公司开出了一张100万元的银行承兑汇票。后B公司因向C公司购买价值100万元的设备,而将该汇票背书转让给C公司。不久,B公司发现C公司无货可供,于是立即通知付款人D银行停止向C公司支付票款。

C公司并不直接向D银行请求支付票款,而是将该汇票又背书转让给甲公司,以支付欠甲公司的工程款。2009年10月16日,不知情的甲公司向D银行请求付款,D银行以C公司的欺诈行为无效以及B公司的停止付款通知为由,拒绝付款。

D银行能否以C公司的欺诈行为无效为由拒绝向甲公司付款?甲公司被拒绝付款后,如何行使追索权?

第一节　金融法概述

一、金融与金融法的概念

（一）金融的概念

金融就是资金的融通，是货币流通和信用活动以及与之相联系的经济活动的总称。它包括货币的发行与回笼，存款的吸收和提取，贷款的发放和收回，国内外汇兑往来，有价证券的发行与交易，票据贴现，银行同业拆借，融资租赁，外债管理等活动。

（二）金融法的概念

金融法是调整金融关系的法律规范的总称。金融法主要包括银行法、证券法、期货法、票据法、保险法、外汇管理法等具体类别。在本章中将重点介绍银行法、票据法及证券法。

二、我国的金融机构体系

金融机构，是指专门从事货币信用活动的中介组织。我国的金融机构，按地位和功能可分为中央银行、政策性银行、商业银行和非银行金融机构，这些金融机构相互补充，构成了一个完整的金融机构体系。

（一）中央银行

中央银行即中国人民银行，是代表国家组织、领导、管理、监督金融业的国家机关，负责控制国家货币供给、信贷条件，监管金融体系，是我国金融体系的核心机构。

（二）政策性银行

政策性银行是指在国家政策领导下，不以营利为目的，在特定的业务领域内，从事金融业务活动，充当国家发展经济、促进社会进步、进行宏观经济管理工具的金融机构。我国的三大政策性银行是中国进出口银行、国家开发银行及中国农业发展银行。

（三）商业性银行

商业性银行是自主经营、自担风险、自负盈亏、自我约束的营利性金融机构。我国的商业银行由以下几部分构成：

（1）国有商业银行，包括中国银行、中国工商银行、中国建设银行、交通银行；

（2）股份制商业银行，包括招商银行、光大银行、民生银行等；

（3）城乡合作银行，包括城市合作银行、农村合作银行；

（4）中外合资银行、外资银行等。

（四）非银行金融机构

非银行金融机构是经中国人民银行批准成立，办理金融业务的金融机构。其主要有证券公司、保险公司、融资租赁机构、信托投资公司、企业财务公司等。

目前我国已建立起以中央银行为领导、政策性金融与商业性金融相分离,国有商业银行为主体,非银行金融机构相配合的金融体系。

第二节 银行法

银行是经营存款、贷款、汇兑、结算等业务,起信用和支付媒介作用的金融机构。

我国并没有统一的银行法典,目前,我国的银行法主要有《中国人民银行法》、《商业银行法》及《银行业监督管理法》。

一、中国人民银行法

(一)中国人民银行法的概念

中国人民银行法是确立中国人民银行的地位和职责,调整中国人民银行的组织和活动的法律规范的总称。

(二)中国人民银行的法律地位和职责

1. 中国人民银行的法律地位

《中国人民银行法》规定,中国人民银行是中华人民共和国的中央银行。在国务院领导下,制定和执行货币政策,防范和化解金融风险,维护金融稳定。中国人民银行不同于商业银行,不以营利为目的;也不同于一般国家机关,作为国务院直属的政府职能部门,对于国务院具有相对独立性,它的全部资本由国家出资,由国家所有。

2. 中国人民银行的职责

中国人民银行依法履行下列职责:①发布与履行其职责有关的命令和规章;②依法制定和执行货币政策;③发行人民币,管理人民币流通;④监督管理银行间同业拆借市场和银行间债券市场;⑤实施外汇管理,监督管理银行间外汇市场;⑥监督管理黄金市场;⑦持有、管理、经营国家外汇储备、黄金储备;⑧经理国库;⑨维护支付、清算系统的正常运行;⑩指导、部署金融业反洗钱工作,负责反洗钱的资金监测;⑪负责金融业的统计、调查、分析和预测;⑫作为国家的中央银行,从事有关的国际金融活动;⑬国务院规定的其他职责。

【注意】 中国人民银行具有货币发行、流通、储备的权利,因而它既是我国的中央银行,又是发行银行;同时,它还代表政府管理我国的金融机构和金融活动,经理国库,所以属于政府的银行;在与商业银行和其他金融机构发生业务往来时,充当资金结算中心,当商业银行资金不足时,可以向其发放贷款,因此又称为银行的银行。

（三）中国人民银行的组织机构

1. 中国人民银行的行长

中国人民银行设行长一人，副行长若干人。中国人民银行实行行长负责制，行长领导中国人民银行的工作，副行长协助行长工作。

中国人民银行行长的人选，根据国务院总理的提名，由全国人民代表大会决定；全国人民代表大会闭会期间，由全国人民代表大会常务委员会决定，由中华人民共和国主席任免。中国人民银行副行长由国务院总理任免。

2. 货币政策委员会

中国人民银行设立货币政策委员会。货币政策委员会是中国人民银行制定货币政策的咨询议事机构，在综合分析客观经济形式的基础上，依据国家宏观经济调控目标，讨论相关货币政策事项，并提出相应建议。

3. 中国人民银行的分支机构

中国人民银行根据履行职责的需要设立分支机构，作为中国人民银行的派出机构。中国人民银行对分支机构实行统一领导和管理。中国人民银行的分支机构根据中国人民银行的授权，维护本辖区的金融稳定，承办有关业务。分支机构独立于各地人民政府，不是地方政府的经济职能部门，它的业务活动不受地方政府的干涉。

（四）中国人民银行的主要业务

1. 执行货币政策

货币政策是中国人民银行为实现经济增长和稳定货币的经济目标，而采用的各种控制和调节货币供应量的方针和措施的总称。中国人民银行为执行货币政策，可以运用下列货币政策工具：①要求银行业金融机构按照规定的比例交存存款准备金；②确定中央银行基准利率；③为在中国人民银行开立账户的银行业金融机构办理再贴现；④向商业银行提供贷款；⑤在公开市场上买卖国债、其他政府债券和金融债券及外汇；⑥国务院确定的其他货币政策工具。中国人民银行为执行货币政策，运用上述所列货币政策工具时，可以规定具体的条件和程序。

【资料8.1】 自1984年至2010年中国人民银行共调整存款准备金率34次。2011年，为应对国内的通货膨胀，中国人民银行以每月一次的频率连续上调存款准备金率，2011年6月14日，央行宣布上调存款准备金率0.5个百分点。这也是央行年内第六次上调存款准备金率。

2. 发行、管理人民币流通

人民币是中华人民共和国的法定货币。人民币支付中华人民共和国境内的一切公共的和私人的债务，任何单位和个人不得拒收。中国人民银行负责人民币的印制、发行，设立人民币发行库，在其分支机构设立分支库，分支库按照上级库的命令调拨人民币发行基金。

为了保证人民币的法定地位，保障其正常流通，《中国人民银行法》规定：禁止伪造、变造人民币;禁止出售、购买伪造、变造的人民币;禁止运输、持有、使用伪造、变造的人民币;禁止故意毁损人民币;禁止在宣传品、出版物或者其他商品上非法使用人民币图样;任何单位和个人不得印制、发售代币票券,以代替人民币在市场上流通;残缺、污损的人民币,按照中国人民银行的规定兑换,并由中国人民银行负责收回、销毁。

【资料 8.2】　中国人民银行分别于 1948 年 12 月 1 日、1955 年 3 月 1 日、1962 年 4 月 20 日、1987 年 4 月 27 日、1999 年 10 月 1 日发行了五套人民币。

3. 为政府部门、金融机构提供金融服务

中国人民银行为政府部门提供的服务包括:依照法律、行政法规的规定经理国库;代理国务院财政部门向各金融机构组织发行、兑付国债和其他政府债券。

中国人民银行为金融机构提供的服务包括:可根据需要,为银行业金融机构开立账户,但不得对银行业金融机构的账户透支;中国人民银行应当组织或者协助组织银行业金融机构相互之间的清算系统,协调银行业金融机构相互之间的清算事项,提供清算服务,并会同国务院银行业监督管理机构制定支付结算规则;当商业银行发生资金短缺、周转不灵时,可以向中国人民银行请求贷款,中国人民银行根据执行货币政策的需要,可以决定对商业银行贷款的数额、期限、利率和方式,但贷款的期限不得超过 1 年。

中国人民银行不得对政府财政透支,不得直接认购、包销国债和其他政府债券。中国人民银行不得向地方政府、各级政府部门提供贷款,不得向非银行金融机构以及其他单位和个人提供贷款,但国务院决定中国人民银行可以向特定的非银行金融机构提供贷款的除外。中国人民银行不得向任何单位和个人提供担保。

(五)金融监督管理

中国人民银行是国务院的金融职能管理部门,是国家最高的金融监管机关。中国人民银行依法监测金融市场的运行情况,对金融市场实施宏观调控,促进其协调发展。

中国人民银行有权对金融机构以及其他单位和个人的下列行为进行检查监督:①执行有关存款准备金管理规定的行为;②与中国人民银行特种贷款有关的行为;③执行有关人民币管理规定的行为;④执行有关银行间同业拆借市场、银行间债券市场管理规定的行为;⑤执行有关外汇管理规定的行为;⑥执行有关黄金管理规定的行为;⑦代理中国人民银行经理国库的行为;⑧执行有关清算管理规定的行为;⑨执行有关反洗钱规定的行为。

【示例 8.1】　2009 年 7 月某中国人民银行分行根据当地政府领导的意见办理了下列业务:

(1)向当地人民政府提供一笔 1 亿元的贷款用于省内高速公路建设;

(2)为当地重点国有企业因资金周转困难向中国建设银行贷款的 1000 万元提供担保;

(3)向当地某商业银行提供贷款以调整银行体系贷款的结构;

(4)认购政府债券2亿元。

中国人民银行办理的上述各业务是否符合法律规定?

【思路解析】 中国人民银行是我国的中央银行,可以向商业银行提供贷款,但不得向政府部门提供贷款,不能为任何单位和个人贷款提供担保,不能直接认购政府债券。

(六)法律责任

1. 违反人民币管理规定的法律责任

伪造、变造人民币,出售伪造、变造的人民币,或者明知是伪造、变造的人民币而运输。

购买伪造、变造的人民币或者明知是伪造、变造的人民币而持有、使用,构成犯罪的,依法追究刑事责任;尚不构成犯罪的,由公安机关处15日以下拘留、1万元以下罚款。

在宣传品、出版物或者其他商品上非法使用人民币图样的,中国人民银行应当责令改正,并销毁非法使用的人民币图样,没收违法所得,并处5万元以下罚款。

印制、发售代币票券,以代替人民币在市场上流通的,中国人民银行应当责令停止违法行为,并处20万元以下罚款。

2. 违反人民银行纪律、业务规则的法律责任

中国人民银行有关人员违规提供贷款、对单位和个人提供担保、擅自动用发行基金。

地方政府、各级政府部门、社会团体和个人强令中国人民银行及其工作人员违反本法规定提供贷款或者担保的,对负有直接责任的主管人员和其他直接责任人员,依法给予行政处分;构成犯罪的,依法追究刑事责任;造成损失的,应当承担部分或者全部赔偿责任。

中国人民银行的工作人员泄露国家秘密或者所知悉的商业秘密,贪污受贿、徇私舞弊、滥用职权、玩忽职守,构成犯罪的,依法追究刑事责任;尚不构成犯罪的,依法给予行政处分。

二、商业银行法

(一)商业银行法的概念

商业银行是指依照商业银行法和公司法设立的吸收公众存款、发放贷款、办理结算等业务的企业法人。商业银行法是规范商业银行的法人资格、业务范围、经营原则,银行的设立、变更和终止,清算和解散的条件、程序,银行业务的监督和管理及银行的法律责任的法律规范。

(二)商业银行的业务范围

商业银行以安全性、流动性、效益性为经营原则,其业务按照资金来源和用途可以分为负债业务、资产业务和中间业务。《商业银行法》规定,商业银行可以经营下列部分或者全部业务。

1. 负债业务

负债业务指商业银行通过一定的形式,组织资金来源的业务。其主要包括:吸收公众存款;发行金融债券;从事同业拆借。

2. 资产业务

资产业务指商业银行利用其积聚的货币资金从事各种信用活动的业务，是商业银行获得收益的主要方式。其主要包括：发放短期、中期和长期贷款；办理票据承兑与贴现；买卖政府债券、金融债券。

3. 中间业务

中间业务，指商业银行不需要运用自己的资金，只代替客户承办交付和其他委托事项而收取手续费的业务。中间业务是银行三大业务之一，主要包括：办理国内外结算；从事银行卡业务；代理发行、代理兑付、承销政府债券；买卖、代理买卖外汇；提供信用证服务及担保；代理收付款项及保险业务和提供保管箱服务。

商业银行的经营范围由商业银行章程规定，报国务院银行业监督管理机构批准。经中国人民银行批准，也可以经营结汇、售汇业务。

（三）商业银行的设立

设立商业银行，应当具备下列条件：①有符合商业银行法和公司法规定的章程；②有符合商业银行法规定的注册资本最低限额，其中设立全国性商业银行的注册资本最低限额为10亿元人民币，设立城市商业银行的注册资本最低限额为1亿元人民币，设立农村商业银行的注册资本最低限额为5千万元人民币；③有具备任职专业知识和业务工作经验的董事、高级管理人员；④有健全的组织机构和管理制度；⑤有符合要求的营业场所、安全防范措施和与业务有关的其他设施。

设立商业银行，应当经国务院银行业监督管理机构审查批准。未经国务院银行业监督管理机构批准，任何单位和个人不得从事吸收公众存款等商业银行业务，任何单位不得在名称中使用“银行”字样。经批准设立的商业银行，由国务院银行业监督管理机构颁发经营许可证，并凭该许可证向工商行政管理部门办理登记，领取营业执照。

（四）商业银行的业务管理

1. 存款业务管理

商业银行可以为个人及单位提供存款服务。商业银行应按照中国人民银行规定的存款利率的上下限，确定存款利率，予以公告；当存款到期时，保证存款本金和利息的支付，不得拖延、拒绝支付存款本金和利息。商业银行有权拒绝任何单位或者个人查询、冻结、扣划个人及单位存款，但法律另有规定的除外。

2. 贷款业务管理

商业银行可以根据国民经济和社会发展的需要，在国家产业政策指导下开展贷款业务。商业银行按照中国人民银行规定的贷款利率的上下限，确定贷款利率。商业银行贷款，实行审贷分离、分级审批的制度，严格审查借款人的借款用途、偿还能力、还款方式等情况；并要求借款人提供担保，商业银行对保证人的偿还能力，抵押物、质物的权属和价值以及实现抵押权、质权的可行性进行严格审查，经审查、评估，确认借款人资信良好，确能偿还贷款的，可以不提供担保。商业银行贷款，应当与借款人订立书面合同，并在合同中约定贷款种类、借款用途、金额、利率、还款期限、还款方式、违约责任和双方认为需要约定的其他事项。

商业银行贷款，应当遵守下列资产负债比例管理的规定：①资本充足率不得低于8%；②贷款余额与存款余额的比例不得超过75%；③流动性资产余额与流动性负债余额的比例不得低于25%；④对同一借款人的贷款余额与商业银行资本余额的比例不得超过10%；⑤国务院银行业监督管理机构对资产负债比例管理的其他规定。

商业银行不得向商业银行的董事、监事、管理人员、信贷业务人员及其近亲属以及上述所列人员投资或者担任高级管理职务的公司、企业和其他经济组织等关系人发放信用贷款；向关系人发放担保贷款的条件不得优于其他借款人同类贷款的条件。

借款人应当按期归还贷款的本金和利息，到期不归还担保贷款的，商业银行依法享有要求保证人归还贷款本金和利息或者就该担保物优先受偿的权利。商业银行因行使抵押权、质权而取得的不动产或者股权，应当自取得之日起2年内予以处分。借款人到期不归还信用贷款的，应当按照合同约定承担责任。

【示例8.2】 赵某是某商业银行的信贷部经理，赵某的儿子赵小刚投资成立了鹤鹏公司，并担任董事长。鹤鹏公司现拟向赵某所在商业银行贷款，经查鹤鹏公司信用良好，具备偿还能力。该银行可以在没有提供担保的情况下向鹤鹏公司发放信用贷款?

【思路解析】 商业银行不得向关系人发放信用贷款。

3. 其他业务管理

商业银行在我国境内不得从事信托投资和证券经营业务，不得向非自用不动产投资或者向非银行金融机构和企业投资，但国家另有规定的除外。商业银行发行金融债券或者到境外借款，应当依照法律、行政法规的规定报经批准。

商业银行办理票据承兑、汇兑、委托收款等结算业务，应当按照规定的期限兑现，收付入账，不得压单、压票或者违反规定退票。

【注意】 商业银行不得向非银行金融机构和企业投资，并非不得向所有企业投资，可以向金融企业投资。

（五）法律责任

1. 损害存款人或其他客户利益的法律责任

商业银行有下列情形之一，对存款人或者其他客户造成财产损害的，应当承担支付迟延履行的利息以及其他民事责任：①无故拖延、拒绝支付存款本金和利息的；②违反票据承兑等结算业务规定，不予兑现，不予收付入账，压单、压票或者违反规定退票的；③非法查询、冻结、扣划个人储蓄存款或者单位存款的；④违反本法规定对存款人或者其他客户造成损害的其他行为。有上述规定情形的，由国务院银行业监督管理机构责令改正，有违法所得的，没收违法所得，违法所得在5万元以上的，并处违法所得1倍以上5倍以下罚款；没有违法所得或者违法所得不足5万元的，处5万元以上50万元以下罚款。

2. 非法从事金融业务，违规操作业务的法律责任

商业银行有下列情形之一，由国务院银行业监督管理机构责令改正，有违法所得的，没收违法所得，违法所得在50万元以上的，并处违法所得1倍以上5倍以下罚款；没有违法所得或者违法所得不足50万元的，处50万元以上200万元以下罚款；情节特别严重或者逾期不改正的，可以责令停业整顿或者吊销其经营许可证；构成犯罪的，依法追究刑事责任：①未经批准设立分支机构的；②未经批准分立、合并或者违反规定对变更事项不报批的；③违反规定提高或者降低利率以及采用其他不正当手段，吸收存款，发放贷款的；④出租、出借经营许可证的；⑤未经批准买卖、代理买卖外汇的，办理结汇、售汇的；⑥未经批准买卖政府债券或者发行、买卖金融债券或者到境外借款的；⑦违反国家规定从事信托投资和证券经营业务、向非自用不动产投资或者向非银行金融机构和企业投资的；⑧违反规定同业拆借的；⑨向关系人发放信用贷款或者发放担保贷款的条件优于其他借款人同类贷款的条件的。

3. 违反金融监管的法律责任

商业银行有下列情形之一，由国务院银行业监督管理机构责令改正，并处20万元以上50万元以下罚款；情节特别严重或者逾期不改正的，可以责令停业整顿或者吊销其经营许可证；构成犯罪的，依法追究刑事责任：①拒绝或者阻碍国务院银行业监督管理机构检查监督的；②提供虚假的或者隐瞒重要事实的财务会计报告、报表和统计报表的；③未遵守资本充足率、存贷比例、资产流动性比例、同一借款人贷款比例和国务院银行业监督管理机构有关资产负债比例管理的其他规定的；④未按照中国人民银行规定的比例交存存款准备金的。

4. 工作人员的法律责任

商业银行工作人员利用职务上的便利，索取、收受贿赂或者违反国家规定收受各种名义的回扣、手续费；贪污、挪用、侵占本行或者客户资金，玩忽职守造成损失的；泄露在任职期间知悉的国家秘密、商业秘密的，构成犯罪的，依法追究刑事责任；尚不构成犯罪的，应当给予纪律处分。

商业银行工作人员违反规定徇私向亲属、朋友发放贷款或者提供担保造成损失的，应当承担全部或者部分赔偿责任；对单位或者个人强令其发放贷款或者提供担保未予拒绝的，应当给予纪律处分；造成损失的，应当承担相应的赔偿责任。

【示例8.3】　中国农业银行大庆分行卧里屯支行行长张某利用职务之便，挪用公款2 600余万元，并于2007年5月19日携款潜逃。

三、银行业监督管理法

（一）银行业监督管理法概述

为了加强对银行业的监督管理，规范监督管理行为，防范和化解银行业风险，保护存款人和其他客户的合法权益，促进银行业健康发展，国家颁布《中华人民共和国银行业监督管理法》。

（二）银行业监督管理机构

国务院银行业监督管理机构，即中国银行业监督管理委员会，简称银监会，负责对在我国境内设立的银行业金融机构、其他金融机构和经其批准在境外设立的金融机构及其业务活动的监督管理工作。国务院银行业监督管理机构根据履行职责的需要设立派出机构，对派出机构统一领导和管理。

【注意】 在地方设立的银监局直接隶属于银监会，不受地方的领导和管理。

（三）银行业监督管理机构的职责

1. 制定规章、审批银行业金融机构设立

国务院银行业监督管理机构依照法律、行政法规制定并发布对银行业金融机构及其业务活动监督管理的规章、规则；审查批准银行业金融机构的设立、变更、终止以及业务范围。

2. 对金融机构的董事和高管进行任职管理

国务院银行业监督管理机构对银行业金融机构的董事和高级管理人员实行任职资格管理。具体办法由国务院银行业监督管理机构制定。

3. 风险管理

依照审慎经营规则，银行业监督管理机构应当对银行业金融机构的业务活动及其风险状况进行非现场监管和现场检查，建立银行业金融机构监督管理评级体系和风险预警机制。根据银行业金融机构的评级情况和风险状况，确定对其现场检查的频率、范围和需要采取的其他措施。

国务院银行业监督管理机构应当建立银行业突发事件的发现、报告岗位责任制度；并会同中国人民银行、国务院财政部门等有关部门建立银行业突发事件处置制度，制定银行业突发事件处置预案，明确处置机构和人员及其职责、处置措施和处置程序，及时、有效地处置银行业突发事件。

（四）法律责任

银行业监督管理机构从事监督管理工作的人员有下列情形之一的，依法给予行政处分，构成犯罪的，依法追究刑事责任：①违反规定审查批准银行业金融机构的设立、变更、终止，以及业务范围和业务范围内的业务品种的；②违反规定对银行业金融机构进行现场检查的；③未按规定报告突发事件的；④违反规定查询账户或者申请冻结资金的；⑤违反规定对银行业金融机构采取措施或者处罚的；⑥违反规定对有关单位或者个人进行调查的；⑦贪污受贿、滥用职权、玩忽职守及泄露国家秘密、商业秘密等其他行为。

银行业金融机构违反监督管理法的相关规定，已在前面的内容进行介绍，这里不再赘述。

【示例8.4】 中国银监会于2007年6月18日宣布,银监会决定对被企业挪用信贷资金的8家银行分支机构进行行政处罚,对涉及中国核工业建设集团公司挪用短期贷款进入房地产市场、证券市场和其他方面的交通银行北京分行和北京银行等两家机构将给予罚款和其他行政处罚,给予涉及中国海运(集团)公司挪用贷款资金申购新股的招商银行、中国工商银行、中国银行、兴业银行、中信银行和深圳发展银行等6家银行驻上海部分分支机构罚款、暂停部分业务和拟取消高管任职资格的处罚。

【思路解析】 银监会依照法律、行政法规对银行业金融机构及其业务活动进行监督管理。

第三节　票据法

一、票据法律制度概述

(一)票据和票据法

1. 票据的概念

票据的概念有广义和狭义之分。广义的票据包括汇票、本票、支票、仓单、股票、债券等一切有价证券。狭义的票据仅指票据法上的票据,即由出票人签发的、约定由自己或委托付款人在见票时或指定的日期向收款人或持票人无条件支付一定金额的有价证券。我国票据法上的票据仅指汇票、本票和支票。票据具有支付、信用、结算、融资等基本功能。

2. 票据法的概念

票据法是规定票据的种类、形式和内容,明确票据当事人之间的权利义务,调整因票据而发生的各种社会关系的法律规范的总称。

(二)票据行为

票据行为是指票据关系的当事人之间以发生、变更或终止票据关系为目的而进行的法律行为。就我国《票据法》所指票据行为而言,汇票包括出票、背书、承兑和保证;本票包括出票、背书和保证;支票包括出票和背书。

1. 票据行为的要件

票据行为作为一种要式法律行为,除应当符合民事法律行为有效成立的要件外,还须具备票据法规定的特别要件,包括实质要件和形式要件。

(1)实质要件。

①票据行为人必须具备从事票据行为的能力。依法成立的法人、具有完全行为能力的自然人可以成为票据法律关系的主体,无民事行为能力人或者限制民事行为能力人在票据上签章的,其签章无效。

②票据行为人的意思表示应真实无瑕疵。意思表示真实无瑕疵不仅要求行为人的内在意思与外在表示相一致,而且要求意思表示不存在法律上的欠缺。以欺诈、偷盗或者胁迫等手段取得票据的,或者明知有上述情形,出于恶意取得票据的,不得享有票据权利。

③票据行为的内容须符合法律法规的规定。票据活动应当遵守法律、行政法规,不得损害社会公共利益,否则,票据行为无效。

(2)形式要件。

票据行为人要按照《票据法》的规定,以书面形式形成票据,在票据上记载各种必要事项,具备法定形式,并签名、盖章或签名加盖章。

2.票据行为的代理

票据行为是一种民事行为,民法上有关民事法律行为代理的规定,也适用于票据行为。票据当事人可以委托其代理人在票据上签章,并在票据上表明其代理关系。票据代理行为对被代理人发生法律效力,其后果由被代理人承担。没有代理权的人以代理人名义在票据上签章,应当由签章人承担票据责任,代理人超越代理权限,应当就超越权限的部分承担票据责任。

【示例8.5】 甲授权乙出票,但出票金额不得超过100万元。如果代理人签发了120万元的票据,甲应承担全部票据责任吗?

【思路解析】 越权代理。

(三)票据权利

票据权利,是指持票人向票据债务人请求支付票据金额的权利,包括付款请求权和追索权。

1.票据权利的取得

票据权利的取得方式有原始取得和继受取得两种。

(1)原始取得。票据权利的原始取得是指持票人依据出票人签发票据的出票行为,或者是从无处分票据权利的人处取得票据,包括发行取得和善意取得。发行取得是指权利人依出票人的出票行为而原始取得票据权利,是票据权利最主要的原始取得方式。善意取得是指票据受让人依票据法规定的转让方法,善意地从无处分权人处取得票据,从而取得票据权利。

【注意】 善意取得应符合三个条件:一是必须按票据法规定的转让方式取得;二是受让人无恶意或无重大过失;三是从无票据权利人处取得。

(2)继受取得。票据权利的继受取得是指受让人从有处分权的前手权利人处取得票据,从而取得票据权利。它包括按票据法上规定的通过背书、交付取得票据及按其他法律规定通过继承、赠与、合并方式等取得票据。

我国《票据法》规定,票据的取得,必须给付对价。因税收、继承、赠与可以依法无偿取得票据的,不受给付对价的限制。但是,所享有的票据权利不得优于其前手的权利。

【注意】 因欺诈、偷盗、胁迫、恶意或者重大过失而取得票据的,不得享有票据权利。

2. 票据权利的行使与保全

票据权利的行使是指票据债权人向票据债务人提示票据，请求实现其票据权利的行为，如提示付款及行使追索权。《票据法》规定，持票人行使票据权利，应当依照法定程序在票据上签章，并出示票据。

票据权利的保全是指票据债权人为防止其票据权利的丧失所做的行为，如为防止付款请求权与追索权因时效而丧失，采取中断时效的行为；为防止追索权丧失而请求做成拒绝证明的行为等。

持票人对票据债务人行使票据权利，或者保全票据权利，应当在票据当事人的营业场所和营业时间内进行。票据当事人无营业场所的，应当在其住所进行。

3. 票据权利的消灭

票据权利的消灭是指由于一定的法律事实出现，从而使票据上的付款请求权和追索权失去法律效力，包括因付款、时效和其他原因消灭。

(1)付款。当票据上的付款人向票据债权人履行了支付票据上记载金额的义务，原票据持票人的票据权利消灭。

(2)时效。票据权利在下列期限内不行使而消灭：持票人对票据的出票人和承兑人的权利，自票据到期日起2年。见票即付的汇票、本票，自出票日起2年；持票人对支票出票人的权利，自出票日起6个月；持票人对前手的追索权，自被拒绝承兑或者被拒绝付款之日起6个月；持票人对前手的再追索权，自清偿日或者被提起诉讼之日起3个月。

(3)其他原因。因票据毁灭，债务的清偿、提存、抵消、免除而使票据权利消灭。

4. 票据权利的瑕疵

(1)票据的伪造与变造。票据的伪造是指假借他人的名义签发票据的行为，包括票据的伪造和票据上签章的伪造。前者是指假冒他人的名义进行出票行为，如在空白票据上伪造出票人的签章或者盗盖出票人的印章而进行出票；后者是指假冒他人名义进行出票行为之外的其他票据行为，如伪造背书签章、承兑签章等。

【注意】 票据的伪造行为不具有任何票据行为的效力，故持票人即使是善意取得，对被伪造人也不能行使票据权利。

【示例8.6】 A向B签发一张100万元的银行承兑汇票，B背书转让给C，C拿到汇票后被D偷走，D伪造C的签章以C的名义背书给自己，D的行为有法律效力吗？

【思路解析】 票据的伪造行为不具有任何票据行为的效力。

票据的变造是指无权更改票据内容的人，对票据上签章以外的记载事项加以变更的行为。如票据上的到期日、付款日、付款地、金额等。

《票据法》规定，票据上的记载事项应当真实，不得伪造、变造。伪造、变造票据上的签章和其他记载事项的,应当承担法律责任。票据上有伪造、变造的签章的,不影响票据上其他真实签章的效力。票据上其他记载事项被变造的,在变造之前签章的人,对原记载事项负责;在变造之后签章的人,对变造之后的记载事项负责;不能辨别是在票据被变造之前或者之后签章的,视同在变造之前签章。

【示例 8.7】 甲企业签发一张支票给收款人乙,金额为 10 万元,乙背书转让给丙,丙取得支票后将金额改为 100 万元转让给丁,丁又背书转让给戊。该支票有效吗? 各当事人应如何承担票据责任?

【思路解析】 支票被变造,但该支票仍然有效。按票据变造前后来区分票据责任。

【注意】 票据的伪造仅限于伪造签章,票据的变造涉及票据的各种事项。

(2)票据的更改。票据的更改是指有更改权限的人,更改票据上记载事项的行为。票据的更改应当由原记载人改写,原记载人在交出票据前,可以自行更改票据记载事项,并在更改处签章证明。原记载人在交出票据后更改,应经全体票据关系人同意。但票据的金额、日期、收款人名称不得更改,否则票据无效。

(四)票据抗辩

票据抗辩是指票据债务人根据《票据法》的规定对票据债权人拒绝履行义务的行为。票据抗辩分为物的抗辩和人的抗辩。

物的抗辩,主要是基于票据本身无效、票据债权已经消灭、票据时效届满、背书不连续、票据未到期、票据欠缺票面金额等绝对必要记载事项等抗辩原因,对票据债权人所提出的抗辩。

人的抗辩,是票据债务人基于票据债权人之间的法定原因或原因关系而发生的,对抗特定票据债权人的抗辩。票据债务人不得以自己与出票人之间的抗辩事由对抗持票人,不得以自己与持票人的前手之间的抗辩事由对抗持票人。但是票据债务人可以对不履行约定义务的与自己有直接债务关系的持票人进行抗辩;票据债务人虽然不得以自己与持票人的前手之间的抗辩事由对抗持票人,但持票人明知存在抗辩事由而取得票据的除外。

【注意】 对物抗辩是针对票据本身的问题提出的抗辩,只要票据本身有问题,对任何持票人均可主张抗辩;而对人抗辩是票据本身没问题,只是特定的持票人有问题,只能对特定的持票人主张抗辩。

【示例 8.8】 甲、乙之间签订 100 万元的买卖合同,乙向甲发货后,甲向乙签发一张 100 万元的买卖合同,乙向甲发货后,甲向乙签发一张 100 万元的支票。如果乙的货物存在严重的质量问题,则出票人甲可以对抗持票人乙吗? 如果乙企业已经将支票背书转让给丙企业,出票人甲可以对抗持票人丙吗?

【思路解析】 票据债务人可以对不履行约定义务的持票人进行抗辩。

(五)票据丧失补救

票据补救是指票据权利人因某种原因丧失对票据的实际占有,使票据权利的行使遭到一定障碍时,为使权利人的票据权利能够实现,而对其提供特别的法律救济。

票据丧失,失票人可及时通知票据的付款人挂失止付,但未记载付款人或无法确定付款人及其代理人的票据除外。

收到挂失止付通知的付款人,应当暂停支付。失票人应在通知挂失止付后的3日内,也可在票据丧失后,依法向人民法院申请公示催告,或者向人民法院提起诉讼,请求付款人向其支付票据金额。人民法院受理申请,应同时通知支付人停止支付,并在3日内发出公告,催促利害关系人申报权利。公示催告的期间,由人民法院根据情况决定,但不得少于60日。利害关系人应当在公示催告期间向人民法院申报。人民法院收到利害关系人的申报后,应当裁定终结公示催告程序,并通知申请人和支付人。公示催告期间届满以及在作出判决前没有利害关系人申报权利的,申请人应自申报群里期间届满的次日起1个月内申请法院判决丧失票据无效,并公告、通知付款人。自判决公告之日起,申请人有权向支付人请求支付。

【注意】 公示催告应当向票据支付地,即付款人所在地的法院提出。

【示例8.9】 2009年4月2日,刘某去商场购物,随身携带已盖印签名金额空白支票1张。刘某偶遇老朋友白某,二人久未相见,遂到饭店畅饮叙旧。次日,刘某发行其随身携带的空白支票遗失,到昨日饮酒的饭店寻觅未果,遂于4日在本市的晚报上刊登启事,声明该支票作废。刘某所遗失的支票被唐某所拾。唐某持该空白支票在百货商场购买了价值2万元的货物。市百货商场持该支票到银行提示付款,被银行以存款不足而退票,遂找刘某要求付款。刘某以其已经登报声明该票据作废为由,拒绝付款。百货商场的主张正确吗?

【思路解析】 票据丧失,失票人可通过挂失支付、公示催告和普通诉讼方式进行补救。

(六)涉外票据的法律适用

涉外票据,是指出票、背书、承兑、保证、付款等行为中,既有发生在我国境内又有发生在境外的票据。

1. 涉外票据法律适用的原则

中华人民共和国缔结或者参加的国际条约同《票据法》有不同规定的,适用国际条约的规定。但是,中华人民共和国声明保留的条款除外。《票据法》和中华人民共和国缔结或者参加的国际条约没有规定的,可以适用国际惯例。

2. 涉外票据法律适用的具体规定

(1)票据债务人的民事行为能力,适用其本国法律。票据债务人的民事行为能力,依照其本国法律为无民事行为能力或者为限制民事行为能力而依照行为地法律为完全民事行为能力的,适用行为地法律。

(2)出票地法律。汇票、本票出票时的记载事项、票据追索权的行使期限,适用出票地法律。支票出票时的记载事项,适用出票地法律,经当事人协议,也可以适用付款地法律。

(3)行为地法律。票据的背书、承兑、付款和保证行为,适用行为地法律。

(4)付款地法律。票据的提示期限、有关拒绝证明的方式、出具拒绝证明的期限、票据丧失时失票人请求保全票据权利的程序，适用付款地法律。

二、汇票

（一）汇票概述

1. 汇票的概念

汇票是出票人签发的，委托付款人在见票时或者在指定日期无条件支付确定的金额给收款人或者持票人的票据。

2. 汇票的种类

（1）按照信用不同，汇票可分为商业汇票和银行汇票。

商业汇票是因商业信用而签发的汇票，其出票人和付款人是具有法人资格的公司、企业。银行汇票是因银行信用而签发，由银行付款的汇票。

（2）按照收款人记载方式不同，汇票可分为记名式汇票、不记名式汇票和指示性汇票。

记载收款人姓名的汇票是记名式汇票。未记载收款人姓名的汇票是不记名式汇票，一般写"来人"字样。汇票上记明"某某人（收款人姓名）或其指定人"，这样，可由收款人自主决定的，称指示性汇票。

（3）按照商业汇票承兑人不同，汇票可分为商业承兑汇票和银行承兑汇票。

商业汇票由公司、企业承兑的，为商业承兑汇票。由出票人或付款人与银行签订承兑协议，由银行承兑的商业汇票，称为银行承兑汇票。

（4）按照付款期限不同，汇票可分为即期汇票和远期汇票。

见面即付的汇票，称为即期汇票。出票人与付款人约定签发汇票后一定期限或特定日期付款的汇票，称为远期汇票。例如，出票后定期付款的汇票、见票后定期付款的汇票等。

（5）按照汇票是否附有各种交易凭证，可分为跟单汇票和光票。

跟单汇票是随附有提货单、保险单等交易凭证的汇票。光票是不随附任何交易单证的汇票。

（二）出票

1. 绝对应记载事项

出票是出票人签发票据并将其交付给收款人的票据行为。我国《票据法》规定，汇票必须记载下列事项：①表明"汇票"的字样；②无条件支付的委托；③确定的金额；④付款人名称；⑤收款人名称；⑥出票日期；⑦出票人签章。汇票上未记载上述规定事项之一的，汇票无效。票据金额以中文大写和数码同时记载，二者必须一致，二者不一致的，票据无效。

2. 相对应记载事项

相对应记载事项未在汇票上记载，并不影响汇票本身的效力。《票据法》规定，相对应记载事项包括付款日期、付款地、出票地等事项。

(1)付款日期。付款日期即汇票到期日,可在汇票上记载见票即付、定日付款、出票后定期付款、见票后定期付款。汇票上未记载付款日期的,为见票即付。

(2)付款地。汇票上记载付款地的,付款人的营业场所、住所或者经常居住地为付款地。

(3)出票地。未记载出票地的,出票人的营业场所、住所或者经常居住地为出票地。

汇票的出票人必须与付款人具有真实的委托付款关系,并且具有支付汇票金额的可靠资金来源。不得签发无对价的汇票用以骗取银行或者其他票据当事人的资金。出票人签发汇票后,即承担保证该汇票承兑和付款的责任。

(三)背书

1. 背书的概念

背书是指在票据背面或者粘单上记载有关事项表明将票据权利转让给他人,并在签章后交付给相对人,从而达到将票据权利转让给他人目的的票据行为。我国《票据法》规定,汇票转让只能采取背书方式,如果出票人在汇票上记载"不得转让"字样的,汇票不得转让。如果收款人或持票人将出票人作禁止背书的汇票转让的,该转让行为不发生效力,出票人和承兑人对受让人不承担票据责任。

2. 背书的形式

背书是一种要式行为,必须符合法定的形式,即其必须做成背书并支付,才能有效成立。背书由应背书人签章并记载背书日期,未记载日期的,视为在汇票到期日前背书。汇票以背书转让或者以背书将一定的汇票权利授予他人行使时,必须记载被背书人名称,如果背书人未作成记名背书,汇票转让行为无效。如果背书人不愿意对其后手以后的当事人承担票据责任,可以在背书时记载禁止背书,背书人在汇票上记载"不得转让"字样,其后手再背书转让的,原背书人对后手的被背书人不承担保证责任。

【示例8.10】 A企业出票给B企业,B企业将汇票背书转让给C企业,同时在汇票上记载"不得转让"字样,C企业又将汇票背书转让给D企业,这一转让行为是否有效,票据责任如何承担?

【思路解析】 背书人在汇票上记载"不得转让"字样,其后手再背书转让的,原背书人对后手的被背书人不承担保证责任。

3. 背书连续

背书连续,是指在票据转让中,转让汇票的背书人与受让汇票的被背书人在汇票上的签章依次前后衔接。以背书转让的汇票,背书应当连续,这个连续主要是指背书形式上的连续,如果背书在实质上不连续,如有伪造签章等,付款人仍应对持票人付款。但是,如果付款人明知持票人不是真正的票据权利人,则不得向持票人付款,否则自行承担责任。

4. 委托收款背书与质押背书

委托收款背书与质押背书属于非转让背书。委托收款背书是指背书记载"委托收款"字样的,被背书人有权代背书人行使被委托的汇票权利。但是,被背书人不得再以背书转让汇票权利。质押背书是指持票人以票据权利设定质权为目的而在票据上做成的背书。

【示例 8.11】 A 企业出票给 B 企业，B 企业背书转让给 C 企业，C 企业委托 D 行使付款请求权，C 企业在向 D 作背书时，在票据上记载"委托收款"字样。D 企业可以将这张汇票背书转让吗？

【思路解析】 委托收款背书属于非转让背书。

5. 法定禁止背书

背书不得附有条件，背书时附有条件的，所附条件不具有汇票上的效力。将汇票金额的一部分转让的背书或者将汇票金额分别转让给两人以上的部分背书无效。

汇票被拒绝承兑、被拒绝付款或者超过付款提示期限的，不得背书转让；背书转让的，背书人应当承担汇票责任。

(四)承兑

承兑是指汇票付款人承诺在汇票到期日支付汇票金额的票据行为。承兑是汇票特有的明确付款人的付款责任，确定持票人票据权利的制度。承兑主要包括两个程序：提示承兑和承兑成立。

1. 提示承兑

提示承兑是指汇票的持票人，向汇票上记载的付款人出示汇票，请求其承诺付款的行为。见票即付的汇票无需提示承兑；定日付款或者出票后定期付款的汇票，持票人应当在汇票到期日前向付款人提示承兑；见票后定期付款的汇票，持票人应当自出票日起一个月内向付款人提示承兑。汇票未按照规定期限提示承兑的，持票人丧失对其前手的再追索权。

2. 承兑成立

付款人对向其提示承兑的汇票，应当自收到提示承兑的汇票之日起三日内承兑或者拒绝承兑。付款人收到持票人提示承兑的汇票时，应当向持票人签发收到汇票的回单，回单上应当记明汇票提示承兑日期并签章。

付款人承兑汇票的，应当在汇票正面记载"承兑"字样和承兑日期并签章；见票后定期付款的汇票，应当在承兑时记载付款日期。

付款人承兑汇票，不得附有条件；承兑附有条件的，视为拒绝承兑。付款人承兑汇票后，应当承担到期付款的责任。

【示例 8.12】 乙公司在与甲公司交易中获得 300 万元的汇票一张，付款人为丙公司。乙公司请求承兑时，丙公司在汇票上签注："承兑。甲公司款到后支付"。丙公司的行为是否有效？

【思路解析】 承兑附有条件的，视为拒绝承兑。

(五)保证

1. 保证的概念及记载事项

保证是指汇票债务人以外的第三人，担保特定的票据债务人能够履行票据债务的票据行为。当被担保的票据债务人不能履行票据义务时，保证人承兑向票据权利人支付款项的义务。

《票据法》规定，保证人必须在汇票或者粘单上记载下列事项：①表明“保证”的字样；②保证人名称和住所；③被保证人的名称；④保证日期；⑤保证人签章。保证人未记载被保证人的名称的，已承兑的汇票，承兑人为被保证人；未承兑的汇票，出票人为被保证人。保证人未记载保证日期的，出票日期为保证日期。

2. 保证的法律效力

保证不得附有条件，附有条件的，不影响对汇票的保证责任。保证人对合法取得汇票的持票人所享有的汇票权利，承担保证责任。但是，被保证人的债务因汇票记载事项欠缺而无效的除外。

被保证的汇票，保证人应当与被保证人对持票人承担连带责任。汇票到期后得不到付款的，持票人有权向保证人请求付款，保证人应当足额付款。保证人为两人以上的，保证人之间承担连带责任。保证人清偿汇票债务后，可以行使持票人对被保证人及其前手的追索权。

（六）付款

付款是指付款人或承兑人在票据到期时，对持票人所进行的票据金额的支付，包括提示付款与支付。

1. 提示付款

提示付款是指持票人向付款人或承兑人出示票据，请求付款的行为。见票即付的汇票，自出票日起一个月内向付款人提示付款；定日付款、出票后定期付款或者见票后定期付款的汇票，自到期日起十日内向承兑人提示付款。持票人未按照上述款规定期限提示付款的，在作出说明后，承兑人或者付款人仍应当继续对持票人承担付款责任。持票人依照上述规定提示付款的，付款人必须在当日足额付款。

2. 支付

付款人依法足额付款后，全体汇票债务人的责任解除。持票人获得付款的，应当在汇票上签收，并将汇票交给付款人。持票人委托银行收款的，受委托的银行将代收的汇票金额转账收入持票人账户，视同签收。

付款人及其代理付款人付款时，应当审查汇票背书的连续，并审查提示付款人的合法身份证明或者有效证件。付款人及其代理付款人以恶意或者有重大过失付款的，应当自行承担责任。对定日付款、出票后定期付款或者见票后定期付款的汇票，付款人在到期日前付款的，由付款人自行承担所产生的责任。

（七）追索权

1. 追索权的概念

追索权是指汇票的持票人在法定期限内提示承兑或提示付款而遭拒绝，或者有其他法定事由时，向其前手请求偿还票据金额、利息及其他法定款项的一种票据权利。

2. 追索权的要件

追索权的要件指行使追索权的前提条件，包括实质要件，即行使追索权的原因和形式要件，即行使追索权的手续。

(1)实质要件。汇票到期被拒绝付款的，持票人可以对背书人、出票人以及汇票的其他债务人行使追索权。汇票到期日前，有下列情形之一的，持票人也可以行使追索权：汇票被拒绝承兑的；承兑人或者付款人死亡、逃匿的；承兑人或者付款人被依法宣告破产的或者因违法被责令终止业务活动的。

(2)形式要件。持票人行使追索权时，应当提供被拒绝承兑或者被拒绝付款的有关证明。持票人提示承兑或者提示付款被拒绝的，承兑人或者付款人必须出具拒绝证明，或者出具退票理由书。持票人不能出示拒绝证明、退票理由书或者未按照规定期限提供其他合法证明的，丧失对其前手的追索权。但是，承兑人或者付款人仍应当对持票人承担责任。

3. 追索流程图

追索流程图见图 8.1。

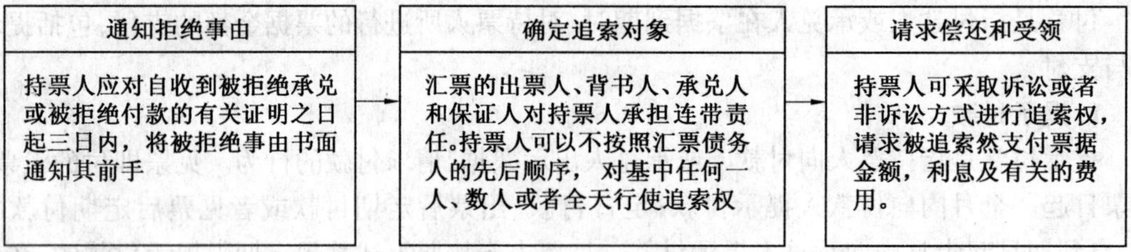

图 8.1　追索流程图

三、本票

(一)本票概述

1. 本票的概念

本票是出票人签发的，承诺自己在见票时无条件支付确定的金额给收款人或者持票人的票据。本票是由出票人约定自己付款的一种自付证券，无须承兑。在本票关系中，只有两个当事人，即出票人和收款人。

2. 本票的种类

在理论上，本票依不同的标准可分为记名本票、指示本票和无记名本票；即期本票和远期本票；商业本票和银行本票。我国《票据法》上的本票仅指银行本票，而且为即期本票。

银行本票是银行签发的，承诺自己再见票时无条件支付确定的金额给收款或者持票人的票据。单位和个人在同一票据交换区域需要支付各种款项，均可使用银行本票。

（二）出票

与汇票相同，本票出票也包括作成票据和交付票据，但出票人必须是银行，而且本票出票人的资格由中国人民银行审定。本票的出票人必须具有支付本票金额的可靠资金来源，并保证支付。

本票必须记载的事项包括：①表明“本票”的字样；②无条件支付的承诺；③确定的金额；④收款人名称；⑤出票日期；⑥出票人签章。本票上未记载上述规定事项之一的，本票无效。

本票上未记载付款地的，出票人的营业场所为付款地；未记载出票地的，出票人的营业场所为出票地。

（三）付款

本票是见票即付的票据，收款人或持票人在取得本票后，随时可以向出票人请求付款。本票的出票人在持票人提示见票时，必须承担付款的责任。本票自出票日起，付款期限最长不得超过2个月。本票的持票人未按照规定期限提示见票的，丧失对出票人以外的前手的再追索权。

（四）对汇票有关规定的引用

《票据法》规定，本票的出票、背书、保证、付款行为和追索权的行使，除本节所述规定外，适用汇票的有关规定。

四、支票

（一）支票概述

1. 支票的概念

支票是出票人签发的，委托办理支票存款业务的银行或者其他金融机构在见票时无条件支付确定的金额给收款人或者持票人的票据。开立支票存款账户，申请人必须使用其本名，并提交证明其身份的合法证件，存入一定资金，预留其本名的签名式样和印鉴。

2. 支票的种类

依不同的分类标准，可以对支票作不同的分类，如记名支票、无记名支票、指示支票；对已支票、受付支票、普通支票、特殊支票等。我国《票据法》按照支付票款方式，将支票分为普通支票、现金支票和转账支票。

普通支票，未印有“现金”或“转账”字样，其既可以用来支取现金，也可用来转账。现金支票是专门用于支取现金的支票。转账支票是专门用于转账，不得支取现金的支票。

（二）出票

支票必须记载下列事项：①表明“支票”的字样；②无条件支付的委托；③确定的金额；④付款人名称；⑤出票日期；⑥出票人签章。支票上未记载上述规定事项之一的，支票无效。

支票上的金额可以由出票人授权补记，未补记前的支票，不得使用；支票上未记载收款人名称的,经出票人授权,可以补记;未记载付款地的,付款人的营业场所为付款地;未记载出票地的,出票人的营业场所、住所或者经常居住地为出票地;出票人可以在支票上记载自己为收款人。

(三)签发和付款

支票的出票人所签发的支票金额不得超过其付款时在付款人处实有的存款金额。出票人签发的支票金额超过其付款时在付款人处实有的存款金额的,为空头支票。禁止签发空头支票。

支票的出票人不得签发与其预留本名的签名式样或者印鉴不符的支票。出票人必须按照签发的支票金额承担保证向该持票人付款的责任。出票人在付款人处的存款足以支付支票金额时,付款人应当在当日足额付款。支票限于见票即付,不得另行记载付款日期。另行记载付款日期的,该记载无效。

支票的持票人应当自出票日起10日内提示付款;异地使用的支票,其提示付款的期限由中国人民银行另行规定。超过提示付款期限的,付款人可以不予付款;付款人不予付款的,出票人仍应当对持票人承担票据责任。付款人依法支付支票金额的,对出票人不再承担受委托付款的责任,对持票人不再承担付款的责任。但是,付款人以恶意或者有重大过失付款的除外。

【示例8.13】 支票的出票人于2010年9月9日出票时,在票面上记载“到期日为2010年9月18日”。该记载有效吗?

【思路解析】 支票是见票即付。

(四)对汇票有关规定的引用

支票的背书、付款行为和追索权的行使,以及支票的出票行为,除本节规定外,适用关于汇票的规定。

五、法律责任

(一)票据欺诈行为的法律责任

根据《票据法》的规定,有下列票据欺诈行为之一的,依法追究刑事责任:①伪造、变造票据的;②故意使用伪造、变造的票据的;③签发空头支票或者故意签发与其预留的本名签名式样或者印鉴不符的支票,骗取财物的;④签发无可靠资金来源的汇票、本票,骗取资金的;⑤汇票、本票的出票人在出票时作虚假记载,骗取财物的;⑥冒用他人的票据,或者故意使用过期或者作废的票据,骗取财物的;⑦付款人同出票人、持票人恶意串通,实施前六项所列行为之一的。有上述所列行为之一,情节轻微,不构成犯罪的,依照国家有关规定给予行政处罚。

(二)金融机构工作人员的法律责任

金融机构工作人员在票据业务中玩忽职守,对违反票据法规定的票据予以承兑、付款或者保证的,给予处分;造成重大损失,构成犯罪的,依法追究刑事责任。由于金融机构工作人员因上述行为给当事人造成损失的,由该金融机构和直接责任人员依法承担赔偿责任。

(三)票据付款人的法律责任

票据的付款人对见票即付或者到期的票据,故意压票,拖延支付的,由金融行政管理部门处以罚款,对直接责任人员给予处分。票据的付款人故意压票,拖延支付,给持票人造成损失的,依法承担赔偿责任。

第四节 证券法

一、证券法概述

(一)证券的概念和种类

1. 证券的概念

证券即资本证券,是指资金需求者通过直接融资方式从资金供应者处直接获得货币后,向资金供应者签发的证明其享有一定权利的书面凭证。

2. 证券的种类

证券的种类见表8.1。

表8.1 证券的种类

股票	按投资主体分为国家股、法人股、内部职工股和社会公众股 按股东权益和风险大小分为普通股、优先股及普通优先混合股 按认购股票投资者身份和上市地点不同分为境内上市内资股(A股)、境内上市外资股(B股)和境外上市外资股(H股、N股、S股)
债券	按发行主体不同可分为政府债券和公司债券 按时间长短分为 短期债券、中期债券和长期债券 按信用分为抵押债券、担保债券和信用债券
证券投资基金	按设利方式分为契约型基金和公司型基金;按能否赎回分为开放式基金和封闭式基金
其他证券	股票指数、股票权证、股指期货

(二)证券法的概念

证券法是调整证券发行与交易活动中以及证券监管过程中所发生的社会关系的法律规范的总称。

(三)证券机构

1. 证券交易所

证券交易所是为证券集中交易提供场所和设施,组织和监督证券交易,实行自律管理的法人。我国目前共有两家证券交易所,分别是1990年12月设立的上海证券交易所和1991年7月设立的深圳证券交易所。

证券交易所的设立和解散,由国务院决定。证券交易所的主要职能是组织和监督证券交易,包括接受申报、撮合成交、发布证券交易行情、公布证券交易信息、制定证券交易规则;监控证券交易、监督证券发行人履行信息披露义务、处理异常交易等。

2. 证券公司

证券公司是指依照《公司法》和《证券法》规定并经国务院证券监督管理机构审查批准的专门从事经营证券业务的有限责任公司或者股份有限公司。

设立证券公司,应当具备下列条件:①有符合法律、行政法规规定的公司章程;②主要股东具有持续盈利能力,信誉良好,最近3年无重大违法违规记录,净资产不低于人民币2亿元;③有符合本法规定的注册资本;④董事、监事、高级管理人员具备任职资格,从业人员具有证券从业资格;⑤有完善的风险管理与内部控制制度;⑥有合格的经营场所和业务设施;⑦法律、行政法规规定的和经国务院批准的国务院证券监督管理机构规定的其他条件。

经国务院证券监督管理机构批准,证券公司可以经营下列部分或者全部业务:①证券经纪;②证券投资咨询;③与证券交易、证券投资活动有关的财务顾问;④证券承销与保荐;⑤证券自营;⑥证券资产管理;⑦其他证券业务。

【注意】 证券公司不得从事自营、证券承销、证券保荐等业务。

3. 证券登记结算机构

证券登记结算机构是为证券交易提供集中登记、存管与结算服务,不以营利为目的的法人。设立证券登记结算机构必须经国务院证券监督管理机构批准。证券登记结算机构的职能包括:①证券账户、结算账户的设立;②证券的存管和过户;③证券持有人名册登记;④证券交易所上市证券交易的清算和交收;⑤受发行人的委托派发证券权益;⑥办理与上述业务有关的查询;⑦国务院证券监督管理机构批准的其他业务。

4. 证券服务机构

证券服务机构是指为证券的发行、交易和相关投资活动提供专业服务的中介机构。其主要包括证券投资咨询机构、证券资信评估机构、律师事务所、会计师事务所、资产评估机构等。

证券服务机构为证券的发行、上市、交易等证券业务活动制作、出具审计报告、资产评估报告、财务顾问报告、资信评级报告或者法律意见书等文件,应当勤勉尽责,对所依据的文件资料内容的真实性、准确性、完整性进行核查和验证。其制作、出具的文件有虚假记载、误导性陈述或者重大遗漏,给他人造成损失的,应当与发行人、上市公司承担连带赔偿责任,但是能够证明自己没有过错的除外。

5. 证券业协会

证券业协会是依法设立的对证券行业进行自律性管理的具有法人资格的社会团体组织。《证券法》规定,证券公司应加入证券业协会。证券业协会履行为会员提供法律教育、会员服务、业务培训;组织同业交流;调节纠纷;监督、检查会员行为等职责。

6. 证券监督管理机构

国务院证券监督管理机构是我国的证券监督管理机构,即中国证券监督管理委员会,简称证监会。国务院证券监督管理机构依法对证券市场实行监督管理,维护证券市场秩序,保障其合法运行。

国务院证券监督管理机构依法履行制定有关证券市场监督管理的规章规则;行使审批或者核准权;对证券机构的证券业务活动及信息公开情况,进行监督管理;制定从事证券业务人员的资格标准和行为准则,并监督实施;对证券业协会的活动进行指导和监督;对违反证券市场监督管理法律、行政法规的行为进行查处等职责。

二、证券发行

(一)证券发行的概念和种类

1. 证券发行的概念

证券发行是指发行人以筹集资金为直接目的,依照一定的法定程序和条件向投资人进行证券销售的一系列行为的总称。

2. 证券发行的种类

(1)按照发行对象的不同,分为公开发行和非公开发行。

公开发行,又称为公募发行,是发行人以公开的方式向不特定的对象和特定的多数对象出售证券的行为。公开发行一般采用间接发行方式,由证券承销机构进行承销。有下列情形之一的,为公开发行:①向不特定对象发行证券的;②向特定对象发行证券累计超过 200 人的;③法律、行政法规规定的其他发行行为。

非公开发行又称为私募发行,是发行人仅面向特定的少数投资者发行证券的行为。非公开发行证券不得采用广告、公开劝诱和变相公开方式。

(2)按照发行目的的不同,证券分为设立发行和增资发行。

设立发行,是指公司在设立过程中,为筹集股本而首次发行股份的发行方式,分为发起设立和募集设立。

增资发行,是指已成立的股份公司为追加资本而发行股份的发行方式。

(3)按照发行价格的不同,证券分为平价发行、溢价发行和折价发行。

平价发行是发行价格与票据金额相同的证券发行;溢价发行是发行价格高于票面金额的发行方式;折价发行是发行价格低于票面金额的证券发行。我国《票据法》允许平价和溢价发行,禁止折价发行。

(4)按照发行方式的不同,证券分为直接发行和间接发行。

直接发行,是由发行人自己承担风险、自行办理发行事宜。间接发行,是发行人委托证券承销机构发行,自己不直接与投资者发生关系。间接发行分为代销、余额包销和包销三种形式。

(二)股票发行的条件

股票发行是股份有限公司在设立中或成立后,以筹集资金为目的,依照法定的条件和程序,向投资人销售代表股东权利的股票的行为。我国《证券法》规定,公开发行证券,必须符合法律、行政法规规定的条件,并依法报经国务院证券监督管理机构或者国务院授权的部门核准;未经依法核准,任何单位和个人不得公开发行证券。

1. 设立发行

设立股份有限公司公开发行股票,可以采取发起设立发行和募集设立发行两种方式。由于发起设立方式不涉及社会公众,公司法规定的发起设立的条件和程序同时是其股票发行的条件和程序;而募集设立涉及公开发行,还应符合法律、行政法规规定的其他条件和程序。

设立股份有限公司公开发行股票,应当符合《公司法》规定的条件和经国务院批准的国务院证券监督管理机构规定的其他条件,向国务院证券监督管理机构报送募股申请和下列文件:①公司章程;②发起人协议;③发起人姓名或者名称,发起人认购的股份数、出资种类及验资证明;④招股说明书;⑤代收股款银行的名称及地址;⑥承销机构名称及有关的协议。依照证券法规定聘请保荐人的,还应当报送保荐人出具的发行保荐书。法律、行政法规规定设立公司必须报经批准的,还应当提交相应的批准文件。

【注意】 发起人持有的本公司股份,自公司成立之日起一年内不得转让;董事、监事、高级管理人员所持本公司股份,自公司股票上市交易之日起一年内不得转让。

2. 新股发行

公司公开发行新股,应当符合下列条件:①具备健全且运行良好的组织机构;②具有持续盈利能力,财务状况良好;③最近 3 年财务会计文件无虚假记载,无其他重大违法行为;④经国务院批准的国务院证券监督管理机构规定的其他条件。上市公司非公开发行新股,应当符合经国务院批准的国务院证券监督管理机构规定的条件,并报国务院证券监督管理机构核准。

公司公开发行新股,除符合上述条件外,还应当向国务院证券监督管理机构报送募股申请和下列文件:①公司营业执照;②公司章程;③股东大会决议;④招股说明书;⑤财务会计报告;⑥代收股款银行的名称及地址;⑦承销机构名称及有关的协议。依照证券法规定聘请保荐人的,还应当报送保荐人出具的发行保荐书。

(三)债券发行的条件

债券发行是符合法定发行条件的政府、金融机构或企业以及筹集资金为目的的,依照法定的条件和程序,向投资人销售代表债权的债券的行为。

1. 公开发行债券的条件

公开发行公司债券,应当符合下列条件:①股份有限公司的净资产不低于人民币 3 000 万元,有限责任公司的净资产不低于人民币 6 000 万元;②累计债券余额不超过公司净资产的 40%;③最近 3 年平均可分配利润足以支付公司债券 1 年的利息;④筹集的资金投向符合国家产业政策；⑤债券的利率不超过国务院限定的利率水平；⑥国务院规定的其他条件。

公开发行公司债券筹集的资金，必须用于核准的用途，不得用于弥补亏损和非生产性支出。上市公司发行可转换为股票的公司债券，除应当符合上述规定的条件外，还应当符合证券法关于公开发行股票的条件，并报国务院证券监督管理机构核准。

申请公开发行公司债券，除符合上述条件外，还应当向国务院授权的部门或者国务院证券监督管理机构报送下列文件：①公司营业执照；②公司章程；③公司债券募集办法；④资产评估报告和验资报告；⑤国务院授权的部门或者国务院证券监督管理机构规定的其他文件。依照证券法规定聘请保荐人的，还应当报送保荐人出具的发行保荐书。

2. 不得再次公开发行债券的条件

我国《证券法》规定，有下列情形之一的，不得再次公开发行公司债券：①前一次公开发行的公司债券尚未募足；②对已公开发行的公司债券或者其他债务有违约或者延迟支付本息的事实，仍处于继续状态；③违反本法规定，改变公开发行公司债券所募资金的用途。

(四)证券承销

1. 证券承销的概念

证券承销，是指证券经营机构依照承销协议包销或代销发行人向社会公开发行的证券的行为。证券承销是证券间接发行时所采用的发行方式。

2. 证券承销的方式

(1)证券代销。证券代销是指证券公司代发行人发售证券，在承销期结束时，将未售出的证券全部退还给发行人的承销方式。在代销方式下，发行人承担证券未售出的全部责任，证券公司免去了承担发行失败的风险。

(2)证券包销。证券包销是指证券公司将发行人的证券按照协议全部购入或者在承销期结束时将售后剩余证券全部自行购入的承销方式。在包销方式下，证券公司承担证券发行失败的风险。

(3)承销团承销。承销团承销，是指两个和两个以上的承销商组成承销团代替发行人向投资者出售证券的承销方式。我国《证券法》规定，向不特定对象发行的证券票面总值超过人民币5 000万元的，应当由承销团承销。

3. 证券承销的协议

证券公司承销证券，应当同发行人签订代销或者包销协议，载明下列事项：①当事人的名称、住所及法定代表人姓名；②代销、包销证券的种类、数量、金额及发行价格；③代销、包销的期限及起止日期；④代销、包销的付款方式及日期；⑤代销、包销的费用和结算办法；⑥违约责任；⑦国务院证券监督管理机构规定的其他事项。

证券公司承销证券，应当对公开发行募集文件的真实性、准确性、完整性进行核查；发现有虚假记载、误导性陈述或者重大遗漏的，不得进行销售活动；已经销售的，必须立即停止销售活动，并采取纠正措施。

4. 证券承销的限制性规定

证券的代销、包销期限最长不得超过90日。证券公司在代销、包销期内，对所代销、包销的证券应当保证先行出售给认购人，证券公司不得为本公司预留所代销的证券和预先购入并留存所包销的证券。

股票发行采用代销方式，代销期限届满，向投资者出售的股票数量未达到拟公开发行股票数量70%的，为发行失败。发行人应当按照发行价并加算银行同期存款利息返还股票认购人。

公开发行股票，代销、包销期限届满，发行人应当在规定的期限内将股票发行情况报国务院证券监督管理机构备案。

三、证券交易

（一）证券交易的一般规定

证券交易是指当事人之间在法定交易所，按照特定交易规则，对依法发行并交付的证券进行买卖的行为。证券交易当事人依法买卖的证券，必须是依法发行并交付的证券，非依法发行的证券，不得买卖。经依法核准上市交易的股票、公司债券及其他证券，应当在上海或深圳证券交易所挂牌交易或者在国务院批准的其他证券交易场所转让。在证交所挂牌交易的证券，采用公开的集中竞价方式，实行价格优先、时间优先原则进行交易。

证券交易所、证券公司和证券登记结算机构的从业人员、证券监督管理机构的工作人员以及法律、行政法规禁止参与股票交易的其他人员，在任期或者法定限期内，不得直接或者以化名、借他人名义持有、买卖股票，也不得收受他人赠送的股票。任何人在成为上述所列人员时，其原已持有的股票，必须依法转让。

为股票发行出具审计报告、资产评估报告或者法律意见书等文件的证券服务机构和人员，在该股票承销期内和期满后6个月内，不得买卖该种股票；为上市公司出具审计报告、资产评估报告或者法律意见书等文件的证券服务机构和人员，自接受上市公司委托之日起至上述文件公开后6日内，不得买卖该种股票。

上市公司董事、监事、高级管理人员、持有上市公司股份5%以上的股东，将其持有的该公司的股票在买入后6个月内卖出，或者在卖出后6个月内又买入，由此所得收益归该公司所有，公司董事会应当收回其所得收益。但是，证券公司因包销购入售后剩余股票而持有5%以上股份的，卖出该股票不受6个月时间限制。

【注意】 董事、监事、高级管理人员在任职期间每年转让的股份不得超过其所持有本公司股份总数的25%。

【示例8.14】 某股份有限公司于2009年6月在上交所上市。监事李某于2010年4月9日以均价每股8元价格购买5万股票，并于2010年9月10日以均价每股16元的价格将上述股票全部卖出。2010年5月12日，公司发布年度报告，为该公司年报出具审计报告的注册会计师周某于同年5月20日购买该公司股票1万股。上述当事人的行为符合法律规定吗？

【思路解析】 董事、监事、高级管理人员及为股票发行出具审计报告、资产评估报告或者法律意见书等文件的证券服务机构和人员的交易限制。

（二）证券上市

证券上市是指发行人发行的证券，依照法定条件和程序，在证券交易所或其他法定交易市场公开挂牌交易的法律行为。申请证券上市交易，应当向证券交易所提出申请，由证券交易所依法审核同意，并由双方签订上市协议。

1. 证券上市的条件

（1）股票上市的条件。股份有限公司申请股票上市，应当符合下列条件：股票经国务院证券监督管理机构核准已公开发行；公司股本总额不少于人民币3 000万元；公开发行的股份达到公司股份总数的25%以上；公司股本总额超过人民币4亿元的，公开发行股份的比例为10%以上；公司最近三年无重大违法行为，财务会计报告无虚假记载。

申请股票上市交易，除应符合上述条件外，还应当向证券交易所报送下列文件：上市报告书；申请股票上市的股东大会决议；公司章程；公司营业执照；依法经会计师事务所审计的公司最近三年的财务会计报告；法律意见书和上市保荐书；最近一次的招股说明书；证券交易所上市规则规定的其他文件。

（2）债券上市的条件。公司申请公司债券上市交易，应当符合下列条件：公司债券的期限为1年以上；公司债券实际发行额不少于人民币5000万元；公司申请债券上市时仍符合法定的公司债券发行条件。

申请公司债券上市交易，除应符合上述条件外，还应当向证券交易所报送下列文件：上市报告书；申请公司债券上市的董事会决议；公司章程；公司营业执照；公司债券募集办法；公司债券的实际发行数额；证券交易所上市规则规定的其他文件。申请可转换为股票的公司债券上市交易，还应当报送保荐人出具的上市保荐书。

2. 证券上市的暂停与终止

（1）股票上市的暂停与终止。上市公司有下列情形之一的，由证券交易所决定暂停其股票上市交易：①公司股本总额、股权分布等发生变化不再具备上市条件；②公司不按照规定公开其财务状况，或者对财务会计报告作虚假记载，可能误导投资者；③公司有重大违法行为；④公司最近三年连续亏损；⑤证券交易所上市规则规定的其他情形。

上市公司有下列情形之一的，由证券交易所决定终止其股票上市交易：①公司股本总额、股权分布等发生变化不再具备上市条件，在证券交易所规定的期限内仍不能达到上市条件；②公司不按照规定公开其财务状况，或者对财务会计报告作虚假记载，且拒绝纠正；③公司最近三年连续亏损,在其后一个年度内未能恢复盈利;④公司解散或者被宣告破产;⑤证券交易所上市规则规定的其他情形。

【示例8.15】 夏新电子股份有限公司于2009年5月18日收到上海证券交易所上证公字[2009]47号《关于对夏新电子股份有限公司股票实施暂停上市的决定》,因公司股票交易被实行退市风险警示后,最近一个会计年度(即2008年度)审计结果表明公司继续亏损。

【思路解析】 公司最近三年连续亏损,证券交易所决定暂停其股票上市交易。

(2)债券上市的暂停与终止。公司债券上市交易后,公司有下列情形之一的,由证券交易所决定暂停其公司债券上市交易:①公司有重大违法行为;②公司情况发生重大变化不符合公司债券上市条件;③发行公司债券所募集的资金不按照核准的用途使用;④未按照公司债券募集办法履行义务;⑤公司最近2年连续亏损。

公司有上述所列情形之一经查实后果严重的、在限期内未能消除的、公司解散或者被宣告破产的,由证券交易所决定终止其公司债券上市交易。

(三)信息公开制度

信息公开制度,是证券发行人、上市公司及其他主体,依照法律规定的方式,将证券发行、交易及与之有关的重大信息予以公开的一种法律制度,包括证券发行信息的披露和持续信息公开。发行人、上市公司依法披露的信息,必须真实、准确、完整,不得有虚假记载、误导性陈述或者重大遗漏。

1. 发行信息披露

证券公开发行时,对发行人、拟发行的证券以及与发行证券有关的信息进行披露,如招股说明书、募集说明书、上市公告书等。

2. 持续信息公开

(1)定期报告。上市公司和公司债券上市交易的公司,应当在每一会计年度的上半年结束之日起2个月内,向国务院证券监督管理机构和证券交易所报送记载以下内容的中期报告,并予公告:①公司财务会计报告和经营情况;②及公司的重大诉讼事项;③已发行的股票、公司债券变动情况;④提交股东大会审议的重要事项;⑤国务院证券监督管理机构规定的其他事项。

上市公司和公司债券上市交易的公司,应当在每一会计年度结束之日起4个月内,向国务院证券监督管理机构和证券交易所报送记载以下内容的年度报告,并予公告:①公司概况;②公司财务会计报告和经营情况;③董事、监事、高级管理人员简介及其持股情况;④已发行的股票、公司债券情况,包括持有公司股份最多的前十名股东的名单和持股数额;⑤公司的实际控制人;⑥国务院证券监督管理机构规定的其他事项。

(2)临时报告。发生可能对上市公司股票交易价格产生较大影响的重大事件,投资者尚未得知时,上市公司应当立即将有关该重大事件的情况向国务院证券监督管理机构和证券交易所报送临时报告,并予公告,说明事件的起因、目前的状态和可能产生的法律后果。所谓重大事件包括:①公司的经营方针和经营范围的重大变化;公司的重大投资行为和重大的购置财产的决定；②公司订立重要合同，可能对公司的资产、负债、权益和经营成果产生重要影响；③公司发生重大债务和未能清偿到期重大债务的违约情况；④公司发生重大亏损或者重大损失；⑤公司生产经营的外部条件发生的重大变化；⑥公司的董事、1/3 以上监事或者经理发生变动；⑦持有公司 5% 以上股份的股东或者实际控制人，其持有股份或者控制公司的情况发生较大变化；⑧公司减资、合并、分立、解散及申请破产的决定；⑨涉及公司的重大诉讼，股东大会、董事会决议被依法撤销或者宣告无效；⑩公司涉嫌犯罪被司法机关立案调查，公司董事、监事、高级管理人员涉嫌犯罪被司法机关采取强制措施；⑪国务院证券监督管理机构规定的其他事项。

【注意】 临时报告中人员变动对董事的人数没有数量限制，并且仅限于总经理无法履行职责，不包括副经理、财务负责人。

【资料 8.3】 五粮液集团于 2011 年 9 月 9 日午间发布公告称，公司是于 9 日收到中国证监会决定立案调查五粮液公司涉嫌违反证券法律法规的调查通知书。新浪合作媒体报道：受此影响，五粮液股票午后开盘便急剧下滑，一度跌停，当日成交量 2.3 亿股创历史纪录，成交额达到 51 亿。9 月 23 日，证监会发布公告称五粮液存在“三宗罪”：①涉嫌存在未按照规定披露重大证券投资行为及较大投资损失；②未如实披露重大证券投资损失；③披露的主营业务收入数据存在差错等违法违规行为。

（四）禁止交易行为

1. 内幕交易

内幕交易，是指证券交易内幕信息的知情人员利用内幕信息进行证券交易的行为。证券交易内幕消息的知情人和非法获得内幕信息的人，在内幕信息公开前，不得买卖该公司的证券，或者泄露该信息，或者建议他人买卖该证券。

证券交易内幕信息的知情人包括：①发行人的董事、监事、高级管理人员；②持有公司 5% 以上股份的股东及其董事、监事、高级管理人员，公司的实际控制人及其董事、监事、高级管理人员；③发行人控股的公司及其董事、监事、高级管理人员；④由于所任公司职务可以获取公司有关内幕信息的人员；⑤证券监督管理机构工作人员以及由于法定职责对证券的发行、交易进行管理的其他人员；⑥保荐人、承销的证券公司、证券交易所、证券登记结算机构、证券服务机构的有关人员；⑦国务院证券监督管理机构规定的其他人。

证券交易活动中，涉及公司的经营、财务或者对该公司证券的市场价格有重大影响的尚未公开的信息，为内幕信息，主要包括：①应提交临时报告的重大事件；②公司分配股利或者增资的计划；③公司股权结构的重大变化；④公司债务担保的重大变更；⑤公司营业用主要资产的抵押、出售或者报废一次超过该资产的 30%；⑥公司的董事、监事、高级管理人员的行为可能依法承担重大损害赔偿责任；⑦上市公司收购的有关方案；⑧国务院证券监督管理机构认定的对证券交易价格有显著影响的其他重要信息。

【示例8.16】 2007年2月11日，杭萧钢构原证券办主任陈玉兴(2006年12月辞职)从他人处得到杭萧钢构“安哥拉项目”的消息后，当即将此消息电话告知与他合作炒股的王向东。按照陈玉兴的指令，王向东2月12日一早买入杭萧钢构276 996股。当日下午，陈玉兴进一步向杭萧钢构公司证券办副主任罗高峰了解“安哥拉项目”信息。次日上午，王向东按照陈玉兴的指令买入杭萧钢构2 398 600股。

同年2月13日下午，罗高峰将合同已草签的情况泄露给陈玉兴。随后，陈玉兴将此信息告诉王向东。2月14日，王向东再次以涨停价买入杭萧钢构1 787 300股。3月15日，陈玉兴从罗高峰处得知证券监管机构将要调查杭萧钢构公司。3月16日，王向东按照指令将杭萧钢构股票洪家696万股全部卖出，获利4 037元。此三人的行为是否构成内幕交易?

【思路解析】 罗高峰作为内幕信息知情人员，将对证券的价格有重大影响的信息尚未公开前，故意泄露给知情人员以外的人，令其获得非法利益。

2. 操纵市场

操纵市场是指单位或个人以获取利益或者减少损失为目的，利用手中掌握的资金、信息等优势或者滥用职权影响证券市场价格，制造证券市场假象，诱导或者致使投资者在不了解事实真相的情况下作出证券投资决定，扰乱证券市场秩序的行为。

在证券交易中，禁止任何人以下列手段操纵证券市场：①单独或者通过合谋，集中资金优势、持股优势或者利用信息优势联合或者连续买卖，操纵证券交易价格或者证券交易量；②与他人串通，以事先约定的时间、价格和方式相互进行证券交易，影响证券交易价格或者证券交易量；③在自己实际控制的账户之间进行证券交易，影响证券交易价格或者证券交易量；④以其他手段操纵证券市场。

【资料8.4】 2007年，原光大保德信基金投资总监，许春茂在任职基金经理期间，利用职务便利，通过本人操作或指使他人操作相关证券账户，持续以先于、同步于或稍后于基金买卖相关个股的方式牟取巨额利益。

3. 虚假信息误导

虚假信息误导是指任何单位或个人对证券发行、交易及其相关活动的事实、性质、前景、法律等事项作出不实、严重误导或者含有重大遗漏的和其他任何形式的虚假陈述或者诱导，致使投资者在不了解事实真相的情况下作出证券投资决定的行为。

在证券交易中，禁止国家工作人员、传播媒介从业人员和有关人员编造、传播虚假信息，扰乱证券市场。禁止证券交易所、证券公司、证券登记结算机构、证券服务机构及其从业人员，证券业协会、证券监督管理机构及其工作人员，在证券交易活动中作出虚假陈述或者信息误导。

4. 欺诈客户

在证券交易中，禁止证券公司及其从业人员从事下列损害客户利益的欺诈行为：①背客户的委托为其买卖证券；②不在规定时间内向客户提供交易的书面确认文件；③挪用客户所委托买卖的证券或者客户账户上的资金；④未经客户的委托，擅自为客户买卖证券，或者假借客户的名义买卖证券；⑤为牟取佣金收入，诱使客户进行不必要的证券买卖；⑥利用传播媒介或者通过其他方式提供、传播虚假或者误导投资者的信息；⑦其他违背客户真实意思表示，损害客户利益的行为

四、法律责任

（一）违反证券发行规定的法律责任

未经法定机关核准，擅自公开或者变相公开发行证券的，责令停止发行，退还所募资金并加算银行同期存款利息，处以非法所募资金金额1%以上5%以下的罚款；对擅自公开或者变相公开发行证券设立的公司，由依法履行监督管理职责的机构或者部门会同县级以上地方人民政府予以取缔。对直接负责的主管人员和其他直接责任人员给予警告，并处以3万元以上30万元以下的罚款。

发行人、上市公司或者其他信息披露义务人未按照规定披露信息、报送有关报告，或者所披露的信息、报送的报告有虚假记载、误导性陈述或者重大遗漏的，责令改正，给予警告，并处以30万元以上60万元以下的罚款。对直接负责的主管人员和其他直接责任人员给予警告，并处以3万元以上30万元以下的罚款。发行人、上市公司或者其他信息披露义务人的控股股东、实际控制人指使从事以上违法行为的，依照上述规定处罚。

【示例8.17】 南京中北公司于2010年4月2日收到江苏证监局送达的证监会《行政处罚决定书》。经证监会调查认定，南京中北2003年、2004年年报中，在银行借款、应付票据、关联方占用、关联方担保等多方面存在弄虚作假。证监局决定对公司及部分时任高管给予相应处罚。

【思路解析】 信息披露义务人所披露的信息、报送的报告有虚假记载，责令改正，给予警告，并处以罚款。

（二）违反证券交易规定的法律责任

证券交易内幕信息的知情人或者非法获取内幕信息的人，在涉及证券的发行、交易或者其他对证券的价格有重大影响的信息公开前，买卖该证券，或者泄露该信息，或者建议他人买卖该证券的，责令依法处理非法持有的证券，没收违法所得，并处以违法所得1倍以上5倍以下的罚款；没有违法所得或者违法所得不足3万元的，处以3万元以上60万元以下的罚款。单位从事内幕交易的，还应当对直接负责的主管人员和其他直接责任人员给予警告，并处以3万元以上30万元以下的罚款。证券监督管理机构工作人员进行内幕交易的，从重处罚。

操纵证券市场的，责令依法处理非法持有的证券，没收违法所得，并处以违法所得1倍以上5倍以下的罚款；没有违法所得或者违法所得不足30万元的，处以30万元以上300万元以下的罚款。单位操纵证券市场的，还应当对直接负责的主管人员和其他直接责任人员给予警告，并处以10万元以上60万元以下的罚款。

【资料8.5】 2007年3月至2009年4月,黄林在任国海富兰克林中国收益基金经理期间,利用职务便利及所掌握的基金投资决策重要信息,操作其控制的汉唐证券上海武进路营业部现信达证券上海四川北路营业部荆某账户,先于或同步于自己管理的中国收益基金买入,并先于或同步于该基金卖出相同个股,涉及宁波华翔(002048)等8只股票,亏损5.4万元。证监会对黄林处以30万元罚款,同时还认定黄林为市场禁入者、10年内不得从事证券业务或担任上市公司董事、监事、高级管理人员职务,取消其基金从业资格。

(三)违反证券机构管理的法律责任

证券公司承销或者代理买卖未经核准擅自公开发行的证券的,责令停止承销或者代理买卖,没收违法所得,并处以违法所得1倍以上5倍以下的罚款;没有违法所得或者违法所得不足30万元的,处以30万元以上60万元以下的罚款。给投资者造成损失的,应当与发行人承担连带赔偿责任。对直接负责的主管人员和其他直接责任人员给予警告,撤销任职资格或者证券从业资格,并处以3万元以上30万元以下的罚款。

证券交易所、证券公司、证券登记结算机构、证券服务机构的从业人员或者证券业协会的工作人员,故意提供虚假资料,隐匿、伪造、篡改或者毁损交易记录,诱骗投资者买卖证券的,撤销证券从业资格,并处以3万元以上10万元以下的罚款;属于国家工作人员的,还应当依法给予行政处分。

【引例分析】

1. 付款人D银行不能以C公司的欺诈行为为由拒绝向甲公司付款。根据《票据法》的规定,凡是善意的、已付对价的正当持票人你可以向票据上的一切债务人请求付款,不受前手权利限制和前手相互间抗辩的影响。虽然C公司在本案中是无处分权人,但甲公司因不知情且已经支付对价,而善意取得该汇票的票据权利。

2. 因在票据权利的行使期间内,持票人甲公司可以向出票人A公司、背书人B公司、C公司以及付款人D银行中的一人、数人或者全体行使追索权。根据《票据法》的规定,汇票的出票人、背书人、承兑人和保证人对持票人承担连带责任。持票人可以不按照汇票债务人的先后顺序,对其中任何一人、数人或者全体行使追索权。

本章小结

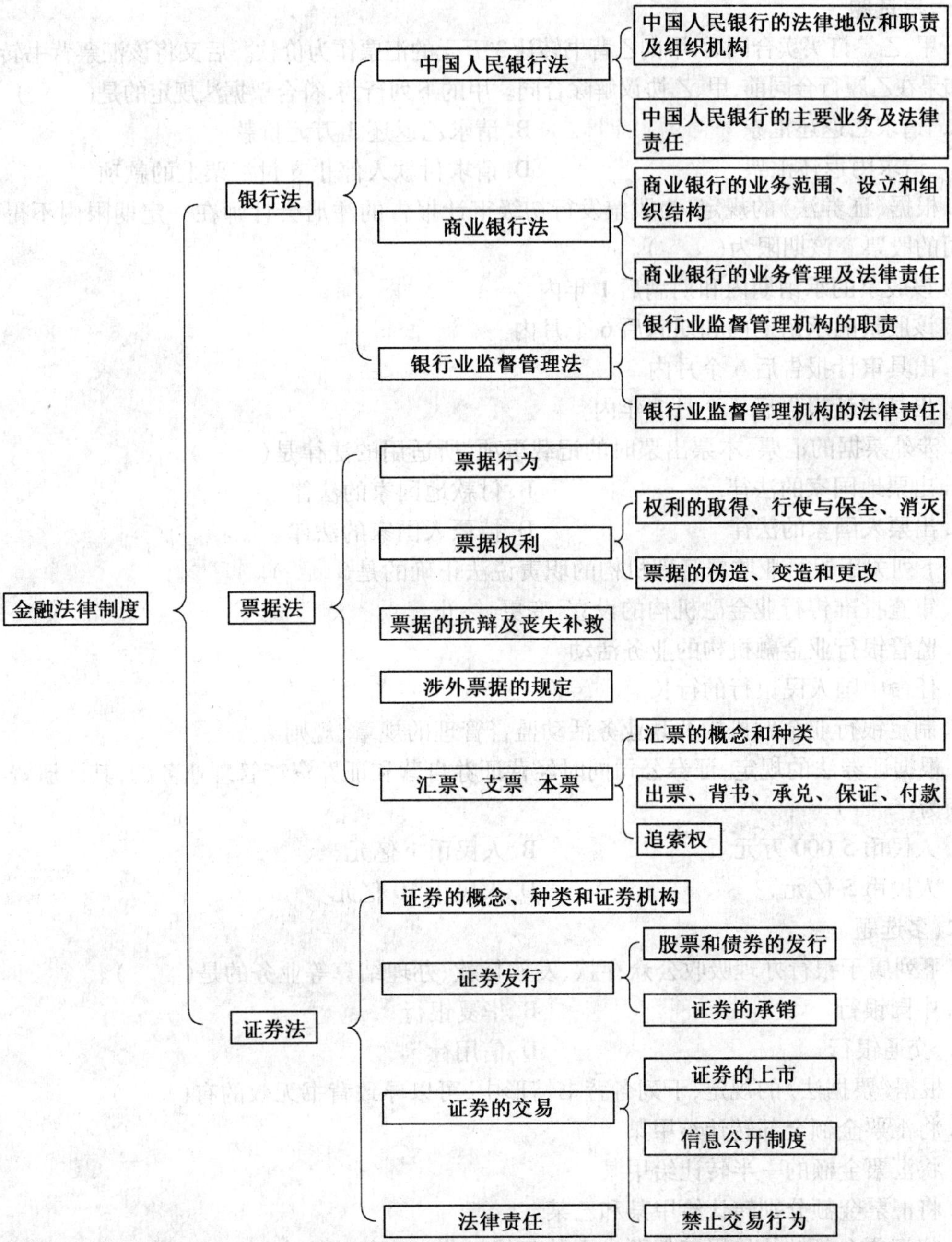
金融法律制度
银行法
中国人民银行法
中国人民银行的法律地位和职责及组织机构
中国人民银行的主要业务及法律责任
商业银行法
商业银行的业务范围、设立和组织结构
商业银行的业务管理及法律责任
银行业监督管理法
银行业监督管理机构的职责
银行业监督管理机构的法律责任
票据法
票据行为
票据权利
权利的取得、行使与保全、消灭
票据的伪造、变造和更改
票据的抗辩及丧失补救
涉外票据的规定
汇票、支票 本票
汇票的概念和种类
出票、背书、承兑、保证、付款
追索权
证券法
证券的概念、种类和证券机构
证券发行
股票和债券的发行
证券的承销
证券的交易
证券的上市
信息公开制度
法律责任
禁止交易行为

练习题

一、单选题

1. 甲、乙签订买卖合同后,甲向乙背书转让3万元的汇票作为价款。后又将该汇票背书转让给丙。如果在乙履行合同前,甲、乙协议解除合同。甲的下列行为,符合票据法规定的是(　　)。

A. 请求乙返还汇票　　B. 请求乙返还3万元价款

C. 请求丙返还汇票　　D. 请求付款人停止支付汇票上的款项

2. 根据《证券法》的规定,为股票发行初级审计报告的注册会计师在一定期限内不得购买该公司的股票。该期限为(　　)。

A. 该股票的承销期内和期满后1年内

B. 该股票的承销期内和期满后6个月内

C. 出具审计报告后6个月内

D. 出具审计报告后6个月1年内

3. 涉外票据的汇票、本票出票时的记载事项,所适用的法律是(　　)。

A. 出票地国家的法律　　B. 付款地国家的法律

C. 出票人国家的法律　　D. 持票人国家的法律

4. 下列关于银行业监督管理机构的职责说法正确的是(　　)。

A. 审查批准银行业金融机构的设立、变更、终止

B. 监管银行业金融机构的业务活动

C. 任命中国人民银行的行长

D. 制定银行业金融机构及其业务活动监督管理的规章、规则

5. 根据证券法的规定,证券公司同时经营证券自营和证券资产管理业务的,其注册资本最低限额为(　　)。

A. 人民币5 000万元　　B. 人民币1亿元

C. 人民币5亿元　　D. 人民币10亿元

二、多选题

1. 下列属于银行办理吸收公众存款、发放贷款、办理结算等业务的是(　　)。

A. 中国银行　　B. 华夏银行

C. 交通银行　　D. 信用社

2. 根据《票据法》的规定,下列各背书情形中,可以导致背书无效的有(　　)。

A. 将汇票金额全部转让给甲某

B. 将汇票金额的一半转让给甲某

C. 将汇票金额分别转让给甲某和乙某

D. 将汇票金额转让给甲某但要求甲某不得对背书人行使追索权

3. 根据《证券法》的规定，下列信息中，属于内幕信息的有（　　）。

A. 公司董事的行为可能依法承担重大损害赔偿责任

B. 公司营业用主要资产的抵押、出售或报废的一次超过该资产的20%

C. 公司生产经营的外部条件发生重点变化

D. 公司董事长发生变动

4. 根据票据法律制度的规定，下列有关汇票未记载事项的表述中，正确的是（　　）。

A. 汇票上未记载付款日期的，为出票后3个月内付款

B. 汇票上未记载付款地的，付款人的营业场所或经常居住地为付款地

C. 汇票上未记载收款人名称的，经出票人授权可以补记

D. 汇票上未记载出票日期的，该汇票无效

5. 下列关于银行业监督管理机构的职责说法正确的是（　　）。

A. 审查批准银行业金融机构的设立、变更、终止

B. 监管银行业金融机构的业务活动

C. 任命中国人民银行的行长

D. 制定银行业金融机构及其业务活动监督管理的规章、规则

三、简答题

1. 中国人民银行对人民币发行、流通管理的规定？

2. 商业银行的业务主要包括哪些？

3. 票据伪造与变造的区别是什么？

4. 股票发行的条件是什么？

5. 证券暂停上市交易的条件是什么？

四、案例分析题

1. 2010年4月，甲有限责任公司（以下简称甲公司）经过必要的内部批准程序，决定公开发行公司债券，并向国务院授权的部门报送有关文件，报送文件中涉及有关公开发行公司债券并上市的方案要点如下：

①截止到2009年12月31日，甲公司经过审计后的财务会计资料显示：注册资本为5 000万元，资产总额为26 000万元，负债总额为8 000万元；在负债总额中，没有既往发行债券的记录，2007年度至2009年度的可分配利润分别为1 200万元、1 600万元和2 000万元。

②甲公司拟发行公司债券8 000万元，募集资金中的1 000万元用于修建职工文体活动中心，其余部分用于生产经营；公司债券年利率为4%，期限为3年。

③公司债券由丙承销商报销。根据甲公司与丙承销商签订的公司债券报销意向书，公司债券的承销期期限为120天，丁承销商在所包销的公司债券中，可以预先购入并留存公司债券2 000万元，其余部分向公众发行。

问题：

(1)甲公司的净资产和可分配利润是否符合公司债券发行的条件?

(2)甲公司发行的公司债券数额和募集资金用途是否符合规定?

(3)甲公司拟发行的公司债券由丁承销商包销是否符合规定?公司债券的承销期限和包销方式是否符合规定?

2.2009 年 3 月 10 日,甲、乙两个企业签订了 100 万元的买卖合同。根据合同约定,乙企业于 3 月 20 日向甲企业发货后,甲企业像乙企业签发了 100 万元的支票,出票日期为 2009 年 4 月 1 日,付款人为丙银行。但甲企业在支票上未记载支票金额,授权乙企业补记。同时,甲企业在支票上记载了"该支票只能在 2009 年 4 月 5 日后提示付款"的字样。乙企业在支票上补记金额后,于 2009 年 4 月 8 日向丙银行提示付款,但甲企业的银行账户上只有 20 万元。

根据支票法律制度的规定,分析回答以下问题:

(1)甲企业在出票时未记账金额即将支票交给乙企业,该支票是否有效?并说明理由。

(2)甲企业在支票上记载了"本支票只能在 2009 年 4 月 5 日后提示付款"的字样,该支票是否有效?并说明理由。

(3)对于甲企业签发空头支票的行为,应承担何种法律责任?

(4)如果持票人乙企业于 2009 年 4 月 18 日向丙银行提示付款,出票人甲企业的票据责任能否解除?并说明理由。

第九章

Chapter 9

会计法律制度

【学习要点及目标】

通过本章学习,应该达到:

1. 了解会计法的概念;
2. 掌握会计核算和会计监督的内容;
3. 掌握会计机构和会计人员的设置,会计人员的任职资格和教育;
4. 了解违反会计法的法律责任;
5. 了解统计法的概念、统计调查项目管理、统计机构和统计人员的设置;
6. 掌握统计机构的职权;
7. 了解违反统计法的法律责任;
8. 了解审计法的概念、审计机构和审计人员的规定;
9. 掌握审计机构的职责、权限,内部审计和社会审计的内容;
10. 了解违反审计法的法律责任。

【引例】 2009 年,某市财政局派出检查组对某国有企业的会计工作进行检查,了解到以下情况:

(1)2008 年 8 月,董事长李某上任后,在未报经主管单位同意的情况下将原总会计师调动至副总经理,提拔原会计主管为总会计师;将其好友的女儿陈某安排在会计部任出纳,陈某刚刚大学毕业,尚未取得会计证。

(2)2008 年 8 月,公司会计部负责收入、费用账目登记工作的会计张某因伤不能继续工作,一时找不到合适的接任者,为不影响工作,财务主管指定出纳员兼管张某的工作,并让出纳员与张某自行办理会计工作交接手续。

(3)2008 年 12 月,公司产品滞销状况仍无根本改变,亏损已成定局。公司董事长李某指使会计部在会计报表上做一些“技术处理”,确保“实现”年初定下的盈利 400 万元的目标,会计部遵照办理。

(4)2009 年 2 月,公司财务会计报告经主管财会工作的副经理、总会计师、会计主管签名并盖章后报出,公司董事长李某未在财务会计报告上签章。

上述情况中哪些行为不符合《会计法》的规定?

第一节　会计法

一、会计法概述

(一)会计的概念

会计是指以货币为主要计量单位,以提高经济效益为目标,运用专门方法和程序对一定主体的经济活动进行核算和监督,并向有关方面提供会计信息的一种经济管理活动。核算和监督是会计的基本职能。

(二)会计法的概念

会计法是调整国家机关、社会团体、公司、企业、事业单位和其他组织,在办理会计事务中产生的经济管理关系的法律规范的总称。

二、会计核算

会计核算是指以货币为主要计量单位,通过专门的程序和方法,对会计主体的资金运动进行记录、计算和分析的经济管理活动。

(一)会计核算的内容

《会计法》规定,单位对下列经济业务事项,应当办理会计手续,进行会计核算:①款项和有价证券的收付;②财物的收发、增减和使用;③债权债务的发生和结算;④资本、基金的增减;⑤收入、支出、费用、成本的计算;⑥财务成果的计算和处理;⑦需要办理会计手续、进行会计核算的其他事项。

(二)会计年度和记账本位币

会计年度即会计核算期间,我国会计年度采用公历制,自公历 1 月 1 日起至 12 月 31 日止为一个会计年度。记账本位币是指日常登记会计账簿和编制财务会计报告用以计量的货币。我国境内各单位会计核算以人民币为记账本位币。业务收支以人民币以外的货币为主的单位,可以选定其中一种货币作为记账本位币,但是编报的财务会计报告应当折算为人民币。

(三)会计核算的程序和要求

1. 会计核算的程序

会计核算的程序内容见图9.1。

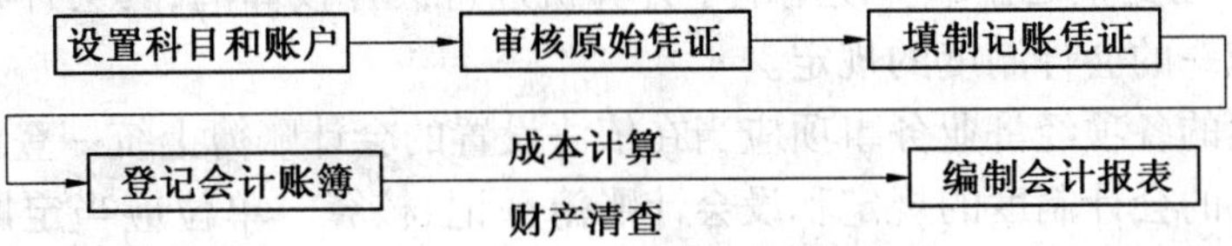

图9.1　会计核算的程序内容

2. 会计核算的要求

《会计法》规定,各单位必须根据实际发生的经济业务事项进行会计核算,填制会计凭证,登记会计账簿,编制财务会计报告。任何单位不得以虚假的经济业务事项或者资料进行会计核算。会计凭证、会计账簿、财务会计报告和其他会计资料,必须符合国家统一的会计制度的规定。使用电子计算机进行会计核算的,其软件及其生成的会计凭证、会计账簿、财务会计报告和其他会计资料,也必须符合国家统一的会计制度的规定。任何单位和个人不得伪造、变造会计凭证、会计账簿及其他会计资料,不得提供虚假的财务会计报告。

(1)会计凭证的要求。会计凭证包括原始凭证和记账凭证。单位办理经济业务事项,必须填制或者取得原始凭证并及时送交会计机构。会计机构、会计人员必须按照国家统一的会计制度的规定对原始凭证进行审核,对不真实、不合法的原始凭证有权不予接受,并向单位负责人报告;对记载不准确、不完整的原始凭证予以退回,并要求按照国家统一的会计制度的规定更正、补充。原始凭证记载的各项内容均不得涂改;原始凭证有错误的,应当由出具单位重开或者更正,更正处应当加盖出具单位印章。原始凭证金额有错误的,应当由出具单位重开,不得在原始凭证上更正。会计机构、会计人员应当根据经过审核的原始凭证及有关资料编制记账凭证。

【注意】　原始凭证是在经济业务发生或完成时取得或编制的载明经济业务具体内容的书面证明;记账凭证是财务部门根据原始凭证填制,记账经济业务简要内容,作为记账依据的会计凭证。

【示例9.1】　兴隆公司的会计小王在审查业务员张某家来的一章购货发票时,发现该发票在数量和金额等栏目中所填的内容与实际入库的情况有较大差异,于是向张某询问。张某称此系开票单位会计人员填写错误所致,并在发票上进行更正和书写书面说明。小王将张某更正过的发票作为原始凭证入账。小王和张某的行为是否合法?

【思路解析】　张某无权对原始凭证记载的内容加以更改,应将发票拿回出票国内公司要求重开或更正,小王不应将该发票作为原始凭证入账。

(2)会计账簿的要求。会计账簿登记,必须以经过审核的会计凭证为依据,并符合有关法律、行政法规和国家统一的会计制度的规定。会计账簿包括总账、明细账、日记账和其他辅助性账簿。会计账簿应当按照连续编号的页码顺序登记。会计账簿记录发生错误或者隔页、缺号、跳行的,应当按照国家统一的会计制度规定的方法更正,并由会计人员和会计机构负责人(会计主管人员)在更正处盖章。使用电子计算机进行会计核算的,其会计账簿的登记、更正,应当符合国家统一的会计制度的规定。

各单位发生的各项经济业务事项应当在依法设置的会计账簿上统一登记、核算,不得违反本法和国家统一的会计制度的规定私设会计账簿登记、核算。单位应当定期将会计账簿记录与实物、款项及有关资料相互核对,保证会计账簿记录与实物及款项的实有数额相符、会计账簿记录与会计凭证的有关内容相符、会计账簿之间相对应的记录相符、会计账簿记录与会计报表的有关内容相符。

(3)财务报告的要求。财务会计报告应当根据经过审核的会计账簿记录和有关资料编制,并符合本法和国家统一的会计制度关于财务会计报告的编制要求、提供对象和提供期限的规定;其他法律、行政法规另有规定的,从其规定。

各单位采用的会计处理方法,前后各期应当一致,不得随意变更;确有必要变更的,应当按照国家统一的会计制度的规定变更,并将变更的原因、情况及影响在财务会计报告中说明。单位提供的担保、未决诉讼等或有事项,应当按照国家统一的会计制度的规定,在财务会计报告中予以说明。

财务会计报告应当由单位负责人和主管会计工作的负责人、会计机构负责人(会计主管人员)签名并盖章;设置总会计师的单位,还须由总会计师签名并盖章。单位负责人应当保证财务会计报告真实、完整。

【注意】 总会计师不是一种专业技术职务,而是一种行政职务。

(4)会计记录文字和会计档案保管的要求。会计记录的文字应当使用中文。在民族自治地方,会计记录可以同时使用当地通用的一种民族文字。在中华人民共和国境内的外商投资企业、外国企业和其他外国组织的会计记录可以同时使用一种外国文字。

各单位对会计凭证、会计账簿、财务会计报告和其他会计资料应当建立档案,妥善保管。会计档案的保管期限和销毁办法,由国务院财政部门会同有关部门制定。

【注意】 会计档案的保管期限为15年。

(5)公司、企业会计核算的特别规定。公司、企业必须根据实际发生的经济业务事项,按照国家统一的会计制度的规定确认、计量和记录资产、负债、所有者权益、收入、费用、成本和利润。公司、企业进行会计核算不得有下列行为:①随意改变资产、负债、所有者权益的确认标准或者计量方法,虚列、多列、不列或者少列资产、负债、所有者权益;②虚列或者隐瞒收入,推迟或者提前确认收入;③随意改变费用、成本的确认标准或者计量方法,虚列、多列、不列或者少列费用、成本;④随意调整利润的计算、分配方法,编造虚假利润或者隐瞒利润;⑤违反国家统一的会计制度规定的其他行为。

三、会计监督

会计监督是指会计机构和会计人员等依照法律规定，通过记录、计算、分析和检查，对企业、机关、事业单位和其他经济组织的经济活动的合法性、合理性、效益性进行监察和督促的一项管理活动。会计监督包括内部监督、政府监督和社会监督。其中，企业内部会计监督具有自律性，是会计监督体系的基础；社会审计监督具有鉴证性，是会计监督体系的补充；政府监督具有权威性，是会计监督体系的主导。

（一）内部监督

内部监督是本单位设置的会计机构、会计人员对本单位经营中应记录的会计事项进行的监督。各单位应当建立、健全本单位内部会计监督制度。单位内部会计监督制度应当符合下列要求：

（1）记账人员与经济业务事项和会计事项的审批人员、经办人员、财物保管人员的职责权限应当明确，并相互分离、相互制约；

（2）重大对外投资、资产处置、资金调度和其他重要经济业务事项的决策和执行的相互监督、相互制约程序应当明确；

（3）财产清查的范围、期限和组织程序应当明确；

（4）对会计资料定期进行内部审计的办法和程序应当明确。

（二）政府监督

政府监督是指国家有关经济监督部门对各单位记载的会计事项所进行的监督。财政部门对各单位的下列情况实施监督：

（1）是否依法设置会计账簿；

（2）会计凭证、会计账簿、财务会计报告和其他会计资料是否真实、完整；

（3）会计核算是否符合本法和国家统一的会计制度的规定；

（4）从事会计工作的人员是否具备从业资格。

财政、审计、税务、人民银行、证券监管、保险监管等部门应当依照有关法律、行政法规规定的职责，对有关单位的会计资料实施监督检查。各单位必须依照有关法律、行政法规的规定，接受有关监督检查部门依法实施的监督检查，如实提供会计凭证、会计账簿、财务会计报告和其他会计资料以及有关情况，不得拒绝、隐匿、谎报。

（三）社会监督

社会监督是指会计师事务所受有关单位的委托，对其财务状况、经营成果实施的审计监督。有关法律、行政法规规定，须经注册会计师进行审计的单位，应当向受委托的会计师事务所如实提供会计凭证、会计账簿、财务会计报告和其他会计资料以及有关情况。任何单位或者个人不得以任何方式要求或者示意注册会计师及其所在的会计师事务所出具不实或者不当的审计报告。财政部门有权对会计师事务所出具审计报告的程序和内容进行监督。

四、会计机构和会计人员

(一)会计机构和会计人员的设置

1. 会计机构的设置

各单位应当根据会计业务的需要,设置会计机构,或者在有关机构中设置会计人员并指定会计主管人员;不具备设置条件的,应当委托经批准设立从事会计代理记账业务的中介机构代理记账。

国有的和国有资产占控股地位或者主导地位的大、中型企业必须设置总会计师。总会计师的任职资格、任免程序、职责权限由国务院规定。

会计机构内部应当建立稽核制度,防止会计核算工作上的差错和有关人员的舞弊、提高会计核算工作的质量。

2. 会计人员的设置

各单位应当根据会计业务需要设置会计工作岗位。会计工作岗位一般可分为:会计机构负责人或会计主管人员;出纳;财产物资核算;工资核算;成本费用核算;财务成果核算;资金核算;往来结算;总账报表;稽核;档案管理等。开展会计电算化和管理会计的单位可以根据需要设置相应岗位。会计工作岗位,可以一人一岗、一人多岗或一岗多人,但出纳人员不得兼任稽核、会计档案保管和收入、支出、费用、债权债务账目的登记工作。

(二)会计人员

1. 会计人员的任职资格

从事会计工作的人员,必须取得会计从业资格证书。会计证是具备一定会计专业知识和技能的人员从事会计工作的资格证书。未取得会计证的人员,各单位不得任用其担任会计岗位的工作。因有提供虚假财务会计报告,做假账,隐匿或者故意销毁会计凭证、会计账簿、财务会计报告,贪污,挪用公款,职务侵占等与会计职务有关的违法行为被依法追究刑事责任的人员,不得取得或者重新取得会计从业资格证书。因违法违纪行为被吊销会计从业资格证书的人员,自被吊销会计从业资格证书之日起5年内,不得重新取得会计从业资格证书。

担任单位会计机构负责人(会计主管人员)的,除取得会计从业资格证书外,还应当具备会计师以上专业技术职务资格或者从事会计工作3年以上经历。

2. 会计人员的教育和培训

为提高会计任用政治素质、业务能力、职业道德水平,使其知识和技能不断得到更新、补充、拓展和提高,会计人员应当按照国家有关规定参加会计业务的培训,每年接受培训(面授)的时间累计不应少于24小时。各单位应当遵循教育、考核、使用相结合的原则,支持、督促并组织本单位会计人员参加继续教育,保证学习时间,提供必要的学习条件。

未按有关规定完成继续教育时间的会计人员，如无正当理由的，可采取适当方式向社会公布；连续2年未参加继续教育或连续2年未按有关规定完成继续教育时间的会计人员，不予办理会计证年检，不得参加上一档次会计专业资格考试或高级会计师资格评审；连续3年未参加继续教育或连续3年未按有关规定完成继续教育时间的会计人员，由省级财政部门作出或建议作出取消其会计证、会计专业技术资格的决定；被取消会计证、会计专业技术资格的会计人员，2年内不得重新参加会计证考试、会计专业技术资格考试。如在2年后愿意重新获得，须经省级财政部门批准后才能重新参加考试。

3. 会计工作的交接

会计人员调动工作或者离职，必须与接管人员办清交接手续。一般会计人员办理交接手续，由会计机构负责人（会计主管人员）监交；会计机构负责人（会计主管人员）办理交接手续，由单位负责人监交，必要时主管单位可以派人会同监交。

五、法律责任

（一）违反会计核算与监督的法律责任

违反会计法规定，有下列行为之一的，由县级以上人民政府财政部门责令限期改正，可以对单位并处3 000以上5万元以下的罚款；对其直接负责的主管人员和其他直接责任人员，可以处2 000元以上2万元以下的罚款；属于国家工作人员的，还应当由其所在单位或者有关单位依法给予行政处分；构成犯罪的，依法追究刑事责任：

（1）不依法设置会计账簿的；

（2）私设会计账簿的；

（3）未按照规定填制、取得原始凭证或者填制、取得的原始凭证不符合规定的；

（4）以未经审核的会计凭证为依据登记会计账簿或者登记会计账簿不符合规定的；

（5）随意变更会计处理方法的；

（6）向不同的会计资料使用者提供的财务会计报告编制依据不一致的；

（7）未按照规定使用会计记录文字或者记账本位币的；

（8）未按照规定保管会计资料，致使会计资料毁损、灭失的；

（9）未按照规定建立并实施单位内部会计监督制度或者拒绝依法实施的监督或者不如实提供有关会计资料及有关情况的；

（10）任用会计人员不符合本法规定的。

会计人员有上述所列行为之一，情节严重的，由县级以上人民政府财政部门吊销会计从业资格证书。

（二）伪造、变造会计凭证、会计账簿，编制虚假财务会计报告和隐匿或者故意销毁依法应当保存的会计凭证、会计账簿、财务会计报告的法律责任

伪造、变造会计凭证、会计账簿，编制虚假财务会计报告和隐匿或者故意销毁依法应当保

存的会计凭证、会计账簿、财务会计报告，构成犯罪的，依法追究刑事责任；尚不构成犯罪的，由县级以上人民政府财政部门予以通报，可以对单位并处5 000元以上10万元以下的罚款；对其直接负责的主管人员和其他直接责任人员，可以处3 000元以上5万元以下的罚款；属于国家工作人员的，还应当由其所在单位或者有关单位依法给予撤职直至开除的行政处分；对其中的会计人员，并由县级以上人民政府财政部门吊销会计从业资格证书。

【示例9.2】 2002年5月中国证监会对银广夏的行政处罚决定书认定，公司自1998年至2001年期间累计虚增利润77 156.70万元，从原料购进到生产、销售、出口等环节，公司伪造了全部单据，包括销售合同和发票、银行票据、海关出口报关单和所得税免税文件。财政部于2001年9月初宣布，拟吊销签字注册会计师刘加荣、徐林文的注册会计师资格；吊销中天勤会计师事务所的执业资格，并会同证监会吊销其证券、期货相关业务许可证，同时，将追究中天勤会计师事务所负责人的责任。

【思路解析】 伪造、变造会计凭证、会计账簿，编制虚假财务会计报告，构成犯罪的，依法追究刑事责任，相关责任人要承担相应责任。

（三）授意、指使、强令会计机构、会计人员及其他人员伪造、变造会计凭证、会计账簿，编制虚假财务会计报告或者隐匿、故意销毁依法应当保存的会计凭证、会计账簿、财务会计报告的法律责任

授意、指使、强令会计机构、会计人员及其他人员伪造、变造会计凭证、会计账簿，编制虚假财务会计报告或者隐匿、故意销毁依法应当保存的会计凭证、会计账簿、财务会计报告构成犯罪的，依法追究刑事责任；尚不构成犯罪的，可以处5 000元以上5万元以下的罚款；属于国家工作人员的，还应当由其所在单位或者有关单位依法给予降级、撤职、开除的行政处分。

（四）单位负责人对会计人员进行打击报复的法律责任

单位负责人对依法履行职责、抵制违反本法规定行为的会计人员以降级、撤职、调离工作岗位、解聘或者开除等方式实行打击报复，构成犯罪的，依法追究刑事责任；尚不构成犯罪的，由其所在单位或者有关单位依法给予行政处分。对受打击报复的会计人员，应当恢复其名誉和原有职务、级别。

（五）其他违反会计法的法律责任

任何单位和个人对违反会计法和国家统一的会计制度规定的行为，有权检举。收到检举的部门有权处理的，应当依法按照职责分工及时处理；无权处理的，应当及时移送有权处理的部门处理。收到检举的部门、负责处理的部门应当为检举人保密，不得将检举人姓名和检举材料转给被检举单位和被检举人个人。

财政部门及有关行政部门的工作人员在实施监督管理中滥用职权、玩忽职守、徇私舞弊或者泄露国家秘密，商业秘密，构成犯罪的，依法追究刑事责任；尚不构成犯罪的，依法给予行政

处分。

【注意】 会计核算的要求。

第二节　统计法

一、统计法概述

统计是指运用各种统计方法对国民经济和社会发展情况进行统计调查、统计分析，提供统计资料和统计咨询意见，实行统计监督等活动的总称。

统计法是指国家统计机关行使统计职能而产生的统计关系，即调整统计调查者、统计调查对象和统计资料使用者之间权利义务关系的法律规范的总称。

二、统计调查管理

统计调查是统计活动的起点，通过对统计调查对象的调查获得所需的统计资料，提供给统计信息使用者，为社会经济发展服务。统计法规定，统计调查必须按照经过批准的计划进行，按照统计调查项目编制。

（一）统计调查项目管理

统计调查项目包括国家统计调查项目、部门统计调查项目和地方统计调查项目。国家统计调查项目、部门统计调查项目、地方统计调查项目应当明确分工，互相衔接，不得重复。

国家统计调查项目是指全国性基本情况的统计调查项目。国家统计调查项目由国家统计局制定，或者由国家统计局和国务院有关部门共同制定，报国务院备案；重大的国家统计调查项目报国务院审批。

部门统计调查项目是指国务院有关部门的专业性统计调查项目。部门统计调查项目由国务院有关部门制定。统计调查对象属于本部门管辖系统的，报国家统计局备案；统计调查对象超出本部门管辖系统的，报国家统计局审批。

地方统计调查项目是指县级以上地方人民政府及其部门的地方性统计调查项目。地方统计调查项目由县级以上地方人民政府统计机构和有关部门分别制定或者共同制定。其中，由省级人民政府统计机构单独制定或者和有关部门共同制定的，报国家统计局审批；由省级以下人民政府统计机构单独制定或者和有关部门共同制定的，报省级人民政府统计机构审批；由县级以上地方人民政府有关部门制定的，报本级人民政府统计机构审批。

制定统计调查项目，应当同时制定该项目的统计调查制度，对调查目的、调查内容、调查方法、调查对象、调查组织方式、调查表式、统计资料的报送和公布等作出规定，并依照上述规定一并报经审批或者备案。

(二)统计资料的管理和公布

1. 统计资料的管理

县级以上人民政府统计机构和有关部门以及乡、镇人民政府,应当按照国家有关规定建立统计资料的保存、管理制度,建立健全统计信息共享机制。国家机关、企业事业单位和其他组织等统计调查对象,应当按照国家有关规定设置原始记录、统计台账,建立健全统计资料的审核、签署、交接、归档等管理制度。统计资料的审核、签署人员应当对其审核、签署的统计资料的真实性、准确性和完整性负责。

2. 统计资料的公布

县级以上人民政府有关部门应当及时向本级人民政府统计机构提供统计所需的行政记录资料和国民经济核算所需的财务资料、财政资料及其他资料,并按照统计调查制度的规定及时向本级人民政府统计机构报送其组织实施统计调查取得的有关资料。统计调查取得的统计资料,由县级以上人民政府有关部门按照国家有关规定公布。

县级以上人民政府统计机构应当及时向本级人民政府有关部门提供有关统计资料,并按照国家有关规定,定期公布统计资料。

国家统计数据以国家统计局公布的数据为准。

三、统计机构和统计人员

(一)统计机构和统计人员的设置

国家建立集中统一的统计系统,实行统一领导、分级负责的统计管理体制。

1. 国家统计局

国务院设立国家统计局,依法组织领导和协调全国的统计工作。国家统计局根据工作需要设立的派出调查机构,承担国家统计局布置的统计调查等任务。

国家统计局依法履行下列职责:

(1)根据有关法律、行政法规和国家有关政策和计划,制定统计工作规章,制订统计工作现代化规划和国家统计调查计划,组织领导和协调全国统计工作,监督检查统计法规和统计制度的实施;

(2)健全国民经济核算制度和统计指标体系,制定全国统一的基本统计报表制度;制定或者与有关部门共同制定国家统计标准,审定部门统计标准;

(3)在国务院领导下,会同有关部门组织重大的国情国力普查,组织、协调全国社会经济抽样调查;

(4)根据国家制定政策、计划和进行管理的需要,搜集、整理、提供全国性的基本统计资料,对国民经济和社会发展情况进行统计分析、统计预测和统计监督;

(5)审查国务院各部门编制的统计调查计划和统计调查方案,管理国务院各部门制发的统计调查表；

(6)检查、审定、管理、公布、出版全国性的基本统计资料，定期发布全国国民经济和社会发展情况的统计公报；

(7)统一领导和管理国家统计局派出的调查队；

(8)组织指导全国统计科学研究、统计教育、统计干部培训和统计书刊出版工作；

(9)开展统计工作和统计科学的国际交流。

【注意】 国家统计局派出的调查队承担国家统计局布置的各项调查任务，依法独立开展统计调查，独立上报统计资料，不受地方政府领导。

2. 县级以上地方人民政府统计机构

县级以上地方人民政府设立独立的统计机构，乡、镇人民政府设置统计工作岗位，配备专职或者兼职统计人员，依法管理、开展统计工作，实施统计调查。县级以上地方各级人民政府统计机构受本级人民政府和上级人民政府统计机构的双重领导，在统计业务上以上级人民政府统计机构的领导为主。

县级以上地方各级人民政府统计机构履行下列职责：

(1)完成国家统计调查任务，执行国家统计标准，执行全国统一的基本统计报表制度；

(2)制订本行政区域内的统计工作现代化规划、统计调查计划和统计调查方案，统一领导和协调本行政区域内包括中央和地方单位的统计工作，监督检查统计法规和统计制度的实施；

(3)根据本行政区域内制订计划和进行管理的需要，搜集、整理、提供基本统计资料，对本行政区域内国民经济和社会发展情况进行统计分析、统计预测和统计监督；

(4)审查本行政区域内各部门的统计调查计划和统计调查方案，管理本行政区域内各部门制发的统计调查表；

(5)按照国家有关规定，检查、审定、管理、公布、出版本行政区域内的基本统计资料；省、自治区、直辖市人民政府统计机构定期发布本行政区域内国民经济和社会发展情况的统计公报；自治州、县、自治县、市、市辖区人民政府统计机构按照本级人民政府的决定，发布本行政区域内国民经济和社会发展情况的统计公报；

(6)组织指导本行政区域内各部门、各单位加强统计基础工作建设，加强统计教育、统计干部培训和统计科学研究工作；对本行政区域内人民政府统计机构干部和乡、镇统计员进行考核和奖励。

3. 县级以上各级人民政府有关部门的统计机构

县级以上人民政府有关部门根据统计任务的需要设立统计机构，或者在有关机构中设置统计人员，并指定统计负责人，依法组织、管理本部门职责范围内的统计工作，实施统计调查，在统计业务上受本级人民政府统计机构的指导。

县级以上各级人民政府有关部门的统计机构或者统计负责人执行本部门综合统计的职能，履行下列职责：

(1)组织指导、综合协调本部门各职能机构(包括生产、供销、基建、劳动人事、财务会计等机构)的统计工作,共同完成国家统计调查、部门统计调查和地方统计调查任务,执行统计法规和统计制度,监督检查统计法规和统计制度的实施;

(2)制订本部门的统计工作现代化规划、统计调查计划和统计调查方案,组织指导本部门及其管辖系统内企业事业组织的统计工作,加强统计队伍和统计基础工作建设;

(3)按照国家有关规定,向上级领导机关和本级人民政府统计机构报送和提供本部门的基本统计资料,会同计划和其他有关职能机构对本部门执行政策、计划和经营管理效益的情况,进行统计分析、统计预测和统计监督;

(4)管理本部门制发的统计调查表和基本统计资料;

(5)会同本部门的人事教育机构,组织指导本部门的统计教育和统计干部培训;对本部门统计人员进行考核和奖励;加强本部门统计科学研究工作。

(二)统计机构和统计人员的职权

《统计法》规定,统计机构和统计人员独立行使统计调查、统计报告、统计监督的职权,不受侵犯。

1. 统计调查权

统计机构和统计人员依法调查、搜集有关资料,召开有关调查会议,检查与统计资料有关的原始记录和凭证。国家机关、企业事业单位和其他组织以及个体工商户和个人等统计调查对象,必须依照统计法和国家有关规定,真实、准确、完整、及时地提供统计调查所需的资料,不得提供不真实或者不完整的统计资料,不得迟报、拒报统计资料。

2. 统计报告权

统计机构和统计人员将统计调查取得的统计资料和情况加以整理、分析,向上级领导机关和有关部门提出统计报告。任何单位或者个人不得阻挠和扣压统计报告,不得篡改统计资料。地方各级人民政府、政府统计机构和有关部门以及各单位的负责人,不得自行修改统计机构和统计人员依法搜集、整理的统计资料,不得以任何方式要求统计机构、统计人员及其他机构、人员伪造、篡改统计资料,不得对依法履行职责或者拒绝、抵制统计违法行为的统计人员打击报复。

3. 统计监督权

统计机构和统计人员根据统计调查和统计分析,对国民经济和社会发展情况进行统计监督,检查国家政策和计划的实施,考核经济效益、社会效益和工作成绩,检查和揭露存在的问题,检查虚报、瞒报、伪造、篡改统计资料的行为,提出改进工作的建议。有关部门和单位对统计机构、统计人员反映、揭露的问题和提出的建议,应当及时处理,作出答复。同时,统计工作也应当接受社会公众的监督。任何单位和个人有权检举统计中弄虚作假等违法行为。对检举有功的单位和个人应当给予表彰和奖励。

(三)统计机构和统计人员的义务

统计机构、统计人员应当依法履行职责,如实搜集、报送统计资料,不得伪造、篡改统计资料,不得以任何方式要求任何单位和个人提供不真实的统计资料,不得有其他违反本法规定的行为。

统计人员应当坚持实事求是,恪守职业道德,对其负责搜集、审核、录入的统计资料与统计调查对象报送的统计资料的一致性负责。

统计人员应当具备与其从事的统计工作相适应的专业知识和业务能力。国家实行统计专业技术职务资格考试、评聘制度,提高统计人员的专业素质,保障统计队伍的稳定性。县级以上人民政府统计机构和有关部门应当加强对统计人员的专业培训和职业道德教育。

四、法律责任

(一)统计机构和统计人员的法律责任

(1)地方人民政府、政府统计机构或者有关部门、单位的负责人有下列行为之一的,由任免机关或者监察机关依法给予处分,并由县级以上人民政府统计机构予以通报:①自行修改统计资料、编造虚假统计数据的;②要求统计机构、统计人员或者其他机构、人员伪造、篡改统计资料的;③对依法履行职责或者拒绝、抵制统计违法行为的统计人员打击报复的;④对本地方、本部门、本单位发生的严重统计违法行为失察的。

(2)县级以上人民政府统计机构或者有关部门在组织实施统计调查活动中有下列行为之一的,由本级人民政府、上级人民政府统计机构或者本级人民政府统计机构责令改正,予以通报;对直接负责的主管人员和其他直接责任人员,由任免机关或者监察机关依法给予处分:①未经批准擅自组织实施统计调查的;②未经批准擅自变更统计调查制度的内容的;③伪造、篡改统计资料的;④要求统计调查对象或者其他机构、人员提供不真实的统计资料的;⑤未按照统计调查制度的规定报送有关资料的。

(3)县级以上人民政府统计机构或者有关部门有下列行为之一的,对直接负责的主管人员和其他直接责任人员由任免机关或者监察机关依法给予处分:①违法公布统计资料的;②泄露统计调查对象的商业秘密、个人信息或者提供、泄露在统计调查中获得的能够识别或者推断单个统计调查对象身份的资料的;③违反国家有关规定,造成统计资料毁损、灭失的。

(4)统计人员有上述所列行为之一的,依法给予处分。统计机构、统计人员泄露国家秘密的,依法追究法律责任。

(二)统计调查对象的法律责任

作为统计调查对象的国家机关、企业事业单位或者其他组织有下列行为之一的,由县级以上人民政府统计机构责令改正,给予警告,可以予以通报;其直接负责的主管人员和其他直接责任人员属于国家工作人员的,由任免机关或者监察机关依法给予处分:①拒绝提供统计资料或者经催报后仍未按时提供统计资料的;②提供不真实或者不完整的统计资料的;③拒绝答复或者不如实答复统计检查查询书的;④拒绝、阻碍统计调查、统计检查的;⑤转移、隐匿、篡改、毁弃或者拒绝提供原始记录和凭证、统计台账、统计调查表及其他相关证明和资料的。

企业事业单位或者其他组织有上述所列行为之一的，可以并处5万元以下的罚款；情节严重的，并处5万元以上20万元以下的罚款；个体工商户有上述所列行为之一的，由县级以上人民政府统计机构责令改正，给予警告，可以并处1万元以下的罚款。

【示例9.3】 某市统计局在年度统计执法检查中发现因统计人员的工作失误，某企业报送的上一年度的生产总值多报了200万元，因此认定该企业的这种行为是统计违法行为，对该企业给予了警告的处罚，对该企业的统计员给予了罚款的处罚。该企业的行为具体属于什么统计违法行为？对该企业及其统计员的处罚是否正确？

【思路解析】 该企业报送的上一年度的生产总值中多报200万元的行为属于虚报统计资料的统计违法行为，对有虚报统计资料违法行为的企业，可以给予警告的行政处罚。

【注意】 不同层级统计机构和统计人员的职权。

第三节　审计法

一、审计法概述

（一）审计的概念

审计法所称审计，是指审计机关依法独立检查被审计单位的会计凭证、会计账簿、财务会计报告以及其他与财政收支、财务收支有关的资料和资产，监督财政收支、财务收支真实、合法和效益的行为。

（二）审计法的概念

审计法是指调整审计机关和审计人员在依法进行审计监督的过程中与被审计单位之间发生的各种经济关系的法律规范的总称。

（三）审计法的调整范围

《审计法》规定，国务院各部门和地方各级人民政府及其各部门的财政收支，国有的金融机构和企业事业组织的财务收支，以及其他依照本法规定应当接受审计的财政收支、财务收支，依照本法规定接受审计监督。

接受审计监督的财政收支，是指依照《中华人民共和国预算法》和国家其他有关规定纳入预算管理的收入和支出，以及预算外资金的收入和支出。

接受审计监督的财务收支，是指国有的金融机构、企业事业单位以及按国家规定应当接受审计监督的其他有关单位，按照国家有关财务会计制度的规定，办理会计事务、进行会计核算、实行会计监督的各种资金的收入和支出。

二、审计机关和审计人员

（一）审计机关

（1）审计机关是代表国家行使审计监督权的国家行政机关。国务院和县级以上地方人民政府设立审计机关。国务院设立审计署，在国务院总理领导下，主管全国的审计工作。审计长是审计署的行政首长。

（2）省、自治区、直辖市，设区的市、自治州、县、自治县，不设区的市、市辖区的人民政府的审计机关，分别在省长、自治区主席、市长、州长、县长、区长和上一级审计机关的领导下，负责本行政区域内的审计工作。地方各级审计机关对本级人民政府和上一级审计机关负责并报告工作，审计业务以上级审计机关领导为主。

（3）审计机关根据工作需要，经本级人民政府批准，可以在其审计管辖范围内设立派出机构。派出机构根据审计机关的授权，依法进行审计工作。

（二）审计人员

（1）审计人员应当具备与其从事的审计工作相适应的专业知识和业务能力。

（2）审计人员办理审计事项，与被审计单位或者审计事项有利害关系的，如与被审计单位负责人和有关主管人员之间有夫妻关系、直系血亲关系、三代以内旁系血亲以及近姻亲关系的；与被审计单位或者审计事项有经济利益关系的；与被审计单位或者审计事项有其他利害关系，可能影响公正执行公务的，应当回避。审计人员对其在执行职务中知悉的国家秘密和被审计单位的商业秘密，负有保密的义务。

（3）审计人员依法执行职务，受法律保护。任何组织和个人不得拒绝、阻碍审计人员依法执行职务，不得打击报复审计人员。

（4）审计机关负责人依照法定程序任免。审计机关负责人没有违法失职或者其他不符合任职条件的情况的，不得随意撤换。地方各级审计机关负责人的任免，应当事先征求上一级审计机关的意见。

三、审计机关的职责和权限

（一）审计机关的职责

1. 对财政收支的审计监督

（1）审计机关对本级各部门（含直属单位）和下级政府预算的执行情况和决算以及其他财政收支情况，进行审计监督。

（2）审计署在国务院总理领导下，对中央预算执行情况和其他财政收支情况进行审计监督，向国务院总理提出审计结果报告。

（3）地方各级审计机关分别在省长、自治区主席、市长、州长、县长、区长和上一级审计机关的领导下，对本级预算执行情况和其他财政收支情况进行审计监督，向本级人民政府和上一级审计机关提出审计结果报告。

2. 对财务收支的审计监督

（1）审计署对中央银行的财务收支，进行审计监督。

（2）审计机关对国家的事业组织和使用财政资金的其他事业组织的财务收支，进行审计监督。

（3）审计机关对国有金融机构和国有企业的资产、负债、损益，进行审计监督。

（4）对国有资本占控股地位或者主导地位的企业、金融机构的审计监督，由国务院规定。

（5）审计机关对政府投资和以政府投资为主的建设项目的预算执行情况和决算，进行审计监督。

（6）审计机关对政府部门管理的和其他单位受政府委托管理的社会保障基金、社会捐赠资金以及其他有关基金、资金的财务收支，进行审计监督。

（7）审计机关对国际组织和外国政府援助、贷款项目的财务收支，进行审计监督。

【示例 9.4】 全国审计机关对 28 个中央部门单位、31 个省（自治区、直辖市）和新疆生产建设兵团、汶川地震社会捐赠款物的筹集、支出和结存情况进行了全面审计。

截至 2009 年 9 月 30 日，全国共筹集社会捐赠款物 797.03 亿元（含"特殊党费"）。具体情况是：按形态划分，资金 687.90 亿元，物资 109.13 亿元；按捐赠渠道划分，境内捐赠 723.05 亿元，国际组织、海外华侨等国外捐赠 40.48 亿元，港澳台地区捐赠 33.50 亿元。全国共支出捐赠款物 527.69 亿元，其中：用于应急抢险 173.79 亿元，用于灾后重建 213.28 亿元，140.62 亿元与财政资金统筹安排用于灾后恢复重建。

全国尚结存捐赠款物 269.34 亿元，其中：中央部门单位和社会团体 0.35 亿元，有关全国性基金会 22.66 亿元，18 个有援建任务的非灾省市 78.09 亿元，8 个没有援建任务的非灾省区和新疆生产建设兵团 6.14 亿元，5 个重灾省市 162.10 亿元。结存款物中有 119.26 亿元正随重建项目进度陆续拨付，150.08 亿元将按恢复重建规划安排使用。

【思路解析】 审计机关对政府部门管理的和其他单位受政府委托管理的社会保障基金、社会捐赠资金以及其他有关基金、资金的财务收支，进行审计监督。

3. 对被审计单位负责人的审计监督

审计机关按照国家有关规定，对国家机关和依法属于审计机关审计监督对象的其他单位的主要负责人，在任职期间对本地区、本部门或者本单位的财政收支、财务收支以及有关经济活动应负经济责任的履行情况，进行审计监督。

4. 其他职责

审计机关根据被审计单位的财政、财务隶属关系或者国有资产监督管理关系，确定审计管辖范围。除《统计法》规定的审计事项外，审计机关对其他法律、行政法规规定应当由审计机关进行审计的事项，依照统计法和有关法律、行政法规的规定进行审计监督。

依法属于审计机关审计监督对象的单位，应当按照国家有关规定建立健全内部审计制度；

其内部审计工作应当接受审计机关的业务指导和监督。

社会审计机构审计的单位依法属于审计机关审计监督对象的，审计机关按照国务院的规定，有权对该社会审计机构出具的相关审计报告进行核查。

（二）审计机关的权限

1. 获得资料权

审计机关有权要求被审计单位按照审计机关的规定提供预算或者财务收支计划、预算执行情况、决算、财务会计报告，运用电子计算机储存、处理的财政收支、财务收支电子数据和必要的电子计算机技术文档，在金融机构开立账户的情况，社会审计机构出具的审计报告，以及其他与财政收支或者财务收支有关的资料，被审计单位不得拒绝、拖延、谎报。被审计单位负责人对本单位提供的财务会计资料的真实性和完整性负责。

2. 检查权

审计机关进行审计时，有权检查被审计单位的会计凭证、会计账簿、财务会计报告和运用电子计算机管理财政收支、财务收支电子数据的系统，以及其他与财政收支、财务收支有关的资料和资产，被审计单位不得拒绝。

3. 调查取证权

(1) 审计机关进行审计时，有权就审计事项的有关问题向有关单位和个人进行调查，并取得有关证明材料。有关单位和个人应当支持、协助审计机关工作，如实向审计机关反映情况，提供有关证明材料。

(2) 审计机关经县级以上人民政府审计机关负责人批准，有权查询被审计单位在金融机构的账户。

(3) 审计机关有证据证明被审计单位以个人名义存储公款的，经县级以上人民政府审计机关主要负责人批准，有权查询被审计单位以个人名义在金融机构的存款。

4. 采取强制措施权

(1) 审计机关进行审计时，被审计单位不得转移、隐匿、篡改、毁弃会计凭证、会计账簿、财务会计报告以及其他与财政收支或者财务收支有关的资料，不得转移、隐匿所持有的违反国家规定取得的资产。

(2) 审计机关对被审计单位违反上述规定的行为，有权予以制止；必要时，经县级以上人民政府审计机关负责人批准，有权封存有关资料和违反国家规定取得的资产；对其中在金融机构的有关存款需要予以冻结的，应当向人民法院提出申请。

(3) 审计机关对被审计单位正在进行的违反国家规定的财政收支、财务收支行为，有权予以制止；制止无效的，经县级以上人民政府审计机关负责人批准，通知财政部门和有关主管部门暂停拨付与违反国家规定的财政收支、财务收支行为直接有关的款项，已经拨付的，暂停使用。审计机关采取上述规定的措施不得影响被审计单位合法的业务活动和生产经营活动。

5. 公布权

审计机关可以向政府有关部门通报或者向社会公布审计结果。审计机关通报或者公布审计结果,应当依法保守国家秘密和被审计单位的商业秘密,遵守国务院的有关规定。

四、审计程序

(一)编制审计项目计划,通知被审计单位

审计机关应根据国家政策以及上级机关和本级政府的要求,编制审计项目计划,确定审计事项,组成审计工作小组,并应当在实施审计3日前,向被审计单位送达审计通知书;遇有特殊情况,经本级人民政府批准,审计机关可以直接持审计通知书实施审计。被审计单位应当配合审计机关的工作,并提供必要的工作条件。

(二)进行审计

审计人员通过审查会计凭证、会计账簿、财务会计报告,查阅与审计事项有关的文件、资料,检查现金、实物、有价证券,向有关单位和个人调查等方式进行审计,并取得证明材料。

审计人员向有关单位和个人进行调查时,应当出示审计人员的工作证件和审计通知书副本。

(三)提出审计报告和出具审计意见

审计组对审计事项实施审计后,应当向审计机关提出审计组的审计报告。审计组的审计报告报送审计机关前,应当征求被审计对象的意见。被审计对象应当自接到审计组的审计报告之日起10日内,将其书面意见送交审计组。审计组应当将被审计对象的书面意见一并报送审计机关。

审计机关按照审计署规定的程序对审计组的审计报告进行审议,并对被审计对象对审计组的审计报告提出的意见一并研究后,提出审计机关的审计报告;对违反国家规定的财政收支、财务收支行为,依法应当给予处理、处罚的,在法定职权范围内作出审计决定或者向有关主管机关提出处理、处罚的意见。

审计机关应当将审计机关的审计报告和审计决定送达被审计单位和有关主管机关、单位。审计决定自送达之日起生效。

(四)审计决定的变更或撤销

上级审计机关认为下级审计机关作出的审计决定违反国家有关规定的,可以责成下级审计机关予以变更或者撤销,必要时也可以直接作出变更或者撤销的决定。

五、内部审计和社会审计

(一)内部审计

内部审计是独立监督和评价本单位及所属单位财政收支、财务收支及经济活动的真实性、

合法性和效益性的行为，以促进加强经济管理和实现经济目标。内部审计是我国审计体系的组成部分，是做好国家审计的基础。《统计法》规定，国际各部门和地方政府各部门、国有的金融机构和企、事业单位组织，应当按照国家有关规定建立健全内部审计制度。

1. 内部审计机构的设置

法律、行政法规规定设立内部审计机构的单位，必须设立独立的内部审计机构。法律、行政法规没有明确规定设立内部审计机构的单位，可以根据需要设立内部审计机构，配备内部审计人员。有内部审计工作需要且不具有设立独立的内部审计机构条件和人员编制的国家机关，可以授权本单位内设机构履行内部审计职责。设立内部审计机构的单位，可以根据需要设立审计委员会，配备总审计师。

内部审计机构在本单位主要负责人的直接领导下进行内部审计监督，独立行使内部审计职权，对本单位领导机构负责并报告工作。单位的内部审计工作应当接受审计机关的业务指导和监督。

2. 内部审计的任务

内部审计机构或审计人员对本单位及本单位下属单位的下列事项进行审计监督：①财务计划或单位预算的执行与决算；②与财务收支有关的经济活动及其经济效益；③内部控制制度的健全、有效程度；④国家和单位资产的管理情况；⑤专项资金的提取、使用；⑥国家财经法规的执行情况；⑦本单位领导交办的其他审计事项。

（二）社会审计

社会审计，是指依法成立的民间审计组织接受委托，对被审计者的财务收支及其经济活动的真实性、合法性、效益性，依法独立进行审计查证和咨询服务活动。国家审计、内部审计和社会审计，构成我国完整的审计体系。

1. 社会审计机构的设立

我国社会审计工作的机构主要是会计师事务所和审计师事务所。会计师事务所是经国家主管财政部门批准，注册登记，依法独立承办查账验证业务和会计咨询业务的单位。审计师事务所是经国家主管财政部门批准，工商行政管理部门登记，依法独立承办审计查证和咨询服务的社会审计组织。

2. 社会审计机构的业务范围

社会审计机构的业务范围包括：①财务收支、经济效益、经济责任的审计查证事项；②经济案件的鉴定事项；③注册资金的验证和年检；④基建工程预、决算的验证；⑤建立账簿、财务会计制度、提供会计、财税和经济管理咨询服务；⑥培训审计、财务、会计人员和其他经济管理人员；⑦担任会计、审计咨询顾问。

六、法律责任

（一）被审计单位的法律责任

（1）被审计单位违反统计法规定，拒绝或者拖延提供与审计事项有关的资料的，或者提供的资料不真实、不完整的，或者拒绝、阻碍检查的，由审计机关责令改正，可以通报批评，给予警告；拒不改正的，依法追究责任。

（2）对本级各部门（含直属单位）和下级政府违反预算的行为或者其他违反国家规定的财政收支行为，审计机关、人民政府或者有关主管部门在法定职权范围内，依照法律、行政法规的规定，区别情况采取下列处理措施：①责令限期缴纳应当上缴的款项；②责令限期退还被侵占的国有资产；③责令限期退还违法所得；④责令按照国家统一的会计制度的有关规定进行处理；⑤其他处理措施。

（3）对被审计单位违反国家规定的财务收支行为，审计机关、人民政府或者有关主管部门在法定职权范围内，依照法律、行政法规的规定，区别情况采取上述规定的处理措施，并可以依法给予处罚。

（4）被审计单位的财政收支、财务收支违反法律、行政法规的规定，构成犯罪的，依法追究刑事责任。

（二）有关人员的法律责任

（1）被审计单位违反审计法规定，转移、隐匿、篡改、毁弃会计凭证、会计账簿、财务会计报告以及其他与财政收支、财务收支有关的资料，或者转移、隐匿所持有的违反国家规定取得的资产，审计机关认为对直接负责的主管人员和其他直接责任人员依法应当给予处分的，应当提出给予处分的建议，被审计单位或者其上级机关、监察机关应当依法及时作出决定，并将结果书面通知审计机关；构成犯罪的，依法追究刑事责任。

（2）被审计单位的财政收支、财务收支违反国家规定，审计机关认为对直接负责的主管人员和其他直接责任人员依法应当给予处分的，应当提出给予处分的建议，被审计单位或者其上级机关、监察机关应当依法及时作出决定，并将结果书面通知审计机关。

（3）报复陷害审计人员的，依法给予处分；构成犯罪的，依法追究刑事责任。

（4）审计人员滥用职权、徇私舞弊、玩忽职守或者泄露所知悉的国家秘密、商业秘密的，依法给予处分；构成犯罪的，依法追究刑事责任。

【示例9.5】 2007年10月至12月，审计署驻重庆特派办在对电信行业专项审计调查中发现，重庆市电信公司下属重庆菲斯特信息网络有限责任公司原总经理谢某、财务部主任何某等人，以截留收入、虚列支出等方式非法转移资金2 400多万元至两家空壳私营企业，其中900多万元被相关人员提取现金，1 500多万元转入该公司有关人员控制的私营企业。2009年6月1日，重庆市第一中级人民法院二审认定该公司原总经理谢某犯职务侵占罪，判处有期徒刑7年，该公司原财务部主任何某犯职务侵占罪，判处有期徒刑5年6个月。

【思路解析】 转移、隐匿所持有的违反国家规定取得的资产构成犯罪的,依法追究刑事责任。

（三）审计复议或诉讼

(1)审计机关在法定职权范围内作出的审计决定,被审计单位应当执行。

(2)审计机关依法责令被审计单位上缴应当上缴的款项,被审计单位拒不执行的,审计机关应当通报有关主管部门,有关主管部门应当依照有关法律、行政法规的规定予以扣缴或者采取其他处理措施,并将结果书面通知审计机关。

(3)被审计单位对审计机关作出的有关财务收支的审计决定不服的,可以依法申请行政复议或者提起行政诉讼;也可以提请审计机关的本级人民政府裁决,本级人民政府的裁决为最终决定。

【引例分析】

(1)董事长李某未报经主管单位同意的情况下变更总会计师;将尚未取得会计证的陈某安排在会计部任出纳,均不符合规定。

根据《会计法》规定,国有的和国有资产占控股地位或者主导地位的大、中型企业必须设置总会计师。总会计师的任职资格、任免程序、职责权限由国务院规定。总会计师由本单位主要行政领导人提名,政府主管部门任命或者聘任。

根据《会计法》规定,从事会计工作的人员,必须取得会计从业资格证书。未取得会计证的人员,各单位不得任用其担任会计岗位的工作。

(2)出纳员兼管张某的工作,并与张某自行办理会计工作交接手续不符合规定。

根据《会计法》规定,出纳人员不得兼任稽核、会计档案保管和收入、支出、费用、债权债务账目的登记工作。会计人员调动工作或者离职,必须与接管人员办清交接手续。一般会计人员办理交接手续,由会计机构负责人(会计主管人员)监交。

(3)公司董事长李某指使会计部在会计报表上作假不符合规定。根据《会计法》规定,任何单位或者个人不得以任何方式授意、指使、强令会计机构、会计人员伪造、变造会计凭证、会计账簿和其他会计资料,提供虚假财务会计报告。编制虚假财务会计报告,构成犯罪的,依法追究刑事责任;尚不构成犯罪的,由县级以上人民政府财政部门予以通报,可以对单位并处5 000元以上10万元以下的罚款;对其直接负责的主管人员和其他直接责任人员,可以处3 000元以上5万元以下的罚款;属于国家工作人员的,还应当由其所在单位或者有关单位依法给予撤职直至开除的行政处分;对其中的会计人员,并由县级以上人民政府财政部门吊销会计从业资格证书。

(4)公司董事长李某未在财务会计报告上签章不符合规定。根据《会计法》规定,财务会计报告应当由单位负责人和主管会计工作的负责人、会计机构负责人(会计主管人员)签名并盖章;设置总会计师的单位,还须由总会计师签名并盖章。

本章小结

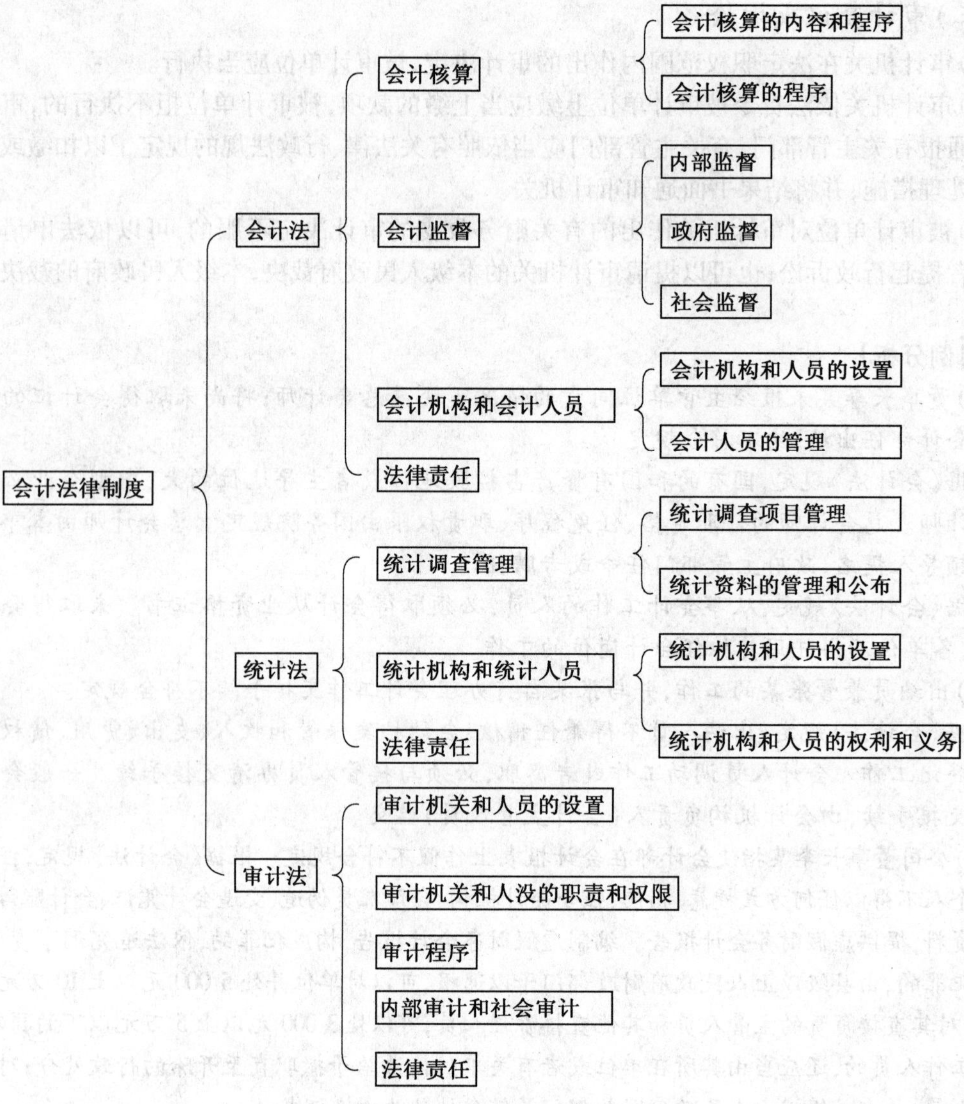

练习题

一、单选题

1. 根据会计法律制度的规定，因违法违纪行为被吊销会计从业资格证书的会计人员，尚未构成犯罪的，自被吊销会计从业资格证书之日起(　　)。

A. 3 年　　　B. 5 年　　　C. 10 年　　　D. 20 年

2. 统计人员有权(　　)。

A. 对违反统计法的政府机关进行罚款

B. 检查统计资料的准确性,要求改正不确实的统计资料

C. 公布在统计调查中获得的任何资料

D. 对违反统计法的个人进行罚款

3. 下列关于原始凭证的填制说法正确的是(　　)。

A. 原始凭证有错误的,应当由出具单位重开或者更正,但无需加盖出具单位印章

B. 原始凭证金额有错误的,可以原始凭证上更正

C. 会计机构、会计人员对不真实、不合法的原始凭证有权不予接受,并向单位负责人报告

D. 原始凭证记载的内容均可以进行涂改

4. 被审计对象自接到审计机关出具的审计报告后,将书面意见送交审计组的时间期限是(　　)。

A. 5 日　　　B. 7 日　　　C. 10 日　　　D. 30

5. 由省及省以下各级地方人民政府负责管理和协调的统计调查方案是(　　)。

A. 国家统计报表制度　　　B. 部门统计表制度

C. 地方统计报表制度　　　D. 人口普查

二、多选题

1. 根据会计法律制度的规定,下列人员中,应当在对外提供的财务会计报告上签名并盖章的有(　　)。

A. 单位负责人　　　B. 内部审计机构负责人

C. 会计机构负责人　　　D. 总会计师

2. 下列项目属于审计机关的职责范围的是(　　)。

A. 对私营企业的财务活动进行审计监督

B. 对国家机关的人事任免行为进行审计监督

C. 对政府投资和以政府投资为主的建设项目的预算执行情况

D. 对国有金融机构的资产、负债、损益进行审计监督

3. 根据统计法规定,统计机构和统计人员对(　　)负有保密义务。

A. 属于国家秘密的统计资料

B. 属于私人的单项调查资料

C. 属于家庭的单项调查资料

D. 属于统计调查对象的商业秘密

4. 审计法的调整范围包括(　　)。

A. 国务院各部门的财政收支

B. 地方各级人民政府的财政收支

C. 国有金融机构的财务收支

D. 企业事业组织的财务收支

5. 下列关于企业会计内部监督内容的说法正确的是(　　)。

A. 记账人员与经济业务事项和会计事项的审批人员、经办人员、财物保管人员的职责权限是否明确

B. 财产清查的范围、期限和组织程序是否明确

C. 会计凭证、会计账簿、财务会计报告和其他会计资料是否真实、完整

D. 从事会计工作的人员是否具备从业资格

三、简答题

1. 会计凭证管理有哪些要求?

2. 审计机构的权限是什么?

3. 统计监督的内容是什么?

4. 会计人员的任职资格是什么?

5. 内部审计机构的任务有哪些?

四、案例分析题

1. 2009 年 10 月 15 日,某市审计局开会决定对该市某国有企业 A 企业进行审计,18 日该审计局的一名审计人员先期到达该国有企业进行审计,审计过程中发现 A 企业与 C 企业之间的一笔设备购销合同存在疑点,于是决定到 C 企业进行调查。

2009 年 10 月 20 日,该审计局的两名审计人员来到 C 企业,向企业负责人口头说明了自己的身份,要求其提供与 A 企业设备购销合同的相关情况。

经查,在这次审计活动中,①该市审计局实施审计前未组成审计组;②实施审计前未向被审计单位的上级主管部门通报情况;③实施审计 3 日前未向被审计单位送达审计通知书;④审计人员进行调查时,未出示审计人员的工作证件和审计通知书副本。

该审计局的上述审计活动中符合关于审计程序的法律规定吗?

2. 审计机关对某股份有限公司 2008 年财务情况进行审计时,发现有以下行为::

(1)公司作为一般纳税人,在未发生存货购入业务的情况下,从其他企业买入空白增值税发票,并在发票上注明购入商品,买价 2 000 万元,增值税额 340 万元。财务部门以该发票为依据,编制购入商品的记账凭证;纳税申报时作为增值税进项税额抵扣税款。

(2)会计人员有充分证据证明以上行为属公司总经理强令会计人员所为。

(3)公司销售商品开出发票时,“发票联”内容真实,但本单位“记账联”和“存根联”的金额比真实金额小。会计以“记账联”编制记账凭证,登记账簿,导致少记销售收入 900 万元,少记增值税 153 万元。

试问,以上三种行为分别属于什么行为,应如何处理?

第十章

Chapter 10

税收法律制度

【学习要点及目标】

通过本章学习，应该达到：

1. 了解税收的概念和性质，税法的构成要素；
2. 掌握增值税、营业税、消费税的主要内容；
3. 掌握企业所得税、个人所得税的主要内容；
4. 了解税收征管法的主要内容及法律责任。

【引例】 中国公民王某为某企业的高级职员，2009 年其收入情况如下：

(1) 雇佣单位每月支付工资、薪金 15 000 元；

(2) 取得股票转让收益 10 000 元；

(3) 购买某公司债券获得利息 8 000 元；

(4) 购物中奖获得奖金 5 000 元；

(5) 受托为某单位做工程设计，历时 3 个月，共取得工程设计费 20 000 元；

(6) 在某专业期刊发表文章一篇取得稿酬收入 1 000 元。

王某全年应缴纳多少个人所得税？

第一节　税收法

一、税收的概念和特征

（一）税收的概念

税收是国家为了实现其职能，凭借政治权力，按照法定的标准和程序，强制地、无偿地参与社会产品分配和再分配，以取得财政收入的一种特定分配形式。

（二）税收的特征

1. 强制性

税收是国家以社会代表的身份，凭借其政治权利制定法律，公布征税标准，并运用行政手段和司法手段等国家强制力来保证税收任务的完成，因此，税法对征纳双方具有约束力。征纳双方必须依法征税或纳税，否则会受到法律制裁。

2. 无偿性

国家对纳税人征税是无偿的，税款归国家所有。政府和具体的纳税人之间权利义务是不对等的。国家征税后，税款即成为财政收入，归国家所有，政府是无偿取得的。

3. 固定性

国家在征税之前，就以法律形式规定了具体的课税对象、明确的征收比例和数额。征纳双方都必须依法征收或缴纳，双方不得随意改变。

二、税法的概念与税法构成要素

（一）税法的概念

税法是国家用于调整税收关系的法律规范的总称。它规定了税收征纳双方在征纳税过程中产生的权利与义务关系和税收征管程序，是税收征纳行为的规则。

【注意】 税收与税法紧密联系、密不可分，但二者又有区别。税法体现的是国家与一切纳税单位和个人的税收权利义务关系；税收是国家与纳税人之间的经济利益分配关系。税法是税收的法律表现形式，税收则是税法所确定的具体内容。税法与税收相互依赖，不可分割。

（二）税法构成要素

税法构成要素是指构成税收制度的基本要素，是税法的具体表现，主要包括纳税义务人，征税对象，税目，税率，纳税环节，纳税期限和地点，税收优惠，税务争议，税收法律责任等项目。

1. 纳税义务人

纳税义务人即纳税主体，是指税法上规定的一切直接履行纳税义务的法人、自然人及其他组织,用以规定缴纳税收的主体。

【注意】 纳税义务人应当与税款的实际负担人进行区别,税款的实际负担人是经济学中的概念,即税收的实际负担者,而纳税人是法律用语,即依法缴纳税收的人。税法只规定纳税人,不规定税款的实际负担人。二者有时可能相同,有时不尽相同,如个人所得税的纳税人与税款的实际负担人是相同的,而增值税的纳税人与税款的实际负担人就不一定一致。

2. 征税对象

征税对象即纳税客体,主要是指税收法律关系中征纳双方权利义务所指向的物或行为。通过规定征税对象,解决对什么征税的问题。这是区分不同税种的主要标志,我国现行税收法律、法规都有自己特定的征税对象。例如,企业所得税的征税对象就是应税所得;增值税的征税对象就是商品或劳务在生产和流通过程中的增值额。

3. 税目

税目是在税法中对征税对象分类规定的具体的征税项目,反映具体的征税范围,是对课税对象质的界定,代表征税的广度。有些税种的征税对象简单、明确,没有另行规定税目的必要,如房产税、土地增值税等。但是大多数税种的征税对象比较复杂,并且税种内部不同课税对象又要采用不同的税率进行调节,这样就需要对征税对象作进一步划分,也就是税目。例如消费税具体规定了烟、酒、化妆品、护肤护发品等11个税目。

4. 税率

税率是对征税对象的征收比例或征收额度。税率是计算税额的尺度,也是衡量税负轻重与否的重要标志。税率的高低,体现着征税的深度,反映了国家在一定时期内的税收政策和经济政策,直接关系到国家的财政收入和纳税人的税收负担。

(1)比例税率。比例税率是对同一课税对象不论数额大小,都按同一比例征税,计算简便,便于征收和缴纳。比例税率是最常见的税率之一,被用广泛,我国的增值税、营业税、资源税、企业所得税等都采用的是比例税率。

(2)累进税率。累进税率是指按课税对象数额的大小规定不同的等级,随着课税数量增大而随之提高的税率。累进税率可以充分体现对纳税人收入多的多征、收入少的少征、无收入的不征的税收原则,从而有效地调节纳税人的收入,正确处理税收负担的公平问题。

累进税率有超额累进税率和超率累进税率。超额累进税率是把征税对象按数额的大小分成若干等级部分,按每一等级规定的税率计征。我国现行的个人所得税就采用这种税率。超率累进税率是把征税对象数额的相对量划分成若干等级部分,按每一等级规定的税率计征。我国现行的土地增值税就采用这种税率。

【资料10.1】 超率累进税率——土地增值税率(表10.1)。

表 10.1 超率累进税率——土地增值税率

增值额与扣除项目金额的比率	税率/%	速算扣除数/%
不超过 50% 的部分	30	0
超过 50% 至 100% 的部分	40	5
超过 100% 至 200% 的部分	50	15
超过 200% 的部分	60	35

(3)定额税率。定额税率又称为固定税率,是按课税对象的计量单位直接规定应纳税额的税率形式,课税对象的计量单位主要有吨、升、平方米、千立方米、辆等。定额税率一般适用于从量定额计征的某些课税对象,如我国的车船使用税、城镇土地使用税等。

5. 纳税环节

纳税环节是指商品在整个流转过程中按照税法规定应当缴纳税款的阶段。如流转税在生产和流通环节纳税和流通环节纳税,所得税在分配环节纳税。

6. 纳税期限和地点

纳税期限是税法规定的纳税主体向税务机关缴纳税款的具体时间。纳税期限是衡量征纳双方是否按时行使征税权力和履行纳税义务的尺度。税法规定按日、月、季度或纳税年度纳税,有的按次纳税,即按从事应税行为的次数纳税。

纳税地点是指缴纳税款的场所。纳税地点一般为纳税人的住所地,也有规定在营业地、财产所在地或特定行为发生地的。

7. 税收优惠

税收优惠是指税法对某些特定的纳税人或征税对象给予的减少征税或免予征税的规定。减税是指对纳税义务人的应纳税额依法少征一部分。免税是指对纳税义务人的应纳税额依法全部免税。

8. 税务争议

税务争议是指税务机关与税务管理相对人之间因确认或实施税收法律关系而产生的纠纷。解决税务争议主要通过税务行政复议和税务行政诉讼两种方式。

9. 税收法律责任

税收法律责任是税收法律关系的主体因违反税法所应当承担的法律后果。税法规定的法律责任形式主要有三种:一是经济责任,包括补缴税款、加收滞纳全等;二是行政责任,包括吊销税务登记证、罚款、税收保全、强制执行等;三是刑事责任,对违反税法情节严重构成犯罪的行为,要依法承担刑事责任。

三、我国的税法体系

我国的税法是由税收法律、法规和规章组成的一个统一的法律体系,分别由不同部门制定,具有不同的法律效力。税收实体法和税收征收管理法律制度构成了我国现行税法体系。

(一)税收实体法

1994 年税制改革后,我国的税种由 37 个缩减到 23 个,此后,我国又分步实施了税制改革和出口退税机制改革,如停征固定资产投资方向调节税和筵席税、2006 年起全面取消农业税、2008 年 1 月 1 日起内外资企业所得税合二为一等。目前,我国的在征税种有 18 个,其中 17 个税种由税务部门负责征收,关税由海关部门代征。这 18 个税收法律、法规、暂行条例组成了我国的税收实体法体系。税收实体法,按其征收对象不同,可分为以下五类:

(1)流转税法。其主要调整增值税、营业税、消费税及关税。

(2)所得税法。其主要调整企业所得税和个人所得税。

(3)财产税法。其主要调整房产税、车船税、土地增值税等。

(4)行为税法。其主要调整筵席税、印花税、城市建设维护税等。

(5)资源税法。其主要调整城镇土地使用税及资源税。

(二)税收征收管理法

除税收实体法外,我国对税收征收管理适用的法律制度,是按照税收管理机关的不同而分别规定的。

(1)由税务机关负责征收的税种的征收管理,按照全国人大常委会发布实施的《税收征收管理法》执行。

(2)由海关机关负责征收的税种的征收管理,按照《中华人民共和国海关法》及《进出口关税条例》等有关规定执行。

【注意】 纳税义务人与税款的实际负担人。

第二节　流转税法

流转税法是规范流转税税收关系的法律规范的总称。流转税又称为流转课税,是对商品生产、流通和提供劳务的销售额或营业额,即对流转额征税的各个税种的总称。流转税主要包括增值税、营业税、消费税、关税,这一节中重点介绍增值税、营业税和消费税。

一、增值税法

(一)增值税的概念

增值税是以商品生产流通和劳务服务在各个流转环节的增值额为征收对象的一种税。

(二)增值税法的内容

1. 纳税人

增值税的纳税人是指中华人民共和国境内销售货物或者提供加工、修理修配劳务以及进口货物的单位和个人,包括小规模纳税人和一般纳税人。小规模纳税人是从事货物生产或提供应税劳务的纳税人,以及从事货物生产或提供应税劳务为主、兼营货物批发或零售的纳税人,其年应征增值税销售额在50万元以下的。一般纳税人指小规模纳税人以外的纳税人。

2. 征税对象

增值税的征税对象为纳税人在中国境内销售的货物或者提供的加工、修理修配劳务以及进口的货物。

3. 税率

增值税的税率包括基本税率17%、低税率13%和零税率。

(1)纳税人销售或者进口货物,除适用低税率的以外、提供加工、修理修配劳务,税率为17%。

(2)纳税人销售或者进口下列货物,税率为13%:粮食、食用植物油;自来水、暖气、冷气、热水、煤气、石油液化气、天然气、沼气、居民用煤炭制品;图书、报纸、杂志;饲料、化肥、农药、农机、农膜;国务院规定的其他货物。

(3)纳税人出口货物,税率为零,但是国务院另有规定的除外。

(4)小规模纳税人税率为3%。

纳税人兼营不同税率的货物或者应税劳务,应当分别核算不同税率货物或者应税劳务的销售额;未分别核算销售额的,从高适用税率。

【注意】 混合销售及兼营业务,应分别核算其应纳税销售额,未分别核算的,由税务机关进行核定。

4. 减免税

下列项目免征增值税:①农业生产者销售的自产农产品;②避孕药品和用具;③古旧图书;④直接用于科学研究、科学试验和教学的进口仪器、设备;⑤外国政府、国际组织无偿援助的进口物资和设备;⑥由残疾人的组织直接进口供残疾人专用的物品;⑦销售自己使用过的物品。

除上述规定外,增值税的免税、减税项目由国务院规定。任何地区、部门均不得规定免税、减税项目。

5. 应纳税额的计算

纳税人销售货物或者提供应税劳务,应纳税额为当期销项税额抵扣当期进项税额后的余额。

纳税人销售货物或者应税劳务向购买方收取的增值税额,为销项税额,即销项税额=销售额×税率;纳税人购进货物或者接受应税劳务支付或者负担的增值税额,为进项税额。

当期销项税额小于当期进项税额不足抵扣时,其不足部分可以结转下期继续抵扣。但下列项目的进项税额不得从销项税额中抵扣:①用于非增值税应税项目、免征增值税项目、集体福利或者个人消费的购进货物或者应税劳务;②非正常损失的购进货物及相关的应税劳务;③非正常损失的在产品、产成品所耗用的购进货物或者应税劳务;④国务院财政、税务主管部门规定的纳税人自用消费品;⑤第①项至第④项规定的货物的运输费用和销售免税货物的运输费用。

小规模纳税人销售货物或者应税劳务,实行按照销售额和征收率计算应纳税额的简易办法,并不得抵扣进项税额。应纳税额计算公式为

$$应纳税额=销售额\times征收率$$

【注意】 企业购进货物未获得发票的,进项税额不得抵扣。

6. 纳税期限和地点

(1)纳税期限。增值税的纳税期限分别为1日、3日、5日、10日、15日、1个月或者1个季度。纳税人的具体纳税期限,由主管税务机关根据纳税人应纳税额的大小分别核定;不能按照固定期限纳税的,可以按次纳税。

纳税人以1个月或者1个季度为1个纳税期的,自期满之日起15日内申报纳税;以1日、3日、5日、10日或者15日为1个纳税期的,自期满之日起5日内预缴税款,于次月1日起15日内申报纳税并结清上月应纳税款。

(2)纳税地点。固定业户应当向其机构所在地的主管税务机关申报纳税。总机构和分支机构不在同一县(市)的,应当分别向各自所在地的主管税务机关申报纳税;经国务院财政、税务主管部门或者其授权的财政、税务机关批准,可以由总机构汇总向总机构所在地的主管税务机关申报纳税。

固定业户到外县(市)销售货物或者应税劳务,应当向其机构所在地的主管税务机关申请开具外出经营活动税收管理证明,并向其机构所在地的主管税务机关申报纳税;未开具证明的,应当向销售地或者劳务发生地的主管税务机关申报纳税;未向销售地或者劳务发生地的主管税务机关申报纳税的,由其机构所在地的主管税务机关补征税款。

非固定业户销售货物或者应税劳务,应当向销售地或者劳务发生地的主管税务机关申报纳税;未向销售地或者劳务发生地的主管税务机关申报纳税的,由其机构所在地或者居住地的主管税务机关补征税款。

进口货物,应当向报关地海关申报纳税。

【示例10.1】 某酒厂为增值税一般纳税人,10月份发生下列业务:
(1)从农民手中收购玉米,收购凭证注明买价5万元,玉米已验收入库;
(2)从粮店购进高粱,专用发票注明价款20万元,税款2.6万元,高粱已验收入库;
(3)从水果店购买水果作为职工中秋节福利,专用发票注明价款3万元,税款0.51万元;
(4)本月销售粮食白酒取得销售额100万元(不含税)。

该酒厂10月份申报缴纳12.24万元的增值税。税务机关核查认定该酒厂10月份申报缴纳税款不实。根据税法的规定计算该酒厂应纳的增值税额并说明理由。

【思路解析】 购进农产品,按照农产品收购发票或者销售发票上注明的农产品买价和13%的扣除率计算的进项税额;用于免征增值税项目、集体福利的购进货物,其进项税额不允许抵扣。

【注意】 增值税的税率及减免税规定。

二、营业税法

(一)营业税的概念

营业税是对在我国境内提供应税劳务、转让无形资产或者销售不动产的单位和个人获得的营业收入征收的一种流转税。

(二)营业税法的内容

1. 纳税人

在中华人民共和国境内提供《营业税暂行条例》规定的劳务、转让无形资产或者销售不动产的单位和个人,为营业税的纳税人,应当缴纳营业税。

2. 征税对象

营业税的征税对象为应税劳务、转让无形资产或者销售不动产,具体包括:交通运输业、建筑业、金融保险业、邮电通信业、文化体育业、娱乐业、服务业、转让无形资产和销售不动产。

3. 税率

营业税除娱乐业实行幅度比例税率外,其他税目均实行固定比例税率。其具体税率为:①交通运输业、建筑业、邮电通信业、文化体育业为3%;②金融保险业,8%;③娱乐业,为5%~20%;④服务业、转让无形资产、销售不动产,为5%。

【注意】 自2001年5月1日起,对夜总会、歌厅、舞厅、电子游戏厅等娱乐行为一律按20%的税率征税,自2004年7月1日起,保龄球、台球减按5%的税率征税。

4. 减免税

下列项目免征营业税:①托儿所、幼儿园、养老院、残疾人福利机构提供的育养服务,婚姻介绍,殡葬服务;②残疾人员个人提供的劳务;③医院、诊所和其他医疗机构提供的医疗服务;④学校和其他教育机构提供的教育劳务,学生勤工俭学提供的劳务;⑤农业机耕、排灌、病虫害防治、植物保护、农牧保险以及相关技术培训业务,家禽、牲畜、水生动物的配种和疾病防治;⑥纪念馆、博物馆、文化馆、文物保护单位管理机构、美术馆、展览馆、书画院、图书馆举办文化活动的门票收入,宗教场所举办文化、宗教活动的门票收入;⑦境内保险机构为出口货物提供的保险产品。

除上述规定外,营业税的免税、减税项目由国务院规定。任何地区、部门均不得规定免税、减税项目。

5. 应纳税额的计算

纳税人提供应税劳务、转让无形资产或者销售不动产，按照营业额和规定的税率计算应纳税额。应纳税额计算公式为

应纳税额=营业额×税率

纳税人的营业额为纳税人提供应税劳务、转让无形资产或者销售不动产收取的全部价款和价外费用。但是，下列情形除外：

(1)纳税人将承揽的运输业务分给其他单位或者个人的，以其取得的全部价款和价外费用扣除其支付给其他单位或者个人的运输费用后的余额为营业额；

(2)纳税人从事旅游业务的，以其取得的全部价款和价外费用扣除替旅游者支付给其他单位或者个人的住宿费、餐费、交通费、旅游景点门票和支付给其他接团旅游企业的旅游费后的余额为营业额；

(3)纳税人将建筑工程分包给其他单位的，以其取得的全部价款和价外费用扣除其支付给其他单位的分包款后的余额为营业额；

(4)外汇、有价证券、期货等金融商品买卖业务，以卖出价减去买入价后的余额为营业额；

(5)国务院财政、税务主管部门规定的其他情形。

【注意】 营业税规定了起征点，营业额超过起征点照章纳税，低于起征点免予征税。按期缴纳的起征点为月营业额5 000～20 000元；按次纳税的起征点为每次营业额300～500元。

6. 纳税期限和地点

(1)纳税期限。营业税的纳税期限分别为5日、10日、15日、1个月或者1个季度。纳税人的具体纳税期限，由主管税务机关根据纳税人应纳税额的大小分别核定；不能按照固定期限纳税的，可以按次纳税。

纳税人以1个月或者1个季度为一个纳税期的，自期满之日起15日内申报纳税；以5日、10日或者15日为一个纳税期的，自期满之日起5日内预缴税款，于次月1日起15日内申报纳税并结清上月应纳税款。

(2)纳税地点。纳税人提供应税劳务应当向其机构所在地或者居住地的主管税务机关申报纳税。但是，纳税人提供的建筑业劳务以及国务院财政、税务主管部门规定的其他应税劳务，应当向应税劳务发生地的主管税务机关申报纳税。

纳税人转让无形资产应当向其机构所在地或者居住地的主管税务机关申报纳税。但是，纳税人转让、出租土地使用权，应当向土地所在地的主管税务机关申报纳税。

纳税人销售、出租不动产应当向不动产所在地的主管税务机关申报纳税。

【示例10.2】 某民政部门批准的非营利文化博物馆2009年7月发生下列业务：

(1)出租房屋办展览取得租金收入200 000元；

(2)举办历史文化讲座取得收入30 000元；

(3)经营打字社取得打字收入50 000元；

(4)代销福利彩票取得手续费收入10 000元；

(5)博物馆门票收入5 000元。

该博物馆应纳多少文化业营业税？应纳多少服务业营业税？其免税的业务项目是什么？

【思路解析】 博物馆的门票收入属于免税项目，其他收入都是应税项目。其中举办历史文化讲座收入为文化性收入，其余收入为服务性收入。

三、消费税法

(一)消费税的概念

消费税是以特定消费品的流转额为征税对象的一种税。

(二)消费税法的内容

1. 纳税人

在中华人民共和国境内生产、委托加工和进口消费税暂行条例规定的消费品的单位和个人，以及国务院确定的销售本条例规定的消费品的其他单位和个人，为消费税的纳税人，应当缴纳消费税。

2. 征税对象及税率

消费税税目税率见表10.2。

表10.2 消费税税目税率表

税目	税率
一、烟	
1. 卷烟	
(1)甲类卷烟	45%加0.003元/支
(2)乙类卷烟	30%加0.003元/支
2. 雪茄烟	25%
3. 烟丝	30%

续表 10.2

税　目	税　率
二、酒及酒精	
1. 白酒	20%加0.5元/500克(或者500毫升)
2. 黄酒	240元/吨
3. 啤酒	
(1)甲类啤酒	250元/吨
(2)乙类啤酒	220元/吨
4. 其他酒	10%
5. 酒精	5%
三、化妆品	30%
四、贵重首饰及珠宝玉石	
1. 金银首饰、铂金首饰和钻石及钻石饰品	5%
2. 其他贵重首饰和珠宝玉石	10%
五、鞭炮、焰火	15%
六、成品油	
1. 汽油	
(1)含铅汽油	0.28元/升
(2)无铅汽油	0.20元/升
2. 柴油	0.10元/升
3. 航空煤油	0.10元/升
4. 石脑油	0.20元/升
5. 溶剂油	0.20元/升
6. 润滑油	0.20元/升
7. 燃料油	0.10元/升
七、汽车轮胎	3%
八、摩托车	
1. 气缸容量(排气量,下同)在250毫升(含250毫升)以下的	3%
2. 气缸容量在250毫升以上的	10%
九、小汽车	
1. 乘用车	
(1)气缸容量(排气量,下同)在1.0升(含1.0升)以下的	1%
(2)气缸容量在1.0升以上至1.5升(含1.5升)的	3%
(3)气缸容量在1.5升以上至2.0升(含2.0升)的	5%
(4)气缸容量在2.0升以上至2.5升(含2.5升)的	9%
(5)气缸容量在2.5升以上至3.0升(含3.0升)的	12%
(6)气缸容量在3.0升以上至4.0升(含4.0升)的	25%
(7)气缸容量在4.0升以上的	40%
2. 中轻型商用客车	5%
十、高尔夫球及球具	10%
十一、高档手表	20%
十二、游艇	10%
十三、木制一次性筷子	5%
十四、实木地板	5%

3. 减免税

纳税人出口应税消费品，免征消费税；国务院另有规定的除外。出口应税消费品的免税办法，由国务院财政、税务主管部门规定。

4. 应纳税额的计算

消费税实行从价定率、从量定额，或者从价定率和从量定额复合计税的办法计算应纳税额。应纳税额计算公式为

实行从价定率办法计算的应纳税额 = 销售额 × 比例税率

实行从量定额办法计算的应纳税额 = 销售数量 × 定额税率

实行复合计税办法计算的应纳税额 = 销售额 × 比例税率 + 销售数量 × 定额税率

【注意】 卷烟和白酒实行复合计税。

5. 纳税期限和地点

(1)纳税期限。

消费税的纳税期限分别为1日、3日、5日、10日、15日、1个月或者1个季度。纳税人的具体纳税期限，由主管税务机关根据纳税人应纳税额的大小分别核定；不能按照固定期限纳税的，可以按次纳税。

纳税人以1个月或者1个季度为1个纳税期的，自期满之日起15日内申报纳税；以1日、3日、5日、10日或者15日为1个纳税期的，自期满之日起5日内预缴税款，于次月1日起15日内申报纳税并结清上月应纳税款。

(2)纳税地点。

纳税人销售的应税消费品，以及自产自用的应税消费品，除国务院财政、税务主管部门另有规定外，应当向纳税人机构所在地或者居住地的主管税务机关申报纳税。

委托加工的应税消费品，除受托方为个人外，由受托方向机构所在地或者居住地的主管税务机关解缴消费税税款。

进口的应税消费品，应当向报关地海关申报纳税。

【示例 10.3】 深圳某酒厂5月份销售粮食白酒取得不含增值税销售额5.8万元，代垫运费400元，运输部门将发票开给购货方，同时，向购货方收取手续费0.1万元，储备费0.5万元，该酒厂消费税的计税依据为多少?

【思路解析】 白酒实行从价定率的方法计征消费税，其计税依据为应税销售额，包括全部价款及价外费用，但不包括代垫运费，价外费用视为含增值税收入。

【注意】 营业税、消费税的税率、减免税规定。

第三节　所得税法

一、企业所得税法

(一)企业所得税的概念

企业所得税是以企业在一定时期内的所得为征税对象的一种税。

(二)企业所得税法的内容

1.纳税人

企业所得税的纳税人,是在中华人民共和国境内,企业和其他取得收入(以下统称企业)的组织。企业分为居民企业和非居民企业。居民企业,是指依法在中国境内成立,或者依照外国(地区)法律成立但实际管理机构在中国境内的企业;非居民企业,是指依照外国(地区)法律成立且实际管理机构不在中国境内,但在中国境内设立机构、场所的,或者在中国境内未设立机构、场所,但有来源于中国境内所得的企业。

【注意】 个人独资企业、合伙企业不在所得税法规定的纳税人范围内。

2.征税对象

居民企业应当就其来源于中国境内、境外的所得缴纳企业所得税。

非居民企业在中国境内设立机构、场所的,应当就其所设机构、场所取得的来源于中国境内的所得,以及发生在中国境外但与其所设机构、场所有实际联系的所得,缴纳企业所得税。非居民企业在中国境内未设立机构、场所的,或者虽设立机构、场所但取得的所得与其所设机构、场所没有实际联系的,应当就其来源于中国境内的所得缴纳企业所得税。

3.税率

企业所得税的税率为25%,非居民企业在我国境内未设立机构、场所的,或者虽设立机构、场所,但取得的所得与其所设机构、场所没有实际联系的,适用税率为20%。

4.减免税

企业的下列收入为免税收入:①国债利息收入;②符合条件的居民企业之间的股息、红利等权益性投资收益;③在中国境内设立机构、场所的非居民企业从居民企业取得与该机构、场所有实际联系的股息、红利等权益性投资收益;④符合条件的非营利组织的收入。

企业的下列所得,可以免征、减征企业所得税:①从事农、林、牧、渔业项目的所得;②从事国家重点扶持的公共基础设施项目投资经营的所得;③从事符合条件的环境保护、节能节水项目的所得;④符合条件的技术转让所得。⑤企业所得税法第3条第3款规定的所得。

符合条件的小型微利企业,减按20%的税率征收企业所得税。

【注意】 小型微利企业:工业企业,年度应纳税所得额不超过30万元,从业人数不超过

100 人,资产总额不超过 3 000 万元;其他企业,年度应纳税所得额不超过 30 万元,从业人数不超过 80 人,资产总额不超过 1 000 万元。

国家需要重点扶持的高新技术企业,减按 15% 的税率征收企业所得税。

5. 应纳税额的计算

企业应缴纳的所得税是应纳税所得额和税率之积。企业每一纳税年度的收入总额,减除不征税收入、免税收入、各项扣除以及允许弥补的以前年度亏损后的余额,为应纳税所得额。

(1)收入总额。企业以货币形式和非货币形式从各种来源取得的收入,为收入总额。其包括:销售货物收入、提供劳务收入、转让财产收入、股息红利等权益性投资收益、利息收入、租金收入、特许权使用费收入、接受捐赠收入和其他收入。

(2)不征税收入。收入总额中的财政拨款、依法收取并纳入财政管理的行政事业性收费、政府性基金和国务院规定的其他不征税收入为不征税收入。

(3)准许扣除的支出。企业实际发生的与取得收入有关的、合理的支出,包括成本、费用、税金、损失和其他支出;企业发生的公益性捐赠支出,在年度利润总额 12% 以内的部分;开发新技术、新产品、新工艺发生的研究开发费用;安置残疾人员及国家鼓励安置的其他就业人员所支付的工资。准予在计算应纳税所得额时扣除。

【注意】 公益性捐赠必须是通过政府或公益性社会团体捐赠,企业直接捐赠不允许扣除。

(4)不准许扣除的支出。在计算应纳税所得额时,下列支出不得扣除:向投资者支付的股息、红利等权益性投资收益款项、企业所得税税款、税收滞纳金、罚金罚款和被没收财物的损失、年度利润总额 12% 以外的捐赠支出、赞助支出、未经核定的准备金支出、与取得收入无关的其他支出等。

6. 纳税期限和地点

(1)纳税期限。企业所得税按纳税年度计算。纳税年度自公历 1 月 1 日起至 12 月 31 日止。企业在一个纳税年度中间开业,或者终止经营活动,使该纳税年度的实际经营期不足 12 个月的,应当以其实际经营期为一个纳税年度。

企业所得税分月或者分季预缴。企业应当自月份或者季度终了之日起 15 日内,向税务机关报送预缴企业所得税纳税申报表,预缴税款;或自年度终了之日起 5 个月内,向税务机关报送年度企业所得税纳税申报表,并汇算清缴,结清应缴应退税款。

(2)纳税地点。居民企业以企业登记注册地为纳税地点;但登记注册地在境外的,以实际管理机构所在地为纳税地点,税收法律、行政法规另有规定的除外。居民企业在中国境内设立不具有法人资格的营业机构的,应当汇总计算并缴纳企业所得税。

非居民企业以机构、场所所在地为纳税地点。非居民企业在中国境内设立两个或者两个以上机构、场所的,经税务机关审核批准,可以选择由其主要机构、场所汇总缴纳企业所得税。

【示例10.4】　某白酒生产企业申报2009年企业所得税应纳税所得额为－360万元。经税务机关核查,该企业发生1 000万元粮食类白酒广告支出,已做费用,全额在税前扣除;转让一台设备,取得净收入500万元,未作账务处理。该企业2009年应纳税所得额为多少?

【思路解析】　广告支出不属于可扣除的费用,取得的净收入应该入账处理。

二、个人所得税法

(一)个人所得税的概念

个人所得税是对自然人的个人所得额征收的一种税。

(二)个人所得税法的内容

1. 纳税人

我国个人所得税的纳税人是在中国境内居住有所得的人,以及不在中国境内居住而从中国境内取得所得的个人,包括中国国内公民,在华取得所得的外籍人员和港、澳、台同胞,包括居民纳税人和非居民纳税人。

在中国境内有所住所,或者无住所而在境内居住满1年的个人,是居民纳税义务人,应当承担无限纳税义务,即就其在中国境内和境外取得的所得,依法缴纳个人所得税。

【注意】　在一个纳税年度内,一次不超过30日或者多次累计不超过90日的离境视同在华居住。

在中国境内无住所又不居住或者无住所而在境内居住不满一年的个人,是非居民纳税义务人,承担有限纳税义务,仅就其从中国境内取得的所得,依法缴纳个人所得税。

【注意】　中国境内仅指中国大陆地区。

2. 征税对象

下列各项个人所得,应纳个人所得税:①工资、薪金所得;②个体工商户的生产、经营所得;③对企事业单位的承包经营、承租经营所得;④劳务报酬所得;⑤稿酬所得;⑥特许权使用费所得;⑦利息、股息、红利所得;⑧财产租赁所得;⑨财产转让所得;⑩偶然所得;⑪ 经国务院财政部门确定征税的其他所得。

3. 税率

(1)工资、薪金所得,适用七级超额累进税率,税率为3%至45%(表10.3)。

表 10.3　个人所得税税率

级数	全月应纳税额	税率/%
1	不超过 1 500	3
2	超过 1 500 ~ 4 500	10
3	超过 4 500 ~ 9 000	20
4	超过 9 000 ~ 35 000	25
5	超过 35 000 ~ 55 000	30
6	超过 55 000 ~ 80 000 的	35
7	超过 80 000	45

(2)个体工商户的生产、经营所得和对企事业单位的承包经营、承租经营所得,适用 5% 至 35% 的超额累进税率(表 10.4)。

表 10.4　个人所得税税率

级数	全年应纳税额	税率/%
1	不超过 15 000	5
2	超过 15 000 ~ 30 000	10
3	超过 30 000 ~ 60 000	20
4	超过 60 000 ~ 100 000	30
5	超过 100 000	35

(3)稿酬所得,适用比例税率,税率为 20%,并按应纳税额减征 30%。

(4)劳务报酬所得,适用比例税率,税率为 20%。对劳务报酬所得一次收入畸高的,可以实行加成征收,具体办法由国务院规定。

(5)特许权使用费所得,利息、股息、红利所得,财产租赁所得,财产转让所得,偶然所得和其他所得,适用比例税率,税率为 20%。

4. 减免税

下列各项个人所得,免纳个人所得税:①省级人民政府、国务院部委和中国人民解放军军级以上单位,以及外国组织、国际组织颁发的科学、教育、技术、文化、卫生、体育、环境保护等方面的奖金;②国债和国家发行的金融债券利息;③按照国家统一规定发给的补贴、津贴;④福利费、抚恤金、救济金;⑤保险赔款;⑥军人的转业费、复员费;⑦按照国家统一规定发给干部、职工的安家费、退职费、退休工资、离休工资、离休生活补助费;⑧依照我国有关法律规定应予免税的各国驻华使馆、领事馆的外交代表、领事官员和其他人员的所得;⑨中国政府参加的国际公约、签订的协议中规定免税的所得;⑩经国务院财政部门批准免税的所得。

有下列情形之一的,经批准可以减征个人所得税:①残疾、孤老人员和烈属的所得;②因严重自然灾害造成重大损失的;③其他经国务院财政部门批准减税的。

下列所得,暂免征个人所得税:①奖金。个人举报、协查各种违法、犯罪行为而获得的奖金;②手续费。个人办理代扣代缴税款手续费,按规定取得的扣缴手续费;③转让房产所得。个人转让自用达五年以上、并且是唯一的家庭生活用房取得的所得;④延期离退休工薪所得。

达到离、退休年龄,但因工作需要,适当延长离退休年龄的高级专家,其在延长离退休期间的工资、薪金所得,视同离、退休工资免征个人所得税。

自2008年10月9日起暂免征收利息税;对个人股票买卖取得的所得暂不征税。

5. 应纳税额的计算

个人所得税应纳税额的计算公式为

个人所得税应纳税额 = 应纳税所得额 × 税率

(1)工资、薪金所得,以每月收入额减除费用3 500元后的余额,为应纳税所得额。

(2)个体工商户的生产、经营所得,以每一纳税年度的收入总额,减除成本、费用以及损失后的余额,为应纳税所得额。

(3)对企事业单位的承包经营、承租经营所得,以每一纳税年度的收入总额,减除必要费用后的余额,为应纳税所得额。

(4)劳务报酬所得、稿酬所得、特许权使用费所得、财产租赁所得,每次收入不超过4 000元的,减除费用800元;4 000元以上的,减除20%的费用,其余额为应纳税所得额。

(5)财产转让所得,以转让财产的收入额减除财产原值和合理费用后的余额,为应纳税所得额。

(6)利息、股息、红利所得,偶然所得和其他所得,以每次收入额为应纳税所得额。

6. 纳税期限

个人所得税,以所得人为纳税义务人,以支付所得的单位或者个人为扣缴义务人。扣缴义务人每月所扣的税款,自行申报纳税人每月应纳的税款,都应当在次月7日内缴入国库,并向税务机关报送纳税申报表。

【示例10.5】 美国人大卫于2008年6月来华居住,于2009年9月离境回国。其间,大卫在北京某学校担任外教,获得较为稳定的收入。大卫是居民纳税人还是非居民纳税人?

【思路解析】 在我国境内居住满1年,就可成为居民纳税人。其中1年指的是1个纳税年度。

【注意】 企业所得税、个人所得税的减免税范围和应纳税额计算。

第四节 税收管理和法律责任

一、税收征收管理法

(一)税收征收管理法的概念

税收征收管理法是调整、规范税收征收管理的法律规范的总称。

凡依法由税务机关征收的各种税收的征收管理,均适用税收征管法。关税及海关代征税收的征收管理,依照法律、行政法规的有关规定执行。

(二)税务管理

税务管理是税务机关在税收征收管理中对征纳过程实施的基础性的管理制度和管理行为。税务管理主要包括税务登记,账簿、凭证管理和纳税申报管理。

1. 税务登记

税务登记又称为纳税登记,是指纳税人在开业、歇业前或其他生产经营期间发生的重大变动,在法定期间内向主管税务机关办理书面登记的一项制度。税务登记包括开业登记、变更登记、注销登记、外出经营登记管理、税务登记证件管理等。

(1)开业登记。企业,企业在外地设立的分支机构和从事生产、经营的场所,个体工商户和从事生产、经营的事业单位自领取营业执照之日起30日内,持有关证件,向税务机关申报办理税务登记。税务机关应当自收到申报之日起30日内审核并发给税务登记证件。

(2)变更登记。从事生产、经营的纳税人,税务登记内容发生变化的,自工商行政管理机关办理变更登记之日起30日内,持有关证件向税务机关申报办理变更税务登记。

(3)注销登记。纳税人发生解散、破产、撤销、依法终止纳税义务的,应当自有关机关批准或者宣告终止,或自营业执照被吊销或者被撤销登记之日起15日内,持有关证件向原税务登记机关申报办理注销税务登记。

(4)外出经营登记管理。从事生产、经营的纳税人到外县(市)临时从事生产、经营活动的,应当持税务登记证副本和所在地税务机关填开的外出经营活动税收管理证明,向营业地税务机关报验登记,接受税务管理。从事生产、经营的纳税人外出经营,在同一地累计超过180天的,应当在营业地办理税务登记手续。

(5)税务登记证件管理。纳税人按照国务院税务主管部门的规定使用税务登记证件。税务登记证件不得转借、涂改、损毁、买卖或者伪造。税务登记证每年验审一次,每三年换证一次。纳税人应当将税务登记证件正本在其生产、经营场所或者办公场所公开悬挂,接受税务机关检查。纳税人遗失税务登记证件的,应当在15日内书面报告主管税务机关,并登报声明作废。

除按照规定不需要发给税务登记证件的外,纳税人办理下列事项时,必须持税务登记证件:开立银行账户;申请减税、免税、退税;申请办理延期申报、延期缴纳税款;领购发票;申请开具外出经营活动税收管理证明;办理停业、歇业;其他有关税务事项。

2. 账簿、凭证管理

(1)账簿、凭证的设置。纳税人、扣缴义务人按照有关法律、行政法规和国务院财政、税务主管部门的规定设置账簿,根据合法、有效凭证记账,进行核算。从事生产、经营的纳税人应当自领取营业执照或者发生纳税义务之日起15日内,按照国家有关规定设置账簿,包括总账、明细账、日记账以及其他辅助性账簿,总账、日记账应当采用订本式。

(2)财务会计制度备案。从事生产、经营的纳税人应当自领取税务登记证件之日起15日内,将其财务、会计制度或者财务、会计处理办法报送主管税务机关备案。

纳税人使用计算机记账的,应当在使用前将会计电算化系统的会计核算软件、使用说明书及有关资料报送主管税务机关备案。纳税人建立的会计电算化系统应当符合国家有关规定,并能正确、完整核算其收入或者所得。

(3)发票管理。税务机关是发票的主管机关,负责发票印制、领购、开具、取得、保管、缴销的管理和监督。单位、个人在购销商品、提供或者接受经营服务以及从事其他经营活动中,应当按照规定开具、使用、取得发票。

增值税专用发票由国务院税务主管部门指定的企业印制;其他发票,按照国务院税务主管部门的规定,分别由省、自治区、直辖市国家税务局、地方税务局指定企业印制。

(4)税控装置管理。国家根据税收征收管理的需要,积极推广使用税控装置。纳税人应当按照规定安装、使用税控装置,不得损毁或者擅自改动税控装置。

(5)账簿、凭证的保管制度。账簿、记账凭证、报表、完税凭证、发票、出口凭证以及其他有关涉税资料应当合法、真实、完整。账簿、记账凭证、报表、完税凭证、发票、出口凭证以及其他有关涉税资料应当保存10年;但是,法律、行政法规另有规定的除外。账簿、记账凭证、完税凭证及其他有关资料不得伪造、变造或者擅自损毁。

3. 纳税申报管理

纳税申报是纳税人按照法律规定的期限和内容,向征税机关提交有关纳税事项的书面报告的一项制度,包括纳税申报的方式、期限、内容等方面的制度。纳税人必须依照法律、行政法规规定或者税务机关依照法律、行政法规的规定确定的申报期限、申报内容如实办理纳税申报,报送纳税申报表、财务会计报表以及税务机关根据实际需要要求纳税人报送的其他纳税资料。

(1)纳税申报的方式。税务机关应当建立、健全纳税人自行申报纳税制度。经税务机关批准,纳税人、扣缴义务人可以采取邮寄、数据电文方式办理纳税申报或者报送代扣代缴、代收代缴税款报告表。纳税人采取邮寄方式办理纳税申报的,应当使用统一的纳税申报专用信封,并以邮政部门收据作为申报凭据。邮寄申报以寄出的邮戳日期为实际申报日期。纳税人采取电子方式办理纳税申报的,应当按照税务机关规定的期限和要求保存有关资料,并定期书面报送主管税务机关。

纳税人在纳税期内没有应纳税款的,也应当按照规定办理纳税申报。纳税人享受减税、免税待遇的,在减税、免税期间应当按照规定办理纳税申报。

(2)纳税申报的内容。纳税人、扣缴义务人的纳税申报或者代扣代缴、代收代缴税款报告表的主要内容包括:税种、税目,应纳税项目或者应代扣代缴、代收代缴税款项目,计税依据,扣除项目及标准,适用税率或者单位税额,应退税项目及税额、应减免税项目及税额,应纳税额或者应代扣代缴、代收代缴税额,税款所属期限、延期缴纳税款、欠税、滞纳金等。

扣缴义务人办理代扣代缴、代收代缴税款报告时,应当如实填写代扣代缴、代收代缴税款报告表,并报送代扣代缴、代收代缴税款的合法凭证以及税务机关规定的其他有关证件、资料。

(3)延期申报。纳税人、扣缴义务人按照规定的期限办理纳税申报或者报送代扣代缴、代收代缴税款报告表确有困难，需要延期的，应当在规定的期限内向税务机关提出书面延期申请，经税务机关核准，在核准的期限内办理。

纳税人、扣缴义务人因不可抗力，不能按期办理纳税申报或者报送代扣代缴、代收代缴税款报告表的，可以延期办理；但是，应当在不可抗力情形消除后立即向税务机关报告。税务机关应当查明事实，予以核准。

【示例10.6】 2009年5月，税务机关在进行税务检查时发现，某企业上年未向税务机关申报企业所得税，当问及其原因时，该企业负责人刘是由于上年度亏损了10万元。税务机关对其处以2 000元罚款。该企业负责人表示不理解，认为企业没有实现利润为什么还要进行纳税申报，并就此向上级税务机关提出税务行政复议。亏损企业同样需要进行纳税申报？

【思路解析】 只要作为纳税人，就有义务申报纳税，亏损企业也需要纳税申报。

（三）税款征收

税款征收是税务机关依照税收法律、法规的规定，将纳税人依法应纳的税款以及扣缴义务人代扣代缴的税款通过不同的方式组织征收入库的活动。

1. 征收期限

纳税人、扣缴义务人按照法律、行政法规规定或者税务机关依照法律、行政法规的规定确定的期限，缴纳或者解缴税款。纳税人因不可抗力，导致纳税人发生较大损失，正常生产经营活动受到较大影响；当期货币资金在扣除应付职工工资、社会保险费后，不足以缴纳税款等特殊困难，不能按期缴纳税款的，经省、自治区、直辖市国家税务局、地方税务局批准，可以延期缴纳税款，但是最长不得超过3个月。

因税务机关的责任，致使纳税人、扣缴义务人未缴或者少缴税款的，税务机关在3年内可以要求纳税人、扣缴义务人补缴税款，但是不得加收滞纳金。因纳税人、扣缴义务人计算错误等失误，未缴或者少缴税款的，税务机关在3年内可以追征税款、滞纳金；有特殊情况的，追征期可以延长到5年。对偷税、抗税、骗税的，税务机关追征其未缴或者少缴的税款、滞纳金或者所骗取的税款，不受上述规定期限的限制。

2. 征收方式

（1）查账征收。查账征收是税务机关按照纳税人提供的账表所反映的经营情况，依照适用税率计算缴纳税款的方式。其适用于账簿、凭证、会计等核算制度比较健全，能够据以如实核算生产经营情况，正确计算应纳税款的纳税人。

（2）查定征收。查定征收是由税务机关根据纳税人的从业人员、生产设备、耗用原材料等因素，在正常生产经营条件下，对纳税人生产的应税产品查实核定产量、销售额并据以计算征收税款的一种方式。其适用于生产不固定、账册不健全的纳税人。

（3）查验征收。查验征收是税务机关对纳税人的应税商品，通过检查数量，按市场一般销售单价计算其销售收入并据以征税的方式。其适用于经营品种比较单一，经营地点、时间和商品来源不固定的纳税单位。

(4)定期定额征收。定期定额征收是税务机关通过典型调查,逐户确定营业额和所得额并据以征税的方式。其适用于无完整考核依据的小型纳税单位。

(5)其他征收方式。其他征收方式主要有代扣代缴、代收代缴、委托代征、邮寄申报纳税等。

3. 税收减免及退税

(1)税收减免。纳税人可以依照法律、行政法规的规定书面申请减税、免税。减税、免税的申请须经法律、行政法规规定的减税、免税审查批准机关审批。地方各级人民政府、各级人民政府主管部门、单位和个人违反法律、行政法规规定,擅自作出的减税、免税决定无效,税务机关不得执行,并向上级税务机关报告。

法律、行政法规规定或者经法定的审批机关批准减税、免税的纳税人,应当持有关文件到主管税务机关办理减税、免税手续。减税、免税期满,应当自期满次日起恢复纳税。享受减税、免税优惠的纳税人,减税、免税条件发生变化的,应当自发生变化之日起15日内向税务机关报告;不再符合减税、免税条件的,应当依法履行纳税义务;未依法纳税的,税务机关应当予以追缴。

(2)退税规定。纳税人超过应纳税额缴纳的税款,税务机关发现后应当立即退还;纳税人自结算缴纳税款之日起3年内发现的,可以向税务机关要求退还多缴的税款并加算银行同期存款利息,税务机关及时查实后应当立即退还;涉及从国库中退库的,依照法律、行政法规有关国库管理的规定退还。

4. 税收征收措施

(1)加收滞纳金。纳税人未按照规定期限缴纳税款的,扣缴义务人未按照规定期限解缴税款的,税务机关除责令限期缴纳外,从滞纳税款之日起,按日加收滞纳税款万分之五的滞纳金。

(2)核定应纳税额。纳税人有下列情形之一的,税务机关有权核定其应纳税额:依照法律、行政法规的规定可以不设置账簿的;依照法律、行政法规的规定应当设置账簿但未设置的;擅自销毁账簿或者拒不提供纳税资料的;虽设置账簿,但账目混乱或者成本资料、收入凭证、费用凭证残缺不全,难以查账的;发生纳税义务,未按照规定的期限办理纳税申报,经税务机关责令限期申报,逾期仍不申报的;纳税人申报的计税依据明显偏低,又无正当理由的。税务机关核定应纳税额的具体程序和方法由国务院税务主管部门规定。

【示例10.7】 某酒店2010年12月份取得餐饮收入5万元,客房出租收入10万元,该酒店未在规定期限内进行纳税申报,经税务机关责令限期申报,逾期仍不申报。税务机关有权对该酒店采取的税款征收措施是什么?

【思路解析】 核定其应纳税额。

企业或者外国企业在中国境内设立的从事生产、经营的机构、场所与其关联企业之间的业务往来,应当按照独立企业之间的业务往来收取或者支付价款、费用;不按照独立企业之间的业务往来收取或者支付价款、费用,而减少其应纳税的收入或者所得额的,税务机关有权进行合理调整。

(3)税收保全措施。纳税人在纳税期限到来前,有逃避纳税义务行为,可能导致征税决定不能执行,并不能提供担保的,税务机关可以责令限期缴纳税款、冻结存款、扣押查封财产等。

对未按照规定办理税务登记的从事生产、经营的纳税人以及临时从事经营的纳税人,由税务机关核定其应纳税额,责令缴纳;不缴纳的,税务机关可以扣押其价值相当于应纳税款的商品、货物。扣押后缴纳应纳税款的,税务机关必须立即解除扣押,并归还所扣押的商品、货物;扣押后仍不缴纳应纳税款的,经县以上税务局(分局)局长批准,依法拍卖或者变卖所扣押的商品、货物,以拍卖或者变卖所得抵缴税款。

税务机关有根据认为从事生产、经营的纳税人有逃避纳税义务行为的,可以在规定的纳税期之前,责令限期缴纳应纳税款;在限期内发现纳税人有明显的转移、隐匿其应纳税的商品、货物以及其他财产或者应纳税的收入的迹象的,税务机关可以责成纳税人提供纳税担保。如果纳税人不能提供纳税担保,经县以上税务局(分局)局长批准,税务机关可以采取下列税收保全措施:书面通知纳税人开户银行或者其他金融机构冻结纳税人的金额相当于应纳税款的存款;扣押、查封纳税人的价值相当于应纳税款的商品、货物或者其他财产。

纳税人在上述规定的限期内缴纳税款的,税务机关必须立即解除税收保全措施;限期期满仍未缴纳税款的,经县以上税务局(分局)局长批准,税务机关可以书面通知纳税人开户银行或者其他金融机构从其冻结的存款中扣缴税款,或者依法拍卖或者变卖所扣押、查封的商品、货物或者其他财产,以拍卖或者变卖所得抵缴税款。个人及其所扶养家属维持生活必需的住房和用品,不在税收保全措施的范围之内。纳税人在限期内已缴纳税款,税务机关未立即解除税收保全措施,使纳税人的合法利益遭受损失的,税务机关应当承担赔偿责任。

【注意】 在法律没有特别规定的情况下,担保债权优先于税收,税收优先于无担保债权。

(4)税收强制执行措施。从事生产、经营的纳税人、扣缴义务人未按照规定的期限缴纳或者解缴税款,纳税担保人未按照规定的期限缴纳所担保的税款,由税务机关责令限期缴纳,逾期仍未缴纳的,经县以上税务局(分局)局长批准,税务机关可以采取下列强制执行措施:书面通知其开户银行或者其他金融机构从其存款中扣缴税款;扣押、查封、依法拍卖或者变卖其价值相当于应纳税款的商品、货物或者其他财产,以拍卖或者变卖所得抵缴税款。税务机关采取强制执行措施时,对上述所列纳税人、扣缴义务人、纳税担保人未缴纳的滞纳金同时强制执行。个人及其所扶养家属维持生活必需的住房和用品,不在强制执行措施的范围之内。

(5)离境清算。欠缴税款的纳税人或者他的法定代表人需要出境的,应当在出境前向税务机关结清应纳税款、滞纳金或者提供担保。未结清税款、滞纳金,又不提供担保的,税务机关可以通知出境管理机关阻止其出境。

(6)税收优先。税务机关征收税款,税收优先于无担保债权,法律另有规定的除外;纳税人欠缴的税款发生在纳税人以其财产设定抵押、质押或者纳税人的财产被留置之前的,税收应当先于抵押权、质权、留置权执行。

纳税人欠缴税款,同时又被行政机关决定处以罚款、没收违法所得的,税收优先于罚款、没收违法所得。

（四）税务检查

税务检查是税务机关以国家税收法律、行政法规为依据，对纳税人、扣缴义务人履行税务义务和代扣代缴、代收代缴义务的情况进行的审查监督活动。

1. 税务检查的事项

税务机关有权进行下列税务检查：

（1）检查纳税人的账簿、记账凭证、报表和有关资料，检查扣缴义务人代扣代缴、代收代缴税款账簿、记账凭证和有关资料；

（2）到纳税人的生产、经营场所和货物存放地检查纳税人应纳税的商品、货物或者其他财产，检查扣缴义务人与代扣代缴、代收代缴税款有关的经营情况；

（3）责成纳税人、扣缴义务人提供与纳税或者代扣代缴、代收代缴税款有关的文件、证明材料和有关资料；

（4）询问纳税人、扣缴义务人与纳税或者代扣代缴、代收代缴税款有关的问题和情况；

（5）到车站、码头、机场、邮政企业及其分支机构检查纳税人托运、邮寄应纳税商品、货物或者其他财产的有关单据、凭证和有关资料；

（6）经县以上税务局（分局）局长批准，凭全国统一格式的检查存款账户许可证明，查询从事生产、经营的纳税人、扣缴义务人在银行或者其他金融机构的存款账户。税务机关在调查税收违法案件时，经设区的市、自治州以上税务局（分局）局长批准，可以查询案件涉嫌人员的储蓄存款。税务机关查询所获得的资料，不得用于税收以外的用途。

2. 税务机关在税务检查中的权利义务

（1）税务机关在税务检查中的权利。税务机关对从事生产、经营的纳税人以前纳税期的纳税情况依法进行税务检查时，发现纳税人有逃避纳税义务行为，并有明显的转移、隐匿其应纳税的商品、货物以及其他财产或者应纳税的收入的迹象的，可以按照法律规定的批准权限采取税收保全措施或者强制执行措施。

税务机关依法进行税务检查时，有权向有关单位和个人调查纳税人、扣缴义务人和其他当事人与纳税或者代扣代缴、代收代缴税款有关的情况，有关单位和个人有义务向税务机关如实提供有关资料及证明材料。

税务机关调查税务违法案件时，对与案件有关的情况和资料，可以记录、录音、录像、照相和复制。

（2）税务机关在税务检查中的义务。税务机关派出的人员进行税务检查时，应当出示税务检查证和税务检查通知书，并有责任为被检查人保守秘密；未出示税务检查证和税务检查通知书的，被检查人有权拒绝检查。

（3）纳税人在税务检查中的义务。纳税人、扣缴义务人必须接受税务机关依法进行的税务检查，如实反映情况，提供有关资料，不得拒绝、隐瞒。

二、法律责任

(一)纳税人的法律责任

(1)纳税人有下列行为之一的,由税务机关责令限期改正,可以处2 000元以下的罚款;情节严重的,处2 000元以上10 000元以下的罚款:未按照规定的期限申报办理税务登记、变更或者注销登记的;未按照规定设置、保管账簿或者保管记账凭证和有关资料的;未按照规定将财务、会计制度或者财务、会计处理办法和会计核算软件报送税务机关备查的;未按照规定将其全部银行账号向税务机关报告的;未按照规定安装、使用税控装置,或者损毁或者擅自改动税控装置的。

纳税人不办理税务登记的,由税务机关责令限期改正;逾期不改正的,经税务机关提请,由工商行政管理机关吊销其营业执照。

纳税人未按照规定使用税务登记证件,或者转借、涂改、损毁、买卖、伪造税务登记证件的,处2 000元以上1 000元以下的罚款;情节严重的,处1万元以上5万元以下的罚款。

(2)扣缴义务人未按照规定设置、保管代扣代缴、代收代缴税款账簿或者保管代扣代缴、代收代缴税款记账凭证及有关资料的,由税务机关责令限期改正,可以处2 000以下的罚款;情节严重的,处2 000元以上5 000元以下的罚款。

【资料10.2】 深圳市地税局第二稽查局税务人员对某物流运输公司2008～2009年的纳税情况进行了突击调账检查,发现该公司未足额代扣代缴运输司机个人所得税,税务机关依法给予补扣税款、罚款的处理决定。

(3)纳税人未按照规定的期限办理纳税申报和报送纳税资料的,或者扣缴义务人未按照规定的期限向税务机关报送代扣代缴、代收代缴税款报告表和有关资料的,由税务机关责令限期改正,可以处2 000元以下的罚款;情节严重的,可以处2 000元以上1万元以下的罚款。

(4)纳税人伪造、变造、隐匿、擅自销毁账簿、记账凭证,或者在账簿上多列支出或者不列、少列收入,或者经税务机关通知申报而拒不申报或者进行虚假的纳税申报,不缴或者少缴应纳税款的,是偷税。对纳税人偷税的,由税务机关追缴其不缴或者少缴的税款、滞纳金,并处不缴或者少缴的税款50%以上5倍以下的罚款;构成犯罪的,依法追究刑事责任。扣缴义务人采取上述所列手段,不缴或者少缴已扣、已收税款,由税务机关追缴其不缴或者少缴的税款、滞纳金,并处不缴或者少缴的税款50%以上5倍以下的罚款;构成犯罪的,依法追究刑事责任。

(5)纳税人、扣缴义务人编造虚假计税依据的,由税务机关责令限期改正,并处5万元以下的罚款。纳税人不进行纳税申报,不缴或者少缴应纳税款的,由税务机关追缴其不缴或者少缴的税款、滞纳金,并处不缴或者少缴的税款50%以上5倍以下的罚款。

(6)纳税人欠缴应纳税款,采取转移或者隐匿财产的手段,妨碍税务机关追缴欠缴的税款的,由税务机关追缴欠缴的税款、滞纳金,并处欠缴税款50%以上5倍以下的罚款;构成犯罪的,依法追究刑事责任。

(7)以暴力、威胁方法拒不缴纳税款的，是抗税，除由税务机关追缴其拒缴的税款、滞纳金外，依法追究刑事责任。情节轻微，未构成犯罪的，由税务机关追缴其拒缴的税款、滞纳金，并处拒缴税款1倍以上5倍以下的罚款。

(8)纳税人、扣缴义务人逃避、拒绝或者以其他方式阻挠税务机关检查的，由税务机关责令改正，可以处1万元以下的罚款；情节严重的，处1万元以上5万元以下的罚款。

(9)违反税收征收管理法规定，非法印制发票的，由税务机关销毁非法印制的发票，没收违法所得和作案工具，并处1万元以上5万元以下的罚款；构成犯罪的，依法追究刑事责任。

(二)税务机关及税务人员的法律责任

(1)税务机关和司法机关的涉税罚没收入，应当按照税款入库预算级次上缴国库。税务机关违反规定擅自改变税收征收管理范围和税款入库预算级次的，责令限期改正，对直接负责的主管人员和其他直接责任人员依法给予降级或者撤职的行政处分。

(2)税务人员与纳税人、扣缴义务人勾结，唆使或者协助纳税人、扣缴义务人有偷税、妨碍税务机关追缴欠缴的税款、骗取退税款的行为，构成犯罪的，依法追究刑事责任；尚不构成犯罪的，依法给予行政处分。

(3)税务人员利用职务上的便利，收受或者索取纳税人、扣缴义务人财物或者谋取其他不正当利益，构成犯罪的，依法追究刑事责任；尚不构成犯罪的，依法给予行政处分。

(4)税务人员徇私舞弊或者玩忽职守，不征或者少征应征税款，致使国家税收遭受重大损失，构成犯罪的，依法追究刑事责任；尚不构成犯罪的，依法给予行政处分。

税务人员滥用职权，故意刁难纳税人、扣缴义务人的，调离税收工作岗位，并依法给予行政处分。税务人员对控告、检举税收违法违纪行为的纳税人、扣缴义务人以及其他检举人进行打击报复的，依法给予行政处分；构成犯罪的，依法追究刑事责任。

税务人员违反法律、行政法规的规定，故意高估或者低估农业税计税产量，致使多征或者少征税款，侵犯农民合法权益或者损害国家利益，构成犯罪的，依法追究刑事责任；尚不构成犯罪的，依法给予行政处分。

(5)违反法律、行政法规的规定提前征收、延缓征收或者摊派税款的，由其上级机关或者行政监察机关责令改正，对直接负责的主管人员和其他直接责任人员依法给予行政处分。

(6)违反法律、行政法规的规定，擅自作出税收的开征、停征或者减税、免税、退税、补税以及其他同税收法律、行政法规相抵触的决定的，除依照税收征管法规定撤销其擅自作出的决定外，补征应征未征税款，退还不应征收而征收的税款，并由上级机关追究直接负责的主管人员和其他直接责任人员的行政责任；构成犯罪的，依法追究刑事责任。

(7)税务人员在征收税款或者查处税收违法案件时，未按照规定进行回避的，对直接负责的主管人员和其他直接责任人员，依法给予行政处分。

(8)未按照税收征管法规定为纳税人、扣缴义务人、检举人保密的，对直接负责的主管人员和其他直接责任人员，由所在单位或者有关单位依法给予行政处分。

(9)违反税收法律、行政法规应当给予行政处罚的行为,在5年内未被发现的,不再给予行政处罚。

【示例10.8】 某私营电器商店业主李某欠缴增值税税款5万元。税务机催缴两次,李某都置之不理,当地税务机关向其下达了《催缴税款通知书》,限其10天之内补缴,李某仍未缴纳。税务机关经税务局长批准,依法对其实施强制执行措施。查核其开户行账号,确认没有资金,于是决定查封其商店相应的商品。当税务人员到商店执行时,发现商店主管却是王某。王某讲李某前几天将商店转让给自己;李某向税务称已将转让商店的钱用于购买一批电脑,无钱纳税。对李某的行为应该如何定性?税务机关应如何处理?

【思路解析】 李某欠缴税款,拒绝支付,属于欠税行为,税务机关应继续追缴税款。

(三)税收行政复议与诉讼

纳税人、扣缴义务人、纳税担保人同税务机关在纳税上发生争议时,必须先依照税务机关的纳税决定缴纳或者解缴税款及滞纳金或者提供相应的担保,然后可以依法申请行政复议;对行政复议决定不服的,可以依法向人民法院起诉。

当事人对税务机关的处罚决定、强制执行措施或者税收保全措施不服的,可以依法申请行政复议,也可以依法向人民法院起诉。

当事人对税务机关的处罚决定逾期不申请行政复议也不向人民法院起诉、又不履行的,作出处罚决定的税务机关可以采取法律规定的强制执行措施,或者申请人民法院强制执行。

【引例分析】

(1)工资、薪金所得,以每月收入额减除费用2000元后的余额,适用9级超额累进税率。[(15 000 - 2 000) × 20% - 375] × 12 = 26 700(元)。

(2)股票转让收益暂免征税个人所得税,所以应纳税额为0。

(3)股息,以每次收入额为应纳税所得额,适用20%的比例税率,8 000 × 20% = 1 600(元)。

(4)中奖的偶然所得以每次收入额为应纳税所得额,适用20%的比例税率。5 000 × 20% = 1 000(元)。

(5)劳务报酬所得,每次收入不超过4 000元的,减除费用800元;4 000元以上的,减除20%的费用,其余额为应纳税所得额,适用20%的比例税率,20 000 × (1 - 20%) × 20% = 3 200(元)。

(6)稿酬所得,每次收入不超过4 000元的,减除费用800元;4 000元以上的,减除20%的费用,其余额为应纳税所得额,适用20%的比例税率,并按应纳税额减征30%。(1 000 - 800) × 20% × (1 - 30%) = 28(元)。

王某2009年应缴纳个人所得税为26 700 + 1 600 + 1 000 + 3 200 + 28 = 32 528(元)。

本章小结

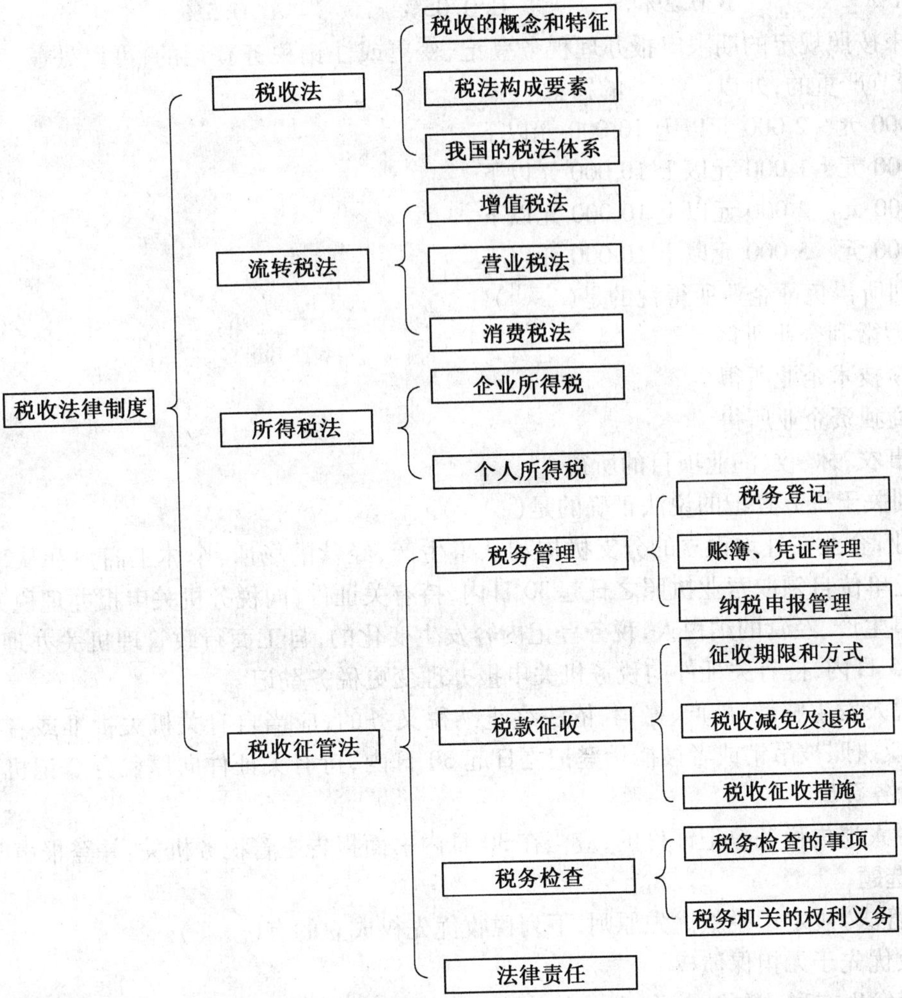

练习题

一、单选题

1. 按照《征管法》规定，从事生产经营的纳税人应当自领取(　　)或发生纳税义务之日起 15 日内设置账簿。

A. 营业执照　　B. 税务登记证

C. 法人代码证　　D. 银行开户许可证

2. 纳税人未按规定的期限缴纳或者解缴税款的，税务机关除责令限期缴纳外，还可以从滞纳税款之日起按日加收滞纳税款（　　）的滞纳金。

A. 0.1%　　B. 0.2%　　C. 0.05%　　D. 0.5%

3. 对未按照规定的期限申报办理税务登记、变更或注销税务登记的，可以处（　　）以下的罚款；情节严重的，处以（　　）的罚款。

A. 1 000 元　2 000 元以上 10 000 元以下

B. 1 000 元　1 000 元以上 10 000 元以下

C. 2 000 元　2 000 元以上 10 000 元以下

D. 5 000 元　5 000 元以上 10 000 元以下

4. 下列所得免征企业所得税的是（　　）。

A. 小型微利企业所得

B. 高新技术企业所得

C. 外商独资企业所得

D. 从事农、林、牧、渔业项目的所得

5. 下列关于税务登记的说法正确的是（　　）。

A. 企业，企业在外地设立的分支机构和从事生产、经营的场所，个体工商户和从事生产、经营的事业单位自领取营业执照之日起 30 日内，持有关证件，向税务机关申报办理税务登记

B. 从事生产、经营的纳税人，税务登记内容发生变化的，自工商行政管理机关办理变更登记之日起 45 日内，持有关证件向税务机关申报办理变更税务登记

C. 纳税人发生解散、破产、撤销、依法终止纳税义务的，应当自有关机关批准或者宣告终止，或自营业执照被吊销或者被撤销登记之日起 30 日内，持有关证件向原税务登记机关申报办理注销税务登记

D. 纳税人遗失税务登记证件的，应当在 30 日内书面报告主管税务机关，并登报声明作废

二、多选题

1.《征管法》规定了税款优先原则，下列税收优先权成立的有（　　）。

A. 税收优先于无担保债权

B. 留置发生在税款欠缴之前，税收仍优先于留置权

C. 税收优先于抵押权，但欠缴的税款应当发生在抵押之前

D. 税收优先于罚款、没收违法所得

2. 税收保全措施终止的情况有（　　）。

A. 纳税人在规定的期限内缴纳了应纳税款

B. 纳税人提请税务行政复议的

C. 纳税人超过规定期限不纳税，经税务局（分局）长批准，终止税收保全措施，转入强制执行措施

D. 纳税人提请税务行政诉讼的

3. 税务检查权是税务机关在检查活动中依法享有的权利，税收征管法规定税务机关有权（ ）。

A. 检查纳税人的账簿、记账凭证、报表和有关资料

B. 责成纳税人提供与纳税有关的文件、证明材料和有关资料

C. 到纳税人的生产、经营场所和货物存放地检查纳税人应纳税的商品、货物或者其他财产

D. 对纳税人的住宅及其他生活场所进行检查

4. 纳税人销售下列货物可适用13%的税率的是（ ）。

A. 粮食、食用植物油　　B. 图书、报纸、杂志

C. 化肥、农药　　D. 煤气、石油液化气、天然气

5. 下列项目免征营业税的是（ ）。

A. 养老院　　B. 纪念馆　　C. 医院　　D. 邮局

三、简答题

1. 税法的构成要素有哪些？

2. 税收措施有哪些？

3. 偷税、欠税、骗税、抗税的法律责任是什么？

4. 简述个人所得税的征税对象。

5. 哪些增值税进项税额不准许抵扣？

四、案例分析题

1. 某市A贸易公司以经营不善、无钱进货为由一再拖欠税款达数十万元，却购买小轿车，为领导干部购买商品房。税务机关便于2009年6月15日向A贸易公司发出通知，限其30日内补交税款。7月2日，税务局人员发行该公司的货物骤减，怀疑其有转移、隐匿财产的意图，税务机关经市税务局长批准，并向A贸易公司的法定代表人发出通知后，由两名税务执行人扣押、查封了A贸易公司的价值相当于应纳税款的库存商品。A公司对税务机关采取的措施不服，于2009年7月14日向人民法院起诉。

（1）税务机关的处理是什么性质的法律行为？是否符合法律规定？

（2）A贸易公司能否向人民法院起诉？还可以采取别的救济方式吗？

2. 假定某企业为居民企业，2009年经营业务如下：

①取得销售收入2 500万元；

②销售成本1 100万元；

③发生销售费用670万元（其中广告费450万元）；管理费用480万元（其中业务招待费15万元）；财务费用60万元；

④销售税金160万元（含增值税120万元）；

⑤营业外收入70万元，营业外支出50万元（含通过公益性社会团体向贫困山区捐款30

万元,支付税收滞纳金 6 万元);

⑥计入成本、费用中的实法工资总额为 150 万元、拨缴职工工会经费 3 万元,支出职工福利费和职工教育经费 29 万元。

要求:计算该企业 2009 年度实际应纳的企业所得税。

第十一章

Chapter 11

劳动与社会保障法律制度

【学习要点及目标】

通过本章学习,应该达到:

1. 了解劳动法、调整对象以及劳动合同的概念;

2. 掌握劳动者的用工制度、保护制度以及劳动争议的处理方式、所承担的法律责任;

3. 掌握劳动合同的订立、履行、变更和解除的相关内容;

4. 掌握劳动法与劳动合同法法人适用范围、集体合同、劳务派遣的相关制度以及工会和职工民主管理制度;

5. 了解社会保险法律制度。

【引例】 2008年3月5号,华夏公司工会代表全体员工与公司签订集体合同。合同规定:职工每天工作8小时,每周工作40小时,周六、周日为公休日。如果周六、周日加班,则在加班后一周内安排补休;如果上、下午连续工作4小时,则安排工间休息各一次;职工的工资报酬不得低于900元,加班工资和其他实物福利不包括在内;工资于每月5日发放;合同有效期为2008年4月1日至2010年4月1日,双方都要严格遵守,任何一方都不能违反,否则要赔偿对方所造成损失。此合同于2008年3月20日被劳动行政部门确认。2008年8月1日,该公司招聘了一批工人,并与这批工人签订了劳动合同。合同规定:本合同有效期为1年,从2008年8月1日到2009年8月1日;工人工作时间为每周40小时,每天8小时,上、下午各4小时;没有工间休息时间;工资为每月700元。双方签字后生效。

请问:1. 新招工人是在集体合同生效后才进入该公司的,公司的集体合同是否适用于这批工人?

2. 该公司与工人签订的劳动合同是否有效?

第一节　劳动法

一、劳动法的概念及调整对象

1. 劳动法的概念

劳动法是指调整劳动关系以及与劳动关系有密切联系的其他社会关系的法律规范的总称。狭义上的劳动法专指《中华人民共和国劳动法》,是指国家最高立法机构制定颁布的全国性、综合性的劳动法。

2. 劳动法的调整对象

(1)劳动关系。我国劳动法的调整对象主要是劳动关系,是指在运用劳动能力、实现劳动过程中,劳动者与用人单位之间的社会劳动关系。其特征主要有:

①劳动关系的当事人是特定的。一方是劳动者并且劳动者只能是自然人;另一方是用人单位,且二者之间是平等的关系。

②劳动关系是在现实劳动过程中所发生的关系。

③劳动关系具有人身关系与财产关系的属性。

④劳动关系具有平等、从属关系的属性。

【注意】 非单位的个人雇佣关系和农业劳动关系、家庭成员的共同劳动关系不由劳动法调整。

(2)与劳动关系有密切联系的其他社会关系。劳动法的调整对象除劳动关系外,还调整一些与劳动关系有密切联系的社会关系。

【示例11.1】 在下列社会关系中,属于劳动法调整的劳动关系的是(　　)。

A. 劳动者甲与劳动者乙发生借款关系

B. 某公司向职工集资而发生的关系

C. 两企业之间签订劳务输出的合同关系

D. 某民工被个体餐馆录用为服务员产生的关系

【答案】 D

二、劳动法的适用范围

依据《劳动法》,在中国境内的企业、个体经济组织、民办非企业单位等组织和与之形成劳动关系的劳动者,适用《劳动法》。具体而言,《劳动法》对人的适用范围如下:

(1)在中国境内的企业、个体经济组织、民办非企业单位和与之形成劳动者之间,只要形成事实上的劳动关系,不论他们之间是否订立劳动合同,都适用《劳动法》。

(2)国家机关、事业单位、社会团体实行劳动合同制度的以及按照规定应适应劳动合同制度的工勤人员。其他通过劳动合同与国家机关、事业组织、社会团体建立劳动关系的劳动者，也适用《劳动法》。

(3)实行企业化管理的事业组织的人员适用《劳动法》。

【示例11.2】 美国人汤姆被上海一家中外合资经营企业聘用为技术顾问。合同有效期为2年。企业已经为汤姆办理了中华人民共和国外国人就业许可证。在工作中，汤姆为该企业培训了一批技术工人，企业经济效益大为改善。但是半年后，企业老板决定提前结束聘期。汤姆认为，自己的工资及其享受的各项福利待遇，均是按劳动合同约定领取的，并没有造成企业的损失。于是，汤姆想依据《劳动法》向企业讨个说法。可是企业领导说，你是外国人，不能适用我们中国的《劳动法》。

【思路解析】 企业领导的说法是错误的。汤姆与企业之间建立的劳动合同关系适用于我国《劳动法》。

三、劳动法律关系

(一)劳动法律关系的概念及特征

劳动法律关系是指劳动者与用人单位依据劳动法律规范，在实现劳动过程中形成的权利义务关系。劳动法律关系的当事人为劳动者和用人单位。其特征主要包括：

(1)主体双方具有平等性和隶属性。

(2)具有国家意志为主导、当事人意志为主体的特征。

(3)具有在社会劳动过程中形成和实现的特征。

(二)劳动法律关系的要素

劳动法律关系的主体，指依照劳动法享有权利与承担义务的劳动法律关系的参与人。其中一方是劳动者，且必须是自然人，包括具有劳动能力的中国公民、外国人以及无国籍人；另一方是用人单位，包括企业、事业、机关、团体、民办非企业单位等单位及个体经营组织。劳动法律关系的内容就是主体双方依法享有的权利和承担的义务。劳动法律关系的客体就是主体双方的权利义务共同指向的对象，即劳动者的劳动行为。

【示例11.3】 下列关于《劳动法》对人的适用范围的表述错误的是(　　)。

A. 王宏家雇佣的保姆适用《劳动法》

B. 事业单位聘用的劳动者适用《劳动法》

C. 国家机关和与之形成事实劳动关系的劳动者适用《劳动法》

D. 个体经济组织聘用的劳动者适用《劳动法》

【答案】 A

四、劳动用工制度

(一)促进劳动就业制度

劳动就业,是指有劳动能力的公民在法定劳动年龄内自愿从事有一定报酬或经营收入的社会劳动。

【示例 11.4】 根据《劳动法》的相关规定,下列人员不能成为用人单位招聘对象的是(　　)。

A. 未满 16 周岁的未成年人　　B. 怀孕妇女　　C. 残疾人　　D. 复员军人

【答案】 A

(二)工资制度

工资是指用人单位按照法律法规的规定和集体合同与劳动合同约定的标准,依据劳动者的劳动数量和质量,以货币形式支付给劳动者的劳动报酬。

在我国工资的形式主要包括:

1. 计时工资

计时工资是指按照职工技术熟练程度、劳动繁重程度和工作时间长短支付的工资。计时工资可以分为年工资制、月工资制、日工资制以及小时工资制。

2. 计件工资

计件工资是指按照合格产品的数量和预先规定的计件单位来计算的工资。它不直接用时间来计量劳动报酬,而是用一定时间内的劳动成果来计算劳动报酬。计件工资分为个人计件工资和集体计件工资两种。

3. 奖金

奖金主要是指作为一种工资形式,其作用是对于生产或工作直接相关的超额劳动给予报酬,奖金是对劳动者在创造超过正常劳动定额以外的社会所需要的劳动成果时,所给予物质补偿。

4. 津贴

津贴是指补偿职工在特殊条件下的劳动消耗及生活费额外支出的工资补充形式。津贴通常包括矿山井下津贴、高温津贴、野外矿工津贴、保健津贴、医疗卫生津贴等。

5. 补贴和其他特殊情况下的工资

包括加班加点工资;休假期间的工资;依法参加社会活动期间的工资;停工、停产期间的工资;用人单位破产时的工资;特殊人员的工资等。

【示例 11.5】 我国工资的形式主要包括(　　)。

A. 计时工资　　B. 计件工资　　C. 奖金　　D. 津贴

【答案】 ABCD

(三)工作时间和休息休假制度

工作时间又称劳动时间,是指法律规定的劳动者在一昼夜或一周内从事劳动的时间。它包括每日工作的小时数,每周工作的天数和小时数。

休息休假是指劳动者为行使休息权在国家规定的法定工作时间以外,不从事生产或工作而自行支配的时间。我国《劳动法》中关于工作时间和休假休息制度的具体内容主要包括:

(1)我国实行劳动者每日工作时间不超过 8 小时、平均每周工作时间不超过 44 小时的制度。用人单位应当保证劳动者每周至少休息 1 日。对实行计件工作的劳动者,用人单位应当根据工时制度合理确定其劳动定额和计件报酬标准。

(2)用人单位在下列节日期间应当依法安排劳动者休假:元旦、春节、清明节、国际劳动节、端午节、中秋节、国庆节以及法律、法规规定的其他休假节日。

(3)用人单位由于生产经营需要,经与工会和劳动者协商后可以延长工作时间,一般每天不得超过 1 小时;因特殊原因需要延长工作时间的,在保障劳动者身体健康的条件下延长工作时间每日不得超过 3 小时,但是每月不得超过 36 小时。

(4)有下列情形之一的,用人单位应当按照下列标准支付高于劳动者正常工作时间工资报酬:第一,安排劳动者延长时间的,支付不低于工资的 150% 的工资报酬;第二,休息日安排劳动者工作又不能安排补休的,支付不低于工资的 200% 的工资报酬;第三,法定休假日安排劳动者工作的,支付不低于工资的 300% 的工资报酬。

(5)国家实行带薪年休假制度。劳动者连续工作 1 年以上的,享受带薪年休假。

【示例 11.6】《劳动法》规定,国家实行劳动者每日工作的时间不超过 8 小时,每周工作时间(　　)。

A. 不超过 40 小时　　B. 可以超过 60 个小时

C. 必须是 45 小时　　D. 不超过 44 小时

【答案】 D

五、劳动保护制度

(一)劳动安全卫生保护制度

劳动安全卫生,是指直接保护劳动者在劳动过程中的生命安全和身体健康的法律制度。在我国关于劳动安全卫生保护的内容主要包括:

(1)用人单位必须建立、健全劳动安全卫生制度,严格执行国家劳动安全卫生规程和标准,对劳动者进行劳动安全卫生教育,防止劳动过程中的事故,减少职业危害。

(2)劳动安全卫生设施必须符合国家规定的标准。新建、改建、扩建工程的劳动安全卫生设施必须与主体同时设计、同时施工、同时投入生产和使用。

(3)用人单位必须为劳动者提供符合国家规定的劳动安全卫生条件和必要的劳动防护用

品,对从事有职业危害作业的劳动者应当定期进行健康检查。

(4)从事特种作业的劳动者必须经过专门培训并取得特种作业资格。

(5)劳动者在劳动过程中必须严格遵守安全操作规程。劳动者对用人单位管理人员违章指挥、强令冒险作业,有权拒绝执行;对危害生命安全和身体健康的行为,有权提出批评、检举和控告。

(6)国家建立伤亡和职业病统计报告和处理制度。县级以上各级人民政府劳动行政部门、有关部门和用人单位应当依法对劳动者在劳动过程中发生的伤亡事故和劳动者的职业病状况,进行统计、报告和处理。

(二)女职工和未成年工特殊保护制度

女职工的特殊保护,是指根据女职工身体结构、生理机能的特点以及抚育子女的特殊需要,对其在劳动过程中的安全健康所采取的有别于男职工的特殊保护。其保护内容主要包括:

(1)禁止安排女职工从事矿山井下、国家规定的第四级体力劳动强度的劳动和其他禁忌从事的劳动。

(2)不得安排女职工在经期从事高处、低温、冷水作业和国家规定的第三级体力劳动强度的劳动。

(3)不得安排女职工在怀孕期间从事国家规定的第三级体力劳动强度的劳动和孕期禁忌从事的劳动。对怀孕7个月以上的女职工,不得安排其延长工作时间和夜班劳动。女职工生育享受不少于90天的产假。

(4)不得安排女职工在哺乳未满1周岁的婴儿期间从事国家规定的第三级体力劳动强度的劳动。

女职工"四期"保护:月经期保护、怀孕期保护、生育期保护和哺乳期保护。

【示例11.7】 某食品加工厂所聘用的员工中女性占70%,为了企业生产的正常进行,2000年,经与部分职工代表协商,并征求了半数职工的意见,制定了该厂职工生育休假规章。该规章规定:本厂职工带薪产假为60天,双胞胎假期延长10天。同年8月7日,女职工于某产下一对双胞胎,国庆节开始一直休假。产后身体恢复较慢,到该厂规定的产假期满也没有上班,为此,该厂从12月10日起停发了于某的工资。于某不服,向当地劳动争议仲裁委员会申请仲裁。

【思路解析】 (1)该厂制定的劳动规章不合法。《劳动法》第六十二条规定:"女职工生育享受不少于90天的产假。"《女职工劳动保护》第八条规定:"女职工多胞胎生育的,每多生育一个婴儿,增加产假15天。"企业劳动规章不得与法律法规和行政规章相冲突,该企业制定的劳动规章中的特殊产假制度是不合理、不合法的。虽然该规章的制定征求了过半数职工的意见,但不能因此使企业规章违背国家法律法规和行政规章。(2)仲裁委员会的裁决应当包括以下内容:由该厂补发于某停发的工资;于某享有国家规定产假期限,即90天;因于某生育双胞胎,产假应当增加15天。

(三)未成年职工特殊劳动保护

未成年职工特殊劳动保护是指国家为维护未成年职工的合法权益,保护其健康成长而专门作出的保护他们在劳动方面特殊权益的法律规定。未成年职工是指年满16周岁未满18周岁的劳动者。

根据有关的法律和法规,对未成年职工的劳动保护主要包括以下内容:

(1)上岗前培训未成年职工。

(2)禁止安排未成年工从事有害健康工作。用人单位不得安排未成年工从事矿山井下、有毒有害、国家规定的第四级体力劳动强度和其他禁忌从事的劳动。

(3)用人单位应对其进行有关的职业安全卫生教育。

(4)对未成年工定期进行健康检查。

六、劳动争议处理

(一)劳动争议及适用范围

劳动争议是指劳动关系双方当事人因执行法律、法规或履行劳动合同、集体合同发生的纠纷。劳动争议发生在劳动者与用人单位之间,不要求已经订立劳动合同,只要存在事实劳动关系即可。劳动争议的范围主要指中华人民共和国境内的用人单位与劳动者发生下列劳动争议:

(1)因履行劳动合同发生的争议。

(2)因企业开除、除名、辞退和辞职、离职发生的劳动争议。

(3)因执行国家的有关工资、社会保险、福利、培训以及劳动保护发生的争议。

(4)法律、法规规定的其他劳动争议。

【示例11.8】 劳动争议的范围主要指(　　)。

A. 因履行劳动合同发生的争议　　B. 因休息休假发生的争议

C. 因劳动报酬发生的争议　　D. 因辞退发生的劳动争议

【答案】 ABCD

(二)解决劳动争议的方式

1. 劳动调解

发生劳动争议,当事人可以到下列调解组织申请调解:

(1)企业劳动争议调解委员会;

(2)依法设立的基层人民调解组织;

(3)在乡镇、街道设立的具有劳动争议调解职能的组织。

企业劳动争议调解委员会由职工代表和企业代表组成。经调解达成协议的,应当制作调解协议书。调解协议书由双方当事人签名或者盖章,经调解员签名并加盖调解组织印章后生效,对双方当事人具有约束力,当事人应当履行。自劳动争议调解组织收到调解申请之日起15日内未达成调解协议的,当事人可以依法申请仲裁。

2. 劳动仲裁

劳动仲裁是指由劳动争议仲裁委员会对当事人申请仲裁的劳动争议居中公断与裁决。在我国,劳动仲裁是劳动争议当事人向人民法院提起诉讼的必经程序。

(1)劳动仲裁参加人。劳动仲裁参加人主要包括:

①当事人或当事人代表。发生争议的劳动者一方在10人以上,并有共同请求的,劳动者可以推举3~5名代表参加仲裁活动。

②第三人,即劳动争议案件的处理结果有利害关系的第三人。

③代理人,即当事人可以委托代理人参加仲裁活动。劳动者死亡的,由其近亲属或者代理人参加仲裁活动。

(2)劳动争议仲裁委员会。省、自治区人民政府可以决定在市、县设立;直辖市人民政府可以决定在区、县设立。直辖市也可以设立一个或者若干个劳动争议仲裁委员会。劳动争议仲裁委员会不按行政区划层层设立。劳动争议仲裁委员会由劳动行政部门代表、工会代表和企业方面代表组成。劳动争议仲裁委员会组成人员应当是单数。

【示例11.9】 我国劳动争议仲裁委员会由以下各方代表组成,具体包括(　　)。

A. 职工代表　　B. 企业代表　　C. 工会代表　　D. 劳动行政部门代表

【答案】 BCD

(3)劳动仲裁管辖。劳动争议由劳动合同履行地或者用人单位所在地的劳动争议仲裁委员会管辖。双方当事人分别向劳动合同履行地和用人单位所在地的劳动争议仲裁委员会申请仲裁的,由劳动合同履行地的劳动争议仲裁委员会管辖。

(4)劳动仲裁申请。劳动争议申请仲裁的时效期间为1年。仲裁时效期间从当事人知道或者应当知道其权利被侵害之日起计算。申请劳动争议仲裁应以书面方式进行;书写仲裁申请确有困难的,可以口头申请,由劳动争议仲裁委员会记入笔录,并告知对方当事人。

(5)劳动仲裁受理。劳动争议仲裁委员会收到仲裁申请之日起5日内决定是否受理。对劳动争议仲裁委员会不予受理或者逾期未作出决定的,申请人可以就该劳动争议事项向人民法院提起诉讼。劳动争议仲裁委员会受理仲裁申请后,应当在5日内将仲裁申请书副本送达被申请人。被申请人收到仲裁申请书副本后,应当在10日内向劳动争议仲裁委员会提交答辩书。劳动争议仲裁委员会收到答辩书后,应当在5日内将答辩书副本送达申请人。被申请人未提交答辩书的,不影响仲裁程序的进行。

(6)劳动仲裁开庭。劳动争议仲裁委员会裁决劳动争议案件实行仲裁庭制。仲裁庭由3名仲裁员组成,设首席仲裁员。简单劳动争议案件可以由1名仲裁员独任仲裁。劳动争议仲裁委员会应当在受理仲裁申请之日起5日内将仲裁庭的组成情况书面通知当事人。仲裁庭应当在开庭5日前,将开庭日期、地点书面通知双方当事人。当事人有正当理由的,可以在开庭

3 日前请求延期开庭。申请人收到书面通知,无正当理由拒不到庭或者未经仲裁庭同意中途退庭的,可以视为撤回仲裁申请。被申请人收到书面通知,无正当理由拒不到庭或者未经仲裁庭同意中途退庭的,可以缺席裁决。当事人在仲裁过程中有权进行质证和辩论。质证和辩论终结时,首席仲裁员或者独任仲裁员应当征询当事人的最后意见。仲裁庭应当将开庭情况记入笔录。当事人和其他仲裁参加人认为对自己陈述的记录有遗漏或者差错的,有权申请补正。如果不予补正,应当记录该申请。笔录由仲裁员、记录人员、当事人和其他仲裁参加人签名或者盖章。

(7)劳动仲裁裁决。当事人申请劳动争议仲裁后,可以自行和解。达成和解协议的,可以撤回仲裁申请。仲裁庭在作出裁决前,应当先行调解。调解达成协议的,仲裁庭应当制作调解书。调解书应当写明仲裁请求和当事人协议的结果。调解书由仲裁员签名,加盖劳动争议仲裁委员会印章,送达双方当事人。调解书经双方当事人签收后,发生法律效力。调解不成或者调解书送达前,一方当事人反悔的,仲裁庭应当及时作出裁决。仲裁庭裁决劳动争议案件,应当自劳动争议仲裁委员会受理仲裁申请之日起 45 日内结束。案情复杂需要延期的,经劳动争议仲裁委员会主任批准,可以延期并书面通知当事人,但是延长期限不得超过 15 日。裁决应当按照多数仲裁员的意见作出,少数仲裁员的不同意见应当记入笔录。仲裁庭不能形成多数意见时,裁决应当按照首席仲裁员的意见作出。裁决书应当载明仲裁请求、争议事实、裁决理由、裁决结果和裁决日期。裁决书由仲裁员签名,加盖劳动争议仲裁委员会印章。对裁决持不同意见的仲裁员,可以签名,也可以不签名。

仲裁裁决有下列情形之一,可以自收到仲裁裁决书之日起 30 内向劳动争议仲裁委员会所在地的中级人民法院申请撤销裁决:①适用法律、法规确有错误的;②劳动争议仲裁委员会无管辖权的;③违反法定程序的;④裁决所根据的证据是伪造的;⑤对方当事人隐瞒了足以影响公正裁决的证据的;⑥仲裁员在仲裁该案时有索贿受贿、徇私舞弊、枉法裁决行为的。人民法院经组成合议庭审查核实裁决有前款规定情形之一的,应当裁定撤销。

下列属于终局裁决即自裁决书做出之日起发生法律效力的情形:①追索劳动报酬、工伤医疗费、经济补偿或者赔偿金,不超过当地月最低工资标准 12 个月金额的争议;②因执行国家的劳动标准在工作时间、休息休假、社会保险等方面发生的争议。

(8)劳动仲裁执行。仲裁庭对追索劳动报酬、工伤医疗费、经济补偿或者赔偿金的案件,根据当事人的申请,可以裁决先予执行,移送人民法院执行。劳动者申请先予执行的,可以不提供担保。仲裁庭裁决先予执行的,应当符合下列条件:①当事人之间权利义务关系明确;②不先予执行将严重影响申请人的生活。同时,当事人对发生法律效力的调解书、裁决书,应当依照规定的期限履行。一方当事人逾期不履行的,另一方当事人可以依照民事诉讼法的有关规定向人民法院申请执行。受理申请的人民法院应当依法执行。

3. 劳动诉讼

对劳动争议仲裁委员会不予受理或逾期未作出仲裁裁决的,当事人可以就该劳动争议事项向人民法院提起诉讼。劳动者对仲裁终局裁决不服的,可以自收到仲裁裁决书之日起 15 日内向人民法院提起诉讼。仲裁裁决被人民法院裁定撤销的,当事人可以自收到裁定书之日起 15 日内就该劳动争议事项向人民法院提起诉讼。

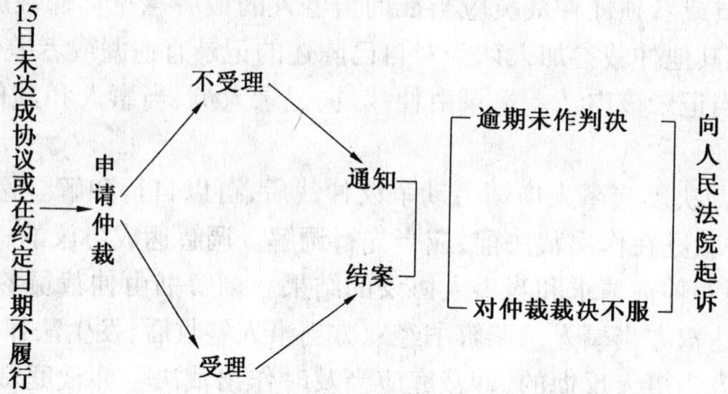

图 11.1 劳动案件处理流程图

七、违反劳动法的责任

(一)承担民事责任的情形

(1)用人单位制定的劳动规章制度违反法律、法规规定对劳动者造成损害的。

(2)由于用人单位的原因订立的无效合同,对劳动者造成损害的。

(3)用人单位违反《劳动法》规定的条件解除劳动合同或者故意拖延不订立劳动合同,且对劳动者造成损害的。

(4)用人单位违反《劳动法》对女职工和未成年工的保护规定,对女职工或者未成年工造成损害的。

(5) 用人单位招用尚未解除劳动合同的劳动者,对原用人单位造成经济损失的。

(6) 劳动者违反《劳动法》规定的条件解除劳动合同或者违反劳动合同中约定的保密事项,对用人单位造成经济损失的。

(二)行政责任

用人单位制定的劳动规章制度违反法律、法规规定的,由劳动行政部门给予警告,责令改正。

用人单位违反《劳动法》规定,延长劳动者工作时间的,由劳动行政部门给予警告,责令改正,并可以处以罚款。

用人单位有下列侵害劳动者合法权益情形之一的,由劳动行政部门责令支付劳动者的工资报酬、经济补偿,并可以责令支付赔偿金:

(1)克扣或者无故拖欠劳动者工资的。

(2)拒不支付劳动者延长工作时间工资报酬的。

(3)低于当地最低工资标准支付劳动者工资的。

(4)解除劳动合同后,未依照《劳动法》规定给予劳动者经济补偿的。

用人单位非法招用未满16周岁的未成年人的,由劳动行政部门责令改正,处以罚款;情节严重的,由工商行政管理部门吊销营业执照。

用人单位违反《劳动法》对女职工和未成年工的保护规定,侵害其合法权益的,由劳动行政部门责令改正,处以罚款。

用人单位无故不缴纳社会保险费的,由劳动行政部门责令其限期缴纳;逾期不缴的,可以加收滞纳金。

(三)刑事责任

用人单位强令劳动者违章冒险作业,发生重大伤亡事故,造成严重后果的,对责任人员依法追究刑事责任。

用人单位有下列行为之一,由公安机关对责任人员处以15日以下拘留、罚款或者警告,构成犯罪的,对责任人员依法追究刑事责任。用人单位无理阻挠劳动行政部门、有关部门及其工作人员行使监督检查权,打击报复举报人员的,由劳动行政部门或者有关部门处以罚款;构成犯罪的,对责任人员依法追究刑事责任。

劳动行政部门或者有关部门的工作人员滥用职权、玩忽职守、徇私舞弊,构成犯罪的,依法追究刑事责任。

国家工作人员和社会保险基金经办机构的工作人员挪用社会保险基金,构成犯罪的,依法追究刑事责任。

【示例11.10】 用人单位违反《劳动法》对女职工和未成年工的保护规定,对女职工或者未成年工造成损害的,应当承担(　　)。

A. 行政责任　　B. 刑事责任　　C. 民事赔偿责任　　D. 民事侵权责任

【答案】 C

第二节　社会保险法律制度

社会保险是指国家依法建立的,劳动者在年老、患病、伤残、生育和失业时,能够从社会取得物质帮助的制度。我国社会保险的项目有:养老保险、医疗保险、工伤保险、失业保险和生育保险。

【示例11.11】 2006年9月，冯先生与一家电子公司签订为期3年的劳动合同，试用期为3个月。合同中约定公司为冯先生办理商业保险，并以替代社会保险。当月，冯先生进入该公司工作，工作5个月后，冯先生要求公司为其办理社会保险，而公司认为，双方已在合同中明确约定以商业保险代替社会保险，公司已履行了为冯先生办理商业保险的义务，不应再承担缴纳社会保险的责任。试问，冯先生现在是否有权要求公司为其补办社会保险手续？

【思路解析】《劳动法》第72条规定，用人单位和劳动者必须依法参加社会保险，缴纳社会保险费。对于社会保险费用的缴纳，另参见《社会保险费片缴暂行条例》第12条规定。即由冯先生个人缴纳，单位可从其工资中代扣代缴，而不能替代。

一、我国社会保险制度

（一）养老保险法律制度

1. 养老保险的概念

养老保险是国家和社会根据一定的法律和法规，为保障劳动者退休后或因丧失劳动能力而不能工作后的基本生活，而建立的一种社会保险。养老保险是社会保险五大险种中最重要的险种之一。

2. 养老保险的适用范围

我国《社会保险费征缴暂行条例》规定，国有企业、城镇集体企业、外商投资企业、城镇私营企业和其他城镇企业及其职工，实行企业化管理的事业单位等有义务为职工缴纳基本养老保险费，职工个人也有义务参加基本养老保险，缴纳基本养老保险费。

3. 养老保险的缴费比例

按照我国《社会保险费征缴暂行条例》的规定，企业缴纳的基本养老保险费是根据企业职工工资数额的一定比例计算出来的。每个缴费单位都要依法是额缴纳社会保险费。我国《社会保险费申报缴纳管理暂行办法》还规定，社会保险经办机构应当定期稽核缴费单位的职工人数，工资基数和财务状况，确认缴费单位是否依法足额缴纳社会保险费。被稽核的单位应当提供与缴纳社会保险费有关的用人情况、工资表、财务报表等资料，如实反映情况，不得拒绝稽核，不得谎报、瞒报。

4. 养老保险的缴费基数

根据我国有关法规的规定，养老保险的缴费工资基数一般以职工本人上年度平均工资为准。职工本人月平均工资低于当地职工平均工资60%的，按当地职工平均工资的60%缴费；超过当地职工平均工资300%的，按当地职工月平均工资的300%缴费。

【示例 11.12】 权某在某软件公司工作,公司按规定给权某缴纳了基本养老保险,权某去年的工资是 3 500 元,到今年 2 月,权某的工资上调到 4 200 元,那么,权某在缴纳养老保险时,应该以 3 500 元为缴纳基准,还是以 4 200 元为缴费基准呢?

【思路解析】 根据我国有关法规的规定,养老保险的缴费工资基数一般以职工本人上年度平均工资为准。所以,上述案例中,权某就应当以上年度的工资 3 500 元为缴费基数。

(二) 失业保险法律制度

1. 失业保险的概念和特征

失业保险是对在劳动年龄内,由于非本人原因而失去工作,无法维持生活的情况下,由国家和社会为其提供基本生活保障的一种社会保险,属于强制性保险。

2. 失业保险待遇的享受条件

失业人员完全具备下列条件才可享受失业保险待遇:①按照规定参加失业保险,所在单位和本人按照规定履行缴费义务满 1 年的;②非因本人意愿中断就业的;③已办理失业登记,并有求职要求的。

失业人员在领取失业保险金期间有下列情形之一的,停止领取失业保险金,并同时停止享受其他失业保险待遇:①重新就业;②应征服兵役;③移居境外;④享受基本养老保险待遇;⑤被判刑收监执行或者被劳动教养;⑤无正当理由,拒不接受当地人民政府指定的部门或者机构介绍的工作;⑦由法律、行政法规规定的其他情形。

【示例 11.13】 张某于去年 7 月大学毕业后,进入一家国有单位开始工作。张某入职当月,该单位按照劳动部门有关规定给张某缴纳了失业保险金,并按月缴纳失业保险费。工作半年后,到了今年 1 月,张某因违反单位规章制度,被单位依据《劳动合同法》的相关规定解除了劳动合同,直到现在,张某一直没有找到新工作。张某就到当地社会保险经办机构要求享受失业保险金。试问,张某的请求是否合理?

【思路解析】 张某的请求不合理。按照《失业保险条例》的规定,职工享受职业保险待遇的条件之一是参加失业保险,并且已按照规定履行缴费义务满 1 年,张某虽参加并缴纳失业保险,但缴费时间只有半年多,所以张某不能享受失业保险待遇。

(三) 医疗保险法律制度

1. 医疗保险的概念

医疗保险是社会保险中的重要险种之一。它是在人们生病或者收到伤害的时候,由国家或社会(称为社会统筹)向病人或者受害人提供医疗服务、经济补偿的一种社会保险。它包括基本医疗保险、企业补充医疗保险和个人补充医疗保险三个层次。

2. 基本医疗保险的覆盖范围

根据《国务院关于建立城镇职工基本医疗保险制度决定》的规定,城镇职工基本医疗保险制度的覆盖范围为:城镇所有用人单位,包括企业(国有企业、集体企业、外商投资企业、私营企业等)、机关、事业单位、社会团体、民办非企业单位及其职工。乡镇企业及其职工、城镇个体经济组织业主及其从业人员是否参加基本医疗保险,由各省、自治区、直辖市人民政府决定。

3. 基本医疗保险基金的构成

基本医疗保险费用由用人单位和个人共同缴纳,由统筹基金和个人账户构成。用人单位缴纳比例一般为职工工资总额的7.5%左右,职工缴纳比例一般为本人工资收入的2%。退休人员参加基本医疗保险,个人不缴纳基本医疗保险费。职工个人的缴费,全部计入个人账户。用人单位的缴费,一部分用于建立统筹基金,一部分划入个人账户,划入个人账户的部分一般为缴费的30%左右,具体比例由统筹地区根据个人账户的支付范围和职工年龄等因素确定。

4. 医疗保险待遇的内容和给付

职工享受医疗保险待遇,除完全丧失劳动能力外,只限于规定的医疗期内。医疗期的长度根据职工本人连续工龄和本单位工龄分档次确定,最短不少于3个月,最长一般不超过24个月;难以治愈的疾病,经医疗机构提出,本人申请,劳动行政部门批准后,可适当延长医疗期,但延长期限最多为6个月。

医疗保险待遇主要表现为医疗服务,其中包括药品、诊疗住院等项目。提供基本医疗服务的定点医疗机构和定点药店,由医疗保险经办机构根据中西医并举,基层、专科和综合医疗机构兼顾,方便职工就医的原则具体确定,并与其签订合同,允许被保险人选择若干定点医疗机构就医、购药,也允许被保险人持处方在若干定点药店购药。基本医疗保险的药品目录、诊疗项目、医疗服务设施标准及相应管理办法都由劳动和社会保障部会同卫生部、财政部等有关部门制定,只有各个规定的基本医疗服务,其医疗费用才可以从医疗保险基金中支付。

职工患病或非因工负伤,停止工作满1个月以上的,停发工资,由用人单位按其工龄长短给付相当于本人工资一定比例的疾病津贴。

【示例11.14】 郝某大学毕业后,分配到某医药公司工作。发薪日,郝某领到工资单,其中扣款项目写着扣缴社会保险,郝某去人事部门询问,社会保险包括哪几种险,人事部门答复,包括五险。郝某接着又问,医疗保险是按我的基本工资扣缴还是按照工资总额扣缴,人事部门回答,按照基本工资扣缴。郝某回到家后,查找相关资料,向当地医疗保险经办机构进行举报,希望及时纠正企业的做法。试问,医药公司做法是否正确?

【思路解析】 根据国务院《关于建立城镇职工基本医疗保险制度的决定》的规定,基本医疗保险费由用人单位和个人共同负担。用人单位缴纳比例为工资总额的7.5%,职工缴纳比例一般为本人工资收入的2%。医药公司这种已办理申报手续但未足额缴纳基本医疗保险费的单位,经办机构要及时向其发出《社会保险费催缴通知书》;对拒不执行者,将有关情况及时上报劳动保障行政部门,由其下达《劳动保障限期改正指令书》;逾期不缴纳者,除责其补缴欠缴数额外,从欠缴之日起,按日加收2‰的滞纳金。

(四)工伤保险法律制度

1. 工伤保险的概念和特征

工伤保险是指劳动者在工作中遭受事故伤害或患职业病后受伤、患病、致残或死亡时,依照国家有关规定,可以获得医疗救治、经济补偿和职业康复的权利的一种社会保险。在我国,工伤保险的适用范围已经扩大到境内所有企业和所有职工,是我国实施范围最为广泛的社会保险项目之一。

2. 工伤保险事故的界定

(1)应当认定工伤。根据国务院2003年公布《工伤保险条例》的规定,职工有下列情形之一的,应当认定为工伤:①在工作时间和工作场所内,由于从事本单位工作而受到事故伤害的;②工作时间前后在工作场所内,从事与工作有关的预备性或者收尾性工作受到事故伤害的;③在工作时间和工作场所内,因履行工作职责受到暴力等意外伤害的;④患职业病的;⑤因工外出期间,由于工作原因受到伤害或者发生事故下落不明的;⑥在上、下班途中,受到机动车事故伤害的;⑦法律、行政法规规定应当认定为工伤的其他情形。

(2)视同工伤。职工有下列情形之一的,视同工伤:①在工作时间和工作岗位,突发疾病死亡或者48小时之内经抢救无效死亡的;②在抢险救灾等维护国家利益、公共利益活动中受到伤害的;③职工原在军队服役,因战、因公负伤致残,已取得革命伤残军人证,到用人单位后旧伤复发的。属于第①种和第②种情形的,按有关规定享受工伤保险待遇;属于第③项情形的,按照有关规定享受除一次性伤残补助金以外的工伤保险待遇。

(3)不得认定或视同工伤。职工有下列情形之一的,不得认定为工伤或视同工伤:①因犯罪或者违反治安管理伤亡的;②醉酒导致伤亡的;③自残或者自杀的。

3. 工伤保险待遇

(1)工伤医疗待遇根据《工伤保险条例》的规定,职工因工作遭受事故伤害或者患职业病进行治疗,享受工伤医疗待遇。其主要内容包括医疗待遇、福利待遇、护理待遇三种。

(2)工伤致残待遇职工因工致残享受的待遇主要包括一次性支付的伤残补助金、按月支付的伤残津贴、一次性工伤医疗补助金和伤残就业补助金等,按照被鉴定的伤残等级的不同,享受的待遇有所不同。

(3)因工死亡待遇职工因工死亡,其直系亲属享受从工伤保险基金领取丧葬补助金、供养亲属抚恤金和一次性工亡补助金的待遇。

【示例11.15】 解某是某钢铁公司职工,1999年3月6日上班,他在骑车上班途中,一辆卡车突然拐入自行车道并将其撞伤,事故发生后肇事车逃逸。解某的医药费无人支付,出院后,解某被鉴定为六级伤残。钢铁公司以解某已不能胜任工作为由,解除了公司与他的劳动合同。解某认为自己应享工伤待遇,单位应支付医疗费且不能解除合同,双方协商不成,解某向仲裁委申诉。试问,解某是否属于工伤?

【思路解析】 本案中,解某在上班途中撞伤,应认定为工伤。

（五）生育保险法律制度

1. 生育保险的概念

生育保险是通过国家立法，在女职工因生育子女而暂时中断劳动时由国家和社会及时给予生活保障和物质帮助的一项社会保险制度。其含义包括以下内容：①生育保险仅以女职工为被保险人；②生育保险的保险范围包括怀孕、分娩和流产等；③生育保险待遇包括生育医疗待遇和生育产假待遇。

2. 生育保险待遇的享受条件

我国现行立法所规定的女职工享受生育保险待遇的条件有：①女职工生育必须符合国家计划生育法规、政策的规定，领取生育津贴和报销生育医疗费前必须由当地计划生育部门签发相应的证明；②女职工所在企业必须按照规定向社会保险经办机构缴纳生育保险费。

3. 生育保险待遇的内容和给付

生育保险待遇的主要项目有：产假、生育津贴、生育医疗待遇。关于生育津贴和生育医疗费，女职工所在用人单位凡参加生育保险基金统筹的，由社会保险经办机构从生育保险基金中支付；凡未参加生育保险基金统筹的，则由用人单位支付。

【示例 11.16】 某针织厂有职工 420 人，其中有 300 位女职工，职工的平均工资收入为每月 3 000 元，按照该市有关生育保险费的规定，企业每月要按照职工工资总额的 0.6% 缴纳生育保险费。该厂经理非常注意对该厂女工的保护，每月按时足额向生育保险经办机构缴纳职工生育保险费。试问：缴费比例是否正确？

【思路解析】 该针织厂的每月工资总额约为 3 000 × 420 = 1 260 000 元，缴纳比例为 0.6%，缴费为 7 560 元。该厂依照规定按月为职工缴纳生育保险费，缴费比例正确。

第三节　劳动合同法

一、劳动合同的订立

（一）劳动合同的概念

劳动合同又称劳动契约或劳动协议，是指劳动者与用人单位之间确立劳动关系，明确双方权利和义务的书面协议。

【注意】 劳动合同与劳务合同的区别：

（1）合同双方当事人关系不同。劳务合同中双方当事人可以是自然人，也可以是法人，没有身份、经济、组织上的从属性；劳动合同主体特定，一方是劳动者，另一方是用人单位，劳动者从属于用人单位。

（2）劳动支配权和劳动风险责任承担不同。劳务合同中劳务支配权在提供劳务者，劳动风险责任也由提供劳动者自行承担;劳动合同中劳动支配权在用人单位,劳动风险由社会、用人单位和劳动者三方承担。

(3)报酬性质和支付方式不同。劳务报酬根据劳务市场价格确定,由双方当事人约定;劳动报酬也由双方当事人约定,但须遵守国家最低工资强制性规定。

(4)劳务合同关系可以多重建立,而劳动合同关系具有唯一性,我国《劳动法》尚不承认双重劳动关系。

(5)法律调整不同。劳务合同关系由民法调整,劳动合同关系由劳动法调整。

(二)劳动合同订立的原则

《劳动合同法》第3条规定:订立劳动合同,应当遵循合法、公平、平等、自愿、协商一致、诚实信用的原则。

(三)劳动合同订立的主体

1.劳动合同订立主体的相关规定

(1)用人单位具有用人权利能力和行为能力。用人单位分支机构依法取得营业执照或者登记证书的,可以作为用人单位与劳动者订立劳动合同;未依法取得营业执照或者登记证书的,受用人单位委托可以与劳动者订立劳动合同。

(2)劳动者需年满16周岁,有劳动权利能力和行为能力。但文艺、体育、特种工艺单位录用人员例外。

【示例11.17】 下列各项符合劳动合同订立的主体的是(　　)。

A.初中毕业年满15周岁的于某　　B.具有间歇性精神病的18岁李某

C. 年满17岁中国公民于某　　D.被部队录用的14岁公民金某

【答案】 CD

2.劳动合同订立主体双方的义务

(1)用人单位的告知义务。

用人单位招用劳动者,应当如实告知劳动者工作内容、工作条件、工作地点、职业危害、安全生产情况、劳动报酬以及劳动者要求了解的其他情况;用人单位有权了解劳动者与劳动合同直接相关的基本情况,劳动者应当如实说明。

(2)劳动者的预先说明义务。用人单位有权知道劳动与劳动合同直接相关的基本信息情况,劳动者有预先说明情况的义务。

(三)劳动合同的订立形式。

用人单位自用工之日起应当与劳动者建立劳动关系。建立劳动关系,应订立书面劳动合同。对于已建立劳动关系,未同时订立书面劳动合同的,应当自用工之日起1个月内订立书面劳动合同。

(四)劳动合同的类型

按照合同期限的不同,劳动合同分为:有固定期限的劳动合同、无固定期限的劳动合同和以完成一定的工作为期限的劳动合同。

(1)有固定期限的劳动合同又称定期劳动合同,是劳动合同当事人双方明确约定合同有效的起始日期和终止日期的劳动合同。期限届满,合同即告终止。

【注意】 从事矿山、井下以及其他有害身体健康的工种、岗位工作的农民工,实行定期轮换制度,合同期限最长不得超过8年。

(2)无固定期限的劳动合同又称不定期劳动合同,是劳动合同双方当事人只约定合同的起始日期,不约定其终止日期的劳动合同。

无固定期限的劳动合同只要不出现法律、法规或合同约定的可以变更、解除、终止劳动合同的情况,双方当事人就不得擅自变更、解除、终止劳动关系。

在无固定期限的劳动合同中,不得将法定解除条件约定为终止条件,以规避解除劳动合同时用人单位对劳动者应承担支付给劳动者经济补偿义务。

【注意】 劳动者在同一用人单位连续工作满10年以上,当事人同意续延劳动合同的,如果劳动者提出订立无固定期限的劳动合同,用人单位应当与其订立无固定期限的劳动合同。

(3)以完成一定工作为期限的劳动合同是指劳动合同双方当事人将完成某项工作或者工程作为合同有效期限的劳动合同。这种合同一般适用于建筑业、临时性、季节性的工作。

(五)劳动合同的效力

1. 劳动合同的生效

一般情况下,双方当事人意思表示一致,签订劳动合同之日,劳动合同就产生法律效力。但双方当事人约定须公证方可生效的劳动合同,其生效的时间始于公证之日。

2. 无效劳动合同

下列劳动合同无效或者部分无效:

①订立劳动合同的主体不合法;

②订立劳动合同的程序或者形式不合法;

③违反法律、行政法规的劳动合同;

④采取欺诈、威胁等手段订立的劳动合同。

对劳动合同的无效或者部分无效有争议的,由劳动争议仲裁机构或者人民法院确认。

3. 无效劳动合同的法律后果

劳动法里面的欺诈、胁迫不是可以撤销的行为,而是完全无效的行为。无效劳动合同,从订立时就没有法律约束力。确认劳动合同部分无效的,如果不影响其余部分的效力,其余部分仍然有效。

【示例11.18】 李某与某企业签订了3年期的劳动合同,合同中除约定通常待遇、工作要求等条款外,还明确规定,合同期内不得结婚,否则企业有权解除劳动合同。一年后,李某与男朋友结婚,企业以李某违背劳动合同的约定为由与她解除劳动合同,李某不服,提起劳动争议仲裁。试问,企业合同内容是否合法?

【思路解析】 劳动争议仲裁委员会认为,该企业的做法明显违反了国家法律的强制性规定。

(六)劳动合同的内容

劳动合同的条款一般分为必备条款和可备条款。

1. 必备条款

必备条款是法律规定的生效劳动合同必须具备的条款。根据《劳动合同法》的规定,劳动合同应当具备以下条款:①用人单位的名称、住所和法定代表人或者主要负责人;②劳动者的姓名、住址和居民身份证或者其他有效身份证件号码;③劳动合同期限;④工作内容和工作地点;⑤工作时间和休息休假;⑥劳动报酬;⑦社会保险;⑧劳动保护、劳动条件和职业危害防护;⑨法律、法规规定应当纳入劳动合同的其他事项。

【示例11.19】 王某今年刚大学毕业,欲与单位签订劳动合同。签订劳动合同时,王某知道他就职的这家公司在全国各地有几家分公司,于是,他想在劳动合同中约定他工作地点在北京,但单位不同意。请分析单位的说法是否正确。

【思路解析】 《劳动合同法》对劳动合同的内容作了规定,劳动合同的内容分为必要条款和补充条款两类。法定必备条款是法律规定劳动合同必须具备的条款,缺少法定条款劳动合同不成立。劳动合同的法定条款第17条4项,就是本条第一款规定的内容,工作地点属于法定条款的内容。此案中,王某要求约定工作地点,是完全符合法律规定的。

2. 可备条款

可备条款是法律规定的生效劳动合同可以具备的条款。当事人可以协商约定可备条款,缺少可备条款不影响劳动合同的成立。根据我国《劳动法》的规定,可备条款包括:试用期条款、保守商业秘密条款、竞业禁止条款、补充保险和福利待遇条款、禁止约定的条款。

(1)试用期条款。试用期期限的强制规定见表11.1。

表11.1　试用期限的强制规定

合同期限	试用期
3个月以上不满1年	不超过1个月
1年(含)以上不满3年	不超过2个月
3年(含)以上固定期和无固定期限	不超过6个月

同一用人单位与同一劳动者只能约定一次试用期;试用期结束后,不管是在劳动合同期限内,还是劳动合同续订,用人单位不得再约定试用期;劳动合同续订或者劳动合同终止后一段时间又招用的,不得再约定试用期;以完成一定工作任务为期限的劳动合同或者劳动合同期

限不满 3 个月的，不得约定试用期；试用期包含在劳动合同期限内。

劳动合同仅约定试用期的，试用期不成立，该期限为劳动合同；违反规定的，责令改正；违法约定的试用期已经履行的，由用人单位以劳动者试用期满月工资为标准，按已经履行的超过法定试用期的期间向劳动者支付赔偿金。

【示例 11.20】 2008 年，甲与某公司签订了 1 年期劳动合同，规定试用期为 3 个月，试用期工资 1 800 元，期满每月 2 000 元，试问试用期约定是否有效？

【思路解析】 1 年期合同不超过 2 个月，如果履行了 3 个月试用期，则该公司应以 2 000 元的工资标准，对超过 2 个月法定试用期的第 3 个月予以赔偿，即赔偿差额 2 000 - 1 800 = 200（元）。

（2）保守商业秘密。用人单位与劳动者可以在劳动合同中约定保守用人单位的商业秘密和与知识产权相关的保密事项。劳动者因违反约定保密条款给用人单位造成损失的，应承担赔偿责任。

（3）竞业禁止条款约定。在解除或者终止劳动合同后，在竞业限制期限内按月给予劳动者经济补偿，否则竞业限制条款无效。劳动者违反竞业限制约定的，应当按照约定向用人单位支付违约金。竞业限制的人员限于用人单位的高级管理人员、高级技术人员和其他负有保密义务的人员。竞业限制的范围、地域、期限由用人单位与劳动者约定，竞业限制的约定不得违反法律、法规的规定。在解除或者终止劳动合同后，竞业限制期限不得超过 2 年。

【示例 11.21】 A 生产公司与李某签订了 2 年期劳动合同，试用期为 6 个月，李某参加工作 3 个月后，恰巧遇到销售旺季，李某作为技术主管，每天只得加班工作。不久，李某由于感冒，到医院检查出传染性肝炎，李某只好住院休养，待病情好转后，李某回到公司却收到了公司的解除合同。半年后，李某应聘到 B 公司，把在 A 公司的技术用在了 B 公司，给 A 公司带来了巨大的竞争和损失，A 公司起诉李某违反合同规定，同时要求李某及 B 公司对 A 公司的损失给予赔偿。试问：1. 本案中有哪些地方违反了《劳动合同法》，请指出？2. 李某和 B 公司是否应当承担违约责任，为什么？3. 此案中，A 公司应当承担哪些法律责任，为什么？

【思路解析】 1.（1）2 年劳动合同，试工期为 6 个月违反劳动合同规定，试工期过长。（2）关于乙肝方面，国家有规定，只有在食品、医药等法律规定行业有特别要求，而 A 公司以此为由解除劳动合同，属违法。2. 关于李某和 B 公司是否应当承担违约责任，需要了解李某在 A 公司是否签订了保密协议或者竞业限制或合同中有相应规定，如没有此方面的协议，则不承担违约责任；如果有，则需按照国家和公司规定承担相应责任。3.（1）A 公司违反劳动合同法规定，对超出合同法定试用期的薪资应按转正薪资支付给李某。（2）A 公司解除劳动合同理由不充分，属于违法解除劳动合同，员工有权追究公司违约解除合同的相应责任。

（4）禁止约定的条款。用人单位在与劳动者订立劳动合同时，不得以任何形式向劳动者收取定金、保证金（物）或抵押金（物）。对违反规定的，由公安部门和劳动行政部门责令用人单位立即返还劳动者本人。

【示例 11.22】 于某被某公司录用，双方约定前 3 个月为试用期，如果在试用期于某符合录用条件，等试用期满后再订立正式劳动合同，于是双方单独订立了一份试用期劳动合同。两个月后，该公司以于某在试用期内证明不符合录用条件为由，解除了劳动合同。于某不服，要求用人单位对其进行经济补偿，双方发生争议。试问该公司的做法是否正确？

【思路解析】 不正确。劳动争议裁委员会认为，该公司单独与于某订立试用期劳动合同的行为，违反了法律的规定。根据劳动法的规定，劳动合同仅约定试用期或者劳动合同期限与试用期相同的，试用期不成立，该试用期为劳动合同期限。因此，用人单位单方解除劳动合同应当对于某进行经济补偿。

二、劳动合同的履行和变更

（一）劳动合同的履行

1. 按照劳动合同的约定，全面履行各自的义务

（1）及时足额支付劳动报酬。拖欠或者未足额支付劳动报酬的，劳动者可以依法向当地人民法院申请支付令，人民法院应当依法发出支付令。

（2）用人单位应当严格执行劳动定额标准，不得强迫或者变相强迫劳动者加班。用人单位安排加班的，应当按照国家有关规定向劳动者支付加班费。

（3）劳动者拒绝用人单位管理人员违章指挥、强令冒险作业的，不视为违反劳动合同。劳动者对危害生命安全和身体健康的劳动条件，有权对用人单位提出批评、检举和控告。

（4）用人单位变更名称、法定代表人、主要负责人或者投资人等事项，不影响劳动合同的履行。

（5）用人单位发生合并或者分立等情况，原劳动合同继续有效，劳动合同由承继其权利和义务的用人单位继续履行。

2. 用人单位依法建立完善劳动规章制度，保证劳动者享有劳动权利，履行义务

（1）合法有效的劳动规章制度是劳动合同的组成部分，对双方有法律约束力。

（2）建立劳动规章制度的程序。

①经职代会或全体职工讨论，提出方案和意见；

②与工会或职工代表平等协商确定；

③用人单位应当将直接涉及劳动者切身利益的规章制度和重大事项决定在单位内公示，或者告知劳动者。未经公示或者对劳动者告知，该规章对劳动者不生效。

其方式：张贴公告、员工手册送达、会议精神传达等。

（二）劳动合同的变更

（1）用人单位与劳动者协商一致，可以变更劳动合同约定的内容。变更劳动合同，应当采用书面形式。变更后的劳动合同文本由用人单位和劳动者各执一份。

(2)变更合同的绝对自愿一致和相对自愿一致。

①绝对自愿一致:任何一方拒绝变更劳动合同,继续履行原合同。

②相对自愿一致:一些特殊情况下即使一方拒绝变更合同,也不能再履行原劳动合同(不可抗力、企业迁移)。

(3)工作需要调整劳动者的工作岗位,可以与劳动者协商一致,变更合同的内容。

如果因劳动者不能胜任工作而变更、调整工作岗位,属于用人单位的自主权,用人单位可以根据需要变更劳动合同。

三、劳动合同的解除和终止

(一)劳动合同的解除

1. 劳动合同的解除的概念

劳动合同的解除是指劳动合同当事人在劳动合同期限届满之前,依法提前终止劳动合同关系的法律行为。劳动合同的解除可分为双方协商解除、用人单位单方解除以及劳动者单方解除。

【注意】 用人单位与劳动者协商一致,可以解除劳动合同。劳动者提前30日以书面形式通知用人单位,可以解除劳动合同。劳动者在试用期内提前3日通知用人单位,可以解除劳动合同。

【示例11.23】 王磊2009年5月入职某医疗公司,双方签订了为期1年的劳动合同。合同约定王磊的工作岗位为销售员,工资形式为底薪加提成,并未约定试用期。由于王磊刚刚走向工作岗位,缺少工作经验,销售业绩平平。2009年8月,公司出具辞退书。王磊不服,向当地的劳动争议仲裁委员会申请仲裁,要求公司支付一个月工资及解除劳动合同的经济补偿金。试问该公司的做法是否正确?

【思路解析】 根据《劳动合同法》第四十条的规定,劳动者不能胜任工作,经过培训或调整工作岗位,仍不能胜任工作的,用人单位提前30日以书面形式通知劳动者本人或者额外支付劳动者1个月工资后,可以解除劳动合同。因此,在本案中的医药公司认为王磊工作能力有限,不能胜任工作为由直接解除劳动合同的方式是不符合法律规定的,其应该在解除劳动合同前,调整王磊的工作岗位或者对其进行培训,如果王磊调岗或者培训后仍不能胜任工作的,医药公司才可以提前30天书面通知或者额外支付1个月工资,从而解除双方的劳动合同。

2. 劳动者可以单方面解除劳动合同的情形

(1)劳动者提前通知解除劳动合同的情形。

①劳动者在试用期内提前3日通知用人单位,可以解除劳动合同。

②劳动者提前30日以书面形式通知用人单位,可以解除劳动合同。

以上情形解除劳动合同的,劳动者不能获得经济补偿。必须履行法定的通知程序,没履行属于违法解除,给用人单位造成损失的,劳动者应承担赔偿责任。

(2)劳动者可以随时通知解除劳动合同的情形。

①用人单位未按照劳动合同约定提供劳动保护或者劳动条件的；

②用人单位未及时足额支付劳动报酬的；

③用人单位未依法为劳动者缴纳社会保险费的；

④用人单位的规章制度违反法律、法规的规定，损害劳动者权益的；

⑤用人单位以欺诈、胁迫的手段或者乘人之危，使对方在违背真实意思的情况下订立或者变更劳动合同的；

⑥用人单位在劳动合同中免除自己的法定责任、排除劳动者权利的；

⑦用人单位违反法律、行政法规强制性规定的。

以上情形解除劳动合同的，需向劳动者支付经济补偿。

【注意】 劳动者在试用期内无需任何理由，即可随时解除劳动合同。用人单位在试用期内只有证明劳动者不符合录用条件时，才可随时解除劳动合同。

【示例11.24】 王某在某医药公司找到一份工作，工作一个月后，医药公司迟迟不发工资，王某向公司负责人询问，对方说公司资金周转不灵，需要等几天。但是王某一直等了三个月也没有发，王某向公司提出辞职并提交了书面辞呈，要求公司将自己的工资结算。但公司认为王某擅自离职，要求王某赔偿给单位造成的损失。王某不服，向劳动争议仲裁委员会提请仲裁。试问，公司这种做法正确吗？

【思路解析】 公司这种做法是不正确的。劳动仲裁委员会认为，该公司没有按照法律规定支付劳动者报酬，王某有权解除劳动合同，并有权要求单位支付工资和经济补偿金。

(3)劳动者不需事先告知即可解除劳动合同的情形。

①用人单位以暴力、威胁或者非法限制人身自由的手段强迫劳动者劳动的；

②用人单位违章指挥、强令冒险作业危及劳动者人身安全的。

以上情形解除劳动合同的，需向劳动者支付经济补偿。

3.用人单位可单方解除劳动合同的情形

(1)提前通知解除的情形(无过失性辞退) 有下列情形之一的，用人单位提前30日以书面形式通知劳动者本人或者额外支付劳动者一个月工资(按该劳动者上一个月的工资标准)后，可以解除劳动合同：

①劳动者患病或者非因工负伤，在规定的医疗期满后仍不能从事原工作，也不能从事由用人单位另行安排的工作的；

②劳动者不能胜任工作，经过培训或者调整工作岗位，仍不能胜任工作的；

③劳动合同订立时所依据的客观情况发生重大变化，致使劳动合同无法履行，经用人单位与劳动者协商，未能就变更劳动合同内容达成协议的。

(2)用人单位可随时通知劳动者解除合同的情形。

①在试用期间被证明不符合录用条件的；

②严重违反用人单位的规章制度的；

③严重失职，营私舞弊，给用人单位造成重大损害的；

④劳动者同时与其他用人单位建立劳动关系，对完成本单位的工作任务造成严重影响，或者经用人单位提出，拒不改正的；

⑤以欺诈、胁迫的手段或者乘人之危，使对方在违背真实意思的情况下订立或者变更劳动合同的；

⑥被依法追究刑事责任的。

无需向劳动者支付经济补偿。

(3)用人单位可以裁减人员的情形（经济性裁员）有下列情形之一，需要裁减人员20人以上或者裁减不足20人但占企业职工总数10%以上的，用人单位提前30日向工会或者全体职工说明情况，听取工会或者职工的意见后，裁减人员方案经向劳动行政部门报告，可以裁减人员：

①依照企业破产法规定进行重整的；

②生产经营发生严重困难的；

③企业转产、重大技术革新或者经营方式调整，经变更合同后，仍需裁减人员的；

④其他因劳动合同订立时所依据的客观经济情况发生重大变化，致使劳动合同无法履行的。

裁减人员时，应当优先留用下列人员：

①与本单位订立较长期限的固定期限劳动合同的；

②与本单位订立无固定期限劳动合同的；

③家庭无其他就业人员，有需要扶养的老人或者未成年人的。

用人单位裁减人员，在6个月内重新招用人员的，应当通知被裁减的人员，并在同等条件下优先招用被裁减的人员。

(4)用人单位不得解除劳动合同的情形。

①从事接触职业病危害作业的劳动者未进行离岗前职业健康检查，或者疑似职业病病人在诊断或者医学观察期间的；

②在本单位患职业病或者因工负伤并被确认丧失或者部分丧失劳动能力的；

③患病或者非因工负伤，在规定的医疗期内的；

④女职工在孕期、产期、哺乳期的；

⑤在本单位连续工作满15年，且距法定退休年龄不足5年的；

⑥法律、行政法规规定的其他情形。

如果用人单位在上述情形下解除劳动合同，属于违法解除劳动合同的情形，劳动者可要求继续履行。如果不愿意继续履行或已经不可能履行，可要求获得2倍的赔偿金。

【注意】 对因经济性裁员而解除劳动合同的劳动者，用人单位应承担支付经济补偿金的义务。

【示例 11.25】 某市日化公司对外招聘销售员,朱某前往应聘并经面试合格后,被该公司录用。公司与其签订 1 年的劳动合同,合同约定,若朱某连续 3 个月的销售业绩达不到公司的销售指标,将视为不能胜任工作。朱某上班后,虽然努力工作,但连续 5 个月都未完成销售目标。公司发给他解除劳动合同书。原来,公司以朱某不能胜任工作为由,作出解除劳动合同的决定。试问,公司这种做法合理吗?

【思路解析】 从朱某工作业绩看,公司可以认为他不能胜任销售员的工作。但是根据《劳动合同法》第 40 条第 2 项规定:劳动者不能胜任工作,经过培训或者调整工作岗位,仍不能胜任工作的,用人单位可以解除劳动合同。但是应当提前 30 日通知或者额外支付劳动者 1 个月工资代替 30 日提前通知。朱某不胜任销售工作,但日化公司未曾因此对朱某进行培训或者调整工作岗位。所以,公司所作的解除劳动合同决定不符合《劳动合同法》的规定,应该收回或者撤销对朱某的解除劳动合同决定,恢复双方的劳动关系。然后,公司对朱某进行培训或者调整工作岗位后,如果朱某在接受培训或在新的工作岗位工作后,公司再一次证明朱某仍不能胜任工作,就可以依据上述《劳动合同法》第 40 条第 2 项的规定,解除朱某的劳动合同。

(二)劳动合同的终止

1. 劳动合同终止的情形

①劳动合同期满的;

②劳动者开始依法享受基本养老保险待遇的;

③劳动者达到法定退休年龄的;

④劳动者死亡,或者被人民法院宣告死亡或者宣告失踪的;

⑤用人单位被依法宣告破产的;

⑥用人单位被吊销营业执照、责令关闭、撤销或者用人单位决定提前解散的;

⑦法律、行政法规规定的其他情形。

2. 劳动合同终止的限制性规定

劳动者有下列情形之一的,用人单位不得解除和终止劳动合同:

①从事接触职业病危害作业的劳动者未进行离岗前职业健康检查,或者疑似职业病病人在诊断或者医学观察期间的;

②在本单位患职业病或者因工负伤并被确认丧失或者部分丧失劳动能力的;

③患病或者非因工负伤,在规定的医疗期内的;

④女职工在孕期、产期、哺乳期的;

⑤在本单位连续工作满 15 年,且距法定退休年龄不足 5 年的;

⑥法律、行政法规规定的其他情形。

四、集体合同

（一）集体合同的概念

集体合同是企业职工一方与用人单位通过平等协商，就劳动报酬、工作时间、休息休假、劳动安全卫生、保险福利等事项订立的合同。企业职工一方与用人单位也可以订立劳动安全卫生、女职工权益保护、工资调整机制等专项集体合同。

（二）集体合同订立的流程

1. 提交职工代表大会或者全体职工讨论通过

尚未建立工会的用人单位，由上级工会指导劳动者推举的代表与用人单位订立。企业职工一方与用人单位可以订立劳动安全卫生、女职工权益保护、工资调整机制等专项集体合同。在县级以下区域内，建筑业、采矿业、餐饮服务业等行业可以由工会与企业方面代表订立行业性集体合同，或者订立区域性集体合同。

【示例 11.26】 尚未建立工会的用人单位，集体合同由（　　）指导劳动者推举的代表与用人单位订立。

A. 劳动行政部门　　B. 企业党委　　C. 上级工会　　D. 劳动关系三方协调委员会

【答案】 C

2. 报送劳动行政部门

集体合同订立后，应当报送劳动行政部门；劳动行政部门自收到集体合同文本之日起 15 日内未提出异议的，集体合同即行生效。

集体合同订立的流程图见图 11.2。

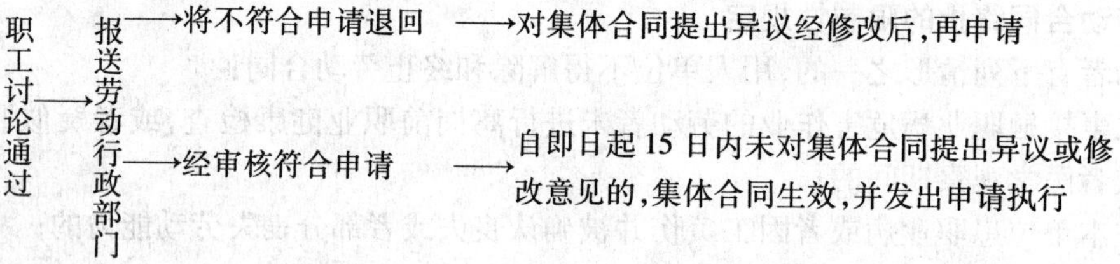

图 11.2　集体合同订立的流程图

（三）集体合同的相关规定

集体合同中劳动报酬和劳动条件等标准不得低于当地人民政府规定的最低标准；用人单位与劳动者订立的劳动合同中劳动报酬和劳动条件等标准不得低于集体合同规定的标准。

用人单位违反集体合同，侵犯职工劳动权益的，工会可以依法要求用人单位承担责任；因履行集体合同发生争议，经协商解决不成的，工会可以依法申请仲裁、提起诉讼。

五、劳务派遣

(一)劳动派遣

劳动力派遣机构(劳务派遣单位)与劳动者签订派遣契约,在得到劳动者同意后,使其在被派企业进行劳动。

(二)劳动派遣单位

劳务派遣单位应当依照《公司法》的有关规定设立,注册资本不得少于50万元。劳务派遣单位应当尽告知义务,按时发放劳动报酬。劳务派遣单位和用工单位不得向被派遣劳动者收取费用。

(三)用工单位

用工单位应当履行下列义务:①执行国家劳动标准,提供相应的劳动条件和劳动保护;②告知被派遣劳动者的工作要求和劳动报酬;③支付加班费、绩效奖金,提供与工作岗位相关的福利待遇;④对在岗被派遣劳动者进行工作岗位所必需的培训;⑤连续用工的,实行正常的工资调整机制。同时,用工单位不得将被派遣劳动者再派遣到其他用人单位。

(四) 被派遣劳动者

被派遣劳动者享有与用工单位的劳动者同工同酬的权利。被派遣劳动者有权在劳务派遣单位或者用工单位依法参加或者组织工会,维护自身的合法权益。

六、劳动合同的监督

(一)行政部门

国务院劳动行政部门负责全国劳动合同制度实施的监督管理。县级以上地方人民政府劳动行政部门负责本行政区域内劳动合同制度实施的监督管理。县级以上人民政府建设、卫生、安全生产监督管理等有关主管部门在各自职责范围内,对用人单位执行劳动合同制度的情况进行监督管理。

(二)工会组织

工会依法维护劳动者的合法权益,对用人单位履行劳动合同、集体合同的情况进行监督。用人单位违反劳动法律、法规和劳动合同、集体合同的,工会有权提出意见或者要求纠正;劳动者申请仲裁、提起诉讼的,工会依法给予支持和帮助。

七、违反劳动合同法的法律责任

（一）用人单位违反劳动合同法法律责任

1. 用人单位规章制度违法的法律责任

用人单位直接涉及劳动者切身利益的规章制度违反法律、法规规定的，由劳动行政部门责令改正，给予警告；给劳动者造成损害的，应当承担赔偿责任。

2. 用人单位订立劳动合同违法的法律责任

（1）用人单位提供的劳动合同文本未载明《劳动合同法》规定的劳动合同必备条款或者用人单位未将劳动合同文本交付劳动者的，由劳动行政部门责令改正；给劳动者造成损害，应当承担赔偿责任。

（2）用人单位自用工之日起超过1个月不满1年未与劳动者订立书面劳动合同的，应当向劳动者每月支付两倍的工资。

（3）用人单位违反《劳动合同法》规定不与劳动者订立无固定期限劳动合同的，自应当订立无固定期限劳动合同之日起向劳动者每月支付两倍的工资。

（4）用人单位违反《劳动合同法》规定与劳动者约定试用期的，由劳动行政部门责令改正；违法约定的试用期已经履行的，由用人单位以劳动者试用期满月工资为标准，按已经履行的超过法定试用期的期间向劳动者支付赔偿金。

（5）用人单位违反法律规定，扣押劳动者居民身份证等证件的，由劳动行政部门责令限期退还劳动者本人，并依照有关法律规定给予处罚。

（6）用人单位违反本法规定，以担保或者其他名义向劳动者收取财物的，由劳动行政部门责令限期退还劳动者本人，并以每人500元以上2 000元以下的标准处以罚款；给劳动者造成损害的，应当承担赔偿责任。

【示例11.27】 蓝天百货公司招聘一批采购人员，在签订劳动合同时要求聘用人员（共10名）缴纳500元的押金和身份证件，劳动行政部门发现后对蓝天百货公司进行了相应处罚。下列处罚措施中，不符合《劳动合同法》规定的是（　　）。

A. 责令蓝天百货向聘用人员退还收取的500元押金

B. 责令蓝天百货向聘用人员退还扣押的身份证

C. 对蓝天百货处以总额为2 000元的罚款

D. 对蓝天百货处以总额为5 000元的罚款

【答案】 C

3. 用人单位履行劳动合同违法的法律责任

（1）用人单位有下列情形之一的，由劳动行政部门责令限期支付劳动报酬、加班费或者经济补偿：劳动报酬低于当地最低工资标准的，应当支付其差额部分；逾期不支付的，责令用人单位按应付金额50%以上100%以下的标准向劳动者加付赔偿金：①未按照劳动合同的约定或者国家规定及时足额支付劳动者劳动报酬的；②低于当地最低工资标准支付劳动者工资的；③安排加班不支付加班费的；④解除或者终止劳动合同，未依照《劳动合同法》规定向劳动者支付经济补偿的。

（2）用人单位有下列情形之一的，依法给予行政处罚；构成犯罪的，依法追究刑事责任；给劳动者造成损害的，应当承担赔偿责任，即：①以暴力、威胁或者非法限制人身自由的手段强迫劳动的；②违章指挥或者强令冒险作业危及劳动者人身安全的；③侮辱、体罚、殴打、非法搜查或者拘禁劳动者的；④劳动条件恶劣、环境污染严重，给劳动者身心健康造成严重损害的。

4. 用人单位违法解除和终止劳动合同的法律责任

（1）用人单位违反《劳动合同法》规定解除或者终止劳动合同的，应当依照《劳动合同法》第 47 条规定的经济补偿标准的两倍向劳动者支付赔偿金。

（2）用人单位违反《劳动合同法》规定未向劳动者出具解除或者终止劳动合同的书面证明，由劳动行政部门责令改正；给劳动者造成损害的，应当承担赔偿责任。

（3）用人单位违反《劳动合同法》有关建立职工名册规定的，由劳动行政部门责令限期改正；逾期不改正的，由劳动行政部门处 2 000 元以上 2 万元以下的罚款。

（二）劳动者违反劳动合同法的法律责任

（1）劳动合同被确认无效，给用人单位造成损失，有过错的劳动者应该承担赔偿责任。

（2）劳动者违反劳动合同中约定的保密义务和竞业限制，劳动者应当按照劳动合同的约定，向用人单位支付违约金。给用人单位造成损失的，应当承担赔偿责任。

（3）劳动者违反《劳动合同法》相关规定解除劳动合同，给用人单位造成损失的，应当承担赔偿责任。

（4）劳动者违反培训协议，未满服务期解除或者终止劳动合同的，或因劳动者严重违纪，用人单位与劳动者解除约定服务期的劳动合同的，劳动者应当按照劳动合同的约定，向用人单位支付违约金。

本章小结

- 劳动法和劳动合同
  - 劳动法
    - 劳动法的概念和调整对象
    - 劳动法律关系
    - 劳动用工制度
      - 促进就业制度
      - 工作时间和休息休假制度
      - 工资制度
    - 劳动保护制度
      - 劳动安全卫生保护制度
      - 女职工和未成年工特殊保护制度
      - 社会保险和职工福利
    - 工会和职工民主管理制度
    - 劳动争议处理
    - 违反劳动法的责任
  - 劳动合同法
    - 劳动合同法的订立
    - 劳动合同的履行和变更
    - 劳动合同的解除和终止
    - 集体合同
    - 劳动派遣
    - 劳动合同的监管
    - 违反劳动合同法的法律责任
  - 社会保险
    - 养老保险
    - 失业保险
    - 医疗保险
    - 生育保险
    - 工伤保险

练习题

一、单选题

1. 下列事项所形成的法律关系由《劳动法》调整的是(　　)。

A. 某公司为其职工购房向银行提供担保

B. 某国家机关招聘公务员

C. 种粮大户李某每月支付给帮忙收割的邻居 50 元

D. 女工赵某因怀孕被公司辞退

2. 甲公司在王某与丙公司签订的劳动合同有效期内，许诺给王某更高的报酬，与王某签订了劳动合同，由此给丙公司造成了经济损失。甲公司应当承担的责任是(　　)。

A. 连带赔偿责任　　B. 行政责任

C. 说服王某回丙公司工作的责任　　D. 解除与王某签订的合同

3. 张某到一家水泥厂工作，在用工时双方未订立书面劳动合同，工作 9 个月后双方订立书面劳动合同。张某的下列要求符合法律规定的是(　　)。

A. 双方应签订无固定期限劳动合同

B. 用人单位支付过去 9 个月每月两倍的工资

C. 用人单位支付 1 个月工资的赔偿金

D. 用人单位支付 1 个月工资的经济补偿

4. 下列做法中符合劳动法规定的是(　　)

A. 休息日安排劳动者工作又安排补休的，不再支付延长工作时间的报酬

B. 法定节假日安排劳动者工作的，除需安排补休外，支付不低于其标准工资 300% 的工资报酬

C. 安排劳动者延长工作时间的，支付不低于其标准工资的 200% 的工资报酬

D. 安排劳动者延长工作时间的，除支付其延长工资报酬外，还需安排补贴

5. 下列情形中，不能够认定为工伤的是(　　)。

A. 在工作时间和工作岗位，因自身原因突发疾病死亡

B. 在宴请客户中因醉死亡

C. 在抢险救灾中受到伤害

D. 在上班途中遭遇机动车事故

6. 根据《劳动合同法》的规定，国家实行劳动者每日工作(　　)小时，每周工作(　　)小时的标准工时制度。

A. 6　36　　B. 8　44　　C. 8　48　　D. 9　45

7. 王某是甲公司的员工，1999 年开始与甲公司连续签订了两份五年期的劳动合同，2009 年王某与甲公司再续订劳动合同时，王某(　　)。

A. 有权要求订立无固定期限的劳动合同

B. 只能要求订立无固定期限的劳动合同

C. 无权要求订立无固定期限的劳动合同

D. 与甲公司协商一致可以订立无固定期限劳动合同

8. 刘某在某公司工作已经五年，刘某向公司申请从2009年6月3日起休带薪年假，公司依法准假，已知2009年6月6日、7日为周六、日，刘某应当在(　　)回公司上班。

A. 2009年6月6日　　B. 2009年6月8日

C. 2009年6月10日　　D. 2009年6月13日

9. 根据《劳动合同法》的规定，用人单位与劳动者已建立劳动关系，未同时订立书面劳动合同的，应当自用工之日起(　　)内订立书面劳动合同。

A. 1个月　　B. 3个月　　C. 6个月　　D. 1年

10. 甲公司与张某签订了3年期的劳动合同，在劳动合同中约定月工资800元，甲公司所在地的最低月工资标准为750元。根据《劳动合同法》的规定，张某在试用期的月工资不得低于(　　)元。

A. 640　　B. 720　　C. 750　　D. 800

二、多选题

1. 根据我国《劳动法》，劳动合同应具备的法定条款有(　　)。

A. 试用期　　B. 劳动纪律　　C. 劳动报酬　　D. 福利待遇

2. 下列情形中，用人单位应按合同规定的标准向劳动者支付工资的有(　　)。

A. 病假期间的工资

B. 探亲假期间的工资

C. 出席工会召开的会议期间的工资

D. 以被告身份参加人民法院诉讼活动期间的工资

3. 根据《劳动合同法》，下列关于解除劳动合同的说法错误的有(　　)。

A. 在试用期内劳动者可以随时解除合同

B. 劳动者同时与其他用人单位建立劳动关系，用人单位可以解除劳动合同

C. 用人单位未在约定的时间支付劳动报酬，劳动者可以解除劳动合同

D. 用人单位未为劳动者缴纳社会保险费的，劳动者可以解除劳动合同

4. 下列事项属于我国《劳动法》对女职工劳动权益保护的有(　　)。

A. 女职工不能从事矿山井下作业

B. 怀孕7个月以上的女职工不得安排其夜班劳动

C. 女职工生育享有不少于90天的产假

D. 哺乳期女职工不得被安排加班加点

5. 下列不是我国国有企业职工民主管理的基本形式是(　　)。

A. 职工成为董事会或监事会的成员

B. 职工代表大会

C. 职工通过在劳动岗位上实行自治来参与企业管理

D. 职工个人向企业提出合理化建议

6. 根据《劳动合同法》的规定，下列有关劳动合同的说法中，不正确的是（　　）。

A. 建立劳动关系，应当订立书面劳动合同

B. 已建立劳动关系，未同时订立书面劳动合同的，应当自用工之日起 1 个月内订立书面劳动合同

C. 用人单位与劳动者在用工前订立劳动合同的，劳动关系自用工前确立

D. 自用工之日起 1 个月内，经用人单位书面通知后，劳动者不与用人单位订立书面劳动合同的，用人单位可以与劳动者终止劳动关系，无需支付劳动报酬

7. 根据《劳动合同法》的规定，下列劳动者与用人单位订立的劳动合同，属于全部无效或部分无效的有（　　）。

A. 甲公司胁迫王某与其订立的 3 年期劳动合同

B. 乙公司与李某订立的劳动合同，约定晚上加班在 3 小时以内的不支付加班工资

C. 丙公司与赵某订立的劳动合同，约定所有社会保险费用由赵某个人负担

D. 丁公司与张某订立的劳动合同，约定法定加班不支付加班工资

8. 根据《劳动合同法》的规定，劳动者在试用期内出现下列（　　）情形时，用人单位可以解除劳动合同，但应当向劳动者说明理由。

A. 劳动者在试用期间被证明不符合录用条件的

B. 劳动者被依法追究刑事责任的

C. 劳动者非因工负伤，已经一个月未能到岗工作

D. 劳动者不能胜任工作，经过培训或者调整工作岗位，仍不能胜任工作的

9. 根据《劳动合同法》的规定，如果劳动者出现法定情形，用人单位既不得解除劳动合同，也不得终止劳动合同，劳动合同应当续延至相应的情形消失时终止。该法定情形包括（　　）。

A. 在本单位患职业病或者因工负伤并被确认丧失或者部分丧失劳动能力的

B. 患病或者非因工负伤，在规定的医疗期内的

C. 从事接触职业病危害作业的劳动者未进行离岗前职业健康检查，或者疑似职业病病人在诊断或者医学观察期间的

D. 在本单位连续工作满 15 年，且距法定退休年龄不足 5 年的

10. 甲公司因生产经营发生严重困难，拟裁减人员。根据《劳动合同法》的规定，下列各项中，甲公司应当提前 30 日向工会或者全体职工说明情况，听取工会或者职工的意见后，裁减人员方案经向劳动行政部门报告，方可以裁减人员的有（　　）。

A. 裁减人员 10 人,占职工总数的 5.56%

B. 裁减人员 15 人,占职工总数的 8.33%

C. 裁减人员 19 人,占职工总数的 10.56%

D. 裁减人员 22 人,占职工总数的 12.22%

三、判断题

1. 订立劳动合同的劳动者必须年满 18 周岁,并具备履行劳动合同的相应能力。(　　)

2. 劳动者有权依法参加和组织工会。工会代表和维护劳动者的合法权益,依法独立地开展活动。(　　)

3. 工资分配应当遵循按劳分配原则,实行同工同酬。(　　)

4. 劳动者在退休后,依法不再享受社会保险待遇。(　　)

5. 职工在生产工作的时间和区域内,由于违章作业造成意外伤害的,不应当认定(　　)

6. 职工在年休假期间享受与正常工作期间相同的工资收入。(　　)

7. 用人单位自用工之日起满 1 年不与劳动者订立书面劳动合同的,视为用人单位与劳动者已订立无固定期限劳动合同(　　)

8. 劳动者在本单位连续工作满 15 年,且距法定退休年龄不足 5 年的,用人单位不得解除劳动合同(　　)

9. 试用期工资不得低于本单位相同岗位最低档工资或者劳动合同约定的 80%,并不得低于用人单位所在地的最低工资标准。(　　)

10. 社会保险包括养老、失业、医疗、工伤和生育五险。(　　)

四、案例分析题

2008 年 9 月 1 日,某外资 IT 公司招聘林先生为本公司的技术开发人员,签订了为期 5 年的劳动合同,试用期为半年。9 月 20 日公司送林先生到英国培训 3 个月,并与林先生签订了培训协议。协议约定 6 万元的培训费用由公司承担,林先生应在培训结束后为公司服务 5 年。但是如果其中途离开公司,须按服务年限承担相应比例的培训费。3 个月后,林先生培训结业回国,想辞职另谋高就,但考虑到如果是自己提出辞职的,须支付高额的违约金,便开始不认真工作。他在工作期间不遵守劳动纪律,时常旷工和与其他职工吵闹。2009 年 2 月,公司鉴于林先生违纪严重,决定解除其劳动合同,并要求林先生按协议规定支付违约金 5 万元。

林先生不同意赔偿,他认为协议约定如果是他提前辞职的才应该支付违约金,但是现在是公司将他辞退,所以不应该由他承担违约责任。但是公司则认为,即使是由公司提出解除劳动合同,也是因为林先生存在严重的违纪行为,所以公司才不得不作出这样的决定。

法律问题:能否以此要求林先生承担培训费?如果承担,所承担的培训费的数额是否合法?

第十二章

Chapter 12

仲裁与诉讼

【学习要点及目标】

通过本章学习,应该达到:

1. 了解仲裁与诉讼的概念;
2. 理解仲裁的基本原则、仲裁程序、诉讼管辖;
3. 掌握仲裁协议的效力、诉讼程序、诉讼时效。

【引例】 青岛A公司与烟台B公司在C市签订了一份皮鞋购销合同,该合同约定履行地为济南市,合同中的仲裁条款约定,如本合同发生纠纷,提交C市仲裁委员会仲裁。后青岛A公司与烟台B公司就皮鞋质量发生合同纠纷,青岛A公司欲申请仲裁,但得知C市未设立仲裁委员会,但青岛、烟台、济南三市均设立了仲裁委员会。

请问:本案合同中仲裁协议是否有效?青岛A公司是否可以向青岛、烟台或济南的仲裁委员会申请仲裁。

第一节 仲裁概述

一、仲裁与仲裁法的概念

(一)仲裁的概念

仲裁是指仲裁机构根据纠纷当事人之间自愿达成的协议,以第三者的身份对所发生的纠纷进行受理,并作出对争议各方均有约束力的裁决的解决纠纷的活动。仲裁具有以下特征:

(1)仲裁以双方当事人自愿协商为基础。

(2)仲裁由双方当事人自愿选择的中立第三者(仲裁机构)进行裁判。

(3)仲裁裁决对双方当事人都具有约束力。

(二)仲裁的基本原则

仲裁的基本原则是指在仲裁过程中,仲裁机构和当事人应当遵循的活动准则。根据《仲裁法》规定,包括以下几个方面:

(1)当事人意思自治原则。当事人采用仲裁方式解决纠纷,应当双方自愿,达成仲裁协议。没有仲裁协议,一方申请仲裁的,仲裁委员会不予受理。

(2)以事实为根据,以法律为准绳的原则。

(3)独立仲裁原则。仲裁依法独立进行,不受行政机关、社会团体和个人的干涉。

(4)一裁终局原则。仲裁庭的裁决为终局裁决。当事人就同一纠纷再申请仲裁或向人民法院起诉,仲裁委员会和法院都不会受理。

【示例12.1】 A、B两公司因合同纠纷向某市仲裁委员会申请仲裁,仲裁庭作出仲裁后,A公司不服,拟再次申请仲裁或向法院起诉。试分析A公司是否可以再次申请仲裁或向法院起诉?

【思路解析】 仲裁实行一裁终局原则。仲裁庭的裁决为终局裁决。A、B公司应执行仲裁庭的裁决。当事人就同一纠纷再申请仲裁或向人民法院起诉,仲裁委员会和法院都不会受理。

(三)仲裁法的概念

仲裁法是国家制定和确认仲裁制度的法律规范的总称,包括专项的仲裁法、其他法律法规中包括仲裁法律规定的部分、国家缔结和参加的国际公约或双边协定中有关仲裁的规定以及仲裁机构的章程和规则等。

我国于1994年8月31日第八届全国人大常委会第九次会议通过了《中华人民共和国仲裁法》(以下简称《仲裁法》),自1995年9月1日起施行。

二、仲裁机构

(一)仲裁委员会

根据《仲裁法》第10条的规定,仲裁委员会可以在直辖市和省、自治区人民政府所在地的市设立,也可以根据需要在其他设区的市设立,不按行政区划层层设立。

仲裁委员会由主任1人、副主任2~4人和委员7~11人组成。仲裁委员会的主任、副主任和委员由法律、经济贸易专家和有实际工作经验的人员担任。仲裁委员会的组成人员中,法律、经济贸易专家不得少于总人数的2/3。

仲裁委员会独立于行政机关,与行政机关没有隶属关系。仲裁委员会之间也没有隶属关系。

仲裁委员会应当由当事人协议选定。仲裁不实行级别管辖和地域管辖。

【示例 12.2】　根据《仲裁法》的规定，下列关于仲裁委员会的表述中，正确的有(　　)。

A. 仲裁委员会之间没有隶属关系

B. 仲裁委员会不按行政区划层层设立

C. 仲裁委员会独立于行政机关

D. 仲裁委员会应当由当事人协议选定

【答案】　ABCD

(二)仲裁协会

中国仲裁协会是社会团体法人。中国仲裁协会实行会员制，各仲裁委员会是中国仲裁协会的法定会员。中国仲裁协会是仲裁委员会的自律性组织。设立仲裁协会，应向民政部申请登记。经民政部登记后成立，并取得社会团体法人资格。

中国仲裁协会的章程由其全国会员大会制定。中国仲裁协会根据章程对仲裁委员会及其组成人员、仲裁员的违纪行进行监督。中国仲裁协会依照我国的仲裁法和民事诉讼法的有关规定仲裁规则。

三、仲裁的适用范围

(1)在我国并不是所有的民事案件都可以仲裁，只有平等主体的公民、法人和其他组织之间发生的合同纠纷和其他财产权益纠纷，可以仲裁。

(2)下列纠纷不能提请仲裁：

①关于婚姻、监护、收养、抚养、继承纠纷。

②依法应当由行政机关处理的行政争议。

(3)下列仲裁由别的法律予以调整：

①劳动争议的仲裁。

②农业集体经济组织内部的农业承包合同纠纷的仲裁。

【示例 12.3】　下列纠纷中，可以适用《仲裁法》解决的是(　　)。

A. 甲乙之间的土地承包合同纠纷

B. 甲乙之间的遗产继承纠纷

C. 甲乙之间的货物买卖合同纠纷

D. 甲乙之间的劳动争议纠纷

【答案】　C

四、仲裁协议

(一)仲裁协议的概念

仲裁协议，是指双方当事人愿意将他们之间可能发生或已经发生的争议提交仲裁机构进行仲裁的协议。

我国《仲裁法》第十六条规定，仲裁协议包括合同中订立的仲裁条款和以其他书面方式在纠纷发生前或发生后达成的请求仲裁的协议。仲裁协议应以书面形式订立，口头方式达成的仲裁的意思表示无效。

【示例12.4】 甲厂与乙厂签订了一份合同，双方约定若发生争议由仲裁机关仲裁。后甲厂违约，乙厂根据仲裁协议向仲裁机关申请仲裁，该仲裁机关接受了申请并立案向甲厂发出了通知书。甲厂拒绝接受仲裁，向本地法院起诉。则该合同纠纷应由(　　)解决。

A. 双方协商解决　　B. 人民法院　　C. 仲裁机关或人民法院　　D. 仲裁机关

【答案】 D

(二)仲裁协议的形式和内容

《仲裁法》第16条规定，仲裁协议包括合同中订立的仲裁条款和以其他书面方式在纠纷发生前或者纠纷发生后达成的请求仲裁的协议。

(1)在仲裁实践中，采用书面形式是对仲裁协议的基本要求。

(2)仲裁协议内容。《仲裁法》第16条规定，仲裁协议应当具有下列内容：

①请求仲裁的意思表示，即当事人双方同意将争议提交仲裁解决的共同愿望。

②仲裁事项，即当事人双方提交仲裁的争议范围。

③选定的仲裁委员会，即明确约定仲裁事项由哪一个仲裁委员会进行仲裁。

仲裁协议对仲裁事项或者仲裁委员会没有约定或者约定不明确的，当事人可以补充协议；达不成补充协议的，仲裁协议无效。

【示例12.5】 A公司与B公司解除合同关系，则合同中的仲裁条款也随之失效。(　　)

【答案】 错

(三)仲裁协议的效力

有效的仲裁协议表现在对当事人双方的约束力，可以排除人民法院就同一争议的主管权，而使约定的仲裁机构取得处理该争议的权利。

仲裁协议一经依法成立，即具有法律约束力。仲裁协议独立存在，合同的解除、终止或者无效，不影响仲裁协议的效力。

当事人对仲裁协议的效力有异议的，可以请求仲裁委员会作出决定或者请求人民法院作出裁定。一方请求仲裁委员会作出决定，另一方请求人民法院作出裁定的，由人民法院裁定。

当事人对仲裁协议的效力有异议的，应当在仲裁首次开庭前提出。

当事人达成仲裁协议，一方向人民法院起诉未申明有仲裁协议，人民法院受理后，另一方在首次开庭前提交仲裁协议的，人民法院应当驳回起诉，但仲裁协议无效的除外；另一方在首次开庭前未对人民法院受理该起诉提出异议的，视为放弃仲裁协议，人民法院应当继续受理。

【示例 12.6】 甲、乙发生合同纠纷，继而对双方事先签订的仲裁协议效力发生争议。甲提请丙仲裁委员会确认仲裁协议有效，乙提请丁法院确认仲裁协议无效。关于确定协议效力的下列表述中，符合法律规定的是(　　)。

A. 应由丙仲裁委员会对仲裁协议的效力作出决定

B. 应由丁法院对仲裁协议的效力作出裁定

C. 应根据甲、乙提请确认仲裁协议效力的时间先后来确定由仲裁委员会丁法院裁定

D. 该仲裁协议自然失效

【答案】 B

(四)仲裁协议的无效情形

不符合仲裁协议的内容和形式要求的仲裁协议都是无效的。根据仲裁法的规定，有下列情形之一的，仲裁协议无效：

(1)口头形式约定的仲裁协议。

(2)约定的事项超出了仲裁的范围。

(3)无民事行为能力人或者限制民事行为能力人签订的仲裁协议。

(4)仲裁协议对仲裁事项或仲裁委员会没有约定或者约定不明确，当事人又达不成补充协议的，仲裁协议无效。

(5)一方采取胁迫手段，迫使对方订立的仲裁协议无效。

(6)当事人约定争议可以向仲裁机构申请仲裁，也可以向人民法院起诉的，仲裁协议无效。但一方向仲裁机构申请仲裁，另一方未在仲裁庭首次开庭前提出异议的除外。

(7)仲裁协议约定两个以上仲裁机构的，当事人可以协议选择其中的一个仲裁机构申请仲裁；当事人不能就仲裁机构选择达成一致的，仲裁协议无效。

(8)仲裁协议约定由某地的仲裁机构仲裁，且该地仅有一个仲裁机构的，该仲裁机构视为约定的仲裁机构。该地有两个以上仲裁机构的，当事人可以协议选择其中的一个仲裁机构申请仲裁；当事人不能就仲裁机构选择达成一致的，仲裁协议无效。

第二节　仲裁程序

一、仲裁申请

(一)仲裁申请

仲裁申请，是指合同纠纷或财产权益纠纷的一方当事人根据仲裁协议，将所发生的争议依法请求仲裁机构进行仲裁的意思表示。当事人申请仲裁是仲裁程序开始的前提，但并不必然引起仲裁程序的开始。仲裁机构对仲裁申请进行审查，符合法定条件的，予以受理；否则，不予

受理。

根据我国《仲裁法》第21条的规定，当事人申请仲裁，必须符合一定的条件，具体包括：

(1)存在有效的仲裁协议。

(2)有具体的仲裁请求和事实、理由。

(3)属于仲裁委员会的受理范围。

(二)申请的方式

《仲裁法》第22条规定，当事人申请仲裁，应当向仲裁委员会递交仲裁协议、仲裁申请书及副本。

二、审查与受理

审查与受理是仲裁委员会的一项重要的仲裁活动。

根据《仲裁法》的规定，仲裁委员会自收到仲裁申请书之日起5日内，认为符合受理条件的，应当受理，并通知当事人；认为不符合受理条件的，应当书面通知当事人不予受理，并说明理由。

三、仲裁庭的组成

仲裁庭是指由当事人选定或者仲裁委员会主任指定的仲裁员组成的，对当事人申请仲裁的案件依仲裁程序进行审理并作出裁决的组织形式。

(一)仲裁庭的组成形式

我国《仲裁法》规定，仲裁庭可以由3名仲裁员或者1名仲裁员组成。由3名仲裁员组成的，设首席仲裁员。

(二)仲裁员的回避

1.仲裁员回避的法定情形

仲裁员有下列情形之一的，必须回避，当事人也有权提出回避申请：①是本案当事人或者当事人、代理人的近亲属；②与本案有利害关系；③与本案当事人、代理人有其他关系，可能影响公正仲裁的；④私自会见当事人、代理人，或者接受当事人、代理人的请客送礼的。

【示例12.7】 根据《仲裁法》的规定，下列各项中，属于仲裁员必须回避的情形有(　　)。

A.仲裁员与本案有利害关系

B.仲裁员私自会见当事人

C.仲裁员是本案代理人的近亲属

D.仲裁员接受当事人的请客送礼

【答案】 ABCD

2. 回避的形式

(1)自行回避。仲裁员的自行回避,应当向仲裁委员会提出。

(2)申请回避。当事人认为仲裁员具有应当回避的事由,有权提出要求该仲裁员回避的申请。当事人提出回避申请,应当说明理由,并在首次开庭前提出。回避事由在首次开庭后知道的,可以在最后一次开庭终结前提出。当事人的回避申请既可以用书面形式提出,也可以用口头形式提出。

《仲裁法》第36条规定,当事人申请仲裁员回避的,应当向仲裁委员会提出,由仲裁委员会主任决定该仲裁员是否回避。仲裁委员会主任担任仲裁员时,其是否回避,由仲裁委员会集体决定。

四、仲裁审理和裁决

仲裁审理是仲裁庭按照法律规定的程序和方式,对当事人交付仲裁的争议事项作出裁决的活动。仲裁审理的主要任务是审查、核实证据,查明案件事实,分清是非责任,正确适用法律,确认当事人之间的权利义务关系,解决当事人之间的纠纷。

(一)仲裁审理的方式

仲裁审理的方式可以分为开庭审理和书面审理两种。

1. 开庭审理

仲裁应当开庭进行。在仲裁庭的主持下,在双方当事人和其他仲裁参与人的参加下,按照法定程序,对案件进行审理并作出裁决。《仲裁法》在规定仲裁的开庭审理原则的同时又规定仲裁不公开进行。当事人协议公开的,可以公开进行,但涉及国家秘密的除外。

2. 书面审理

如果当事人协议不开庭的,仲裁庭可以根据仲裁申请书、答辩书以及其他材料作出裁决。书面审理是开庭审理的必要补充。

(二)仲裁裁决

仲裁裁决是指仲裁庭对当事人之间所争议的事项进行审理后所作出的终局权威性判定。仲裁裁决的作出,标志着当事人之间纠纷的最终解决。

1. 仲裁裁决作出的方式

仲裁裁决是由仲裁庭作出的。独任仲裁庭进行的审理,由独任仲裁员作出仲裁裁决;合议仲裁庭进行的审理,则由3名仲裁员集体作出仲裁裁决。由合议仲裁庭作出仲裁裁决时,按多数仲裁员的意见作出仲裁裁决。仲裁庭不能形成多数意见时,按照首席仲裁员的意见作出。

【示例12.8】 甲、乙因合同纠纷达成仲裁协议，甲选定A仲裁员，乙选定B仲裁员，另由仲裁委员会主任指定一名首席仲裁员，3人组成仲裁庭。仲裁庭在作出裁决时产生了两种不同意见。根据《仲裁法》的规定，仲裁庭应当采取的做法是(　　)。

A. 按多数仲裁员的意见作出裁决

B. 按首席仲裁员的意见作出裁决

C. 提请仲裁委员会作出裁决

D. 提请仲裁委员会主任作出裁决

【答案】 A。(1)形成不同意见：裁决应按多数仲裁员的意见作出；(2)不能形成多数意见，裁决应当按首席仲裁员的意见作出。

2. 仲裁裁决的种类

(1)先行裁决。仲裁庭仲裁纠纷时，其中一部分事实已经清楚，可以就该部分先行裁决。

(2)最终裁决。即通常意义上的仲裁裁决，是指仲裁庭自查明事实，分清责任的基础上，就当事人申请仲裁的全部争议事项作出的终局性判定。

(3)缺席判决。被申请人经书面通知，无正当理由不到庭或者未经仲裁庭许可中途退庭的，可以作缺席判决。

(4)合一裁决。即仲裁庭根据双方当事人达成协议的内容作出的仲裁裁决，包括以和解协议、调解协议而作出的仲裁裁决。

3. 仲裁裁决的效力

裁决书自作出之日起发生法律效力。其效力体现在：

(1)当事人不得就已经裁决的事项再行申请仲裁，也不得就此提起诉讼。

(2)仲裁机构不得随意变更已生效的仲裁裁决。

(3)其他任何机关或个人均不得变更仲裁裁决。

(4)仲裁裁决具有执行力。

(三)仲裁调解

仲裁庭在作出裁决前，可以先行调解。当事人自愿调解，仲裁庭应当调解。调解不成的，应当及时作出裁决。调解达成协议的，仲裁庭应当制作调解书或者根据协议的结果制作裁决书。调解书与裁决书具有同等的法律效力。

(四)仲裁和解

当事人申请仲裁的，可以自行和解。达成和解协议的，可以请求仲裁庭根据和解协议作出裁决书，也可以撤回仲裁申请。

当事人达成和解协议，撤回仲裁申请后反悔的，可以根据仲裁协议申请仲裁。

(五)撤销仲裁裁决

1. 撤销仲裁裁决

我国《仲裁法》规定,仲裁实行一裁终局制,然而,由于受到各种因素的影响,有些仲裁裁决也不可避免地可能出现不同程度的偏差或错误。

2. 撤销仲裁裁决的理由

根据仲裁法规定,当事人申请撤销裁决的,应当自收到裁决书之日起6个月内提出。当事人提出证据证明裁决有下列情形之一的,可以向仲裁委员会所在地的中级人民法院申请撤销裁决:

(1)没有仲裁协议的。

(2)裁决的事项不属于仲裁协议的范围或者仲裁委员会无权仲裁的。

(3)仲裁庭的组成或者仲裁的程序违反法定程序的。

(4)裁决所根据的证据是伪造的。

(5)对方当事人隐瞒了足以影响公正裁决的证据的。

(6)仲裁员在仲裁该案时有索贿受贿,徇私舞弊,枉法裁决行为的。

人民法院经组成合议庭审查核实裁决有前款规定情形之一的,应当裁定撤销。人民法院认定该裁决违背社会公共利益的,应当裁定撤销。

【示例12.9】 根据《仲裁法》的规定,当事人有证据证明仲裁裁决依法应当撤销的,可向仲裁委员会所在地的中级人民法院申请撤销裁决的期限是(　　)。

A. 裁决书作出之日起6个月内

B. 裁决书作出之日起3年内

C. 收到裁决书之日起6个月内

D. 收到裁决书之日起3年内

【答案】 C。

(六)仲裁裁决的执行

裁决书一经作出,当事人应当履行裁决。一方当事人不履行的,另一方当事人可以依据《民事诉讼法》的有关规定向人民法院申请执行。受申请的人民法院应当执行。一方当事人申请执行裁决,另一方当事人申请撤销裁决的,人民法院应当裁定中止执行。人民法院裁定撤销裁决的,应当裁定终结执行。撤销裁决的申请被裁定驳回的,人民法院应当裁定恢复执行。

(七)仲裁裁决的不予执行

人民法院在裁决的执行程序中,被申请人提出证据证明仲裁裁决有法定不应执行的情形的,经人民法院组成合议庭审查核实后,裁定不予执行。

根据《仲裁法》、《民事诉讼法》的规定,有下列情形之一的,裁决不予执行:

(1)当事人在合同中没有订有仲裁条款或者事后没有达成书面仲裁协议的。

(2)裁决的事项不属于仲裁协议的范围或者仲裁机构无权仲裁的。

(3)仲裁庭的组成或者仲裁的程序违反法定程序的。

(4)认定事实的主要证据不足的。

(5)适用法律确有错误的。

(6)仲裁员在仲裁该案时有贪污受贿,徇私舞弊,枉法裁决行为的。

第三节　诉讼

一、诉讼的概念和特征

(一)诉讼的概念

诉讼是指国家司法机关依照法律规定,在当事人和其他诉讼参与人的配合下,为正确处理案件,依法定程序所进行的全部活动。诉讼可分为民事诉讼、行政诉讼和刑事诉讼。

民事诉讼是指人民法院在双方当事人和其他诉讼参与人参加下,审理和解决民事案件的活动,以及由这些活动所发生的诉讼关系。

(二)民事诉讼的适用范围

(1)因民法、婚姻法、收养法、继承法等调整的平等主体之间的财产关系和人身关系发生的民事案件。

(2)因经济法、劳动法调整的社会关系发生的争议,法律规定适用民事诉讼程序审理的案件。

(3)适用特别程序审理的选民资格案件和宣告公民失踪、死亡等非讼案件。

(4)按照督促程序解决的债务案件。

(5)按照公示催告程序解决的宣告票据和有关事项无效的案件。

(三)审判制度

(1)合议制度。合议制度指由 3 名以上审判人员组成审判组织,人民法院审理第一审民事案件,除适用简易程序审理的民事案件,由审判员一人独任审理外,一律由审判员、陪审员共同组成合议庭或者由审判员组成合议庭。人民法院审理第二审民事案件,由审判员组成合议庭。合议庭的成员人数,必须是单数。

(2)回避制度。参与诉讼活动的审判人员、书记员、翻译人员、鉴定人、勘验人等是本案的当事人或当事人、诉讼代理人的近亲属,或者与本案有利害关系或者与本案当事人有其他关系可能影响公正审理的,可以口头或书面申请他们回避。

(3)公开审判制度。公开审判包括审判过程公开和审判结果公开两项。无论案件是否公开审理,一律公开宣告判决。

(4)两审终审制度。两审终审制度指一个案件经过第一审人民法院审判，当事人如果不服，有权在法定期限内向上一级法院提起上诉，由该上一级法院进行二审。二审法院的判决、裁定是终审的判决、裁定。最高法院作出的一审判决、裁定为终审判决、裁定。对终审判决、裁定，当事人不得上诉。

(四)诉讼时效

诉讼时效是指权利人在法定期限不行使权利，因而丧失了通过诉讼程序请求法律保护的权利。诉讼时效期间分为：

(1)普通诉讼时效。《民法通则》第 135 条规定，向人民法院请求保护民事权利的诉讼时效为两年，法律另有规定的除外。诉讼时效期间从知道或者应当知道权利被侵害时起计算。

(2)特别诉讼时效。《民法通则》第 136 条规定，诉讼时效期间为 1 年的有下列 4 种情况：

①身体受到伤害要求赔偿的；

②出售质量不合格的商品未声明的；

③延时或拒付租金的；

④寄存财物被丢失或损毁的。

(3)最长诉讼时效。《民法通则》第 137 条规定，诉讼时效从当事人知道或者应当知道权利被侵害之日起计算。但是，从权利被侵害之日起超过 20 年的，人民法院不予保护。

有特殊情况的，法院可以延长诉讼时效期间。

超过诉讼时效期间，当事人自觉履行的，不受诉讼时效限制。

【示例 12.10】　下列属特别诉讼时效的情况是(　　)。

A. 身体受到伤害要求赔偿的；

B. 出售质量不合格的商品未声明的；

C. 延时或拒付租金的；

D. 寄存财物被丢失或损毁的。

【答案】　ABCD

(4)诉讼时效的开始。《中华人民共和国民法通则》第 137 条规定，诉讼时效期间从知道或者应当知道权利被侵害时起计算。最长保护期限是从权利被侵害之日起开始计算。

(5)诉讼时效的中止。诉讼时效的中止，是指在时效进行中，因出现了法定事由，致使权利人不能行使权利，因而暂停计算诉讼时效期间，待中止事由消除后，继续计算诉讼时效期间。暂停的一段时间不计入诉讼时效期间之内，而合并计算中止前后的期间。

在诉讼时效期间的最后六个月内，因不可抗力或者其他障碍不能行使请求权的，诉讼时效中止。从中止时效的原因消除之日起，诉讼时效期间继续计算。

(6)诉讼时效的中断。诉讼时效因提起诉讼、当事人一方提出要求或者同意履行义务而中断。从中断时起，诉讼时效期间重新计算。

二、管辖范围

民事案件的管辖，是指确定各级人民法院之间和同级人民法院之间受理第一审民事案件的分工和权限。我国民事诉讼法规定的民事案件的管辖，包括级别管辖、地域管辖、裁定管辖。

(一)级别管辖

级别管辖，是指上、下级人民法院之间受理第一审民事案件的分工和权限。确定不同级别的人民法院管辖第一审民事案件的主要依据是：案件的性质、案件影响的大小、诉讼标的的金额大小等。我国人民法院实行“四级二审制”。

(1)基层人民法院管辖除民事诉讼法规定以外的第一审民事案件。

(2)中级人民法院管辖下列第一审案件：重大涉外案件；在本辖区有重大影响的案件；最高人民法院确定由中级人民法院管辖的案件。

(3)高级人民法院管辖在本辖区有重大影响的第一审案件。

(4)最高人民法院管辖下列第一审案件：在全国有重大影响的案件；认为应当由本院审理的案件。

(二)地域管辖

地域管辖，是指同级人民法院之间受理第一审民事案件的分工和权限。

1. 一般地域管辖

一般地域管辖又称普通管辖，是指以当事人住所地与法院辖区的关系来确定管辖法院。这种管辖通常实行“原告就被告”的原则。

2. 特殊地域管辖

特殊地域管辖又称特别地域管辖，是指以诉讼标的所在地或者引起民事法律关系发生、变更、消灭的法律事实所在地为标准确定的管辖。《民事诉讼法》第 24 条至第 33 条，规定了特殊地域管辖的九种情形：

(1)因合同纠纷提起的诉讼，由被告住所地或者合同履行地人民法院管辖。

(2)因保险合同纠纷提起的诉讼，由被告住所地或者保险标的物所在地人民法院管辖。

(3)因票据纠纷提起的诉讼，由票据支付地或者被告住所地人民法院管辖。

(4)因铁路、公路、水上、航空运输和联合运输合同纠纷提起的诉讼，由运输始发地、目的地或者被告住所地人民法院管辖。

(5)因侵权行为提起的诉讼，由侵权行为地或者被告住所地人民法院管辖；侵权行为地包括侵权行为实施地、侵权结果发生地。

(6)因铁路、公路、水上和航空事故请求损害赔偿提起的诉讼，由事故发生地或者车辆、船舶最先到达地、航空器最先降落地或者被告住所地人民法院管辖。

(7)因船舶碰撞或者其他海事损害事故请求损害赔偿提起的诉讼，由碰撞发生地、碰撞船舶最先到达地、加害船舶被扣留地或者被告住所地人民法院管辖。

(8)因海难救助费用提起的诉讼,由救助地或者被救助船舶最先到达地人民法院管辖。

(9)因共同海损提起的诉讼,由船舶最先到达地、共同海损理算地或者航程终止地的人民法院管辖。

【示例12.11】 甲公司与乙公司发生合同纠纷,根据《民事诉讼法》的规定,甲公司在起诉乙公司时,可以选择的人民法院有( )。

A. 合同标的物所在地人民法院

B. 合同履行地人民法院

C. 被告住所地人民法院

D. 合同签订地人民法院

【答案】 BC

3. 专属管辖

专属管辖是指某一类案件根据法律规定必须由一定的法院管辖。下列案件实行专属管辖:因不动产纠纷提起的诉讼,由不动产所在地人民法院管辖;因港口作业中发生纠纷提起的诉讼,由港口所在地人民法院管辖;因继承遗产纠纷提起的诉讼,由被继承人死亡时住所地或者主要遗产所在地人民法院管辖。

4. 共同管辖

共同管辖是指依照法律规定两个或两个以上的人民法院对同一诉讼案件都有管辖权。如果原告向两个以上有管辖权的人民法院起诉,由最先立案的人民法院管辖。

5. 协议管辖

协议管辖是指双方当事人在纠纷发生之前或发生之后,以合意方式约定解决他们之间纠纷的管辖法院。

(三)裁定管辖

人民法院以裁定的方式确定案件的管辖,称为裁定管辖。它包括移送管辖、指定管辖、管辖权的转移。

(1)移送管辖。移送管辖是指已经受理案件的人民法院,因发现本法院对该案件没有管辖权,而将案件移送给有管辖权的人民法院审理。受移送的人民法院认为受移送的案件依照规定不属于本院管辖的,应当报请上级人民法院指定管辖,不得再自行移送。

(2)指定管辖。指定管辖是指上级人民法院根据法律规定,以裁定的方式,指定其辖区内的下级人民法院对某一具体民事案件行使管辖权的制度。

(3)管辖权的转移。管辖权的转移是指经上级人民法院的决定或者同意,将某一案件的诉讼管辖权由下级人民法院转移给上级人民法院,或者由上级人民法院转移给下级人民法院。

(四)管辖权异议

管辖权异议是指人民法院受理案件后,当事人依法提出该法院对本案没有管辖权的主张。

当事人对管辖权有异议的，应当在提交答辩状期间提出。

三、起诉与受理

（一）起诉

起诉是指公民、法人或者其他组织在其民事权益受到侵害或者与他人发生民事争议时，请求人民法院通过审判方式予以司法保护的诉讼行为。

（1）起诉的条件。

①原告必须是与本案有直接利害关系的公民、法人或其他组织。

②有明确的被告。

③有具体的诉讼请求和事实、理由。

④属于人民法院受理民事诉讼的范围和受诉人民法院管辖。

（2）起诉的方式。

起诉方式以书面起诉为原则，以口头起诉为例外。

（二）受理

人民法院自收到起诉状或者口头起诉，经审查，认为符合起诉条件的，应当在 7 日立案，并通知当事人；认为不符合起诉条件的，应当在 7 日内裁定不予受理；原告对裁定不服的，可以提起上诉。

四、审理与裁判

根据《民事诉讼法》第 120 条规定，人民法院审理民事案件，除涉及国家秘密、个人隐私或者法律另有规定的以外，应当公开进行。离婚案件，涉及商业秘密的案件，当事人申请不公开审理的，可以不公开审理。

开庭审理分为如下阶段：

（一）庭审预备

根据民事诉讼法的规定，庭审预备的内容包括：

（1）传唤当事人，通知其他诉讼参与人出庭参加诉讼。

（2）发出公告，公告可以在法院的公告栏张贴，巡回审理的可以在案发地或其他相关的地点张贴。

（3）查明当事人及其他诉讼参与人是否到庭，宣布法庭纪律。

（4）开庭审理时，由审判长核对当事人，核对的顺序是原告、被告、第三人，对于诉讼代理人应当查明其代理资格和代理权限。核对完毕由审判长宣布案由，宣布审判人员、书记员名单，告知当事人有关的诉讼权利义务，询问当事人是否提出回避申请。

(二)法庭调查

法庭调查的主要任务是,审判人员在法庭上全面调查案件事实,审查和核对各种证据,为正确认定案件事实和适用法律奠定基础。

(三)法庭辩论

根据《民事诉讼法》第127条规定,法庭辩论按照下列顺序进行:原告及其诉讼代理人发言;被告及其诉讼代理人答辩;第三人及其诉讼代理人发言或者答辩;相互辩论。法庭辩论终结,由审判长按照原告、被告、第三人的先后顺序征询各方最后意见。

(四)法庭认定案件事实,即证据

法庭辩论结束后,调解不成,合议庭应当休庭,进入评议室进行评议。合议庭评议案件,由审判长主持,秘密进行。实行少数服从多数的原则,但少数意见要如实记入笔录,评议结束后,应制作判决书,并由合议庭成员签名。

宣告判决的内容包括:认定的事实、适用的法律、判决的结果和理由、诉讼费用的负担、当事人的上诉权利、上诉期限和上诉法院。宣告判决可以当庭宣判,也可以定期宣判。人民法院在宣告判决时必须告知当事人上诉的权利、上诉的期限和上诉的人民法院。无论是公开审理还是不公开审理的案件,宣告判决一律公开。

五、执行程序

执行是指基层人民法院对已经发生法律效力的判决、裁定、调解协议和其他具有执行效力的法律文书,由于一方当事人无理拒绝履行,根据对方当事人的申请,依照法定程序强制执行的诉讼活动。

对于发生法律效力的判决、裁定,由第一审法院执行;对于调解书、仲裁机构的生效裁决、公证机关依法赋予强制执行效力的债权文书等,则由被执行人住所地或者被执行的财产所在地法院执行。

执行措施,是指法院依照法定程序,强制执行生效法律文书的方法和手段。对于民事案件,法律规定了9种不同的执行措施:①查询、冻结、划拨被执行人的存款;②扣留、提取被执行人的收入;③查封、扣押、冻结、拍卖、变卖被执行人的财产;④搜查被执行人的财产;⑤强制被执行人交付法律文书指定的财物或票证;⑥强制被执行人迁出房屋或者退出土地;⑦强制被执行人履行法律文书指定的行为;⑧要求有关单位办理财产权证照转移手续;⑨强制被执行人支付迟延履行期间债务利息及迟延履行金。

【示例12.12】 当事人拒绝履行已经发生法律效力的民事判决时，另一方当事人可以申请法院强制执行。下列各项中，属于法院可以采取的强制执行措施有（　　）。

A. 查询、冻结、划拨被执行人的存款

B. 扣留、提取被执行人的收入

C. 搜查被执行人的财产

D. 强制被执行人支付迟延履行期间债务利息及迟延履行金

【答案】 ABCD。

六、仲裁程序与民事诉讼程序比较

(1)受案范围不同。仲裁的受理范围限于合同纠纷和其他财产权益纠纷。而民事诉讼对一切因私权发生的纠纷均可受理。

(2)提起条件不同。仲裁必须有双方当事人事前或事后达成的仲裁协议才能受理，而诉讼只要有一方当事人起诉合法就可受理。

(3)财产保全和证据保全不同。当事人向仲裁委员会提出后，仲裁委员会将申请提交人民法院。仲裁委员会自身无权采取保全措施。

(4)组成仲裁庭和审判庭不同。仲裁是当事人自愿选定仲裁员或共同委托仲裁委员会指定；诉讼由人民法院指定审判庭和审判庭组成人员，审判权由人民法院行使。

(5)审理的方式，仲裁原则上不公开审理，不允许旁听。民事诉讼一般应当公开审理，涉及隐私、商业秘密、国家机密等当事人申请不公开审理的除外。

(6)审级不同，仲裁实行一裁终局制；民事诉讼实行“四级二审制”。

第四节　行政诉讼

一、行政复议和行政诉讼的概念

1. 行政复议

行政复议是指国家行政机关在依照法律、法规的规定履行对社会的行政管理职责过程中，作为行政管理主体的行政机关一方与作为行政管理相对人的公民、法人或者其他组织一方，对于法律规定范围内的具体行政行为发生争议，由行政管理相对人向作出具体行政行为的行政机关的上一级行政机关或者法律规定的其他行政机关提出申请，由该行政机关对引起争议的具体行政行为进行审查，并作出相应决定的一种行政监督活动。

2. 行政诉讼

行政诉讼是指公民、法人或者其他组织认为行政机关和法律法规授权的组织作出的具体行政行为侵犯其合法权益，依法定程序向人民法院起诉，人民法院在当事人及其他诉讼参与人的参加下，对具体行政行为的合法性进行审查并作出裁决的制度。我国的行政诉讼具有如下特征：

(1)行政案件由人民法院受理和审理。

(2)人民法院审理的行政案件只限于就行政机关作出的具体行政行为的合法性发生的争议。

(3)行政复议不是行政诉讼的前置阶段或必经程序。

(4)行政案件的审理方式原则上为开庭审理。

二、行政诉讼的管辖

(一)受案范围

(1)根据《行政诉讼法》规定，法院受理公民、法人和其他组织对下列具体行政行为不服提起的行政诉讼：

①对拘留、罚款、吊销许可证和执照、责令停产停业、没收财物等行政处罚不服的；

②对限制人身自由或者对财产的查封、扣押、冻结等行政强制措施不服的；

③认为行政机关侵犯法律规定的经营自主权的；

④认为符合法定条件申请行政机关颁发许可证和执照，行政机关拒绝颁发或者不予答复的；

⑤申请行政机关履行保护人身权、财产权的法定职责，行政机关拒绝履行或者不予答复的；

⑥认为行政机关没有依法发给抚恤金的；

⑦认为行政机关违法要求履行义务的；

⑧认为行政机关侵犯其他人身权、财产权的。

除前款规定外，法院受理法律、法规规定可以提起诉讼的其他行政案件。

(2)法院不受理公民、法人或者其他组织对下列事项提起的诉讼：

①国防、外交等国家行为；

②行政法规、规章或者行政机关制定、发布的具有普遍约束力的决定、命令；

③行政机关对行政机关工作人员的奖惩、任免等决定；

④法律规定由行政机关最终裁决的具体行政行为。

【示例12.13】　根据《行政诉讼法》的规定，下列各项中，不应当提起行政诉讼的有(　　)。

A.某市部分市民认为市政府新颁布的《道路交通管理办法》侵犯了他们的合法权益

B.某工商局工作人员吴某认为工商局对其作出的记过处分违法

C.李某认为某公安局对其罚款的处罚决定违法

D.某商场认为某教育局应当偿还所欠的购货款

【答案】　AB。本题考核行政诉讼的适用范围。(1)选项C可以提起行政诉讼；(2)选项D属于民事诉讼。

(二)管辖

1. 级别管辖

级别管辖是指按照法院的组织系统来划分上下级人民法院之间受理第一审案件的分工和权限。《行政诉讼法》第 13 条至第 16 条对级别管辖作了明确具体的规定。

(1)基层人民法院管辖第一审行政案件。

(2)中级人民法院管辖下列第一审行政案件。

①确认发明专利案件和海关处理案件;

②对国务院各部门或者省、自治区、直辖市人民政府所做的具体行政行为提起诉讼的案件;

③本辖区内重大、复杂的案件。

(3)高级人民法院管辖本辖区内重大、复杂的第一审行政案件。

(4)最高人民法院管辖全国范围内重大、复杂的第一审行政案件。

2. 地域管辖

(1)一般地域管辖。行政案件由最初作出具体行政行为的行政机关所在地人民法院管辖,经复议的案件,复议机关改变原具体行政行为的,也可以由复议机关所在地人民法院管辖。

(2)特殊地域管辖。

①《行政诉讼法》第 18 条规定:对限制人身自由的行政强制措施不服提起的诉讼,由被告所在地或者原告所在地人民法院管辖。

②因不动产提起的诉讼,由不动产所在地人民法院管辖。

(3)共同地域管辖。共同地域管辖是指两个以上人民法院对同一案件都有管辖权的情况下,原告可以选择其中一个法院起诉。

三、起诉与受理

对属于人民法院受案范围的行政案件,公民、法人或者其他组织可以先向上一级行政机关或者法律、法规规定的行政机关申请复议,对复议不服的,再向人民法院提起诉讼,也可以直接向人民法院提起诉讼。

四、审理和裁判

人民法院公开审理行政案件,但涉及国家秘密、个人隐私和法律另有规定的除外。审理行政案件,不适用调解。

人民法院应当在立案之日起 3 个月内作出第一审判决。有特殊情况需要延长的,报经批准程序。

当事人不服人民法院第一审判决的,有权在判决书送达之日起 15 日内向上一级人民法院提起上诉。当事人不服人民法院第一审裁定的,有权在裁定书送达之日起 10 日内向上一级人民法院提起上诉。逾期不提起上诉的，人民法院的第一审判决或者裁定发生法律效力。

人民法院对上诉案件，认为事实清楚的，可以实行书面审理。审理上诉案件，应当在收到上诉状之日起两个月内作出终审判决。有特殊情况需要延长的，报经批准程序。

五、行政诉讼与民事诉讼程序的区别

(1)行政诉讼与民事诉讼是两种相互联系又有重大差异的司法活动。一般说来，行政诉讼是从民事诉讼中分离出来的，许多司法原则是共同的，如公开审判、回避制度、两审终审制、合议制等。但它们之间也存在着许多差异。

(2)案件性质不同。民事诉讼解决的是平等主体之间的民事争议；行政诉讼解决的是行政主体与作为行政管理相对方的公民、法人或者其他组织之间的行政争议。

(3)适用的实体法律规范不同。民事诉讼适用民事法律规范，如民法通则等；行政诉讼适用行政法律规范，如行政处罚法、治安管理处罚法等。

(4)当事人不同。民事诉讼发生于法人之间、自然人之间、法人与自然人之间；行政诉讼只发生在行政主体与公民、法人或者其他组织之间。

(5)诉讼权利不同。民事诉讼中双方当事人的诉讼权利是对等的，如一方起诉，另一方可以反诉；行政诉讼双方当事人的诉讼权利是不对等的，如只能由公民、法人或者其他组织一方起诉，行政主体一方没有起诉权和反诉权。

(6)起诉的先行条件不同。行政诉讼要求以存在某个具体行政行为为先行条件；民事诉讼则不需要这样的先行条件。

(7)是否适用调解不同。通过调解解决争议，是民事诉讼的结案方式之一；行政诉讼是对具体行政行为的合法性进行审查，因而不可能通过被告与原告相互妥协来解决争议。

本章小结

- 仲裁法
  - 仲裁概述
    - 仲裁与仲裁法的概念
    - 仲裁机构
    - 仲裁的适用范围
    - 仲裁协议
  - 仲裁程序
    - 仲裁申请
    - 审查与受理
    - 仲裁庭的组成
    - 仲裁审理和裁决

- 诉　讼
  - 民事诉讼
    - 诉讼的概念和特征
    - 管辖范围
    - 起诉与受理
    - 审理与裁判
    - 执行程序
    - 仲裁程序与民事诉讼程序比较
  - 行政诉讼
    - 行政复议和行政诉讼
    - 行政诉讼的管辖
    - 起诉与受理
    - 审理和裁判
    - 行政诉讼与民事诉讼程序的区别

仲裁协议书

当事人：

当事人：

当事人双方自愿就________年________月________日签订的________合同，提请________仲裁委员会按照《中华人民共和国仲裁法》的规定，仲裁如下协议：

1.

2.

3.

本仲裁裁决对双方有约束力。

当事人：	当事人：
地　址：	地　址：
签字（盖章）：	签字（盖章）：
日　期：	日　期：

起诉状

原告:(个人写清楚姓名、性别、出生日期、民族、职业、住址、电话、邮编;单位写清楚单位全称、法定代表人姓名、职务、住所地、电话、邮编)

被告:(个人写清楚姓名、性别、出生日期、民族、职业、住址、写清楚单位全称、法定代表人姓名、职务、住所地、电话、邮编)

诉讼请求

事实和理由:

此致

人民法院

附:本诉状副本____份,证据清单____份,证据____份。

具状人:(签名或盖章)

年　　月　　日

民事答辩状

答辩人：

被答辩人：

被答辩人就　　　纠纷对答辩人提起诉讼，答辩人就起诉书中的有关问题答辩如下：（写明答辩的理由与事实依据）

此致

人民法院

附：（答辩人提供的证据）

答辩人：（签名或盖章）

年　　月　　日

练习题

一、单选题

1. 陈某与王某二人达成如下协议:双方如就祖传古董的继承权发生争议,则提交双方住所地以外的仲裁委员会(天津市仲裁委员会)进行裁决,并将自动履行其裁决。而后,双方果然在继承问题上发生争议。双方解决争议的可行法律途径是(　　)。

A. 只能向有管辖权的人民法院起诉

B. 只能申请天津市仲裁委员会仲裁

C. 只能申请双方或一方住所地仲裁委员会仲裁

D. 既可向有管辖权的法院起诉,也可以申请仲裁

2. 下列(　　)情形下,仲裁协议必然无效,可由当事人进行补充协议。

A. 约定的仲裁事项超出法律规定的仲裁范围的

B. 无民事行为能力人或者限制民事行为能力人订立的仲裁协议

C. 对仲裁事项或仲裁委员会没有约定的

D. 一方采取胁迫手段,迫使对方订立仲裁协议的

3. 汇丰公司与三乐公司签订了一份合同,合同中订有仲裁条款,后双方协议解除了原合同。两个月后,汇丰公司与三乐公司因合同已履行的部分发生争议,汇丰公司依原合同中的仲裁条款向有关仲裁委员会提交了仲裁,而三乐公司则向人民法院提起诉讼,本案应如何处理?(　　)

A. 条款仍然有效,应由仲裁委员会进行仲裁

B. 合同解除后,仲裁条款自然失效,应由人民法院受理

C. 由人民法院作出裁定,仲裁条款是否有效

D. 由仲裁委员会作出认定,仲裁条款是否有效

4. 一方当事人申请执行仲裁裁决,另一方当事人申请撤销仲裁裁决,此时受理申请的人民法院应如何处理?(　　)

A. 裁定撤销裁决　　B. 裁定终结执行

C. 裁定中止执行　　D. 将案件移交上级人民法院处理

5. 根据《民法通则》的规定,出售质量不合格的商品未声明的,诉讼时效期间为(　　)。

A. 1 年　　B. 2 年　　C. 3 年　　D. 4 年

6. 李某在 2009 年 3 月 12 日接到法院的民事判决书,如果上诉,则应当在(　　)提出。

A. 3 月 22 日前　　B. 4 月 12 日前

C. 3 月 27 日前　　D. 2 个月内

7. 公民、法人或其他组织对具体行政行为申请行政复议,申请期限一般是(　　)。

A. 10 日　　B. 30 日　　C. 60 日　　D. 90 日

8. 仲裁的基本原则(　　)

A. 约定的原则　　B. 独立仲裁原则

C. 两审终审原则　　D. 就近原则

9. 能提请仲裁的有(　　)

A. 婚姻纠纷　　B. 收养纠纷

C. 继承纠纷　　D. 其他财产权益纠纷

10. 当事人申请仲裁,必须符合(　　)。

A. 存在有效的仲裁协议

B. 没有具体的仲裁请求和事实、理由

C. 不属于仲裁委员会的受理范围

D. 独立仲裁原则

二、多选题

1. 甲、乙因合同纠纷申请仲裁,仲裁庭对案件裁决未能形成一致意见,关于该案件仲裁裁决的下列表述中,符合法律规定的有(　　)。

A. 应当按照多数仲裁员的意见作出裁决

B. 应当由仲裁庭达成一致意见作出裁决

C. 仲裁庭不能形成多数意见时,按照首席仲裁员的意见作出裁决

D. 仲裁庭不能形成一致意见时,提请仲裁委员会作出裁决

2. 根据《仲裁法》的规定,在下列哪些情形中对于当事人提出的回避申请应予以认可?(　　)

A. 某种裁员私自会见对方当事人的代理人

B. 某仲裁员是对方当事人某员工的配偶

C. 某仲裁员与本案有利害关系

D. 某仲裁员曾做过对方当事人的法律顾问,现在某一高校任教

3. 当事人双方订立仲裁协议,遇有下列哪些情形该协议无效?(　　)

A. 无民事行为能力人订立的仲裁协议

B. 一方采取胁迫、欺诈手段迫使对方订立仲裁协议

C. 协议中约定的仲裁机构并不存在

D. 法人之间为解除非合同的财产权益纠纷订立的仲裁协议

4. 根据《仲裁法》规定,平等主体的公民、法人和其他组织之间发生的(　　)纠纷,可以申请仲裁。

A. 合同纠纷　　B. 财产权益纠纷

C. 监护权纠纷　　D. 婚姻纠纷

5. 下列各项中,符合我国《仲裁法》规定的有(　　)。

A. 仲裁实行自愿原则

B. 仲裁一律公开进行

C. 仲裁不实行级别管辖和地域管辖

D. 当事人不服仲裁裁决可以向人民法院起诉

6. A公司与B保险公司发生保险合同纠纷。根据《民事诉讼法》的规定,A公司在起诉B公司时,可以选择的人民法院有(　　)。

A. 合同履行地人民法院　　B. 合同标的物所在地人民法院

C. 被告住所地人民法院　　D. 合同签订地人民法院

7. 根据民事法律制度的规定,下列各项中,可导致诉讼时效中断的情形有(　　)。

A. 当事人提起诉讼

B. 当事人一方提出要求

C. 当事人同意履行义务

D. 发生不可抗力致使权利人不能行使请求权

8. 天津的甲公司和广东的乙公司于2009年6月1日在上海签订一买卖合同。合同约定,甲公司向乙公司提供一批货物,双方应于2009年12月1日在南京交货付款。双方就合同纠纷管辖权未作约定。其后,甲公司依约交货,但乙公司拒绝付款。经交涉无效,甲公司准备对乙公司提起诉讼。根据《民事诉讼法》关于地域管辖的规定,下列各地方的人民法院中,对甲公司拟提起的诉讼有管辖权的有(　　)。

A. 北京　　B. 广东　　C. 上海　　D. 南京

9. 根据我国有关法律的规定,因票据纠纷提起诉讼,享有诉讼管辖权的法院有(　　)。

A. 原告住所地法院　　B. 票据支付地法院

C. 被告住所地法院　　D. 票据出票地法院

10. 新华县工商局对东方公司作出了处罚决定,东方公司不服,向阳泉市的上一级工商局申请复议,市工商局作出了减轻处罚的决定,东方公司仍然不服,则其可以向(　　)起诉。

A. 新华县法院　　B. 阳泉市法院

C. 东方公司所在地法院　　D. 省法院

三、判断题

1. 当事人对仲裁协议的效力有异议的,一方请求仲裁委员会作出决定,另一方请求人民法院作出裁定的,由仲裁委员会裁定。(　　)

2. 对于平等民事主体当事人之间发生的经济纠纷而言,有效的仲裁协议可排除法院的管辖权。(　　)

3. 仲裁裁决作出后,当事人就同一纠纷可以再申请仲裁或向人民法院起诉。(　　)

4. 甲公司与乙公司解除合同关系,则合同中的仲裁条款也随之失效。(　　)

5. 仲裁裁决作出以后,一方当事人不履行的,另一方当事人可向人民法院申请执行。

(　　)

6. 诉讼时效期间自知道或者应当知道权利被侵害之日起计算，如果权利人不知道权利被侵害的，诉讼时效期间即不应开始。(　　)

7. 行政复议机关受理行政复议申请，可以向申请人收取行政复议费。(　　)

8. 为了保护原告的合法权益，我国的民事诉讼一般地域管辖实行被告就原告原则，由原告住所地法院管辖。(　　)

9. 仲裁委员会与行政机关之间、仲裁委员会相互之间均无隶属关系。(　　)

10. 法律、法规规定应当先申请行政复议，公民、法人或者其他组织未申请行政复议直接提起行政诉讼的，人民法院不予受理。(　　)

四、案例分析题

1. 甲工厂与乙公司签订了一份加工承揽合同，合同约定6个月后，甲工厂将成品交给乙公司，乙公司收货后1个月内付清款项。6个月后，甲工厂按期将成品交付乙公司，但乙公司迟迟不付货款，拖欠近4个月。甲工厂多次找乙公司请求其支付货款并赔偿损失，乙公司认为甲工厂加工的成品质量不合格坚持不予以支付。后经双方协商达成书面仲裁协议。一周后，甲工厂向协议书约定的仲裁委员会申请仲裁，乙公司却向合同履行地人民法院提起诉讼，人民法院未予受理。

请问？(1)本案中谁受理此案。

(2)双方在发生纠纷后达成的书面仲裁协议是否成立？为什么？

(3)如果乙公司提出仲裁协议无效，应由谁来裁定？

2. 某市城南区人民法院判决了钟某诉吴某的名誉侵权赔偿案。3月1日向双方当事人送达了判决书。3月16日，吴某向某市中级人民法院递交了上诉状，提出上述。某市中级人民法院将上诉状退给吴某，告知其上诉状应当向城南区人民法院提出。城南区人民法院于3月18日收到上诉状以后，3月25日向钟某送达了上诉状副本，并要求钟某于10日内提交答辩状，钟某在4月2日提交答辩状时声称吴某的上诉行为已过上诉期，其上诉不应当受理。城南区人民法院认为钟某的答辩有理，吴某的上诉过期属实，于是裁定驳回吴某的上诉。请问：本案中，两级法院的做法哪些不符合我国民事诉讼法的规定？并简述理由。

参考文献

[1]史际春.经济法[M].北京:中国法制出版社,2008.
[2]谭桂荣,王俊.经济法基础与实务[M].济南:山东人民出版社,2009.
[3]邢钢.合同法适用与审判实务[M].北京:中国法制出版社,2009.
[4]刘志苏,杜晓智.实用经济法[M].北京:化学工业出版社,2009.
[5]刘天善,张力.经济法教程[M].北京:清华大学出版社,2008.
[6]丁万星.经济法[M].北京:中国电力出版社,2008.
[7]徐杰,时建中.经济法概论案例教程[M].北京:知识产权出版社,2004.
[8]曾咏梅,王峰.经济法[M].武汉:武汉大学出版社,2006.
[9]邢培泉,李玉梅.经济法律概论[M].武汉:武汉大学出版社,2007.
[10]汪发元,唐立新.经济法[M].武汉:武汉大学出版社,2006.
[11]中国注册会计师协会.经济法[M].北京:中国财政经济出版社,2008.
[12]徐磊.经济法概论[M].上海:上海交通大学出版社,2009.
[13]周蓉蓉.经济法学[M].北京:科学出版社,2009.
[14]陈佩虹,郑翔.经济法案例[M].北京:清华大学出版社;北京交通大学出版社,2009.
[15]陈新玲.经济法[M].北京:北京师范大学出版社,2011.
[16]牛慧,银福成.经济法[M].北京:经济出版社,2010,5.
[17]中国注册会计师协会.经济法[M].北京:中国财政经济出版社,2009.
[18]王颖萍.经济法[M].上海:上海人民出版社,2008.
[19]隋彭生,吴飚.经济法概论[M].北京:中国政法大学出版社,2008.
[20]胡德华.经济法概论[M].北京:清华大学出版社,2007.
[21]石薛桥,陈建富,赵公民. 实用经济法教程[M]. 北京:国防工业出版社,2007.
[22]刘健民.新编经济法教程[M].上海:复旦大学出版社,2006.
[23]隋彭生.公司法[M].北京:中国人民大学出版社,2007.
[24]郭禾.知识产权法[M].北京:中国人民大学出版社,2005.
[25]郑成思.知识产权法[M].北京:法律出版社,2004.
[26]盛杰民,刘剑文.经济法原理与实务法[M].北京:北京大学出版社,2002.
[27]陈英,王力彬.经济法教程[M].广州:中山大学出版社,2003.
[28]陈鸿杰,陈跃.经济法概论[M].重庆:重庆大学出版社,2002.

读者反馈表

尊敬的读者：

您好！感谢您多年来对哈尔滨工业大学出版社的支持与厚爱！为了更好地满足您的需要，提供更好的服务，希望您对本书提出宝贵意见，将下表填好后，寄回我社或登录我社网站（http://hitpress. hit. edu. cn）进行填写。谢谢！您可享有的权益：

☆ 免费获得我社的最新图书书目 ☆ 可参加不定期的促销活动

☆ 解答阅读中遇到的问题 ☆ 购买此系列图书可优惠

读者信息

姓名________ □先生 □女士 年龄______ 学历______

工作单位______________ 职务______

E-mail ______________ 邮编______

通讯地址______________

购书名称______________ 购书地点____________

1. 您对本书的评价

内容质量	□很好	□较好	□一般	□较差
封面设计	□很好	□一般	□较差	
编排	□利于阅读	□一般	□较差	
本书定价	□偏高	□合适	□偏低	

2. 在您获取专业知识和专业信息的主要渠道中，排在前三位的是：

①______ ②______ ③______

A. 网络 B. 期刊 C. 图书 D. 报纸 E. 电视 F. 会议 G. 内部交流 H. 其他：______

3. 您认为编写最好的专业图书（国内外）

书名	著作者	出版社	出版日期	定价

4. 您是否愿意与我们合作，参与编写、编译、翻译图书？

____

5. 您还需要阅读哪些图书？

____

网址：http://hitpress. hit. edu. cn

技术支持与课件下载：网站课件下载区

服务邮箱 wenbinzh@ hit. edu. cn duyanwell@ 163. com

邮购电话 0451 - 86281013 0451 - 86418760

组稿编辑及联系方式 赵文斌（0451 - 86281226） 杜燕（0451 - 86281408）

回寄地址：黑龙江省哈尔滨市南岗区复华四道街 10 号 哈尔滨工业大学出版社

邮编：150006 传真 0451 - 86414049